제8판

초등교사를 위한

학급 꾸리기

Carolyn M. Evertson · Edmund T. Emmer 공저

박종필 · 강영하 공역

PEARSON 아카데미프레스

Classroom Management for Elementary Teachers, 8/E

Merrill
is an imprint of

PEARSON

www.pearsonhighered.com

역자 서문

모든 교사들은 학년 초나 학기 초에 수업과 학급을 어떻게 운영해 나갈 것인지에 대하여 많이 고민하고 나름대로 수업 및 학급 운영 계획을 세워서 이를 토대로 학급을 운영한다. 교육경력이 많은 교사들은 그 동안의 경험을 통하여 나름대로 학급 운영 방법을 터득하고, 이러한 방법을 토대로 학급을 운영해 나간다.

그러나 처음 교직에 입문하는 초임 교사들은 경력 교사와는 다른 상황에 있다. 처음 학교에 발령을 받으면 조금의 준비 기간도 없이 바로 담임 업무나 수업을 맡게 되며, 이로 인해 초임 교사들은 학급을 어떻게 꾸려 나가야 할지 그리고 수업을 어떻게 운영해 나가야 할지에 대한 구체적인 지침이나 방법을 알지 못해 시행착오를 겪게 되는 경우가 허다하다. 비록 직전 교육에서 「교육행정 · 경영」 또는 「학교 · 학급경영」 등과 같은 강좌를 수강하였으나 이러한 강좌 내용은 이론적인 것만을 다루기 때문에 실제의 학급 및 수업 운영에는 별다른 도움이 되지 못한다. 기존의 학급 경영에 관련된 대부분의 책들은 교실 내외에서 적용할 수 있는 놀이 또는 행사 중심으로 구성되어 있어서 교육대학에 재학하고 있는 학생들이나 신규 교사들에게는 부족한 부분이 많이 있기 때문이다.

이로 인해 초임 교사들은 학급 운영 및 수업에 관한 계획을 세우거나 이를 실행에 옮길 때 막막함을 경험하거나 그 과정에서 부딪치게 되는 여러 가지 문제들을 해결하는 데 많은 어려움을 경험하게 된다. 이러한 초임 교사들이 겪는 문제들을 어느 정도나마 해결하는 데 도움이 되는 책이 바로 이 책이다. 이 책은 놀이 단순한 기교가 아닌 효과적인 수업과 원만한 학급 운영을 위해 필요한 교실과 학생들의 행동에 대한 여러 가지 아이디어들을 제시하고 있다. 즉, 효과적인 학습 환경을 조성하기 위해 해야 하는 여러 가지 사항들을 다루고 있으며, 그냥 습관적으로 해왔던, 그리고 크게 신경을 쓰지 않았던 일상적인 교실 내 활동들에 대한 기준을 제시해주고 다시 한 번 되돌아볼 수 있게 하는 계기를 제시해주고 있다.

이 책의 제목에서 볼 수 있는 바와 같이, 이 책의 일차적인 대상은 초등학교 교사이다. 특히 직전 교육을 받고 있는 대학생이나 초임 교사들에게 매우 유용한 내용을 다루고 있다. 그러나 이 책은 경력 교사들도 자신의 학급 및 수업 운영 방법을 되돌아보고 필요한 경우 참고할 수 있는 내용도 많이 담고 있으며, 현재의 문제점을 진단하고 개선 방안을 세우는 데 많은 도움을 줄 수 있을 것이다. 비록 미국의 학교와 우리나라의 학교가 많은 차이점을 가지고 있는 것은 사실이지만, "효과적인 수업에는 문화와 국경의 장벽이 없다."는 본 책의 저자 중의 한 명인 Emmer 박사의 말처럼 이 책에 제시된 내용이 우리나라의 교사들에게도 상당한 도움이 될 것이라고 생각한다.

끝으로, 이 책이 출판되기까지 많은 수고를 아끼지 않은 아카데미프레스 사장님과 직원들의 노고에 감사드린다.

2010. 2. 역자 일동

저자 서문

이 책은 종합적인 학급 경영 계획을 수립하고 유지하기 위한 지침을 제공하는 데 그 목적이 있다. 이는 상당한 시간과 노력을 필요로 하지만, 학생들의 참여 및 협조를 이끌어 낼 수 있기 때문에 학급 운영에 큰 도움이 된다. 또한 적절한 경영 계획이 수립된다면 학생들을 지도할 수 있는 시간을 보다 많이 가질 수 있고 보다 좋은 학습 분위기를 형성할 수 있다.

좋은 교사가 되기 위한 묘책은 많이 언급되고 있다: "크리스마스 전까지 웃어서는 안 된다.", "모든 학생들을 동일하게 대해야 한다." 또는 "수업 준비만 잘하면 그 외 다른 것들은 모두 자연스럽게 해결될 것이다." 이러한 문구들이 가지고 있는 문제점은 이들은 복잡한 과업에 대한 간단한 처방을 제시하고 있으며, 이러한 단순화는 학생들의 행동 조직 및 지도에 관한 많은 생각이 없이도 의도만 좋다면 학급을 적절하게 이끌어 나갈 수 있다는 기대를 만들어 낸다는 것이다. 공간, 행동 및 활동 등에 대한 조직 및 운영 계획 수립을 소홀히 한다는 것은 수업에 심각한 결과를 초래할 것이라는 것을 의미한다. 불행하게도 이는 학생들에게도 동일한 결과를 가져온다.

이 책은 지난 수십여 년간 저자들이 수행한 광범위한 연구 프로그램들의 결과이다. 저자들은 연구를 수행하면서 효과적인 학급 경영에 필요한 기술, 접근 방법 및 전략은 어떤 것인지 알기 위해 다양한 학교의 수많은 학급을 관찰하고 연구를 수행하였다. 또한 저자들은 학급 경영에 관한 다른 연구자들의 연구 및 저서들을 통해 많은 도움을 받았다. 학급 경영에 관한 연구들이 잘 정리되어 있는 책은 Evertson, C., & Weinstein, C.(Eds.)(2006). Handbook of Classroom Management: Research, Practice and Contemporary Issues. Mahwah, NJ: Lawrence Erlbaum이다. Classroom Management for Elementary School Teachers(그리고 중등교사용인 Classroom Management for Middle and High School Teachers)는 위의 책에 제시되어 있는 다양한 연구 결과들을 정제하여 교사들이 활용할 수 있는 지침서로 만든 것이다.

학급 경영에 관한 본 저자들의 연구에 관심이 있는 사람들은 다음의 논문 및 책들을 참고하기 바란다: Emmer, Evertson, & Anderson 1980; Evertson & Emmer 1982; Evertson, Emmer, Sanford, & Clements 1983; Evertson 1985; Emmer 1986; Evertson 1989; Emmer & Hickman 1991; Evertson & Randolph 1999; Emmer & Stough 2001; Emmer & Gerwels 2002; Evertson & Neal 2006; Emmer & Gerwels 2006; Schussler, Poole, Whitelock, & Evertson 2007.

우리는 조언 및 학급 경영의 예를 제시해준 Vanderbilt 대학교, Peabody College의 R. Poole 박사와 학부모 참여에 관한 실질적인 정보 및 도움을 제공해준 M. T. Walker 박사에게 감사를 표한다.

또한 Sam Houston State University의 William Edgington 교수, University of South Dakota의 Lisa Hazlett 교수, California State-Northridge의 Lynda Honour 박사, George Mason University의 Lori A. Jackman 교수, University of Pittsburgh의 Melissa Marks 교수, 그리고 Texas A&M University의 Laura M. Stough 교수의 조언에 감사드린다.

차례

1 교실 환경과 배치

2 학급 규칙과 절차

3 과제 관리 절차

4 성공적인 새학기 시작

5 수업 계획과 수업 진행

6 모둠을 통한 협동 학습 운영

7 바람직한 학생 행동의 유지

8 수업을 위한 의사소통 기술

9 문제 행동 관리

10 특별한 도움을 필요로 하는 학생 관리

1

교실 환경과 배치

수업을 위한 교실 환경 배치는 학기가 시작되기 전 모든 교사들이 직면하는 문제이며 학급 경영의 출발점이 된다. 대부분의 교사들은 교실(교실 환경)을 어떻게 조직할 것인가 생각한 후에 학급 경영의 다른 측면에 대한 계획을 세우는 것이 쉽다고 생각한다.

일반적인 초등학교 교실 배치에서 고려해야 하는 것은 상당히 많다. 우선, 교사와 학생의 책상, 책꽂이, 컴퓨터, 캐비닛, 의자와 교탁과 같은 가구류가 있다. 또한 프로젝터, 컴퓨터, CD/DVD 플레이어와 TV 등과 같은 시청각 기기도 있을 수 있다. 게시판과 같은 시각적 보조물도 준비해야 하고 각종 자료와 지도도 게시해야 하며 사물함도 비치해야 한다. 끝으로, 화분, 어항이나 애완동물 사육장과 같이 교사가 교실에 가져다 놓은 것도 손보아야 한다. 이들을 배치할 때, 많은 결정을 해야 한다. 책상을 어떻게 배열할 것인가? 교사의 책상은 어디에 놓아야 하는가? 교사용 컴퓨터와 프린터는 어디에 두어야 하는가? 모둠 활동 장소는 어디로 정할 것인가? 교실의 어느 곳에서 수업을 진행할 것인가? 교재나 비품은 어떻게 나누어 줄 것인가?

이 장에서는 수업에 도움이 되는 교실 배치를 어떻게 할 것인가에 대해 다룬다. 교실 배치를 위한 네 가지 핵심 요소들을 배우고, 교실 공간 관리에 대한 여러 가지 제안을 접하게 될 것이다. 또한 교실 배치에 대한 두 가지 형태의 분석을 한다. 이 장의 마지막에는 교실 배치를 위한 검목표가 제시되어 있다. ■

생각해 보기

교실 환경을 배치하기 전에, 다음과 같은 질문에 대해 생각해 본다. 이들 질문에 대한 대답은 특별한 주의를 요하는 것들을 결정하는 데 도움을 줄 것이다. 교실을 살펴보기 전에, 그곳에서 이루어질 학습 형태에 대해 생각해 본다.

- 주된 수업 형태는? (예를 들어, 모둠 활동, 토론 학습, 교사 중심, 발표 수업, 개별 학습, 집단 프로젝트 등) 이러한 학습 형태에 가장 적합한 배치는?
- 학생들에게 각종 기자재(예를 들어, 현미경, CD/DVD 플레이어, 컴퓨터 등)나 학습 자료(과학 또는 수학 자료)를 광범위하게 사용하게 할 것인가? 이들을 개인별로 사용하게 할 것인가 아니면 모둠별로 함께 사용하게 할 것인가?
- 반드시 고려해야만 하는 특별한 요구 사항을 가지고 있는 아동이 있는가?
- 주의를 산만하게 만들 수 있는 공간(이동이 많은 곳, 애완동물, 학습 센터 등)은 어

디인가? 이러한 공간에서 멀리 떨어뜨려 놓아야 할 아이는 누구인가?

- 일과 시간 동안 어느 정도의 이동이 필요한가? 교실의 어느 부분을 포함시킬 것인가? 학생들에게 학습 자료를 가져오게 할 것인가 아니면 교사가 나누어 줄 것인가?
- 학생들이 참고서, 실험 도구 또는 일반 서적을 사용할 필요가 있는가?
- 교실 배치는 항구적인가 아니면 유동적인가? 매일 또는 단원별로 바꿀 것인가 아니면 몇 달 동안 계속 한 곳에 둘 것인가?

교사가 내린 결정(예를 들어, 교사가 생각하는 학생과 교사 간의 상호 작용, 학생들 간의 상호 작용, 내용과의 상호 작용 정도)은 교수-학습에 관한 교사의 생각을 반영한다. 미리 자신의 관점을 정리해 본다면 문제 상황에 직면했을 때 아무런 준비 없는 즉흥적인 반응이 아닌 신중한 반응을 보일 수 있을 것이다. 자신의 생각을 공고히 해둔다면 중요하게 생각하는 가치가 반영된 자신만의 관점을 형성하는 데 도움이 될 것이다. 저자들은 이 책의 전반에 걸쳐 자신만의 교육철학을 만들어 나갈 수 있도록 도와주기 위해 여러 가지 질문들을 제시하고 있다. 먼저, 동료와 함께 아래의 두 가지 질문에 대한 답을 쓰거나 논의해 보자.

1. 가르친다는 것(teaching)은 무엇이고 이는 교사에게 무엇을 의미하는가?
2. 배운다는 것(learning)은 무엇이고 어떻게 하면 가장 잘 배울 수 있을까?

당신의 결정은 당신의 수업 활동의 성공에 상당한 영향을 줄 것이다. 또한 교실 배치는 일과 운영에도 영향을 준다. 예를 들어, 만약 교재 또는 비품을 놓아두는 곳이 적절히 배치되지 않는다면, 학생들이 그것을 가지러 가거나 가지고 올 때 병목현상이 일어날 수 있으며, 이는 활동을 지체시키거나 시간을 낭비하게 할 수 있다. 개별 지도 또는 모둠 활동을 위한 장소는 더 신중하게 선택해야 한다. 그렇지 못한 경우에는 한 모둠을 지도할 때 나머지 학생들을 주시하는 것이 어려울 수 있다. 아이들이 칠판이나 교사의 활동을 잘 볼 수 없게 되거나, 수업 중에 학생들의 주의를 분산시키거나 또는 교사와 학생들이 교실을 돌아다니는 데 방해가 될 수 있기 때문에 책상의 위치도 중요하다.

교실 배치에는 학생들의 수업 참여에 대한 교사의 기대가 반영되며, 교수-학습에 관한 교사의 철학은 교실 배치에 영향을 주게 될 것이다. 모둠별로 책상이 배열되어 있다면 이는 적어도 어떤 학습 활동 동안에는 학생들 간의 상호 작용과 협동이 기대된다는 것을 의미한다. 일반적인 책상 배치는 교사, 칠판 또는 다른 중심이 되는 곳에 초점이 주어진다는 것을 의미한다.

이 장은 교실 배치, 설비와 기본 비품들에 대한 결정을 돕는 데 그 목적이 있다. 각 요인이 기술되고, 계획을 위한 기준과 예가 제시된다.

좋은 교실 배치를 위한 4가지 요소

교실은 교사와 학생의 학습 환경이라는 것을 명심해야 한다. 하루에 7시간 정도의 시간동안 30여 명의 사람들이 같이 활동하는 공간으로서 교실은 결코 넓은 공간은 아니다. 더욱이, 교사와 학생들은 다양한 활동을 하며 각각 상이한 공간을 사용한다. 만약 교사가 질서 정연한 이동, 주위를 산만하게 하는 것을 최소화하고 사용 가능한 공간을 효율적으로 사용하도록 계획했다면 이러한 상호 작용을 촉진할 수 있을 것이다. 수업 접근 방법에 따라, 활동에 따라 다양한 배치가 필요하다(예를 들어, 일제 학습, 모둠 학습). 수업 형태에 대해서는 5장에서 더욱 자세하게 다룬다. 아래의 4가지 요소는 교실 배치에 대한 의사 결정을 할 때 유용한 지침이 될 것이다.

1. **왕래가 빈번한 곳(자주 다니는 곳)은 혼잡하지 않게 유지한다.** 학생들이 많이 모이거나 계속 사용하는 곳은 주위가 어지럽거나 혼잡스러울 수 있다. 왕래가 빈번한 곳은 모둠 학습 영역, 연필깎이, 휴지통, 식수대, 책꽂이, 사물함, 컴퓨터, 학생들의 책상과 교사의 책상이 있는 곳들이다. 왕래가 빈번한 곳은 각각 충분한 공간을 차지할 수 있도록 서로 떨어져 있어야 하며 쉽게 접근할 수 있어야 한다. 또한 학생이 수업 시간 동안 컴퓨터를 사용하거나 교실의 여러 영역에서 활동을 한다면, 한 장소에서 다른 장소로의 이동이 쉽게 이루어질 수 있도록 계획해야 한다.

2. **교사가 학생들을 쉽게 볼 수 있도록 한다.** 세심한 학생 관찰은 학급 경영의 주요 과제 중의 하나이다. 학생 관찰의 성공은 항상 모든 학생들을 볼 수 있는 교사의 능력에 달려 있다. 그러므로 수업 영역, 교사 책상, 아동의 책상과 모든 아동 활동 영역 사이에 시야를 가리는 것이 있어서는 안 된다. 시야를 가릴 수 있는 책꽂이, 캐비닛과 다른 가구 및 시설물의 배치에 특히 주의한다. 교실의 여러 곳에서 사각이 있는가 확인한다.

3. **자주 사용하는 교구나 학생 비품은 쉽게 접근할 수 있는 곳에 둔다.** 이러한 교구나 비품에 손쉽게 접근할 수 있도록 하는 것은 준비하고 정리하는 시간을 최소화하고, 학습 활동이 즉시 이루어지도록 할 뿐만 아니라 수업의 흐름이 멈추거나 지연되는 것을 방지하는 데 도움이 된다. 만약 교사나 학생들이 필요한 교재나 비품들을 준비하기 위해 학습 활동을 멈추어야 한다면, 학생들의 수업 시간 및 수업의 흐름뿐만 아니라 학생들의 활동 및 주의를 산만하게 할 수도 있다(수업의 흐름에 대한 내용은 5장에서 다룬다).

4. **학생들은 판서나 교사가 제시하는 것을 쉽게 볼 수 있어야 한다.** 일제식 수업 또는 토론 활동이 이루어지는 동안 교사 및 학생들의 위치를 계획할 때, 학생들이 의자를 옮기거나, 책상을 돌리거나 또는 목을 쭉 빼거나 하는 등의 행동을 하지 않고 OHP의 스크린이나 칠판을 볼 수 있도록 좌석 배치가 이루어져야 한다. 또한 대다수의 학생으로부터 떨어진 교실의 구석에서 일제식 수업 활동이 이루어지지 않도록 계획을 세워야 한다. 이러한 상황은 학생들의 주의 집중을 저해하며 학생들의 참여를 어렵게 만든다. 교실의 여러 부분에 학생들을 잠시 동안 앉아 있도록 하여 학생들을 적절하게 관찰할 수 있는지 확인한다.

위에 제시된 4가지 요소들은 효과적인 교실 배치에 도움을 줄 것이다. 이러한 목적을 위한 더 구체적인 요인들은 아래에서 기술된다. 교사는 이러한 부분들에 관심을 가짐으로써 학급 경영의 중요한 모든 측면들을 다룰 수 있을 것이다.

교실 배치를 위한 제안

벽과 천장

벽과 게시판은 학생들의 작품, 수업 관련 자료, 장식, 과제, 학급 규칙, 시간표, 시계나 학생들의 흥미를 끄는 물건 등이 전시되는 곳이다. 또한 천장도 모빌, 장식이나 학생들의 작품을 거는 데 사용할 수 있다. 이들 영역에 대한 계획을 세울 때는 다음을 고려해야 한다.

1. 학기 초에, 교사는 적어도 다음과 같은 것들을 벽이나 게시판에 게시해야 한다.

   - 학급 규칙(2장에서 다룸)
   - 숙제나 시간표를 게시할 공간
   - "새학년이 된 것을 축하한다." 또는 모든 학생의 이름을 기록하는 등 학생들의 흥미를 끌 수 있는 장식
   - 달력
   - 비상시 이동 경로(보통 출입문 근처)

2. 교사가 필요하다고 생각하는 게시물에는 보고서 표지 양식이나 답안지 등과 앞으로 곧 다루어지게 될 수업 내용과 관련된 자료 등이 있다. 또한 글쓰기 순서와 읽기 등과 같은 교과 학습에 필요한 학습 전략 등을 게시하는 교사들도 있다.

3. 학생들의 위치를 파악하기 위해 게시물을 이용할 수도 있다. 학생들 개개인의 주머니를 만들어 게시판에 붙여 놓는다. 이 주머니는 편지 봉투를 반으로 자르거나 도서 관리 카드를 꽂아 두는 작은 봉투를 이용하여 만들 수 있다. 그리고 각 봉투에 학생들의 이름을 붙여 놓는다. 학생이 교실을 떠날 때마다 목적지를 적어서 주머니 속에 넣어 두게 한다. 이 방법은 줄반장 등과 같은 특권을 기록하는 방법으로도 사용된다.

4. 색지, 삼베나 헝겊 등으로 큰 게시판을 덮을 수도 있다. 이러한 색지는 행정

실이나 비품 창고에서 얻을 수 있다. 게시판의 가장자리를 골판지 등으로 장식할 수도 있다(이러한 비품들이 학교에는 비치되어 있지 않지만 구입할 예산이 책정되어 있는 경우에는 문구점에서 적은 비용으로 구입할 수 있다. 또한 문구점에서 게시판을 꾸미는 아이디어를 얻을 수 있는 책을 구입할 수도 있다). 벽이나 천장에 게시하거나 붙이는 것들이 화재 예방이나 비상시 대피에 지장을 주어서는 안 된다.

5. 교실을 꾸미는 데 너무 많은 시간을 보내서는 안 된다. 학기 초에 준비해야 할 더 중요한 일이 많이 있다. 빈 공간은 나중에 장식한다. 또한 학생들의 미술 작품을 게시하거나 과학 또는 사회 시간에 빈 공간을 활용할 수도 있다. 너무 지나치게 장식해서도 안 된다. 난잡한 벽 장식은 학생들의 주의를 산만하게 하고 교실을 좁아 보이게 할 수 있다. 천장에 모빌 같은 장식물을 다는 것도 도를 넘을 수 있다. 30여 명의 학생들이 있는 것만으로도 교실은 충분히 좁게 느껴진다.

"우리 교실은 우리보다 고학년에게 맞는 것 같지 않니?"

Cartoon reprinted courtesy of *Phi Delta Kappan* and James Estes.

6. 교실을 꾸미는 생각이나 게시물을 만드는 데 아이디어가 필요할 때에는 동료 교사들이나 다른 교실을 관찰함으로써 새로운 아이디어를 얻을 수 있다.

7. 앞의 만화에 나타나 있는 것처럼, 교실 장식이나 게시물은 학생들의 연령에 적합한 것이어야 한다.

교실 바닥

다른 작업을 하고 있는 동안에도 교실의 모든 곳을 쉽게 관찰할 수 있도록 교사의 책상이나 다른 시설들을 적절히 배열해야 한다. 학생들은 교사와 일제 수업 시에 사용하는 OHP, 칠판이나 다른 자료를 쉽게 볼 수 있어야 한다. 물론 교사는 배정된 교실의 상황에 맞추어 계획을 세워야 한다. 일반적인 문제점으로는 칠판의 크기가 작거나 위치가 부적당하거나 또는 전기 콘센트의 부적절한 위치 등이 있다. 교사는 교실을 자세히 관찰하고 주어진 조건에서 어떠한 변화가 효과적이겠는가 하는 것을 결정해야 한다. 예를 들어, 교실이 작다면, 불필요한 학생 책상이나 가구 또는 물건들을 치워야 한다. 물건을 보관할 공간이 부족하다면 여분의 케이스나 캐비닛을 준비한다.

교실 바닥 계획의 가장 중요한 출발점은 일제식 수업을 어디서 할 것인가를 결정하는 것이다. 교실을 자세히 관찰하고 일제식 수업 시에 어디에 서 있을 것인가를 결정한다. OHP 스크린이나 칠판의 위치를 통해 이러한 곳을 결정할 수 있다. 또한 이러한 곳에는 OHP를 사용할 전기 콘센트나 수업 시 제시할 자료들을 놓아두는 책상이나 테이블을 놓을 공간도 있어야 한다. 만약 일제 수업 동안 학생들이 교실 바닥에 모이는 것을 선호한다면, 큰 카펫을 깔 수 있도록 충분한 공간을 남겨 둔다.

바닥 공간에 대한 계획을 시작할 때, 바닥의 그림을 그려서 가구(예를 들어, 학생 책상, 교사 책상, 책꽂이, 컴퓨터 책상 등)를 배치해 본다면 무거운 가구를 움직여야 하는 수고와 시간을 절약할 수 있다. 가구를 배치할 때, 미리 확장용 연결선을 준비한다. 이를 통해 콘센트 앞에 무거운 책꽂이를 놓아 둠으로써 생기는 문제를 미리 해결할 수 있다. 전선을 길게 연결하여 사용할 때 생길 수 있는 전기적인 위험성도 고려한다.

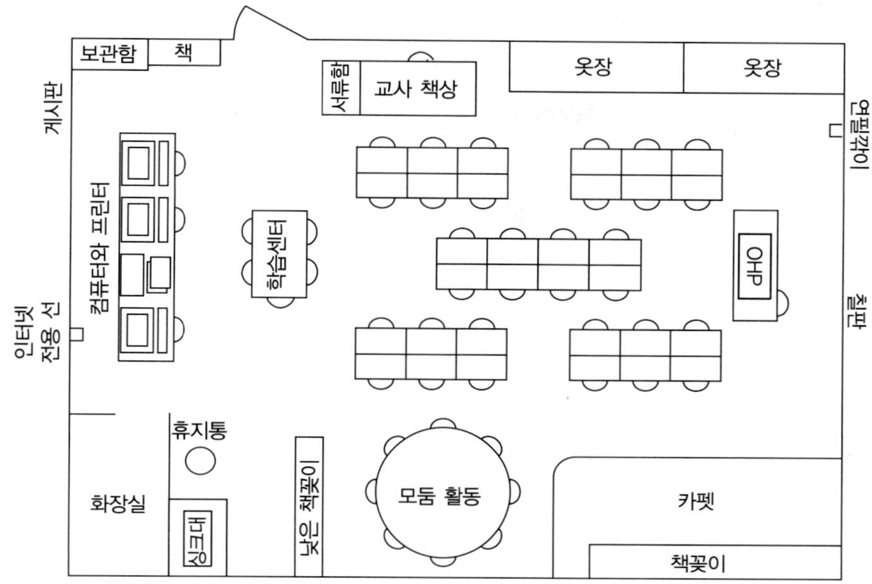

그림 1.1 교실 배치의 예

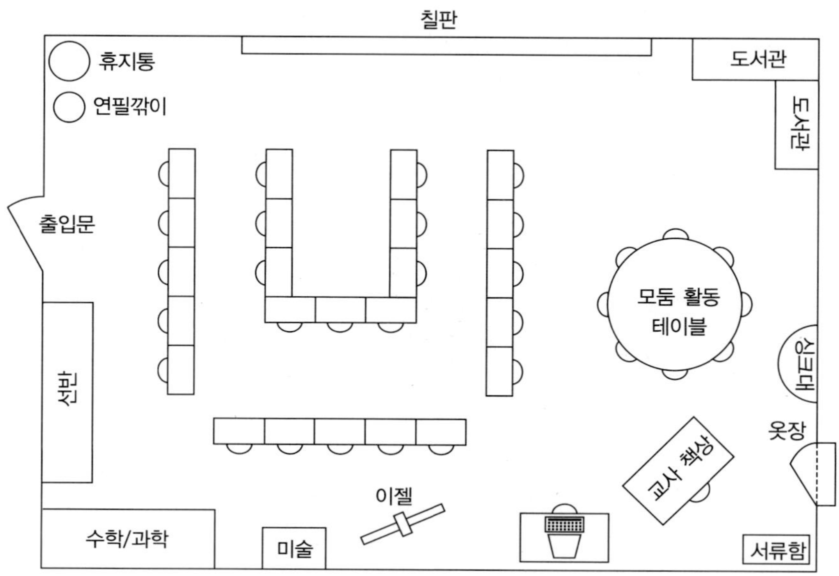

그림 1.2 쉽게 주제별 영역에 접근할 수 있는 이중 U자형 구조

아래의 내용을 읽을 때 잘 계획된 초등학교 교실의 예를 보여주는 그림 1.1과 그림 1.2를 참고한다. 각 항목들이 어떻게 배치되어 있는지 주목하기 바란다. 물론 이는 여러 대안들 중의 하나이다. 책상, 모둠 활동 영역과 다른 물리적 시설의 위치는 교실의 크기, 모양과 교실의 각 부분을 어떻게 사용할 것인가 하는 것에 달려 있다.

학생들의 책상 배치

교실에서 이루어지는 학습 활동의 형태나 지속 정도에 따라 학생들의 책상을 배치한다. 좌석을 배치한 후, 교사가 직접 자리를 배정할 것인가 아니면 학생들에게 선택하게 할 것인가를 결정한다. 그림 1.1에 제시된 교실을 보면, 학생들의 책상은 모둠별로 배치되어 있다; 그러나 정면을 향해 등을 보이고 있는 학생들은 없다. 만약 교사가 OHP를 사용한다면 학생들은 자리를 약간 이동하여 OHP를 볼 수 있고, 쉽게 필기를 할 수 있다.

- 이동 공간을 충분히 확보하는 것이 중요하기 때문에 교실 문 앞에 책상이나 다른 가구, 식수대, 세면대, 연필깎이 등을 놓아서는 안 된다. 또한 일제식 수업을 진행하는 곳에 창문, 모둠 활동 영역, 애완동물이나 학생들의 시선을 끄는 것 등 학생들의 주의 집중을 방해할 수 있는 것을 두는 것도 피한다. 컴퓨터는 접근이 용이하면서도 주의 집중을 방해하지 않는 곳에 두어야 한다.
- 학생들이 자기 자리에 앉아 학습 활동을 할 때 도움을 주거나, 학생들 사이를 쉽게 이동하거나 쉽게 감독할 수 있도록 학생들의 책상 사이에 충분한 공간을 두어야만 한다.
- 책상 대신에 학생들이 앉을 수 있는 탁자와 의자들을 갖추어 놓은 교실도 있다. 탁자에 앉는 것은 저학년보다는 고학년에서 특히 문제가 된다. 만약 학생들이 탁자에 둘러앉는다면 몇몇 학생들은 교사를 등지게 될 것이다. 만약 충분한 공간과 탁자를 갖고 있다면, 테이블 주변의 세 면에만 학생들을 앉게 함으로써 이러한 문제를 방지할 수 있다. 이와 함께 공책, 교과서, 크레파스, 가위와 같은 학용품을 보관하는 것도 문제가 될 수 있다. 만

약 탁자 아래에 개인 물품 보관 장소가 없다면 개인용 휴대 상자(박스나 플라스틱 통 등)를 학용품 보관함으로 이용할 수 있다. 이런 것들은 쉽게 접근할 수 있는 선반 등에 보관해야 한다. 만약 학생들끼리 함께 사용하도록 하고자 한다면, 여러 명이 함께 사용할 수도 있다. 이는 학생 개개인들이 모든 준비물을 준비해야 할 필요를 줄여주기도 한다. 학용품은 자주 사용하고 한 번에 많은 학생들이 사용하기도 하기 때문에 보관 장소를 세심하게 계획해야 한다. 학용품의 보관 장소 주위의 이동 형태도 고려한다.

- 책상과 의자의 수를 세어 보고 충분히 준비한다.
- 교실 배치를 바꿀 수도 있다. 일반적인 세로줄 형태로 출발했다면, 말굽형(그림 1.2 참고)으로 변경할 수도 있다. 이러한 변화는 학생들의 흥미를 불러일으킬 수 있으며, 사회적 학습 기회도 증대시킬 수 있다.

모둠 수업 영역

개별 지도, 모둠 과제 활동을 지도하거나 브레인스토밍(brainstorming)을 할 때, 이러한 모둠들과 만나는 장소가 필요하다. 이 장소는 모둠 내의 교사가 앉을 자리에서 학급의 나머지 아동들을 관찰할 수 있는 곳에 배치해야 한다. 전체 학생들을 바로 볼 수 있는 곳에 교사의 의자를 배치한다. 그림 1.2의 모둠 활동 영역의 위치를 참조하기 바란다. 만약 교사가 전체 교실을 바라볼 수 있는 위치에 앉아 있다면 모둠과 함께 활동을 하고 있을 때에라도 학급 전체를 감독할 수 있을 것이다. 반대로, 학생들을 등지고 있다면, 등을 돌리지 않고는 학급 전체를 볼 수 없을 것이다. 비록 독서 영역에 테이블이 꼭 필요한 것은 아니지만, 테이블이 있다면 쓰기나 교재 활용 등을 포함한 모둠 활동을 할 때 활용할 수도 있다.

테이블이나 여분의 의자가 없을 때에는 학생들의 의자를 가져다 원형으로 배치하여 (또는 양탄자에 앉아서) 모둠 수업을 할 수도 있다. 또 다른 방법은 학생들의 자리를 지정하여 책상이나 테이블에 앉도록 하고 교사가 각 모둠을 돌아다니는 것이다.

만약 여러 모둠 활동(예를 들어, 협동 학습 모둠, 실험 과제 모둠, 독서 토론 모둠 또는 글짓기 모둠)이 동시에 이루어진다면, 이들이 만날 수 있는 공간도 필요하다. 예를 들어, 모둠들은 교실 바닥, 책상, 또는 모둠 활동 테이블에서 만날 수 있다. 협동 학습을 위한 교실 배치에 대한 추가적인 사항은 6장에 제시된다.

컴퓨터

대부분의 교실에 컴퓨터가 보급되어 있다. 컴퓨터는 학생들의 학습 기회를 넓히는 데 상당한 도움을 주기도 하지만, 좀 더 신경을 써서 관리해야 한다. 콘센트나 인터넷 전용선 등이 필요하기 때문에 컴퓨터의 위치 선택은 다소 제한되므로 컴퓨터의 위치를 먼저 결정한 후 다른 활동 공간을 배치한다. 수레차(cart)를 이용하여 여러 학급에서 컴퓨터를 공유하여 사용하는 학교도 있다. 이런 경우 교실로 컴퓨터를 손쉽게 가지고 오고 가지고 나가는 방법을 생각해야 한다. 컴퓨터는 분필 가루, 물이나 자석에서 떨어진 곳에 배치한다.

교실을 배치할 때, 학생들이 과제 활동을 하고 있는지 손쉽게 알아볼 수 있도록 모니터의 위치를 조정한다. 학생들이 인터넷에 접속할 때는 특히 이러한 부분에 더 신경을 써야 한다. 종이, 프로그램, 프린터 카트리지 등을 보관할 장소도 있어야 한다.

컴퓨터 주위에 학생들이 많이 모여 있다면 주위를 산만하게 할 뿐만 아니라 과제 활동에 집중하지 못하게 할 수도 있다. 한 번에 4명 이상의 학생들이 모이지 않도록 수를 제한하고, 컴퓨터의 사용 목적과 사용 시간에 관한 규칙을 만들어 모든 학생들에게 공평하기 기회가 돌아갈 수 있도록 한다. 주어진 시간 내에 활동을 다 끝내지 못한 경우 자료가 사라지지 않도록 하기 위해 하던 것을 꼭 저장하도록 지도한다.

교사의 책상, 캐비닛, 프로젝터와 그 외 기자재

교사의 책상은 일제식 수업 활동이 이루어지는 영역 인근에, 주된 수업 활동이 이루어지는 영역 가까이에 두어야 한다. 만약 책상에서 업무를 보려 한다면, 학생들을 감독하기 편리한 곳에 책상을 놓아야 한다. 모둠 활동 공간 배치와 동일한 원리가 적용된다: 학생들과 마주 보고 앉아서, 앉은 자리에서 모든 학생들을 볼 수 있어야 한다. 학생들이 자신의 자리에서 교사를 볼 수 있어야 할 필요는 없으며, 교사들은 보통 자신들의 책상을 교실 앞에 두기보다는 뒤쪽에 두는 것을 선호한다. 만약 교사의 책상에서 학생들을 지도하려 한다면 교사의 책상 주변의 이동 형태(traffic pattern)도 고려해야 한다. 예를 들어, 교사의 책상으로 오거나 교사의 책상에서 학생들을 지도할 때 주변의 학생들이 방해받지 않도록 교사 주의에 있는 학생들의 책상은 교사의 책상으로부터 충분히 떨어져야 한다.

또한 교사의 책상에 있는 학용품들을 사용하는 방법도 고려해야 한다. 만약 학생들에게 교사의 책상에 있는 스테이플러, 연필, 여분의 색연필 같은 학용품을 사용할 수 있도록 한다면 이러한 것들을 이용하는 절차에 관해서도 생각해야 한다. 예를 들면, 필요할 때마다 사용할 수 있는가 아니면 교사의 허락을 받고 사용해야 하는가 등이 있다.

캐비닛 같은 다른 가구도 역시 기능적인 곳에 두어야 한다. 잘 사용하지 않는 것들은 교실 구석이나 눈에 보이지 않는 곳에 놓아 둔다. 자주 사용하는 자료가 들어 있는 캐비닛은 그것들이 자주 사용되는 필요한 장소 가까이에 있어야 한다. 모든 학생들을 바라볼 수 있어야 한다는 것을 유념해야 한다.

책꽂이

책꽂이는 칠판이나 게시물을 가리거나 아동 관찰을 방해하지 않는 곳에 놓아야 한다. 만약 책꽂이에 사전이나 학급 문고와 같이 자주 사용하는 책들이 있다면, 편리하고 관찰이 용이한 곳에 이를 놓아야 한다. 만약 책꽂이에 자주 사용하지 않는 것들을 놓아둔다면, 아동들이 자주 다니지 않는 곳에 놓아 둔다. 키가 높은 책꽂이를 벽에 수직으로 놓아 두면 사각 지대가 생겨서 그 뒤에 있는 학생들을 적절하게 관찰하지 못하게 된다. 만약 책꽂이가 하나밖에 없다면 불필요한 것들은 캐비닛에 보관하고 책꽂이에는 필요한 것들을 놓을 수 있도록 한다. 특정한 과제 활동을 위해 모둠에서 모둠으로 전달해야 하는 교재들은 책꽂이보다는 바퀴가 달린 수레차(cart)를 이용하는 방법도 있다.

학습 센터

학습 센터는 학생들이 특정 주제나 활동을 하는 장소이다. 종종 학습 센터에는

Reprinted by permission of George Abbott/*Phi Delta Kappan*.

헤드폰이 달린 카세트와 같은 특별한 기자재들이 있다. 과학이나 사회 교과의 주제 학습이나 수학과 읽기와 같은 특정 교과의 관련 기술 영역에 따라 만들어질 수도 있다. 초등학교에서 볼 수 있는 대표적인 것에는 학급 도서관, 듣기 센터(listening centers), 글짓기 센터(writing centers), 과학 실험 센터, 컴퓨터, 수학 센터(math centers), 예능 센터(art centers)와 연극 센터(dramatic play centers) 등이 있다. 학습 센터의 수와 종류는 학년 수준 및 교육과정에 따라 다양하다.

만약 교실에 학습 센터를 만들려고 한다면, 각 센터의 위치를 세심하게 고려해야 한다. 예를 들어, 학급 도서관과 같이 공간을 분리하고자 한다면, 낮은 책상이나 책꽂이 등을 이용하여 경계를 만들어 학생들을 쉽게 관찰할 수 있도록 한다. 또한 학습 센터의 활동 또는 소음이 증가하리라 예상된다면, 다른 학생들에게 방해가 되지 않도록 위치를 정한다. 콘센트를 필요로 하는 센터가 있다면 이들을 먼저 배치한다. 필요한 모든 교재와 시설은 적절하게 사용할 수 있도록 준비한다. 기자재 사용법 및 정리 방법을 게시한다.

양탄자, 조그만 책상 또는 편하게 앉을 수 있는 공간 등과 같이 비공식적인 공간을 좋아하는 교사들도 있다. 이러한 공간에는 마음을 끌 수 있는 내용 또는 개인적인 색채를 담을 수도 있다. 학생들은 이곳에서 특정 과제 또는 모둠 활동을 하거나 자유로이 책을 읽기도 한다(2장에 제시된 바와 같이 적절한 사용 방법 및 절차가 있어야 한다). 이러한 공간을 만들고자 한다면, 다른 학생들의 활동을 간섭하거나 방해하지 않는 곳을 선택한다. 또한 이러한 곳은 대부분 많은 공간을 차지하기 때문에, 활동 공간의 감소 및 혼잡함 등 이에 따른 장·단점도 고려해야 한다.

애완동물, 화분, 어항과 그 외의 물품

이들은 아동들에게 학습 경험을 제공할 뿐 아니라 교실에 개인적인 색채를 더할 수 있게 만든다. 그러나 학년 초에는 학생들이 들떠 있기 때문에 이러한 특별한 것들을 바로 도입할 필요는 없다. 이러한 것들은 특히 일제 학습 때 아동들의 주의를 산만하게 하는 곳에 두어서는 안 된다. 물론, 이동을 방해하거나 개별 활동을 방해하는 곳에 두어서도 안 된다. 애완동물에 알레르기 반응을 보이는 학생들이 있는지도 확인한다. 또한 이러한 동·식물을 돌보는 책임을 학생들에게 부여할 수도 있다.

여러 가지 비품과 보관 장소

벽과 게시판을 장식하고 교실 공간 배치를 끝냈다면, 다음으로 학습 비품을 가져와서 보관하는 것에도 신경을 써야 한다. 자주 사용하는 비품은 쉽게 손이 닿을 수 있는 곳에 둔다. 계절에 따라 또는 자주 쓰이지 않는 것은 더 깊숙이 보관한다.

교과서와 기타 수업 자료

수업 시간에 사용할 교과서와 다른 수업 자료(예를 들어, 사전, 백과사전, 잡지, 신문, 지도, 장갑과 수학 자료)를 확인한다. 모든 학생들이 사용할 수 있도록 넉넉히 준비한다. 학생들이 책상 서랍에 어떤 책을 넣어둘 수 있고, 집으로 가져갈 수 있으며, 모든 학생들이 사용할 수 있도록 교실에 꼭 남겨 두어야 하는 책이 무엇인지 결정한다. 그런 후 학생들의 책상에 있어서는 안 되는 매일 쓰는 책과 자료를 꽂아 둘 책꽂이를 마련한다. 만약 어떤 종류의 학습 보조 자료가 준비되어 있고, 이것에 대한 학교의 정책이 어떤지 잘 모를 때는 학교장,

시청각 담당자나 다른 교사에게 문의한다.

학생들의 작품

학생들의 학습지 파일과 기록장 등을 개별적으로 보관할 공간이 없거나 한곳에 함께 모아두려고 한다면, 이곳은 쉽게 접근할 수 있도록 해야 한다. 예를 들어, 학생들이 테이블에 앉아 있다면, 테이블의 가운데에 바구니나 분유통 등을 놓아 둘 수도 있다. 이들 바구니나 분유통에는 아직 다 하지 못한 시험지 등을 놓아 둔다. 학생들은 진행 중인 과제, 학습지 등을 여기에 넣어 둘 수 있다. 학생들이 테이블에 앉아 있지 않거나, 바구니나 분유통 같은 것을 놓아 두기에 테이블이 너무 작다면, 쉽게 접근할 수 있는 곳에 이것들을 놓아 둔다.

나중에 사용하기 위해 학생들의 작품을 CD에 저장해 둘 수도 있다. 학생들이 각자의 CD를 보관할 수 있도록 학생 개인별로 디스켓 상자를 준비하거나 한 상자에 학급 전체의 것을 모아서 보관할 수도 있다.

포트폴리오

학생들에게 포트폴리오를 작성하게 하려고 할 때, 이것을 놓아 둘 수 있는 공간이 있다면 학생과 교사 모두에게 도움이 될 것이다. 이곳은 학생들이 자신의 포트폴리오를 쉽게 찾고, 쉽게 끼워 넣거나 철하고, 손쉽게 제출할 수 있는 곳이어야 한다. 또한 알파벳순으로 배열할 것인지 아니면 모둠 단위로 놓아 둘 것인지도 생각한다.

자주 사용하는 학용품

학생들에게 제공되는 기본적인 학용품에는 다양한 크기의 색지, 수성펜, 자, 형광펜, 파스텔, 투명 테이프, 스테이플러와 풀 등이 있다. 매일 사용하는 이런 학용품이나 (계산기, 수학 자료, 과학 기구 등의) 비품은 활동 테이블이나 선반과 같이 쉽게 접근할 수 있는 곳에 두어야 한다. 학생들은 연필, 지우개, 펜, 크레파스, 가위와 공책과 같은 학용품은 학교에서 나누어 줄 것이라고 생각한다. 학년 초에 학생들이 이러한 학용품을 다 가지고 있는지 파악할 수 없기 때문에, 미리 이것을 충분히 준비해야 한다. 수업 시간에 학생들에게 필요한 학용품 목록을 학부모에게 보내는 것도 좋은 방법이다.

교사의 물품

교사도 자신이 사용할 물품을 받는다. 이러한 것에는 연필, 펜, 종이, 분필과 지우개, OHP 필름, 가위, 투명 테이프, 자, 스테이플러, 압정 등이 있다. 또한 교사용 교과서, 학급 경영록, 학년 운영 계획서 등도 있다. 글짓기, 수학 및 과학 지침서 등과 같은 보조 교과서도 요청한다. 이들은 보통 교사의 책상에 놓아둔다. 예산상의 문제로 인해 종이나 특정 물품의 사용을 제한하는 학교들도 있기 때문에 이러한 부분도 살펴본다.

그 밖의 비품

만약 교실에 시계와 달력이 없다면, 지금 바로 준비해야 한다. 이것들은 교실 어디에서라도 보일 정도로 커야 한다. 활동의 시작과 끝을 표시하기 위한 종이나 시계를 준비할 수도 있다. 또한 화장지, 종이 수건(paper towel), 비누, 붕대, 비닐장갑, (학생들이 빌리러 올 때를 대비한) 약간의 점심값(역주: 한 달 단위로 학교에서 급식비를 걷는 우리의 경우와 달리 미국에서는 매일 식사를 할 때 식비를 낸다) 등도 준비해야 한다. 간단한 수리를 위해 망치, 펜치, 드라이버 같은 기본적인 장비를 준비하는 교사도 있다.

학생의 개인 물건

학생들이 책상에 보관하는 학용품 외에 도시락, 책가방, 외투, 분실물함, 알림사항 등을 놓아 둘 장소도 필요하다. 교실 공간을 배치하면서 이것들을 놓을 공간도 남겨 둔다. 때때로 학생들은 부피가 큰 물건을 가지고 올 때도 있다(예를 들어, 악기, 큰 책가방 등). 부피가 너무 커서 학생의 책상에 놓아 두기가 어렵거나 주의를 산만하게 하거나 또는 이동에 방해가 된다면 교실의 다른 곳을 보관 장소로 지정할 수도 있다. 이러한 공간을 마련해 둠으로써 교실이 어수선해지고 여러 가지 물건들이 널려 있는 것을 방지할 수 있다.

기자재

효과적인 사용을 위해 사전에 컴퓨터, TV, VTR, OHP, CD 플레이어, 헤드폰, 연필깎이 등의 장비를 점검한다. 필요한 전기 코드나 플러그 등을 준비하고 적절한 곳에 보관한다.

계절 또는 자주 사용하지 않는 것들

계산기, 각도기, 모양자, 특정 미술 자료와 과학 기자재와 마찬가지로 특정 휴일 및 계절 장식 소품, 특정 프로젝트 자료 등은 자주 사용하지 않는다. 교사가 바로 이러한 것들을 활용하는 경우는 거의 없기 때문에 이것들은 캐비닛 위나 교실 밖의 보관 장소에 둘 수도 있다.

교실 공간을 배치하고 비품과 장비를 사용할 수 있게 정리할 때, 이 장의 끝에 있는 검목표(checklist)를 사용하는 것이 도움이 될 수 있다. 여기에는 교실 배치 시 고려해야 할 여러 가지 사항들이 제시되어 있고, 해야 할 것과 확인한 사항을 기록하기 위한 부분도 제시되어 있다.

추천 도서

Butin, D. (2000). *Classrooms.* ERIC Report number ED446421. Washington, D.C.: National Center for Educational Facilities. Available at http://www.edfacilities.org/ir/irpubs.html.

Evertson, C. M., & Poole, I. R. (2004). *Effective room arrangement.* The IRIS Center, Peabody College, Vanderbilt University: Nashville, TN. http://iris.peabody.vanderbilt.edu. Click on "Resources" then "Case Studies" then on "Accommodations" to link to this module.

Fraser, B. J., & Walberg, H. J. (Eds.). (1991). *Educational environments: Evaluation, antecedents and consequences.* Oxford: Pergamon.

Jones, R. A. (1995). *The child-school interface: Environment and behavior.* London: Cassell.

Meager, J. (1996). Classroom design that works every time. *Instructor,* 106, 70-73.

Weinstein, C. S., & David, T. G. (Eds.). (1987). *Spaces for children: The built environment and child development*. New York: Plenum Press.

http://teacher.scholastic.com

제안 활동

교실 공간을 계획하거나 배치할 때 다음 활동들이 많은 도움이 될 것이다. 시간의 여유가 있다면 가능한 한 많은 것들을 직접 해 보기 바란다.

1. 그림 1.3은 어느 교사의 교실 배치를 나타낸 것이다. 이 교실 배치는 몇 가지 문제점을 가지고 있다. 얼마나 많은 문제점들을 찾을 수 있는가? 각 문제점을 해결할 수 있는 방법들을 생각해 보자(부록에 해답이 제시됨).
2. a. 그림 1.4를 살펴보자. 교실 배치로 볼 때, 어떤 학습 활동들이 주로 이루어질까? 학생들의 경우 어떤 활동이 예상되는가?

   b. 그림 1.3과 1.4의 교실에서 공부하는 학생이라고 가정해 보자. 교실의

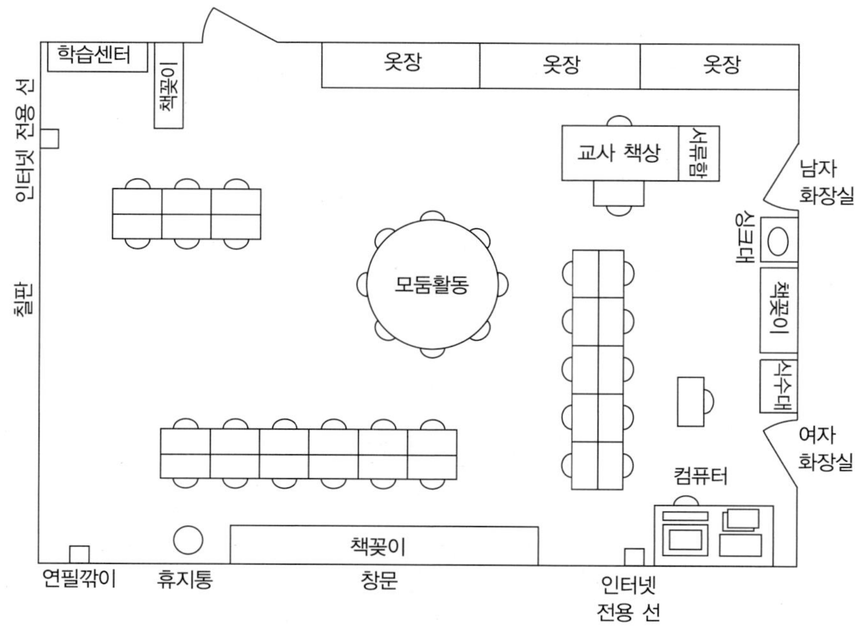

그림 1.3 문제의 소지가 있는 교실 배치

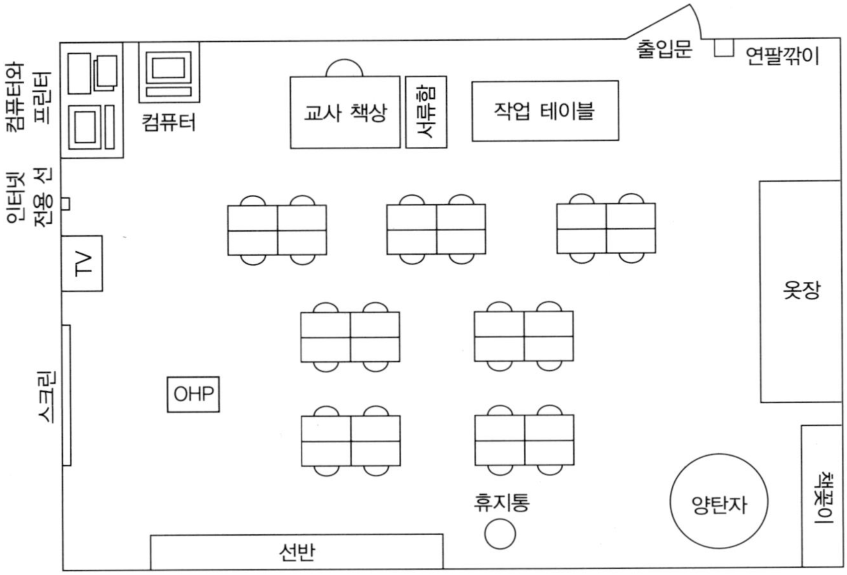

그림 1.4 어느 교사의 교실 배치

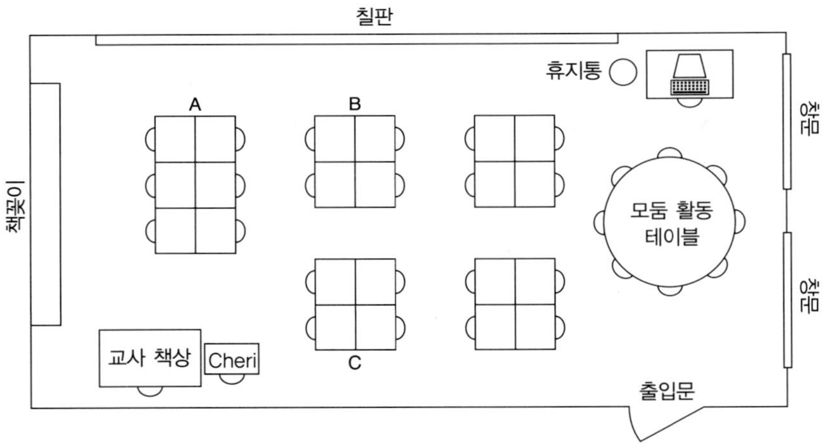

그림 1.5 특별히 고려할 학생이 있는 경우 접근 및 상호 작용을 촉진시키기 위한 교실 배치

여러 곳에 앉아 본다. 보아야 할 것들을 잘 볼 수 있는가? 이제 교사라고 가정해 보자. 모든 학생들을 관찰할 수 있는가? 각 활동 영역이나 책상 사이를 자유롭게 순회할 수 있는가?

c. 그림 1.4에서 교사는 학생 수가 28명인 것으로 가정하고 있다. 그러나 학기 시작 전 학생 수가 적어도 33명 이상이 될 것이라는 이야기를 들었다. 처음 의도한 계획의 장점을 살리면서 5명 이상의 학생들을 더 수용하려면 어떻게 교실을 재배치해야 할까?

3. 다른 교사들의 교실을 둘러본다. 교실 관찰 및 분석을 할 때 이 장의 끝에 제시된 검목표 1과 4가지 요소(2~3쪽)를 활용한다. 문제를 발견한다면, 다른 교사들에게 조언을 구하고 다른 교사들은 비슷한 상황을 어떻게 처리하는지 살펴본다.
4. Cheri는 지난해 아파서 학교에 거의 나오지 못했기 때문에 올해 다시 1학년에 다니고 있다. Cheri는 뼈가 아주 약해지는 병을 앓고 있는데, 가볍게 부딪치거나 넘어져도 뼈가 부러질 수 있다. Cheri는 다리에 교정기를 부착하고 있으며 때때로 보행 보조기를 사용한다. Cheri의 자리는 안전을 위해 다른 학생들의 자리에서 떨어져 교사의 책상 옆에 있다. 그 자리에서는 보행 보조기를 사용하기에도 큰 어려움이 없다. Cheri의 성적은 급우들과 거의 비슷한 수준에 이르렀지만 사회적 기술(social skills)은 학년 평균보다 낮은 상태에 있다. 이러한 정보를 토대로, 교실 출입 및 모둠 활동 공간으로의 이동시 안전을 보장하는 동시에 같은 반 학생들과의 긍정적인 상호 작용을 증대시키기 위해서 Cheri를 어디에 앉혀야 될까? 그림 1.5의 A와 B, C 중에서 어디에 앉혀야 하며, 그렇게 선택한 이유를 설명해 보자.
5. 교실 배치와 계획에 대한 논문 및 예를 University of North Carolina에서 운영하는 웹사이트인 http://www.learnnc.org에서 찾아볼 수 있다. 이 사이트의 검색란에 'room arrangement' 나 'classroom design' 을 입력한다. 이 사이트에서 교실 배치를 위한 세 가지 방안을 찾아보자.
6. 검목표 1에 더하여, 10번째 또는 그 이상의 항목들이 필요할 수도 있다. 이러한 항목들을 어디서 구할 수 있는지 생각해 보자.

검목표 1

교실 준비

확인	대상	참고사항
	게시판과 벽, 교실 바닥	
☐	A. 학생들의 책상/테이블	______
☐	B. 모둠 활동 영역	______
☐	C. 컴퓨터	______
☐	D. 교사의 책상과 기자재	______
☐	E. 학습 센터	______
☐	F. 책꽂이	______
☐	G. 동 · 식물의 위치	______
☐	H. 이동 형태	______
☐	I. 학습 도서관	______
	보관 장소 및 학용품	
☐	A. 교재 및 익힘책	______
☐	B. 학생들의 작품	______
☐	C. 포트폴리오	______
☐	D. 자주 사용하는 수업 자료	______
☐	F. 교사 물품	______
☐	E. 학급 비품	______
☐	G. 학생들의 물건	______
☐	H. 각종 기자재	______
☐	I. 계절 또는 자주 사용하지 않는 물건	______

2

학급 규칙과 절차

Our Rules for Getting Along
1. Everyone has a right to be safe.
2. We will treat people with courtesy and respect.
3. We will include people who are left out.
4 Stopping violence is everyone's job.

교실 배치를 통해 교실의 물리적 공간에 대한 준비를 끝냈다면, 학생들의 사회적 공간을 어떻게 구성할 것인가를 생각해 보아야 한다. 효과적인 학급은 상호 작용과 이동이 쉽게 조직되고 이루어지는 여러 가지 형태와 일상적인 절차를 가지고 있다. 성공적인 1년을 보내기 위해 학생들은 교사가 기대하는 행동을 이해하고 이를 실행해 나가야 한다. 적절하고 협동적인 행동이 일상화되길 원하기 때문에, 이러한 기대를 학생들에게 어떻게 전달하고 이를 채택하도록 할 것인가를 생각해 보아야 한다. 주의 깊게 계획된 규칙 및 절차는 교사의 기대를 학생들에게 보다 쉽게 전달하며, 교사가 계획한 규칙과 절차가 효과적으로 운영되는 데 도움을 준다.

자문해 볼 필요가 있는 질문에는 '규칙과 절차란 무엇인가?', '이것들을 어떻게 만들어 내고, 가르치고, 강화시킬 수 있을까?' 등이 있다. 이 장의 목표는 이러한 질문에 대한 해답을 찾고 학급에 필요한 규칙과 절차 체계를 만들어 내도록 돕는 것이다. ■

효과적으로 운영되고 있는 학급이란?

효과적으로 운영되는 학급은 혼동 및 활동 정지 시간이 최소화된 상태에서 부드럽게 운영되며 학생들의 학습 기회를 최대화한다.

만약 어떻게 행동해야 하고, 언제 · 어떻게 교실을 돌아다닐 수 있으며, 좌석 배치를 어떻게 할 것인가, 교사가 일을 하고 있을 때 질문 등을 할 수 있는가, 그리고 허용 가능한 소음은 어느 정도인가 등에 대한 기준이 없다면 교사가 수업을 하거나 학생들이 효과적으로 학습하는 것은 불가능하다. 아래의 예를 살펴보자.

아침 8시에 시작종이 울렸을 때, Ms. Smith의 4학년 학생 26명 중 21명이 교실에 있다. 대부분은 자기 자리에 앉아 있지 않고 교실을 배회하면서 시끄럽게 떠들고 있다. Ms. Smith는 시끄러운 상태에서 "모두들 앉아라!"라고 소리친다. 많은 노력으로 대부분의 아이들을 자리에 앉히는 데 성공한다. 그러나 세 명의 학생들은 여전히 서서 떠들고 있다. 교사는 교실 앞으로 가서 전날 있었던 현장학습에 대한 토론을 시작하려고 하는데, 거의 아무도 듣고

> 있지 않다. 8시 6분, 몇 명의 학생들은 여전히 여기저기 흩어져 있다. 다른 두 명의 학생이 자리를 뜬다. 교사는 아동들에게 현장학습에서 좋았던 점이 무엇인지 묻는다. 단 몇 명만이 대답을 한다. 벌써 집중하고 있지 않다는 몇 가지 증거가 있다: 일부 학생들은 교사를 쳐다보지 않고 나머지는 자기들끼리 소곤소곤 이야기를 하고 있다. 교사는 토론을 포기하고 한 학생에게 종이를 나누어 주라고 말한다. 8시 9분, 교사가 책상 주변에 모여든 일부 아이들과 얘기하는 동안 나머지 학생들은 아무것도 하지 않고 앉아 있다. 8시 10분, 교사는 교실 앞으로 가서 오늘 학생에게 뭔가 새로운 것을 보여줄 것이라고 말한다. 두 명의 학생들이 큰소리로 떠들고 있지만 Ms. Smith는 이를 무시한다. 세 명의 다른 학생들이 자기 자리를 이탈한다: 한 명은 물을 마시러 가고, 한 명은 연필을 깎으러 가고, 또 한 명은 다른 아이를 만나러 간다. 교사는 OHP의 초점을 맞추고 학생들에게 옮겨 쓰라고 말한다. 즉시 두 명의 학생들이 종이를 빌리러 자리를 뜨고 교실은 더 시끄러워지고 있다. 반 정도의 학생들이 종이를 꺼낸다. 멀리 벽 쪽에 앉은 학생들은 조용하지만 교사를 무시하고 있는 것처럼 보인다. 한 학생은 화장실에 가고 다른 한 명은 연필깎이로 간다. Ms. Smith는 "여러분, 조용히 하고 종이를 꺼내요!"라고 소리친다. 학생 몇 명이 "왜요? 무엇 때문에요?"라고 소리친다.

이 반을 지켜본 사람들은 학생들에게 수많은 부적절한 행동을 하도록 허용하고 있다고 Ms. Smith를 비난할 수도 있다. "더 엄격하게 해라. 무례한 행동을 하는 학생들을 벌하여라." 또는 "학생들의 흥미를 유발시킬 수 있는 더 재미있는 수업을 전개해라"라고 말할지도 모른다. 어떤 사람들은 Ms. Smith가 바람직한 행동을 격려하는 보상체제를 마련해야 한다고 이야기할 수도 있다. 이 제안들이 어떤 상황에서는 도움이 될 수 있다 해도 근본적인 문제를 다루고 있지는 않다: 학생들은 자신들에게 기대되는 행동을 배운 적이 없고, 교사는 학생들의 행동을 지도할 절차를 만들지 않았다. 이러한 문제는 하루를 시작하는 규칙, 수업을 하는 동안 자료를 가지러 가는 것, 교사가 일제식 수업을 할 때 잡담하는 것, 자리를 떠나는 행동, 교사에게 주의 집중하는 것, 질문에 대답하는 것 등과 같은 영역에서 분명히 드러난다.

물론 학생들이 적절한 행동 방법을 알고 있다고 해서 반드시 그 방법대로 행동하는 것은 아니다(그렇기 때문에 이 책은 2장에서 끝나지 않고 다른 여러 장의 내용이 제시된다!). 그러나 학생들에게 적절한 행동에 대한 기대를 분명하게 심어 주는 것이 긍정적인 학급 환경을 조성하는 중요한 출발점이 된다.

초등학교라는 특수한 환경에서는 효율적인 학급 절차를 갖추는 것이 필수적이라는 것을 명심해야 한다. 교사는 매일 25~30명의 학생들과 함께 공부를 한다. 점심, 쉬는 시간 또는 다른 수업을 위해 교실을 떠난다 해도 학생들의 활동은 일반적으로 제한된 공간과 자료를 갖춘 한 교실로 제한된다. 교사는 다양한 학생들에게 다양한 인지적 기술을 가르칠 책임이 있는 동시에 행정 사무를 처리하고 필요한 자료를 준비하고, 학생들을 평가해야만 한다. 이를 잘 처리하기 위해 교사와 학생들이 혼란과 시간 낭비를 최소화하는 질서 정연한 환경이 필요하며, 이는 모든 학생들이 중요한 학습 활동에 집중할 수 있게 만든다. 학생과 함께 설정한 규칙과 절차는 교사 자신의 목표와 학생들의 목표를 반영하고 있을 것이다.

예비 조건

용어 정의

*목표*는 희망하는 상태로 매일 달성될 필요는 없다. 그러나 장기적인 목표는 우리의 일상적인 행동을 결정한다. 교사는 1년 동안 학생들이 달성하도록 원하는 목표와 자신의 개인적 목표를 주의 깊게 생각해야 한다. 학급 활동에 관한 공통의 가치를 설정하는 중요한 방법은 학생들과 함께 목표에 대해 논의하는 것이다. 교사의 생각과 교사가 설정한 목표는 학생들에게 전달되는 교사의 기대에 큰 영향을 미친다는 것을 명심한다.

*기대*는 기대되는 행동 또는 결과이다. 교실 내에서, 교사는 자신의 기대를 학생들에게 전달하거나 학생들에게 기대를 추측해 보게 할 수 있다. 자신들에게 기대되는 것이 무엇인지 알고 있을 때 학생들은 쉽게 교사의 기대에 부응할 수 있다. 교사는 학급 규칙과 절차를 직접 가르치고, 이를 연습할 기회를 제공

하며, 학생들의 행동에 계속 반응함으로써 학생들이 자신의 기대를 알게 한다. 일관된 교사의 반응은 적절한 행동을 강화하는 긍정적 결과와 부적절한 행동을 줄이는 부정적 결과를 모두 포함한다.

*규칙*과 *절차*는 행동에 대한 진술된 기대를 의미한다. 규칙은 행동에 대한 일반적인 기대 또는 기준이다. 예를 들어 "다른 사람과 그 사람의 개인 물건들을 존중하기"라는 규칙에는 언제나 지켜야 하는 많은 행동들이 포함되어 있다. 때로는 교사가 규칙을 긍정문으로 진술하더라도 여기에는 적절한 기대 행동뿐만 아니라 수용할 수 없는 행동이 나타나 있다(예를 들어 "수업 중 발표하기 전에는 선생님의 지명을 받아야 해"). 이 예에는 받아들일 수 없는 행동들이 암시되어 있다. 즉, 허락 없이는 발표하지 말라는 것이다. 일반적인 규칙과 함께, 대부분의 교사들은 문제가 될 수 있거나 통제하고 싶은 특별한 행동들을 관리하는 한두 개의 규칙을 만든다(예를 들어 "껌을 씹어도 좋다." 또는 "껌을 씹지 말아라.").

절차 또한 행동에 대한 기대를 전달한다. 주로 특별한 행동에 적용하고, 어떤 행동을 금지하거나 일반적 기준을 정해 주기보다는 실행 방향을 제시해 준다. 예를 들어, 학생들과 함께 과제 걷기, 지난 과제 제출하기, 수업 중 토론에 참여하기, 화장실 사용하기 등에 관한 절차를 만들 수 있다. 학습 센터의 기자재들을 사용하는 방법과 같이 복잡하거나 까다로운 것들은 학생들과의 토론을 통해 사용 방법을 알리는 것과 함께 이를 붙여 놓을 수도 있다. 그러나 대부분의 절차들은 아주 단순하거나 구체적이며 자주 쓰다 보면 학생들이 쉽게 배울 수 있기 때문에 게시할 필요는 없다.

교사가 계획하는 규칙과 절차는 자신이 만들고자 하는 학급 공동체의 형태에 달려 있다. 예를 들어, 대부분의 활동이 교사 위주로 이루어지는 학급은 개별 활동 또는 모둠 활동이 주가 되는 학급과는 상이한 규칙 및 절차가 필요할 것이다.

학교의 규칙과 절차의 확인

대부분의 학교에서 교사들은 학생들에게 교칙을 준수하도록 지도한다. 일반적으로 교칙은 바람직하거나 금지된 학생들의 행동을 규정하는 일련의 행동 규범으로 표현된다. 이러한 행동 규범은 금지된 행동을 했을 경우 일어날 수 있는 결과를 제시하기도 한다. 모든 교실과 학교 전체에 걸쳐 일관된 규칙을 적용하는 것은 교사에게도 도움이 된다. 학생들은 이를 통해 규칙을 보다 쉽게 학습할 수 있다. 또한 모든 사람들이 지키는 규칙이기 때문에 학생들의 눈에는 더 정당하게 보인다. 학생들의 행동을 규제하는 규칙과 절차뿐만 아니라 모든 학교에는 교사들이 지켜야 하는 행동 절차가 있다(예를 들어, 출석을 기록하는 것). 교사는 학급 규칙과의 통합을 위해서 학년 시작 전에 학교의 규칙과 절차를 알아야만 한다. 학교 규칙 및 교사를 위한 행정적 절차 등은 학교 소개석상에서 또는 교사용 지침서, 행정가, 다른 동료 교사들로부터 구할 수 있다. 다음과 같은 사항에 주의를 기울여야 한다.

1. 특별히 금지된 행동(예: 복도에서 뛰기, 학교에 특정 물건을 가져오는 것)이나 요구되는 행동들(수업시간 중 교실 밖에 나갈 때 통행증을 가지고 다니기, 결석계 제출하기)
2. 규칙 위반에 대한 결과. 잘못을 저지른 학생을 교무실로 데리고 가는 것과 같이 문제 행동에 대한 결과 처리 방법에 주목해야 한다. 만약 학교에 어떤 규칙 위반 행동을 처리하는 기준이 없다면, 교사 스스로 어떻게 처리해야 하는지 결정을 해야 한다.
3. 교과서를 나누어 주는 것과 같은 학년 초 활동 등 수업시간에 처리해야 하는 행정적 절차. 학급 경영록에 출석을 기록하는 것, 전날 결석한 학생들과 이야기하기, 교무실에 출석을 기록하는 것 등 매일 해야 하는 일도 있다. 식권 관리, 복도 출입 등과 같은 사항은 자주 일어나며, 따라서 기록 체제와 현금을 안정하게 보관할 장소가 필요할 수도 있다. 또 학생들이 교실을 나가 다른 곳으로 이동하는 절차도 필요할 수도 있다. 학생들이 매일 학교에 와서 스스로 출석표에 출석 상황을 표시하도록 하는 교사들도 있다. 이를 통해 학생들의 활동을 방해하지 않고 누가 결석했는지 알 수 있을 것이다.

대부분의 경우 이러한 부분에 대한 절차가 이미 만들어져 전교 학생들이 지키고 있을 것이다. 만약 학교 내에서 어떤 부분에 대해 공통의 절차가 시행되고 있지 않다면 경험 있는 교사와 어떻게 처리할 것인지 의논하면 도움이 될 것이다.

교칙과 절차에 관한 정보를 가지고 있다면, 본인이 담당한 학급의 규칙을 계획을 시작할 준비가 되었다고 볼 수 있다. 여기서는 규칙에 관한 기본적인 사항을 먼저 제시하고 그 뒤에 절차에 관한 사항을 제시한다.

학급 규칙 정하기

여러 가지 많은 규칙들이 가능하지만, 가장 중요한 행동 영역을 모두 포함하기에는 4~8개의 규칙이면 충분하다. 아래에는 대부분의 학급 행동을 포괄하는 4개의 일반적 규칙들이 제시되어 있다.

규칙 1. 모든 사람들을 존중하고 예의 바르게 행동하기. 이 규칙은 일반적인 것이다. 예와 설명을 충분히 제시하여 교사 자신과 학생들이 그 의미를 분명하게 이해할 수 있도록 한다. 예의 바른 행동에 대한 정의를 분명하게 제시할 필요가 있으며, 이를 더 확대하여 친구 때리기, 싸움이나 욕을 하지 않는 행동까지 포함시킬 수도 있다. "모든 사람"에는 교사도 포함된다는 것을 강조할 수도 있다.

규칙 2. 신속하게 행동하고 준비하기. 이는 학교 공부의 중요성을 강조하는 기준과 관련되어 있다. 아침 활동을 시작할 때, 모둠 활동으로 이동할 때, 개별 활동으로 전환할 때 신속하게 행동하라는 표현을 사용할 수 있다. 준비되어 있다는 것은 학습 활동을 성공적으로 수행하기 위해 마음가짐뿐만 아니라 준비물을 정확하게 챙기는 것의 중요성을 의미한다.

규칙 3. 다른 사람이 말하고 있는 동안 조용히 듣기. 이 규칙을 사용하면 수업 시간에 크게 소리를 지르는 것 등과 같은 수업 방해 행동을 막을 수 있다. 설명하거나 질문하는 방법을 학생들에게 가르치기 위해 이 규칙에 대한 토론을 할 수도 있다(예: 손을 들고 지명될 때까지 기다리기).

"Clamhouse 선생님이야. 아주 무서운 선생님이지."
Reprinted by permission of Tony Saltzman.

규칙 4. 모든 교칙 지키기. 이 규칙을 포함시킴으로써 학생들로 하여금 교실 밖(예를 들어, 운동장 또는 학교 식당)에서 일어나는 학생들의 행동에 대한 교사의 감독이 타당하다는 생각을 갖도록 한다. 이는 교칙이 교실 밖에서뿐 아니라 교실 안에서도 적용이 된다는 것을 학생들에게 상기시킨다. 또한 교사가 교칙이 적용되는 곳이면 어디서나 학생들의 행동을 관찰하겠다는 것을 의미하기도 한다.

반드시 이러한 규칙이 있어야 하는 것은 아니지만, 효과적으로 운영되고 있는 학급에서는 이와 유사한 규칙을 자주 발견할 수 있다. 다른 규칙(예를 들어, 특정 활동을 금지하는 규칙)이나 위의 규칙을 다른 말로 바꾸어 사용할 수도 있다. 이 규칙들이 너무 일반적이라서 좀 더 구체적인 규칙을 선호하는 교사들도 있을 수 있다.

일반적인 규칙을 제시할 때는 학생들에 대한 교사의 기대를 구체적으로 논의해 본다. 규칙의 부정적인 면보다는 긍정적인 면을 강조한다. 긍정적인 면을 강조하는 것은 학생들이 적절한 행동 방식을 배우는 데 도움을 줄 수 있다. 교사는 받아들일 수 없는 행동을 분명히 해둘 필요가 있다(예를 들어, 껌을 씹는 것, 자리를 떠나는 것, 크게 소리 지르는 것). 규칙에 포함시키거나 특정한 활동에 관한 절차를 제시할 때 학생들과 논의를 할 수도 있다. 규칙과 절차는 구체적인 예와 함께 학년 수준에 맞는 용어로 설명해야 한다. 실제 사례를 가지고 규칙을 연습해 보는 역할극을 하는 것도 도움이 될 수 있다.

교사가 선택한 규칙들은 몇 가지 방법으로 사용된다. 교사는 첫째날 또는 둘째날 학생들과 규칙들을 토론하고, 처음 몇 주 동안 이를 강조하며, 그 후 일관되게 규칙을 시행한다. 규칙을 게시해 놓으면 교사가 중요하게 생각하는 행동에 대한 강한 기대를 만들어낸다. 학부모들의 확인 및 서명을 받을 목적으로 학급 규칙을 학부모들에게 보낼 수도 있다. 끝으로, 학생들에게 적절한 행동을 상기시킬 필요가 있을 때 구체적인 규칙을 언급한다. 정해진 규칙들은 학생들의 모든 행동들을 포괄할 필요도 없고 그럴 수도 없다는 것을 알아야 한다.

학급을 위해 교사가 설정한 절차를 학생들이 따를 때 교사가 만들고, 가르치고, 강화하는 규칙은 학생들에 의해 표현된다. 학생들에게 규칙을 가르칠 때에는 규칙과 관련된 구체적인 절차들도 확인한다. 예를 들어, "모든 사람을 존중하고 예의 바르게 행동하기"라는 규칙은 학생들이 이 규칙을 지키는 데 도움이 되는 관련된 몇 가지 절차들을 가지고 있다. 학생들은 식수대에서 차례를 지킴으로써, 예의 바른 표현을 사용함으로써(예를 들어, '고마워'와 '미안하지만 ~ 해줄래' 등), 교사의 지시를 따름으로써, 교내 방송에 주의를 기울임으로써, 다른 반의 수업을 방해하지 않기 위해 복도에서 조용함으로써 존중과 예의 바름을 증명할 수 있다. 이러한 행동은 학생들에게 규칙을 지키도록 하기 위한 구체적인 절차로 사용할 수 있다(절차에 관한 것을 다음 절에서 논의한다). 교사가 직접 규칙을 만들거나 규칙을 만드는 과정에 학생들을 참여시킬 때 모두 규칙과 절차를 연계할 필요가 있다.

규칙을 만드는 과정에의 학생 참여

규칙을 만드는 과정에 학생들을 참여시키는 방법은 여러 가지가 있다. 어떤 학급에서든, 학생들은 특정 규칙이 왜 필요한지 논의하고 그 규칙의 의미와 필요성을 명확하게 이해해야 한다. 특정 규칙에 관련된 행동들의 구체적인 예를 제시하는 것이 학생들에게 도움이 된다. 그러나 교사들은 학생들이 제시할 수 있는 부정적인 예("물건 아껴 쓰기는 책상에 낙서를 하지 않는 것을 의미한다.")를 대체할 수 있는 긍정적인 예("물건 아껴 쓰기는 여분의 학용품 등을 보관해 두었다가 다른 사람들이 사용할 수 있도록 하는 것을 의미한다.")를 제시할 준비가 되어 있어야 한다.

학생들에게 제안을 하도록 요청하거나 좋은 학습 분위기를 조성하기 위해 학생 모두가 지켜야 할 구체적인 행동을 제시하도록 요청하는 행동 등을 통해 학생들을 학급 규칙 논의 과정에 참여시킬 수 있다.

학생들은 "주의 깊게 듣기", "중간에 끼어들지 않기", "비판하지 않기"와 "다른 사람 격려하기" 등과 같은 제안을 할 수도 있다. 일련의 제안을 받은 후, "다른 사람 존중하기"와 같은 한두 가지 범주로 이들을 분류한다. 노력과 인내력을 키우는 것을 목적으로 하는 규칙이라면, 성공과 학습을 촉진할 수 있는 행동의 예를 학생들에게 제시하게 한다. 만약 학생들이 "과제 제출 기간 지키기", "주의 집중하기", "필요할 때 선생님께 도움 요청하기"와 "스스로 공부하기"등과 같은 예를 제시한다면, "항상 최선을 다하기" 등과 같은 일반적인 기준으로 학생들의 의견을 요약하여 제시한다. 이러한 논의 과정에 학생들을 참여시키면 이러한 기준의 적절성과 학생들의 수용이 증진된다. 저학년(K-3)의 경우, 이러한 과정에 며칠의 시간이 소요될 수도 있다. 대부분의 학급에서는 규칙이 결정된 후 역할극이 뒤따른다. 역할극은 학생들의 규칙 이해에 상당히 중요하다.

대부분의 유능한 교사들은 규칙을 정할 때 학생들에게 선택권을 주지 않는다. 그 대신 규칙과 절차를 학생들에게 분명하게 제시하고, 그 규칙이 필요한 이유를 설명해 준다. 합리적인 규칙과 절차를 만들고, 해당 규칙이 필요한 근거를 설득력 있게 제시하고, 일관성 있게 규칙을 적용하는 교사는 대다수의 학생들이 규칙과 절차를 따르려고 한다는 사실을 알게 될 것이다.

생각해 보기

규칙과 절차를 계획할 때, 이것들을 선택하고 실행에 옮기는 데 있어서 학생들의 역할을 생각한다. 규칙을 정하고, 그 이유를 논의하고, 다른 대안을 제시하게 하는 행동 등을 통해 학생들을 광범위하게 참여시키는 교사가 있는가 하면 교사가 직접 규칙과 절차를 정하는 전통적인 방법을 선호하는 교사도 있다. 또 위의 두 가지 방법이 결합된 방법을 선호하는 교사도 있다. 어떤 방법이 좋은지, 왜 그런지, 그리고 어떻게 실행할 것인지 생각해 본다. 본인이 선택한 방법과 본인의 교육철학은 어떤 관계가 있는가?

학급 절차 계획하기

만약 일반적인 초등학교 교실에서 학생들에게 요구되는 구체적인 행동들을 분석해 본 적이 없다면, 이 절에서 제시되는 복잡하고 세부적인 사항들에 놀라게 될 것이다. 항목 중의 일부가 사소해 보이더라도 대충 넘어가서는 안 된다. 이 조각들이 운영체계의 모자이크를 형성하는 데 결합될 것이다. 여기에는 5가지 범주의 절차가 제시되어 있다: 교실 사용에 대한 절차, 개별 학습 및 일제식 수업 활동에 대한 절차, 교실 안팎으로 이동하는 절차, 모둠(소집단) 학습에 따른 절차, 협동 학습 절차와 일반적 절차들. 여섯 번째 영역인 학생들이 과제에 책임을 지도록 하는 것에 관한 것은 3장에서 다룬다. 협동 학습에 대한 자세한 절차들은 6장에서 다룬다.

시간이 지남에 따라 절차는 수정되거나 새로운 것이 추가될 수 있다는 점을 명심한다. 이 장의 후반부에서 강조하겠지만, 절차는 계속적인 지도와 연습을 필요로 한다. 아래 항목들을 읽으면서 검목표 2에 제시되어 있는 절차에 대한 사항들을 생각해 본다.

교실 사용에 대한 절차

교실의 특정 영역과 가구, 기자재 등의 사용을 규정하는 절차가 필요하다.

교사의 책상과 자료 보관 영역

학생들이 교사의 허락 없이 책상이나 다른 보관 영역에 있는 것에 손대지 않도록 하는 것이 가장 좋다.

학생의 책상과 사물함

학생들이 교사의 책상을 쓸데없이 건드리지 않는 것처럼, 다른 학생의 책상이나 사물함을 건드리지 않아야 한다. 또한 학생들에게 책상과 자료를 치우고 정리할 수 있는 시간을 매주 준다면 학생들이 좋은 학습 습관을 가질 수 있도록 도와줄 수 있다(이는 금요일의 좋은 마무리 활동이 된다).

공동 자료의 보관

공동으로 사용하는 물건(가위, 종이, 자 등)과 참고서(보조 자료, 백과사전, 사전 등)는 책꽂이나 서랍, 캐비닛에 보관한다. 대부분의 교사들은 이 보관 영역에 적당하게 이름을 붙이고, 자료를 언제 사용하는지, 사용할 때 허락을 받아야 하는지, 그리고 어떻게 가져가고 반납하는지 등의 여부를 말해 준다.

식수대, 싱크대, 연필깎이

한 번에 한 명씩 그리고 교사가 일제식 수업을 하거나 반 전체에게 얘기하고 있지 않을 때에만 사용하도록 하는 것이 일반적인 방법이다. 정해진 휴식 시간 외에 식수대나 싱크대를 사용할 때에는 허락을 받도록 요구하는 교사들도 있다.

화장실

화장실이 교실에 있거나 교실 가까이 있을 때 대부분의 교사들은 교사가 수업을 진행하고 있지 않을 때에는 언제나 허락 없이 한 번에 한 명씩 사용하도록 허락한다. 다른 사람이 화장실을 사용하고 있는지를 알려주는 정해진 약속이 있어야 한다(예: 녹색과 빨강색으로 문 위에 뒤집을 수 있는 표시; 노크하고 기다리기). 또 화장실 물 내리기, 손 씻기, 싱크대 주변정리, 종이 수건 처리하기와 같은 화장실 사용 절차를 반복하여 제시하는 것이 좋다. 만약 화장실이 교실에서 떨어져 있다면, 전체가 이용하는 시간(점심시간 전, 쉬는 시간)과 개인적으로 이용하는 절차들이 계획되어야 한다.

학습 센터와 기자재 영역

언제 이용할 수 있으며(특별한 수업 동안만), 특별한 허락이 필요한지, 얼마나 많은 인원이 한 번에 사용할 수 있는지 등에 대한 절차가 필요하다. 교사가 학습 센터를 배정하거나 또는 학생들 스스로 이를 선택하게 한다면 학습 센터 사이의 학생 이동을 안내하는 절차도 필요하다.

흔히 다른 사람을 방해하지 않을 정도의 대화를 허용하는 교사들도 많이 있다. 만약 대화를 허용한다면, 그곳은 조용히 활동해야 하는 교실의 다른 영역으로부터 떨어져 있어야만 한다. 각 장소에 있는 기자재의 사용 방법, 허용되는 학생 수, 이용 후 정리 · 정돈에 관한 안내문을 붙여 놓는다. 또한 상당수의 교사들은 한 번에 학습 센터를 이용할 수 있는 학생 수에 관한 내용을 게시하기도 한다.

컴퓨터 영역

대부분의 교실에는 한 대 이상의 컴퓨터가 있다. 학습 센터에 적용되는 일반적인 절차들과 함께(예를 들어, 미리 허락을 받아야 하는지, 한 번에 정해진 수의 학생들만 사용할 수 있는지 등), 컴퓨터 영역에만 적용되는 절차도 필요하다. 다음과 같은 행동에 대한 절차가 필요하다.

- 컴퓨터로 가기(컴퓨터에 알파벳이나 숫자를 붙여 놓고 특정 컴퓨터에 학생들을 배정하는 교사가 있는 반면 무작위로 학생들을 컴퓨터에 앉게 하는 교사도 있다.)
- 디스켓 가져오기(디스켓과 기타 소모품을 보관해 놓은 곳이 컴퓨터 주위에 있을 수 있다.)
- 컴퓨터 사용하기(학생들에게 특정 인터넷 사이트를 검색하게 하거나 과제를 끝마친 후, 다른 프로그램을 사용하도록 허락할 수도 있다.)
- 함께 컴퓨터 사용하기(어느 정도 오래 사용할 수 있는가)

개별 학습과 교사주도 활동 동안의 절차

학생의 주의를 집중시키고, 참여를 유도하고, 필요할 때 도움을 주는 것에 주된 관심을 둔다. 적절한 절차를 통해 내용 설명이나 학습 활동을 방해할 수 있는 행동들을 방지하거나 감소시킬 수 있다.

수업 중 학생의 주의 집중

교사가 수업을 하거나 다른 학생이 발표를 할 때 나머지 학생들은 어떻게 행동해야 하는가에 대해 생각해 보아야 한다. 일반적으로, 학생들은 발표자를 쳐다보며 주의 깊게 듣도록 기대된다. 사실, 교사들은 흔히 이런 기대를 "선생님이나 다른 학생이 말하고 있을 때에는 주의 깊게 듣기"와 같은 일반적인 학급 규칙으로 바꾸어 표현하기도 한다. 또 교사들은 수업을 하는 동안 학생들이 자리에 앉아서 잡담을 하지 않고 수업에 필요한 책이나 자료만 보기를 원한다.

학생 참여

학생들이 질문을 하거나, 토론에 참여하거나, 교사의 도움을 얻을 수 있는 방법을 분명하게 제시해야 한다. 수업이나 토론을 할 때 가장 간단한 방법은 학생들에게 손을 들고 지명되기를 기다리면서 자리에 앉아 있도록 하는 것이다. 교사를 통해서만 상호 작용이 이루어지는 것을 피하기 위해 발표한 학생에게 다음 발표자를 지명하게 하는 교사들도 있다. 대부분의 경우 학생들이 손을 들지 않고 큰 소리로 대답하는 것을 허용하는 것은 좋은 방법이 아니다. 큰 소리로 대답하는 것을 허용한다면 소수에 의한 참여 주도, 수업 내용과 관련이 없는 발표, 토론과 수업 방해 등과 같은 바람직하지 못한 결과를 초래할 수 있다. 학생들에게 손을 들도록 하는 것은 모든 학생들에게 참여할 수 있는 기회를 주며, 원한다면 손 들지 않은 학생을 지명할 수도 있게 한다. "큰 소리로 대답하기"가 허용되는 두 가지 예외 상황도 있다. 첫 번째는 교사가 학생에게 일제답을 원할 때이다; 즉 질문에 대한 전체 학생들의 대답을 원할 때이다. 이때에는 질문의 서두에 대답하기 위해 손을 들 필요가 없다는 것을 말해준다. 또한 한 손을 귀에 갖다대거나 "모두 다"로 질문을 시작하는 등 일제답을 위한 신호를 학생들에게 가르칠 수도 있다. 두 번째 예외는 손을 드는 것이 토론을 지연시키거나 방해할 수도 있는 활동을 할 때이다. 이런 특별한 활동을 할 때에는 학생들에게 손을 들 필요가 없다고 말한다. 학기 초에는 손을 들도록 요구하는 기본 절차를 변형시키지 말아야 한다. 학생들이 어느 정도 규칙을 이해했다는 확신이 들 때까지 몇 주 동안은 기본 틀을 따라야 한다. 그런 후 절차를 바꾸고 싶다면 활동을 시작할 때, 처음 활동과의 차이점을 분명하게 알려 주어야 한다.

학생들 간의 대화

대부분의 활동에서, 학생들 간의 조용한 대화는 학습 문제 해결의 중요한 부분이 된다. 그러나 학생들은 언제, 어느 정도의 크기로 이야기할 수 있는가를 알고 있어야 한다. 교사는 자신의 방침이 어떠한지, 그리고 그것을 학생에게 어떻게 알릴 것인지 결정해야 할 것이다. "아무 말도 하지 않기" 규칙은 쉽게 지켜지지 않는 규칙이다. 궁금한 것이 있을 때 주위의 다른 학생들에게 조용히 질문을 할 수 있도록 허용할 것인가를 결정해야 한다. 그리고 시험 삼아 학생들끼리 서로 돕도록 허용한다.

만약 학생들에게 개별 학습 활동시 서로 이야기하고 함께 공부할 수 있도록 허용하려 한다면, 구체적인 한계선을 정해야 한다. 예를 들어, 어떤 활동을 할 때 친구들과 조용히 대화를 나눌 수 있지만, 만약 소리가 너무 커진다면 이런 권리를 상실할 것이라고 학생들에게 이야기한다. "조용히 이야기하기"가 무엇을 의미하는지 설명해 주고 학생들이 무슨 뜻인가 이해했는지 확인하기 위해 학생들에게 시켜 보는 것이 좋다.

학생들이 모둠이나 학습 센터에서 활동하고 있다면, 어느 정도의 소음이 허용될 수 있는지 학생들과 이야기를 나누어야 한다. 또한 대부분의 교사들에게 있어 전체 학급의 주의 집중이 필요할 때를 위해 "아무런 소리를 내지 않기(zero noise signal)" 신호를 만드는 것도 도움이 된다. "아무런 소리를 내지 않기" 신호로는 손을 들거나 잠시 형광등을 끄는 방법 등을 사용할 수 있다.

도움 받기

공부하다가 도움이 필요할 때, 학생들에게 손을 들도록 한다. 다른 학생들의 활동에 방해가 되고, 교실의 특정 부분이 혼잡해지고, 교사의 수업 진행에도 지장을 줄 수 있기 때문에, 학생들이 도움이 필요할 때마다 큰소리로 교사를 부르거나 교사에게 오도록 하는 것은 좋지 않다. 일단 손을 들면, 교사가 학생에게 가거나 한 번에 한 명씩 차례로 앞으로 나오게 할 수 있다. 또 다른 방법은 교사가 책상이나 어떤 한 장소에 앉아 있고 다른 학생을 도와주고 있지 않을 때만 학생이 나오도록 하는 것이다. 이를 통해 학생들이 떠들면서 교사의 책상 주변에 길게 늘어서는 것을 막을 수 있다. 또한 이는 교사가 개별 지도를 할 장소를 조정할 수 있게 해준다. 만약 학생들의 자리 이외의 다른 곳에서 지도하고 싶다면 나머지 학생들을 잘 볼 수 있는 곳을 선택해야 한다. 학생들이 질문을 할 때 "이 문제의 답을 아는 사람 있니?"라는 질문을 학생들에게 함으로써 질문에 대해 생각해 보게 하는 교사들도 있다. 만약 "예"라고 대답하는 학생이 있다면, 그 학생에게 도움을 요청하도록 한다.

만약 학생들 간에 서로 도와주는 것을 허용하고자 한다면, 언제, 어떻게 할 것인가에 대한 절차도 필요할 것이다. 예를 들어, 교사에게 질문하기 전에 '세 명의 동료 학생들에게 질문하기—3B4Me(Three before Me)'와 같은 절차를 이용하는 교사들도 있다. 학생들은 적절하게 질문을 하는 방법과 단순히 답을 알려주는 것이 아니라 친구들을 도와줄 수 있는 방법을 학습하기 위해 교사들의 안내가 필요하다. 이러한 중요한 기술들은 6장에서 다루어진다.

개별 학습을 끝냈을 때

가끔은 계획된 다음 활동으로 넘어가기 전에 개별 학습을 먼저 끝내는 학생들도 있다. 이런 경우에는 이들 학생들에게 적절한 보충 · 심화 과제를 제시하거나, 남는 시간을 자유 독서나 학습하는 데 사용하거나, 교실에 필요한 자질구레한 일을 돕도록 한다. 또한 일찍 끝낸 학생들에게 다른 친구들을 도와주게 할 수도 있다. 만약 교사가 학생이 갖고 있지 않은 보충 자료를 이용한 심화 활동을 계획하고 있다면 이 자료를 언제 사용하고, 어디에 보관할 것이며, 이것들을 다시 걷는 적절한 방법을 분명히 해둘 필요가 있다. 만약 자주 대다수의 학생들이 일찍 과제를 마친다면, 과제가 충분하지 않거나 개별 학습 활동에 너무 많은 시간이 배당되었다는 것을 의미한다.

교실을 출입하는 방법

일과 시작하기

교사는 하루를 시작하는 일상적인 절차를 만들어야 한다. 학년 초, 이러한 일상적인 절차를 잘 관리하여 활동이 효과적으로 이루어지고 학생들이 교실에 정착할 수 있도록 도와야 한다. 학기 중에는 교사의 지도 없이 학생들 스스로가 이러한 일상적인 절차를 이끌어 나간다. 일상적인 절차에 공을 들이거나 시간을 많이 투자할 필요는 없다. 대부분의 교사들은 수수께끼, 그날 점심 식단에 대한 이야기, 국기에 대한 맹세, 날짜와 생일, 학교 행사에 대한 토론이나 다른 흥미로운 것으로 하루를 시작한다. 학급 회의나 그 날에 할 목표를 정하는 계획 시간을 가지는 것으로 하루를 시작하는 교사도 있다. 이러한 활동은 학급 공동체 형성에 중요한 역할을 한다.

또한 이 시간에 돈이나 각종 신청서 또는 그날 집에서 가져온 여러 가지 것들을 걷을 수도 있다. 만약 이런 업무 처리에 시간이 많이 필요하다면, 시간을 낭비하지 않도록 학생들에게 교과 관련 활동을 시작하게 한다.

교실 나가기

학생들은 휴식시간, 점심시간, 체육 · 음악 · 컴퓨터 시간 또는 다른 수업 활동을 위해 하루에도 여러 번 한꺼번에 교실을 떠난다. 일반적으로 사용하는 방법은 책상 등을 정리한 후 가장 조용한 모둠이나 분단부터 차례대로 줄을 서게 하는 것이다. 이동할 때 어떻게 행동해야 하는지 결정해야 한다. 특히 저학년을 맡은 교사들은 학생들이 줄을 서 있는 동안 손과 발을 어떻게 해야 하는지 분명하게 해야 한다. 학생들에게 뒷짐을 지고 다니게 하는 교사들도 있다. 또 어떤 교사들은 학생들에게 손을 허리에 두도록 시킨다. 줄반장들이 도움이 될 수 있고, 학생들도 그런 특권을 좋아한다. 소음이 다른 반의 수업에 방해를 줄 수 있기 때문에 복도를 지나는 동안 말하는 것을 금지한다. 또한 언어 교정, 특수 교육 또는 다른 학급 학생의 동료 멘터로 활동하는 특정 학생들이 언제, 어떻게 교실을 나가야 하는지 알 수 있도록 하기 위한 절차도 필요하다.

교실로 돌아오기

특히 점심시간 이후, 교실로 돌아오는 절차도 중요하다. 만약 교실로 돌아왔을 때 학생 자신들이 무엇을 해야 하는지 알고 있다면, 교사의 지시를 기다리지 않고 그 일을 바로 시작할 수 있다. 일반적인 절차에는 조용히 교실에 들어와서 자리에 앉기, 한 번에 한 명씩 화장실, 싱크대, 연필깎이, 식수대 등 사용하기 등이 포함된다. 이런 방법은 학생들에게 오후 수업을 시작할 준비를 하게 하는 것이다.

학생들이 소란스러웠던 실외 활동에서 돌아왔을 때 또는 휴식이나 점심을 먹고 돌아와서 매우 들떠 있는 경우 학습을 시작하기 전에 마음을 가라앉힐 시간을 주어야 한다. 예를 들어, 교실에서 학생들이 앉아서 다음 수업을 준비할 때까지 큰소리로 책을 읽어줄 수도 있다. 교사가 학생들을 전체적으로 조용히 시키고 즉시 학습 활동을 시작하는 것보다 이런 활동 이후에 학생들이 주의 집중을 더 잘한다는 결과를 제시한 연구들도 있다. 그러나 불필요한 이야기를 계속하지 말고 교사가 다음 활동을 시작할 때 학생들이 주의를 집중할 수 있도록 해야 한다. '가라앉히는' 시간이 '들뜨는' 시간이 되지 않도록 주의한다.

일과 정리하기

학생들이 책상을 정리하고, 집에 가져갈 자료를 챙겨서 제시간에 하교하도록 하는 것이 그날에 필요한 마지막 일상적인 절차이다. 서둘러 끝마치고 안내문을 잊어버리고, 혼란과 혼동을 불러일으키지 않도록 미리 계획을 세운다. 일과 정리 절차에는 애완동물에게 먹이 주기, 책꽂이 정리하기, 책상 정리하기, 주위의 쓰레기 줍기, 책상 위에 의자 올리기 등이 있을 수 있다. 이 외에도 그날 배운 중요한 내용을 간단히 복습하고 예정된 행사를 미리 알려 주며 집에 가져갈 자료를 점검하는 것 등이 포함된다. 만약 버스를 타기 위해 일찍 가야 하는 학생들이 있다면 그 학생들과 꼭 필요한 것만을 하고 그들이 간 후에 나머지 활동을 진행할 수도 있다.

모둠 학습을 위한 절차

모둠 학습을 할 때의 한 가지 문제점은 반의 나머지 학생들이 각 모둠별로 학습(또는 개별 학습)을 하고 있는 동안 교사가 어느 한 모둠을 지도하고 있다는 것이다. 이원화된 학습은 학생들을 관찰하고, 도움을 주고, 일어날지 모르는 문제를 처리하는 것을 어렵게 만든다. 모둠 학습을 부드럽게 진행하기 위해서는 잘 계획된 절차들이 필요하다.

활동 준비하기

학생들은 교사와 함께 활동을 하지 않을 때는 무엇을 해야 하는지 알고 있어야 한다. 따라서 교사는 미리 전체 학생들에게 모둠별 과제를 알려 주고 학생들과 학습에 필요한 사항들을 논의해야 한다. 또한 교사의 지도를 받으러 올 때 가져올 자료도 알려 준다.

모둠으로의 학생 이동

이동은 짧고 조용하고 혼란스럽지 않아야 한다. 걷기, 이야기하지 않기, 필요한 자료 가져오기 등 학생들에게 기대되는 행동을 미리 설명한다. 교사는 모둠 활동 영역에 오도록 학생들에게 알려 줄 신호가 필요할 것이다. 교사가 다음 모둠과 공부하기 전에 개별 학습을 하는 학생들의 학습 정도를 점검할 필요가 있기 때문에 한 모둠이 자리를 떠난다고 해서 다른 모둠들도 자동적으로 움직여서는 안 된다. 교사들은 종을 사용하기도 하고 말로 신호를 보내기도 한다.

모둠 내에서 학생들에게 기대되는 행동

일제식 수업에서 사용했던 주의 집중과 손 들기 규칙을 모둠에서도 사용할 수 있다. 그러나 학생 수가 적기 때문에 조금은 변화가 있어야 하며, 이를 학생들에게 지도해야 한다. 예를 들어, 대답한 학생에게 다음 학생을 지명하도록 하는 교사도 있다. 때때로, 학생들 간의 상호 작용이 더욱 이완된 형태로 이루어지기도 한다.

해당 모둠 외의 학생들에게 기대되는 행동

교사가 지도하는 모둠에 있지 않은 학생들에게는 활동을 안내하고 개별 과제를 제시할 것이다. 그러나 학생들은 학습을 해가면서 교사의 도움이 필요할 수도 있다. 교사가 다른 모둠과 함께 있는 동안 학생이 교사에게 오도록 하는 것은 좋지 않다. 따라서 학생들이 도움을 받을 수 있는 절차를 만들어야 한다. 그런 절차 중의 하나는 학생들끼리 서로 돕도록 하는 것이다. 또 다른 방법은 몇몇 학생들에게 도우미의 임무를 부여하는 것이다. 손을 드는 학생이 있으면 도우미가 그 학생을 도와준다. 교사에게 문의하는 것은 도움이 절대적으로 필요할 때, 도우미에게만 허락된다. 해결할 수 없는 부분을 빼놓고 하면 나중에 도와줄 것이라고 이야기하는 교사들도 있다. 모둠 학습을 하는 동안에도 교사는 전체 학생들의 진행 상황을 점검해야 한다. 학생들이 어려워하는지 살펴보기 위해 자주 쳐다본다. 그러고 나서 모둠을 바꿀 때, 다음 모둠을 부르기 전에 학생들을 돕기 위해 교실을 순회한다. 학생들은 도움이 필요한 것을 나타내기 위해 모둠이 바뀔 때 손을 들거나 교사가 시간이 있을 때 도움을 받을 수 있도록 칠판에 자신의 이름을 써 놓기도 한다.

교재와 학용품의 사용

모둠 활동을 할 때 여러 가지 교재와 기자재들이 필요한 경우가 많이 있다. 혼잡스러움을 피하기 위해, 이러한 준비물을 나누어 주는 방법을 계획하고 필요한 경우 두 곳 이상의 장소에서 나누어 주도록 한다. 수업이 시작되기 전에 학생들의 책상 등에 필요한 준비물을 올려 놓음으로써 시간을 절약할 수도 있다. 제대로 작동을 하는지 사전에 살펴보고, 만약을 대비해 여분도 준비한다. 준비물을 나누어 주고, 사용 후 정리 등을 위해 학생 도우미를 활용할 수도 있다. 모둠 활동을 위해 특별한 준비물을 가져올 필요가 있다면, 충분한 시간을 두고 알려 주어 준비물을 준비할 수 있도록 한다; 활동이 진행되는 동안 이러한 준비물을 보관할 수 있는 장소를 준비해야 할 수도 있다. 사용하고자 하는 준비물 중에서 학생들에게 어떤 위험적인 요인이 있거나 부주의하게 다룰 경우 쉽게 파손될 위험이 있다면, 안전 규칙과 적절한 사용법을 지도하도록 한다.

협동 모둠 활동

장 · 단기 프로젝트, 동료 학습과 협동, 그리고 학습 내용의 복습 등과 같은 과제 등에 폭넓게 다양한 모둠을 활용하는 교사들도 있다. 또 다른 예에는 자연 시간의 실험 보고서 작성 또는 사회나 읽기 과목에서의 프로젝트, 또는 특정한 학습 목표 달성을 위해 조직된 스터디 그룹(study group) 등이 있다. 그러나 모둠을 이용할 때도 학습 목표 달성을 위한 효율적인 절차들을 만들어야 한다.

이러한 절차들은 모둠 활동을 처음 시작할 때 알려 주고, 모둠 활동이 원활히 이루어질 때까지 반복한다. 이런 모둠 활동을 폭넓게 이용하려 한다면, 학생들은 적절한 행동 방법을 알고 있어야 한다. 비록 교사가 모둠 활동을 감독한다 하더라도, 다양한 자료로 진도가 다른 여러 집단이 동시에 활동하고 있기 때문에 이를 지도하는 것이 쉬운 것은 아니다. 모둠 활동을 위한 절차는 수업 목표를 달성하고, 학생들 간의 바람직한 상호 작용을 돕고, 효율적인 시간 활용을 위해 학생들이 어느 정도 스스로 학습할 수 있도록 하는 것이어야 한다. 모둠 활동을 자주 사용하며 활동 결과를 전체 학생들에게 발표하게 한다면, 발표할 때 주의 집중이 중요하다는 것을 언급한다. 모둠 활동 과정과 행동을 논의할 때 주의 집중의 중요성을 강조한다. 원만한 협동 모둠 활동 진행에 관한 자세한 절차는 6장에서 논의된다.

일반적인 절차

자료 배부

학기 초에 교과서와 학용품을 학생들에게 나눠 주어야 한다. 교과서의 번호와 파손 정도를 기록하고(역주: 미국에서는 매년 새 책을 나눠 주지 않고 물려받아 활용한다), 세부사항을 처리하기 위한 몇 가지 절차들이 필요하다. 이들은 학기 초에 필요한 다른 절차들과 함께 4장에서 다뤄진다. 교사는 학기 초 자료 분배뿐만 아니라 매일 학용품과 책들을 나누어 주어야 한다. 효율적인 절차들을 만들어 놓지 않으면 많은 시간이 낭비될 수 있다. 대부분의 교사들은 아침 활동을 하는 동안 도우미에게 계산기나 채점된 시험지 같은 자료를 나누어 주게 한다. 책이나 학용품을 나눠 주기 위해 각 모둠에 한 명씩 도우미를 둘 수 있다. 만약 모둠이나 분단 단위로 과제를 걷어서 검사한다면 똑같은 방식으로 다시 나누어 줄 수 있다. 이러한 방법을 이용하면 각 모둠이나 분단에 있는 학생들에게 쉽게 자료를 돌려줄 수 있다.

수업의 중단과 지연

수업이 중단되거나 지연되더라도, 학생들에게 조용히 하던 일을 계속하도록 가르친다. 만약 수업 중에 손님이나 전화가 와서 수업이 중단된다면 가능한 한 빨리 돌아올 테니까 예의 바르게 참고 있으라고 말한다. 만약 시간이 오래 걸릴 것 같으면, 돌아오기 전에 학생들이 학습을 마치는 경우에 대비해서 보충 과제를 제시한다. 그러나 꼭 필요한 경우를 제외하곤 교실을 떠나선 안 된다. 교실을 비운 상황에서도 학생들의 안전에 대한 책임은 교사가 지기 때문이다. 드문 일이지만 교실에서 멀리 떨어진 곳으로 가야 한다면, 옆 반의 교사들에게 상황을 설명하고 학생들을 돌봐주도록 부탁한다.

화장실

만약 화장실이 교실과 멀리 떨어져 있다면 교실 밖으로 나간 학생 수를 확인하고 학생들이 화장실에 가도 되는지 알 수 있게 하는 체제를 만드는 것이 좋다. 학생들이 목에 걸거나 화장실에 가져갈 수 있도록 출입문 옆에 표찰을 걸어 두는 것도 좋은 방법이다. 이미 학교에서 사용하는 절차가 있는지 확인한다.

도서관, 자료실, 교무실

한 명 또는 일부 학생들을 학교의 다른 곳으로 보낼 때, 일반적으로 교사는 나머지 학생들과 교실에 있게 된다. 예를 들어, 모둠 활동 중 일부 학생들이 자료를 찾으러 도서관에 가는 경우도 있다. 보통 이런 상황을 위해 학교 전체에 적용되는 절차가 만들어져 있다. 학교에서 학생들의 복도 통행 방법이나 통행을 제한하는 규칙이 있는지 확인한다. 또한 통행이나 지정 장소에서 행동을 규제하는 다른 규칙들도 살펴보아야 한다. 그리고 학생들이 이러한 절차들을 확실하게 이해하도록 한다.

식당

식당 사용에 대한 지침을 확인하고, 점심을 먹으러 가기 전에 그리고 필요하다면 돌아온 후에 학생들에게 학교의 방침을 설명해 주어야 한다. 만약 교사가 학생들과 함께 앉을 생각이라면 (또는 앉아야 한다면) 옆에 누구를 앉힐 것인지, (그리고 무작위로 할 것인지 아니면 특권을 줄 것인지) 또는 교사가 지정된 자리를 사용할 것인지를 결정해야 한다. 만약 학생들이 너무 떠들거나 규칙을 어긴다면 바람직한 행동에 대한 보상 체계를 만들거나 식당에서의 행동을 학급 보상 체계에 포함시킬 수도 있다.

운동장

운동장에서는 안전 수칙이 필수적이고, 지나치게 공격적인 행동이나 위험한 놀이를 제한해야 한다. 또한 운동장에 있는 어떤 시설물이 잠재적인 위험성을 가지고 있다면, 이를 학생들에게 주의시킬 필요가 있다. 학교 운동장의 어느 부분을 쉬는 시간에 사용할 수 있는지 학생들에게 분명하게 이야기한다. 또한 활동을 정리하고 교실로 돌아와야 할 때 학생들의 주의를 집중시키기 위한 신호를 만들어야 한다; 호루라기를 불거나 손을 들어 신호를 보낼 수도 있다. 만약 운동장에서 게임을 하려고 한다면, 교실을 나가기 전에 운동장의 어디로 가야 하는지 미리 학생들에게 알려 준다.

화재와 재해 훈련

교사는 학생과 자신을 보호하기 위한 학교 방침과 행동 수칙이 만들어져 있는지 알 필요가 있다. 학생에게 나중에 알려 주어도 되지만 훈련이 임박할 때까지 지체해서는 안 된다. 미리 충분한 시간을 가지고 이들 절차를 알려 주고, 첫 훈련 직전에 다시 한 번 확인하는 것이 좋다.

학급 도우미

칠판 지우기, 자료와 학용품 나누어 주기, 교무실에 전갈 가져가기, 화분에 물을 주거나 금붕어에게 먹이 주기 등과 같은 일에 학생들의 도움을 받는다. 줄반장을 뽑기도 한다. 바람직하거나 개선된 행동에 대한 특권이나 보상책으로 또는 더 많은 책임을 받아들이도록 격려하는 데 이러한 활동을 이용하는 교사들도 있다. 모든 학생들에게 1인 1역을 갖게 하여 학급 운영에 기여하게 하는 교사들도 있다.

어떤 교사들은 현재 반장이나 도우미로 봉사하고 있는 학생의 이름을 차트나 게시판에 붙여 놓는다. 각 학생의 이름이 쓰인 카드를 만들어 놓고, 어떤 학생이 도우미의 역할을 맡게 될 때 이 학생의 이름이 적힌 카드를 적당한 차트에 꽂아 둔다. 지원자를 받는 교사들도 있다. 어떤 교사들은 교대로 학생들을 지명하거나 보상으로 이러한 일을 사용한다. 지명은 주로 주초에 하고 한두 주 동안 지속된다.

추천 도서

Castle, K., & Rogers, K. (1994). Rule-creating in a constructivist classroom community. *Childhood Education*, *70*(2), 77-80.

Evertson, C. M., & Poole, I. R. (2004). *Norms and expectations*. The IRIS Center, Peabody College, Vanderbilt University: Nashville, TN. http://iris.peabody.vanderbilt.edu. Click on "Resources," then "Case Studies," then the section on "Behavior" to link to this module.

Fenning, P. A., & Bohanon, H. (2006). Schoolwide discipline policies: An analysis of discipline codes of conduct. In C. Evertson and C. Weinstein (Eds.), *Handbook of classroom management* (pp. 1021-1039). Mahwah, NJ: Lawrence Erlbaum.

Good, T. L., & Brophy, J. E. (2008). *Looking in classrooms* (10th ed.). Boston: Allyn & Bacon.

Short, K. G. (1998). Creating a community of learners. In K. Short & K. M. Pierce (Eds.), *Talking about books: Creating literate communities* (pp. 33-52). Portsmouth, NH: Heinemann.

제안 활동

1. 교사와 학생들이 지켜야 할 학교 차원의 규칙 및 절차를 알아본다. 이것들을 적절히 반영하여 학급 규칙이나 절차를 만든다.
2. 목표는 학생의 바람직한 성장 방향을 나타내며, 학문적, 행동적 또는 정서적인 것에 관한 것일 수도 있다. 학생들에게 적절하다고 생각하는 목표를 영역별로 한 가지씩 적어 본다. 영역별로 교사 자신의 목표도 적어 본다.
3. 교사의 인성과 일상적인 행동이 학급에서의 가장 강력한 동기 요인이 될 수 있다는 연구 결과를 알게 된다면 놀랄지도 모른다. 학생의 행동 및 학문적 능력에 대한 교사의 기대가 학생의 행동에 대한 교사로서의 행동 및 반응에 어떤 영향을 줄 수 있는지 생각해 본다.
4. 사례 연구 2.1을 읽어 보자. 이것은 중요 영역에 대한 학급 규칙과 절차를 설명하고 있으며, 학급 경영 체제를 계획할 때 많은 도움이 될 것이다. Mr. Abrams의 학급이 원만하게 운영되고 있는 이유를 찾아보자.
5. 사례 연구 2.2는 다양한 영역과 학습 센터를 활용하는 좀 더 복잡한 학급 조직을 이야기하고 있다. Ms. Miller가 어떻게 했는지 살펴보기 바란다. Ms. Miller는 어떤 규칙과 절차들을 만들었는가 그리고 이것들을 어떻게 가르치고 감독했는가?
6. 4~8개의 학급 규칙을 만들어 본다. 이것들은 교사가 중요하게 생각하는 교실 내 행동과 학급 운영에 필요한 영역에 초점을 두어야 한다. 행정가 또는 동료 교사들과 의견을 교환한다.
7. 학급 절차를 정할 때 이 장의 끝에 제시된 검목표 2를 사용한다. 각 영역 및 수업 활동 공간에서 교사가 기대하는 학생들의 행동을 주의 깊게 생각해 본다. 그 후 학생들에게 자신의 기대를 전달할 수 있는 일련의 절차들을 개발한다.
8. 특정 영역에 대한 규칙이나 절차를 만들지 못했거나, 만든 절차의 효과를 확신하지 못한다면 동료 교사들에게 자문을 구한다. 그들은 기꺼이

자신만의 노하우를 알려 줄 것이다.

사례 연구 2.1

2학년 학급에서 학급 규칙과 절차 지키기

Mr. Abrams의 학생들은 4가지 규칙을 따르고 있다: 교실에서 조용히 이야기하기, 열심히 공부하기, 예의 바르고 서로 서로 도와주기와 학교 규칙 지키기. 학년 초, Mr. Abrams의 학생들은 '조용하게 이야기하기'가 어떻게 하는 것인지 이야기를 나누었고 여러 수업 활동 중 이를 연습했다. 조용하게 이야기하는 것과 그렇지 않게 이야기하는 역할극도 이루어졌다. Mr. Abrams는 학생들의 주의를 집중시키려 할 때, 항상 종을 사용하였다. 종을 사용하는 것도 학생들과 연습을 하였다. 종을 한 번 치면, 학생들은 이야기를 멈추고 Mr. Abrams를 쳐다보았다. 이렇게 종을 사용하는 것이 시간을 절약하는 방법이라고 학생들에게 이야기하고, 한 번만 종을 울릴 것이며, 즉각 반응을 보여야 한다고 말했다. Mr. Abrams는 이를 일관되게 지켜 오고 있다.

'열심히 공부하기'에는 교사가 설명을 할 때 주의 깊게 듣기, 학급 토론에 참여하기, 모든 과제 끝마치기, 시간 적절히 활용하기 등이 포함된다.

'예의 바르고 서로 도와주기'에는 교사나 다른 학생들이 이야기할 때 조용히 듣기, 모둠 활동시 서로 협동하기, 교과서나 학용품 같이 사용하기, 친구들의 의견 존중하기 등이 포함된다. 토론 시간에는 모든 사람에게 골고루 기회가 돌아갈 수 있도록 손을 들고 지명을 받을 때까지 기다려야 한다고 설명했다. 자신의 오른손을 드는 것으로 신호를 보냈고 이것 또한 학생들과 연습을 하였다. 손을 들지 않고 학생들을 토론에 참여하게 하는 경우도 있었다. 이 경우에는 오른손을 귀에 대는 것이 신호였다. 이 신호도 여러 번 연습을 하였다. 다른 친구, 선생님들과 학교 직원들을 존중하는 것도 이 규칙에 포함되었다. 또한 네 번째 학급 규칙인 교칙 지키기를 통해 복도, 식당 및 다른 여러 장소에서 학생들의 행동도 관리하였다.

학생들의 행동을 위한 기준으로 여러 중요한 절차들도 제시하였다. Mr. Abrams가 수업을 하거나 전체 학생들을 상대로 이야기할 때, 학생들은 자리에 앉아 있어야 했다. 그렇지 않은 경우, 다른 학생들에게 방해가 되지 않는 정도에서 교사의 허락 없이 준비물을 가지러 가고, 손을 씻거나 연필을 깎으러 가는 것 등이 허용되었다. 예를 들어, 교사가 수업을 하거나, 다른 학생이 발표를 하고 있는 동안을 제외하고는 교사의 허락 없이도 연필을 깎으러 갈 수 있었다. 한 번에 두 명 이상의 학생이 연필을 깎으러 가는 것은 허용되지 않았다. 교사가 한 모둠을 지도하고 있거나, 어떤 학생을 개별적으로 도와주고 있을 때, 교사에게 이야기하는 것을 허용하지 않았다. 도움이 필요한 경우, 자기 자리에 앉아서 손을 들고 있도록 했다. 과제를 일찍 끝냈다면, 독서 영역에 가서 책을 읽거나, 다른 모둠 활동 영역에서 교과 관련 게임을 할 수 있게 했다. 조용하게 이야기를 나눌 수는 있으나 과제를 풀고 있는 다른 학생들에게 방해를 주는 것은 허용하지 않았다.

사례 연구 2.2

여러 가지 과제 활동을 위해 학습 센터 활용하기

Ms. Miller는 자신의 고학년 교실을 듣기, 읽기, 쓰기 및 만들기 센터로 나누었다. 과학, 사회 및 수학 시간에 사용하는 특별 활동 센터는 매달 바꾸었다. 자기 책상이 있지만, 학생들은 거의 자기 책상에 앉지 않는다. 대신, 학생들은 개별적으로, 짝을 이루어, 또는 모둠별로 학습을 한다. 일제 학습을 할 때에는 카펫에 모여 앉는다. 11월, 교실이 아주 소란스럽고 바쁘고 활동적으로 움직이는 것 같지만, 좀 더 살펴보면 그 속에서 질서와 학생들이 어떤 목표를 향해 움직이고 있다는 것을 알게 된다.

이 학급이 한순간에 이렇게 된 것은 아니다. 학기 시작 후 처음 6주는 개별 학급과 협동 학습을 준비하는 데 보냈다. 새 학기 첫날, Ms. Miller는 학생들에게 언제 카펫으로 모이고 언제 다시 자기 자리로 돌아가야 하는가를 알려주는 신호를 가르쳤다. 서로 이야기를 할 수 있는 시간도 있지만, 카펫에 모였을 때에는 한 번에 한 명씩만 이야기할 수 있게 손을 들어야 한다고 이야기했다. Ms. Miller는 큰 종이에 그날의 일과표를 준비하여 '모둠 활동'에 표시하였다. 이 일과표를 칠판에 붙이기 전에 학생들에게 다시 한 번 반복하여 읽게 하였다. 그후 처음 몇 주 동안에는 학생들에게 활동을 지시하거나 활동의 시작과 끝을 알리려고 할 때 이를 계속 쳐다보았다.

몇 주에 걸쳐 학습 센터는 한 번에 한 곳씩 학생들에게 소개하였다. 새로운 센터가 만들어지면, Ms. Miller는 그 센터에서 찾아볼 수 있는 여러 가지 물건들을 설명하고 언제 사용할 수 있는지 등을 전체 학생들에게 설명하였다. 또한 Ms. Miller는 각 센터에 두 가지 안내문을 붙여 놓았다. 첫 번째 안내문은 그 센터를 사용하는 절차에 대한 것이다. 예를 들어, 독서 센터의 안내문에는 다음과 같이 쓰여 있다: "조용히 책을 읽고자 하는 사람들은 다른 조용한 곳으로 가도 된다. 소리를 내어 책을 읽는 사람들은 반드시 여기에서 책을 읽어야 한다." 모든 안내문은 정리 정돈을 강조하는 것으로 끝을 맺는다. 두 번째 안내문은 학습 센터의 수용 가능 인원에 대한 것이다. 예를 들어, 듣기 센터에는 4개의 헤드폰이 준비되어 있으며, 따라서 수용 인원은 4명이다. 아침에 학교에 도착한 후 활동 영역의 사용 대기자 명단에 이름을 적어 놓을 수도 있다고 설명하였다. 하루 일과 중 한 시간은 학생들이 스스로 선택한 학습 센터에서 학습을 하게 하는 '자유 활동 시간'으로 정하였다. '자유 활동 시간' 중 특정 학습 센터를 떠날 때에는 대기자 명단에서 자기 이름을 지우게 하여, 다른 학생들도 그 센터를 사용할 수 있도록 하였다. 또 다른 시간은 '지정 활동 시간'으로 정하여, Ms. Miller가 각 학습 센터에서 학습해야 하는 학생들을 지정해 주었다. Ms. Miller는 새로운 학습 센터를 소개한 후 '지정 활동 시간'에 모든 학생들이 새로 소개된 학습 센터에서 학습을 하게 하였다. 새로운 센터를 도입하기 전에 모든 학생들이 기존의 학습 센터를 충분히 이해하고 있는지 확인하기 위해 학생들의 활동을 주의 깊게 관찰하였다. Ms. Miller는 모든 학습 센터가 도입된 후에도 자세히 관찰하고 문제점이 있다면 학생들이 카펫에 모였을 때 그 문제점을 자세히 다루었다. 학습 센터에서의 활동에도 균형을 유지하여, 한 센터의 학생들이 교사의 관심과 도움을 필요로 한다면, 다른 센터의 학생들은 개별적으로 학습을 할 수 있도록 친숙한 활동들로 구성하였다.

검목표 2

규칙과 절차

확인	대상	절차
올해 나의 장 · 단기 목표는? ______		
올해 학생들의 장 · 단기 목표는? ______		
이들 목표를 토대로, 아래의 영역에 적용할 기본적인 절차는? ______		
	교실 사용	
☐	A. 교사의 책상과 자료 보관 영역	______
☐	B. 학생들의 책상과 사물함	______
☐	C. 공동 자료 보관	______
☐	D. 식수대, 싱크대, 연필깎이	______
☐	E. 화장실	______
☐	F. 학습 센터 또는 기자재 영역	______
☐	G. 컴퓨터	______
☐	H. 칠판/게시판	______
	개별 학습 또는 일제식 학습	
☐	A. 수업시 학생들의 주의 집중	______
☐	B. 학생 참여	______
☐	C. 학생들 간의 대화	______
☐	D. 도움 받기	______
☐	E. 개별 학습을 끝냈을 때	______
	교실을 출입하는 방법	
☐	A. 일과 시작하기	______
☐	B. 교실 나가기	______
☐	C. 교실로 돌아오기	______
☐	D. 일과 정리	______
	모둠 활동을 하는 동안의 절차	
☐	A. 활동 준비하기	______
☐	B. 학생들의 이동	______
☐	C. 모둠 내의 학생들에게 기대되는 행동	______
☐	D. 해당 모둠 외의 학생들에게 기대되는 행동	______
☐	E. 교재 및 준비물	______

(계속)

규칙과 절차

확인	대상	절차
	협동 모둠 활동을 하는 동안의 절차	
☐	A. 모둠 구성원들의 역할	________
☐	B. 기대되는 행동	________
☐	C. 각 구성원들 간의 상호 작용	________
☐	D. 수업 목표를 위한 활동 간의 상호 작용	________
	일반적인 절차	
☐	A. 자료 배부	________
☐	B. 수업의 중단과 지연	________
☐	C. 화장실	________
☐	D. 도서관, 자료실, 교무실	________
☐	E. 식당	________
☐	F. 운동장	________
☐	G. 화재 및 재해 훈련	________
☐	H. 학생 도우미	________

3

과제 관리 절차

2장에서 질서 정연한 교실을 위한 일련의 절차들을 제시할 때, 학생들에게 스스로의 학습에 대한 책임을 지도록 하는 일련의 절차가 필요하다는 것을 지적한 바 있다. 책무성 체제는 과제를 완성하고 다른 학습 활동에 적극 참여하도록 학생들을 이끄는 것을 목적으로 하는 추가적인 절차이다. 궁극적으로 학습 활동에 대한 책임을 지게 하는 것의 목적은 학생이 스스로 공부할 수 있는 능력을 발전시킬 수 있도록 하는 것이다. 따라서 교사가 사용하는 절차들은 과제의 확인을 교사나 학부모에게 의존하게 하는 것이 아니라 학생들에게 가능한 한 많은 책임을 주는 것이어야 한다.

학생들의 책무성을 논함에 있어, 완성된 과제 또는 시험 점수 등과 같이 학생들이 만들어 놓은 결과물에 초점을 두기가 쉽다. 이들은 학생들과의 활동 속에서 도출되는 유형의, 측정 가능한 결과들이다. 그러나 교사로서의 목표를 간과해서는 안 된다; 학습을 촉진하고 학습의 가치를 이해하도록 가르치는 것.

책무성 체제를 통해 교사와 학생은 현재 행하고 있는 학습 활동과 학습 과정을 점검해 볼 수 있어야 한다. 학생들의 과제를 매일 검사하지만 이러한 과제를 수행하면서 학생들이 무엇을 배우고 있는지 확인하지 않는다면, 학습 활동의 목적을 상실하게 될 것이다. 학생들은 과제를 끝마쳐야 하지만 자신들이 배우는 것과 관련이 없는 것으로 생각할 수도 있으며, 이러한 경우 학습에 도움을 주고자 하는 교사 자신의 의도를 충분히 살리지 못할 것이다. ■

생각해 보기

학생들의 과제를 관리하는 절차는 공정하고 누가 기록된 학생 평가를 가능하게 하고, 학생들에게 적절한 시기에 피드백을 제공할 수 있게 한다. 또한 이러한 절차는 학생들에게 개인적인 시간 조정 기술 및 책임감을 익히게 한다. 교수–학습에 대한 교사의 생각(교육철학)은 책무성 체제의 설계에 어떤 영향을 미칠까?

학기 중 매일 교사들은 학생들에게 수업 시간이나 가정에서 끝내야 하는 과제를 부과한다. 과제는 연구 과제에 대한 토론에서부터 단순한 내용 암기에 이르기까지 다양하다. 과제에 따라 특정 주제에 대한 조사, 독창적 사고, 연습과 응용 또는 학습 내용의 반복 등의 기회를 제공한다. 이러한 기회는 학생들의 학습에 아주 중요한 역할을 한다. 그러므로 교사의 책무성 체제는 학생들을 동기화시키고 자율적인 학습자가 되도록 이끌 수 있어야 한다. 이를 위해서는 학생의 과제에 대한 일관되고 성공적인 교사의 지원이 필요하다. 만약 학생들이 자신의 과제나 학습에 대한 책임을 지지 않는다면, 많은 문제가 일어날 수 있다. 다음의 예를 살펴보자.

학기 두 달째에 접어들면서, Mr. Paul의 3학년 학생들은 옛날이야기 단원의 수업을 거의 다 마쳐가고 있다. 최종 과제로, 다섯 모둠에게 옛날이야기를 만드는 과제가 주어졌다. 이를 위해, 모둠원들은 함께 이야기를 쓰고 삽화를 그리고, 단원의 마지막 수업 시간에 자신들이 만든 이야기를 발표하게 될 것이다.

Mr. Paul은 모둠원들 간에 협동이 잘 이루어지지 않는 것이 마음에 불안하였다. 대부분의 모둠들이 과제에서 벗어나 있다는 것을 알아차렸다. 또한 모둠원들은 이야기의 줄거리, 인물과 배경 등을 논의해 왔지만, 이런 논의는 몇몇 학생들이 다른 학생들의 참여 없이 혼자 작업을 하는 결과를 낳았다. 대부분의 학생들은 Mr. Paul에게 질문을 하러 왔고, Mr. Paul은 이들이 돌아가서 급우들을 돕기를 원했다. 또한 Mr. Paul은 몇몇 집단은 자신이 정해준 과정을 따르지 않고 있다는 것을 발견했다. 예를 들어, 그는 종이의 한쪽 면에다만 이야기를 쓰고, 삽화를 그리도록 요구했었다. 그러나 많은 학생들이 종이의 양쪽 면을 사용했고, 글을 쓰거나 삽화를 그리는 데 이용한 매직이나 펜 자국이 번져서 이야기나 삽화를 보기가 무척 어려웠다.

각 모둠이 자신들이 만든 이야기를 발표할 때, 준비가 잘 되어 있지 않았다. 대부분의 모둠은 누가 이야기를 읽고, 설명을 할지 정하지도 않았다. 이야기를 크게 하고, 모든 사람이 잘 볼 수 있도록 삽화를 제시하는 것과 같은 발표력도 상당히 부족하였다.

마지막 모둠의 발표가 끝난 후, Mr. Paul은 학생들에게 쉬는 시간을 준 뒤 자신의 책상에 앉았다. 그는 어떻게 하면 학생들의 모둠 관련 기술을 향상시킬 수 있을지 의문이 갔다. 이러한 서투른 방법으로 인해 학생들은 이 과제에 대한 책임을 지지 않았고 이 과제가 중요하다는 생각도 하지 않고 있는 것 같다.

위에 제시된 내용에 따르면, Mr. Paul의 학생들 중의 상당수는 자신의 과제에 대한 책임을 거의 느끼고 있지 않으며, 또한 자신들이 알게 된 것에 대해서도 관심을 두지 않는 것처럼 보인다. 물론, 과제가 너무 어렵거나 충분히 설명되지 않았을 수도 있지만, Mr. Paul의 절차가 학생들이 좋은 학습 습관을 형성하거나 신속하고 정확한 과제 수행의 중요성을 학습하는 데 도움을 주지 못하기 때문일 수도 있다.

이 장은 과제가 왜 중요한지, 자신에게 기대되는 것이 무엇인지 학생들의 이해를 돕고, 학습에 대한 책임을 지도록 도와주는 것에 초점을 둔다. 여기에 포함되는 중요한 부분들은 과제와 필요 조건을 전달하는 것, 학생들의 과제 진행 상황을 관찰하고(자기 확인도 포함됨), (자기 평가 및 반성이 포함된) 피드백을 제공하는 것 등이다. 검목표 3은 이들 영역의 계획을 세우는 데 도움이 될 것이며, 초등학교 교사의 책임 체계에 대한 네 가지 사례 연구가 이 장의 끝에 제시된다.

과제 및 필요 조건을 명확하게 제시하기

학생들은 과제가 무엇이고 자신에게 무엇이 기대되는지에 대해 분명히 알고 있어야 한다. 이는 교사가 과제의 모든 필요 조건과 특성을 설명해야 한다는 것을 의미한다. 또한 교사는 그 과제를 해야만 하는 이유와 이러한 노력을 통해 얻을 수 있는 것(강화, 발견, 이해 또는 유용한 기술 등)을 학생들에게 설명해야 한다. 모든 학생들이 주의 깊게 듣는 것은 아니며 과제와 필요 조건을 설명할 때 자리를 비운 학생들도 있을 수 있고 과제 자체가 상당히 복잡한 것일 수도 있기 때문에 말로만 설명하는 것은 충분하지 않다. 더욱이, 과제를 정확하게 하기보다는 과제를 마치는 데 더 신경을 쓰는 경우도 있다. 정확하게 하는 것만이 '학습'을 의미하는 것은 아니다. 또한 과제의 형식(형태) 등을 고려해야 한다. 학습 내용이 아닌 형태를 지나치게 강조하는 것을 원하지는 않겠지만, 학생들은 자신들에게 기대되는 것을 이해하고 있어야 한다. 기준을 만들 때 다음의 세 가지 사항들을 고려한다.

과제에 대한 지시 사항

과제가 무엇인가 하는 것에 대한 설명에 덧붙여, 칠판, OHP 또는 괘도에 과제 및 과제에 대한 중요한 지시 사항을 게시해야 한다. 또한 집에서 과제를 해와야 한다면 학생들에게 과제를 공책에 적게 하거나 과제의 윗부분에 지시 사항을 적게 하는 것도 좋은 방법이다. 과제가 게시되어 있는 곳을 가리키면서 과제의 지시 사항을 반복해서 설명한다. 가능한 한 OHP나 칠판을 사용하여 과제가 어떤 모양인가 하는 것을 학생들에게 보여준다. 지시 사항을 전달한 후, 학생들이 무엇을 어떻게 해야 하는지 정확하게 이해하고 있는지 알아보기 위해 학생들에게 질문을 한다. 한 가지 방법은 한 학생에게 질문을 하거나 지시 사항을 다시 한 번 반복해 보게 하는 것이다.

만약 모둠 활동시 각 모둠별로 다양한 학습 과제를 제시한다면, 각 모둠의 과제가 분명하게 구분되도록 한다. 특히, 저학년의 경우 각 모둠에 색깔을 부여할 수도 있다. 색분필을 이용하여 과제와 지시 사항을 쓰거나, 해당 색의 종이에 학습지를 복사한다. 매일 같은 장소에 과제를 게시하거나 놓아 두어 교사에게 질문을 하지 않고도 학생들이 알 수 있도록 한다.

모둠 활동에 대한 지시 사항을 전달할 때에는 우선 모둠별로 한곳에 모이게 한다. 설명을 하기 전에 먼저 모든 학생들의 주의를 집중시킨다. "너희 모둠이 제일 먼저 할 일이 뭐지?"와 같은 질문을 적어도 한 모둠에 한 명의 학생에게 해서 어느 정도 이해하고 있는가 점검한다. 고학년의 경우, 특히 모둠 과제가 복잡하다면, 각 모둠에게 지시 사항을 적은 종이를 나누어 주는 것이 도움이 된다. 학생들이 모둠 활동에 익숙해지면 스스로 활동 계획을 세우게 할 수도 있다.

과제의 형식, 문체 및 제출일에 대한 기준

과제가 갖추어야 할 일련의 기본적인 기준을 정해 두면, 학생들은 자신들에게 기대되는 것이 무엇이지 알게 되고, 교사는 변화가 필요할 때와 예외적인 경우만 설명하면 된다. 학생들에게 어떤 종이를 사용하고, 어떻게 제목을 달며, 종이의 뒷면도 사용하는지의 여부, 색칠을 해도 되는지의 여부, 번호를 매기는 방법, 볼펜을 사용해야 하는지 아니면 연필을 사용해야 하는지, 틀린 것이 있을 때 이를 지워야 하는지 아니면 줄을 그어도 되는지 등과 같은 사항도 알려준다.

과제에 사용할 기본적인 제목의 형태를 결정하고, 처음 사용하는 경우에는 제목의 예를 제시하여 이를 계속 반복하게 한다. 학생들이 이를 적절히 사용할 수 있을 때까지 학기 초 몇 주일 동안은 이를 계속 반복시킨다.

끝으로, 과제의 제출일은 합리적이고 분명해야 한다; 정당한 이유 없는 예외는 인정되지 않아야 한다. 학생들에게 제때에 과제를 제출하고 계속 그것을 따르도록 분명하게 이야기한다. 과제 제출일을 자주 연장한다면, 학생들은 좀 더 시간을 얻을 수 있다는 것을 배우게 될 것이며, 시간을 효율적으로 사용하

"오 이런! 또 숙제를 하지 않았네."

지 못할 것이다. 일반적으로, 제시간에 마무리하지 못한 과제는 집이나 방과 후 학교에 남아서 다 끝내도록 한다. 이는 물론 학생들이 스스로 이러한 과제를 해결할 수 있는 지식이나 기술을 가지고 있다는 가정하에서이다.

결석한 학생에 대한 절차

학생이 결석을 할 경우, 이들은 과제 수행 중에 자신에게 필요한 도움, 과제에 대한 지시 사항, 그리고 과제를 수행하는 데 필요한 도움을 받지 못하게 된다. 이들 학생들을 돕고 수업의 중단을 피하기 위해 보충 학습을 위한 일상적인 절차를 만들어야 한다. 일반적으로 결석한 학생에게 결석을 하였기 때문에 하지 못한 과제를 끝마치도록 요구하지는 않지만, 중요한 과제를 놓친 학생에게는 이를 보충해 줄 필요가 있다. 학생들의 학습에 도움을 주기 위해 다음의 방법들을 생각해 본다.

1. 보충 학습에 대한 논의를 위해 결석한 학생과 간단히 만날 약속을 한다. 만약 게시판에 각 과목에 대한 주간 계획표를 게시하거나, 쉽게 접근할 수 있는 장소에 과제 목록을 놓아 두었다면, 이들 중 어느 것을 해야 하는지 알려 준다. 저학년의 경우, 보충 학습지를 넣어 두기 위한 별도의 보충 학습용 폴더를 만들 수도 있다. 보충 학습에 얼마나 시간이 걸리는지 학생에게 알려 주도록 한다.
2. 결손된 수업을 보충하기 위하여 수업 시작 전 또는 방과 후 15분 정도 결석한 학생을 도울 수 있는 시간을 정한다. 또한 이들 학생들을 돕기 위해 특정 시간(주로 개별 학습 시간)에 이용할 수 있는 도우미들을 둘 수도 있다.
3. 보충 과제를 제출할 장소와 검사받은 후 이를 받아갈 수 있는 장소를 알려 준다.
4. 모둠 활동에 참여하지 못한 것을 어떻게 보충해 줄지 결정한다. 결석한 학생을 포함할 수 있도록 해당 모둠과 함께 계획을 세우고, 결석한 학생이 학교에 왔을 때 보충할 수 있도록 도와준다.
5. 사전에 결석할 것이라는 것을 알고 있는 경우(예를 들어, 종교 휴일 등),

학생 및 학부모와 함께 결석하는 기간 동안 학생이 과제를 끝마칠 수 있도록 하기 위한 계획을 논의해 본다.

과제의 진행과 결과 확인

과제의 진행 과정 확인

학생의 과제 진행 과정을 확인함으로써 과제에 어려움을 느끼는 학생들을 발견하여 적절한 도움을 제공하고 과제를 계속할 수 있도록 학생들에게 피드백을 제공할 수도 있다. 과제를 낸 후에는 학생들의 과제 활동을 주의 깊게 관찰해야 한다. 모든 학생이 과제를 시작하였는가와 과제를 수행할 수 있는가를 먼저 확인하지 않은 채 자신의 자리에서 일을 하거나 개별 학생을 도우려 해서는 안 된다. 교사가 확인을 하지 않으면, 일부 학생들은 과제를 시작하지도 않을 것이며, 부정확하게 시작하는 학생들도 있을 것이다. 이런 상황을 피하기 위한 두 가지 방법이 있다. 첫째, 학급의 모든 학생들이 같은 과제를 한다면, 학급 전체 활동으로 시작하여 개별 학습으로 자연스럽게 넘어갈 수 있다. 즉, 모든 학생에게 시험지나 다른 종이를 꺼내게 하고, 한두 문제의 답을 제시하거나 처음 몇 문제를 풀어 준다. 예를 들어, 첫 번째 문제를 질문하고, 답을 이끌어 내고, 논의하고, 그것을 시험지에 기록하게 한다. 이러한 과정을 통해 모든 학생이 학습을 시작할 뿐 아니라 과제와 관련된 다른 여러 가지 문제들

도 해결할 수 있다.

학생들의 과제 수행을 확인하는 두 번째 방법은 교실을 순회하며 각 학생들의 과정을 주기적으로 검사하는 것이다. 이러한 방법을 통해 제때에 필요한 피드백을 제공할 수 있고, 학생들은 적절하게 과제를 진행할 수 있다. 손을 들어 도움을 요청하는 학생들만이 아니라 모든 학생들의 진행 과정을 확인해야 한다. 주의가 산만하거나 문제 해결력이 부족한 학생들은 더 자주 확인한다. 또한 각 모둠이 정확하게 과제를 수행하고 있는지 알아보기 위해 모둠 단위로도 과제 진행 정도를 확인해야 한다.

다른 학생들이 개별 과제 활동을 하고 있는 동안 한 모둠을 지도하고 있다면, 그 모둠과의 활동이 끝날 때까지 다른 학생들을 점검하는 것을 지체해서는 안 된다. 각 모둠을 지도하는 사이사이에 교실을 순회하며, 학생들이 정확하게 과제를 하고 있는지 확인한다.

때때로, 장기간의 시간을 요하는 과제들도 주어진다. 공책 정리, 과학 실험 및 보고서 쓰기 등이 이에 해당된다. 이러한 경우, 학생들의 과제 진행 관찰에 더욱더 신경을 써야 한다. 각 과제를 여러 단계로 나누고, 각 하위 단계의 기한과 목표를 정하거나, 학생들이나 모둠에게 과제 진행 상황을 매일 발표하게 할 수도 있다. 각 단계마다 이것들을 모아서 점검하고 피드백을 제공한다. 이러한 과정을 통해 학생들은 자신들의 일을 계획적으로 행하는 것을 배우게 되며, 또한 이를 통해 교사들은 학생들의 과제 수행 과정을 쉽게 확인하고 평가할 수 있다. 장기 과제를 자주 제시한다면, 처음에는 모둠 단위로 시작하여 차차 개개 학생 스스로가 하위 단계별 목표와 기한을 정할 수 있도록 한다.

모둠 프로젝트는 피드백 및 검사에 좀 더 주의를 기울여야 한다. 과제 진행 상태 확인 시점(예를 들어, 계획서 제출, 중간보고서 제출, 발표)을 정해 둔다면 교사와 학생 모두가 계획대로 과제를 진행하는 데 도움이 될 수 있다. 학생들의 인지와 과제에 대한 헌신을 위해 학생들과 평가 기준을 논의하거나 제안을 받는다. 이러한 논의를 통해 중요한 결과의 평가 기준 등을 만드는 교사들도 있다. 학생들에게는 이러한 평가 기준을 활용하여 모둠의 과제 진행 과정을 확인하도록 할 수도 있다. 모둠 과제 관리에 관한 내용은 6장에서 제시한다. 프로젝트 기반 학습 관리에 관한 더 자세한 내용은 Mergendoller, Markham,

Revitz와 Larmer(2006)에서 찾아볼 수 있다.

완성된 과제 검사

완성된 과제의 검사는 몇 가지 단계로 이루어진다. 우선, 완성된 과제를 제출하는 일상적인 절차를 만들어야 한다. 두 번째, 누가 과제를 제출하고 누가 제출하지 않았는지를 확인할 수 있어야 한다. 여러 가지 방법이 가능하다. 예를 들어, 학생들에게 자신들의 "우편함"에 끝마친 과제를 놓아 두게 할 수도 있다. 그러면 교사는 누구의 우편함이 차 있고 누구의 것이 비어 있는지 한 번에 알 수 있다. 또한 완성된 과제를 책상의 특정 부분에 놓게 함으로써, 교실을 순회하면서 쉽게 검사할 수도 있다. 이 방법은 과제를 걷지 않으려고 할 때 적당하다. 또 다른 방법은 학생들에게 과제를 과목에 따라 각각 다른 상자에 넣도록 하는 것이다. 교사는 각 상자를 자주 확인해야 하며, 경영록에 완결된 각 과제를 기록한다. 과제 점검표를 나누어 주어 학생들이 스스로 과제를 진행해 나갈 수 있도록 도움을 줄 수도 있다.

숙제장을 만들게 하는 교사들도 있다. 매일 학생들은 숙제장에 숙제를 하고 숙제를 끝낸 후 부모에게 확인을 받는다. 숙제장을 통해 학부모에게 앞으로의 행사나 계획 등을 전달할 수도 있으며, 학부모들도 궁금한 것이나 의견을 쓰기도 한다.

과제를 어떻게 걷을 것인가 하는 것에도 신경을 써야 한다. 모든 학생들이 동시에 과제를 제출하는 경우, 효율적인 방법 중의 하나는 교사가 모든 과제를 받을 때까지 한 방향으로 전달시키는 것이다. 전달하기에 불편하거나 부피가 큰 것은 도우미를 지정하여 걷게 하거나 특정 장소에 쌓아 놓게 한다. 동일한 시기에 제출하는 것이 아니라면 학생들이 각자 적절히 분류된 상자, 바구니나 플라스틱 박스에 놓도록 한다. 이때 학생들의 왕래가 많은 곳이나 주위의 학생들에게 방해가 되는 곳은 피해야 한다. 교사가 기대하는 정확한 과제 제출 방법을 학생들이 확실하게 알도록 해야 한다. 이를 따를 때 시간을 절약하고 혼란을 막을 수 있다.

학생의 과제에 대한 기록 유지

학생들의 완성된 과제 또는 습득한 기술에 대한 기록도 중요한 부분 중의 하나이다. 이러한 기록은 학급 경영록에 기록해 두며, 따라서 결석한 학생들을 기록하는 난도 만든다. 예를 들어, 적당한 위치에 '결' 이라고 쓴다. 경영록을 만들 때, 각 학생마다 몇 줄을 할당하여 각 줄에 각 과목의 등급이나 성적을 기록하거나, 각 과목마다 다른 페이지를 사용할 수도 있다. 만약 같은 줄에 다른 과목들의 점수를 기록한다면, 이를 구별할 수 있도록 각기 다른 여러 가지 색의 볼펜이나 연필로 기록할 수도 있다. 또는 페이지 상단에 과목명을 쓰고 과제의 이름과 제출일을 적어 둘 수도 한다.

만약 교환 수업으로 다른 반 학생들에게 특정 과목을 가르치고 있다면, 이들을 위한 기록란도 만든다. 교환 수업이 이루어질 경우, 다른 학급의 교사에게 그 반 학생들의 성적을 알려주어야 하며, 한곳에 이를 기록하는 것이 도움이 될 것이다.

상당수의 학교에서는 소식 전달, 연구 및 행정 업무를 위해 교사들에게 컴퓨터를 제공하고 있다. 성적 분류와 처리시 스프레드시트와 경영록 작성 프로그램이 큰 도움이 된다고 생각하는 교사들이 많이 있다. 이들 프로그램은 각 학생의 성적 변화 등을 쉽게 관찰할 수 있게 하는 장점도 있다. 만약 컴퓨터를 활용하여 학생들의 성적을 관리하고자 한다면, 학교 전체에 걸쳐 자동으로 자료의 백업이 이루어지고 있는지 확인한다. 만약 그렇지 않다면, 교사 스스로 자료를 백업하거나 프린터로 출력하여 보관한다.

주요 과제 및 시험 결과 등을 경영록에 기재한다. 학습장 정리 등과 같은 학급 활동에 대한 결과를 기록할 수도 있다. 이러한 방법은 점수가 아닌 등급이 강조되는 저학년에서는 일반적이지 않으며, 이들에게는 (주요 과목의 경우) 일상적인 과제 평가가 더 큰 도움이 된다. 그러나 교육청에서 정한 학년 수준 또는 교과 영역의 기준에 근거한 검목표를 통해 학생들이 습득한 기술을 확인하는 학교들도 있다. 만약 학생들이 이러한 기준에 도달해야 한다면, 경영록에 학습 정도를 기록하는 공간도 만든다. 학생들의 성적과 그 외 신상 정보는 타인에게 공개해서는 안 된다는 것을 명심한다.

포트폴리오 관리

대부분의 초등학교에서 개인별 포트폴리오를 만들도록 하는 것이 일반화되고 있다. 예를 들어, 학생들은 자기가 쓴 글의 진행 과정을 알아볼 수 있도록 초안에서 완성본까지의 모든 것들을 모아 놓은 글짓기 포트폴리오를 만들 수도 있다. 학생들에게 포트폴리오를 만들도록 함으로써 시간에 따른 학생들의 발전 과정을 알아볼 수 있으며, 학생들에게는 포트폴리오에 정리할 것을 선택하고 반성해 보는 자기 평가 기회를 제공할 수 있다.

또한 포트폴리오는 교사들에게는 학생 개인에 대한 전반적인 평가나 학부모와의 대화 시에 사용할 수 있는 유용한 도구가 된다. 포트폴리오의 사용 목적에 따라, 학생들이 포트폴리오에 넣거나 최종 평가에 사용할 내용을 선택하도록 할 수도 있다. 그러나 시간이 지남에 따라 어떤 것을 왜 넣을 것인가에 대한 선택권을 학생들에게 부여한다. 포트폴리오를 사용하는 교사들에게 도움이 되는 책들도 있다(이 장의 뒷부분에 제시되어 있는 추천 도서 목록을 참고하기 바란다).

문서 과제 관리

문서 과제 모두를 처리하기란 쉬운 일이 아니다. 학생들이 제출한 과제가 쌓이는 것을 피하는 한 방법은 바로 검사하고, 평가하고, 기록하고, 빨리 과제를 돌려주는 것이다. 이는 학생들에 대한 훌륭한 피드백이 될 뿐 아니라 학급 전체의 재학습이 필요한 곳을 알아내고 확실히 이해하지 못한 학생들을 찾아내어 도움을 줄 수 있게 한다. 교사 자신의 처리 능력도 고려해야 한다. 평가해야할 과제가 산적해 있는데도, 또 새로운 과제를 내려고 한다면, 이를 다시 한 번 생각해 보아야 한다. 처음뿐만 아니라 마지막 과제에도 충분한 평가 시간을 할애한다. 지칠 때까지 검사를 하기보다는 많은 과제를 쉽게 다룰 수 있도록 여러 부분으로 나누어 평가 계획을 세운다. 과제를 걷고, 확인하고, 평가하고 돌려주는 방법 대신에, 다른 방법도 시도한다. 교실을 순회하면서 학생의 과제를 직접 확인한다. 학생들의 책상을 순회하는 동안 경영록이나 PDA에 성적을 기록한다. 이러한 검사 방법은 빠르고, 개별적이고 효율적이며, 전체적 평가를 필요로 하는 쓰기 과제에 특히 효과적이다.

문제지나 과제를 걷을 때, 과목명을 적어 놓은 바구니를 사용하거나 지정된 시간에 해당 바구니에 과제를 제출하도록 하는 교사들도 있다. 지정된 방향으로 과제를 전달하도록 한 뒤, 색클립으로 묶어서 해당 바구니에 놓아 두는 교사도 있다. 학생들에게 과제를 전달하게 한다면, 전달 방법을 설명하고 시범을 보임으로써 문제지가 중간에 빠지는 것을 막을 수 있다.

과목명을 적어 두거나 분단이나 모둠별로 분류해 두었다면 문제지나 과제를 쉽게 돌려줄 수 있다. 학생들에게 과제와 문제지를 직접 나누어 주게 할 수도 있다. 보조 교사의 활용도 고려해 본다.

학생들에 대한 피드백

교사의 효과적인 관찰은 학생들의 피드백을 위한 기초가 되며, 잘못된 부분이 있는 경우 오류를 범하는 데 걸리는 시간을 줄일 수 있기 때문에, 자주 이루어지는 규칙적인 피드백이 가끔씩 하는 평가보다 더 바람직하다. 피드백을 제공하는 적절한 시기는 과제의 진행 과정을 관찰할 때와 과제를 끝냈을 때이다. 학생들에게 직접적이고 구체적인 피드백을 제공하려고 해야 한다. 즉 틀린 것을 수정할 수 있도록 필요한 것들을 알려준 후, 수정한 부분을 다시 확인한다.

완성된 과제에 대한 피드백은 과제를 검사하기 전까지는 이루어지지 않지만 과제 제출 후 하루 내에 검사가 이루어져야 학생들은 피드백에서 이익을 얻을 수 있다. 만약 검사할 과제가 너무 많다면 학생들의 도움을 받을 수 있다. 모든 학년에 걸쳐, 학생들은 자신들이 직접 자신들의 과제를 채점할 수 있다. 정답이 분명한 수학 문제나 받아쓰기와 같이 학생들이 정확히 확인할 수 있는 과제에만 학생들을 활용한다. 이들에게 정답이나 오답을 표시하는 일관된 방법을 가르친다. 정답을 OHP 등으로 제시하면 매끄럽고 정확하게 과제를 검사할 수 있다.

성적을 확인하도록 하기 위해 학생들에게 채점을 하도록 하는 것은 아니다. 이러한 방법을 통해, 학생들은 즉각적인 피드백을 통해 자신들이 정확하게 알

Reprinted with special permission of King Features Syndicate.

고 있는 것에는 어떤 것들이 있는지 알게 하고, 교사들은 학생들이 어떤 도움을 필요로 하는지 알 수 있다. 성적을 기록해 두어야 하는 시험지나 과제 등은 교사 자신이 채점을 하고 성적을 매긴다.

저학년의 과제는 간단하고 쉽게 바로 검사할 수 있는 경우가 많다. 만약 학생들에게 과제를 가지고 나오게 하려 한다면, 다른 사람의 주의를 흩뜨리고 시간을 낭비하는 길게 줄을 서는 형태는 피해야 한다.

과제의 완성에 대해서는 연초에 세심히 주의를 기울여야 한다. 분명한 이유 없이 처음으로 과제를 내지 않는 경우 그것에 대해 이야기한다. 만약 학생이 도움을 필요로 한다면, 도움을 주고, 그 학생에게 과제 수행을 요구한다. 만약 학생이 연달아 두 번 이상 과제를 소홀히 하거나 때때로 과제를 빼먹는다면 부모에게 상담을 요청하거나 가정에 그 사실을 알려준다. 상냥하게 격려하면서 과제를 해야 한다는 것을 강조한다. 과제 완성에 대한 문제를 평가 기간이 끝날 때까지 기다리거나 성적표의 성적이 이러한 사실을 효과적으로 전달할 것이라고 가정하면 안 된다. 학부모들은 아동이 학교 공부를 진지하게 하도록 하는 교사의 가장 큰 조력자이기 때문에 학부모들과의 만남을 주저해서는 안 된다. 대부분의 학부모들은 교사의 관심을 고마워하고, 가정에서 도움을 제공할 것이다. 현재 대부분의 가정에는 컴퓨터가 있고 학부모들은 이메일 주소를 가지고 있다. 이메일을 통해 학부모에게 연락을 하는 것에 관한 정책을 가지고 있는 학교도 있다. 학생의 발달 과정에 관한 개인적인 내용과 함께, 새로운 학습 주제, 숙제, 필요한 준비물 또는 가정으로 보내는 여러 가지 자료 등에 대해 학부모들에게 알려주는 기회로 사용할 수 있다.

학부모들에게 의사를 전하는 또 다른 방법은 정기적으로 검사한 과제를 집으로 보내는 것이다. 여기에는 점수가 나쁜 과제뿐만 아니라 잘된 과제도 포함되어야 한다. 때때로 과제를 잘 수행할 수 있도록 학생들을 동기화하고 보상을 하는 한 방법으로서 학부모의 사인을 받아오도록 하는 경우도 있다. 과제를 집으로 보낼 때에는 양쪽이 봉해진 큰 봉투나 서류철을 사용한다. 학부모들에게 필요한 사항을 알리거나 사인을 받아와야 하는 중요한 서류를 보낼 때에도 아주 편리하게 쓸 수 있다. 아동의 이름을 봉투나 서류철(폴더) 위에 확실히 기재해야 한다. 서명란, 날짜와 동봉되어 있는 자료의 장수가 쓰여 있는 종이를 겉면에 붙임으로써 학부모들이 모든 내용을 쉽게 확인할 수 있도록 한다. 회수된 자료는 학부모가 질문할 경우를 대비해 지정된 기간까지 보관한다. 그후 학생들은 완성된 자료를 포트폴리오에 보관할 수 있다.

학생에게 피드백을 제공하는 또 다른 방법은 잘된 작품을 게시하는 것이다. '우수 작품' 의 기준을 너무 높게 하여 일부 학생은 결코 이룰 수 없는 경우를 만들지 말아야 한다. 노력과 발전 정도가 더 적절한 기준이 될 수 있다.

끝으로, 학생들에게 자신들의 발전 상황을 어떻게 기록하고 돌아볼 것인지 가르쳐야 한다. 고학년들에게는 시험 성적이나 평가 등급을 종이에 기록하게 할 수 있다. 각 과제의 완결에 따라 사다리의 층계나 캐터필러(caterpillar)의 원을 색칠하거나 이와 비슷한 시각적 장치를 사용하는 것도 학생들에게 효과적인 유인책이 될 수 있다. 포트폴리오에 넣을 자료를 학생들이 결정한다면 각 과제에서 배운 점 또는 포트폴리오에 넣은 특정 자료를 선택한 이유를 적어 보게 할 수도 있다. 교사의 궁극적인 목표는 평생 동안 스스로 학습할 수 있는 능력을 개발할 수 있도록 학생들을 도와주는 것이라는 것을 명심한다.

추천 도서

Brophy, J. E. (2004). *Motivating students to learn* (2nd ed.). Mahwah, NJ: Lawrence Erlbaum.

Burns, M. (1995). The 8 most important lessons I've learned about organizing my teaching year. *Instructor, 105*(2), 86-88.

Evertson, C. M., & Poole, I. R. (2004). *Fostering student accountability for classroom work*. The IRIS Center, Peabody College, Vanderbilt University: Nashville, TN. http://iris.peabody. vanderbilt.edu. Click on "Resources," then "Case Studies," then the section on "Behavior" for a link to this module.

Kuhn, D. (2007, June). How to produce a high-achieving child. *Phi Delta Kappan*, 88(10), 757-763.

Mergendoller, J. R., Markham, T., Revitz, J., & Larmer, J. (2006). Pervasive management of projectbased learning. In C. Evertson & C. Weinstein (Eds.), *Handbook of classroom management* (pp. 583-615). Mahwah, NJ: Lawrence Erlbaum.

Shores, E., & Grace, K. (2005). *The portfolio book: A step-by-step guide for teachers*. Upper Saddle River, NJ: Pearson Prentice Hall.

www.atozteacherstuff.com

www.lburkhart.com

제안 활동

1. 사례 연구 3.1과 3.3은 자기 행동에 대한 책임을 지게 하는 책무성 절차에 관한 것이다. 어떤 방법을 현재 자신이 맡고 있는 학급에 적용할 수 있을지 생각해 본다.
2. 사례 연구 3.4는 책무성 절차가 제대로 작동하지 않을 경우 일어날 수 있는 문제점을 제시하고 있다. 지금까지 이 장과 앞의 여러 장에서 다루어진 내용을 토대로 하여 Mr. Ambrose의 문제점을 찾아보고, 부록의 답과 비교해 보자. 상황을 개선하기 위해서 Mr. Ambrose는 어떤 조치를 취해야 할까?
3. 책무성 체제를 계획할 때, 이 장의 끝부분에 제시된 검목표 3을 이용한다. 여기에 제시된 것 이외에 필요한 사항이 더 있을까?
4. www.atozteacherstuff.com/Tips에 접속하여 "managing papers"를 클릭한다. 과제를 제출하지 않고도 "과제를 제출했어요"라고 이야기하는 학생들이 없도록 하기 위한 방법들을 찾아본다.

사례 연구 3.1

학생들의 과제 관리

학생들 스스로 과제를 검사하고 서로 도움을 줄 수 있도록 하기 위해, Ms. Alvarez의 4학년 학생들은 4명씩 모둠을 구성하여 함께 공부하고 숙제를 한다. Ms. Alvarez는 차례대로 돌아가며, 어떤 방법으로 문제를 제기하고 질문에 대답하고 어떻게 서로 도와줄 수 있는가를 가르쳤다. 각 모둠의 구성원들은 차례대로 문제를 큰 소리로 읽고 문제에 대한 자신들의 답을 제시한다. 모든 질문에 답을 할 때까지 돌아가면서 사회를 보며 해답을 찾는다. 때때로, Ms. Alvarez는 '모둠 검사' 과정을 되돌아볼 뿐 아니라 자신이 추구하는 협동적인 분위기를 강화하는 활동과 대화 시간을 계획하기도 한다.

과제를 검사할 때 학생들은 '모둠 검사' 방법을 사용한다. 모둠원 중 한 명이 어떤 문제의 답을 이야기하면, 그 문제에 동일하게 답을 쓴 모둠원은 엄지손가락을 들어올린다. 다르게 답을 한 모둠원이 있다면, "나는 다르게 생각해."라고 조용히 이야기한다. 모둠원들은 무엇이 잘못되었는가 다시 한 번 생각하고 문제를 풀어 본다. 모든 학생들의 답이 일치할 때까지 이러한 과정은 계속된다.

도형 그리기 문제에서, Jake가 그린 원은 다른 모둠원들이 그린 것과 크기가 달랐다. Anita가 답을 이야기했을 때, Jake는 "나는 다르게 생각해. 내 생각이 맞을 거야!"라고 이야기했다. Jake와 다른 모둠원들은 왜 크기가 다른가에 대해 이야기를 나누었다. 문제에서 주어진 반지름을 가지고 컴퍼스를 이용해 다시 한 번 원을 그려 보았다. 다 그리고 나니 Jake가 옳았다. Jake가 수치에 맞게 정확하게 그렸던 것이다. Jake와 모둠원들은 어려워서 풀지 못한 문제에 표시를 해두었다. 모든 학생들이 원래 위치로 모였을 때, Ms. Alvarez는 학생들에게 4명의 답이 일치하지 않은 문제들과 잘 이해하지 못한 문제들을 설명해 주었다.

Ms. Alvarez는 4명의 답이 일치하지 않은 것이 그 문제가 어렵다는 것을 나타내는 표시라고 생각했다. 이를 이해시키기 위해 Ms. Alvarez는 보충 학습(일제식 수업) 계획을 세웠다. 모둠원들 간에 먼저 답을 맞춰보게 함으로써 Ms. Alvarez는 교실을 순회하며 학생들에게 도움을 제공하는 수고를 덜 수 있었다. '모둠 검사' 방법을 통해 Ms. Alvarez는 교실 앞에 서서 답을 불러줄 필요가 없다는 것을 알게 되었다.

아침 활동이 끝날 무렵, 각 모둠에서 한 명의 학생이 학습지를 수합하여 이를 각 학생의 포트폴리오에 끼우고, 인근의 책꽂이에 넣어 둔다. 일주일에 한 번 학생들과 대화 시간을 가질 때, Ms. Alvarez는 학생들에게 포트폴리오를 가져오게 한다. 그리고 나중에 이를 다시 돌려주며, 학생들의 개념 이해 정도를 확인하기 위해 과제에 학생들이 적어 놓은 글을 확인한다. 도움이 필요한 학생들을 발견하면, 개별적으로 또는 작은 모둠을 만들어 보충지도를 한다.

사례 연구 3.2

학습 센터에서 활동시 학생들의 수업 참여 유지하기

Ms. Avery는 칠판의 한쪽에 그날 학습 센터 활동 계획을 붙여 놓았다. 오늘의 활동과 시간은 다음과 같다.

	읽기	연구 과제	수학	과학
9:00~9:20	얼룩 올빼미	고릴라	팬더	표범
9:25~9:45	표범	얼룩 올빼미	고릴라	팬더
9:50~10:10	팬더	표범	얼룩 올빼미	고릴라
10:15~10:35	고릴라	팬더	표범	얼룩 올빼미

일반적으로 학습 센터 활동은 4가지 영역으로 구성되며, 한 영역은 교사가 지도한다. 학습 센터 활동을 시작할 때, Ms. Avery는 지시 사항을 제시하고 각 영역에서 필요한 자료를 보여준다.

읽기 활동은 매우 융통성 있게 이루어진다. 때로는 학생들의 주요 관심사에 초점을 두기도 한다. 때로는 핵심 생각 및 인과 관계 찾기, 추론하기 등에 초점을 두어 활동이 이루어지기도 한다. 지금은 멸종 위기에 처한 동물들에 대해 학습하고 있다. 깊이 있는 학습을 위해 학생들은 멸종 위기에 처한 4가지 동물(얼룩 올빼미, 표범, 팬더, 고릴라)을 선택했고 동물별로 모둠이 구성되었다. 이와 함께 학생들은 자신들이 선택한 동물에 대한 연구 계획도 세웠다.

오늘 학습 센터 활동 시간에는 읽기 영역에서 Ms. Avery는 학생들을 지도할 예정이다. 학생들은 교사와 자신들이 수집한 자료를 이용하여 연구 과제를 계속 진행할 것이다. 수학 활동 영역에서는 나눗셈 관련 학습지를 풀 것이다. 여기서는 계산기 등이 제공될 것이다. 과학 활동 시간에는 유리 상자 속에 들어 있는 동물들을 관찰하고 관찰 보고서를 작성할 것이다.

Ms. Avery는 학생들을 지도할 때 전체 학생들을 관찰할 수 있는 곳에 앉는다. 학생들을 자주 쳐다보면서 필요한 경우 눈길을 주거나 학생의 이름을 부드럽게 부르는 것으로 주의를 준다. 학생들을 지도하고 있을 때 다른 모둠의 학생들이 도움을 청하러 오는 것을 원하지 않기 때문에, Ms. Avery는 모둠당 한 명씩 도우미를 두고 있다. 지나치게 도우미에게 의존하는 것을 막기 위해, 꼭 필요한 경우에만 도움을 청해야 한다고 가르쳐 왔다. 모르는 문제를 그냥 지나쳐도 별 문제가 없는 경우, 일단 그 문제를 건너뛰고 나중에 도움을 받게 하였다.

종이 울리면 현재 하고 있는 활동을 멈추고 주변을 정리하고, 사용하던 책이나 자료를 원래 위치에 놓아 두고 다음 활동 영역으로 이동한다. 이때 Ms. Avery는 교실을 순회하면서 학생들의 활동 진행 상황을 확인하고 질문에 대답하고 여러 가지 필요한 도움을 제공한다. 보통 이는 5분 이상 소요되지 않는다. Ms. Avery는 이를 고려하여 시간표를 계획하였다.

사례 연구 3.3

고학년 학급에서의 컴퓨터 활용

Ms. Curry의 6학년 과학 수업 시간에는 인터넷 관련 자료를 활용하여 컴퓨터를 통한 연구를 수행하는 학습을 하고 있다. 초등학교 학생들의 수준에 맞게 만들어진 비디오 자료와 그래픽 등이 포함된 소프트웨어를 활용하여 학생들은 자신들의 과제를 발표하게 될 것이다. 학생들은 두 개의 멀티미디어 관련 연구 과제를 완성해야 했지만, Ms. Curry는 학생들이 손쉽게 시작하고 학습 내용에 초점을 두기 위해 첫 번째 과제만을 하도록 결정을 내렸다. 또한 이를 통해 학생들의 능력에 맞게 과제를 조정하였다. 세포에 관한 첫 번째 연구 과제를 소개할 때, Ms. Curry는 과제에 포함되어야 할 사항을 적어 놓은 자료를 학생들에게 나누어 주었다: (1) 컴퓨터를 이용하여 발표할 때 포함되어야 하는 슬라이드 유인물, 목록과 주제에 대한 설명, (2) 과제에 포함되어야 할 사항들, 과제 진행 확인표, 제출일과 어떻게 평가할 것인가에 대한 정보.

Ms. Curry는 예를 보여 주기 위해 멀티미디어를 이용한 수업을 하였고, 모든 단계를 차례대로 반복하였다. 교사는 두 가지 사항을 강조하였다: 외형과 포함되어야 할 자료. 외형에 대한 내용을 설명하기 위해, 쉽게 읽을 수 있는 것과 쉽게 읽을 수 없는 색상 배합을 보여주면서 바탕과 글자색의 선택에 대한 예를 제시하였다. 또한 글자의 크기와 글꼴과 같은 기준도 제시하였다. 두 번째 포함되어야 할 것은 참고문헌, 출처와 같은 자료이며, Ms. Curry는 인터넷상의 문서와 비디오 파일 등을 인용하는 방법을 제시하였다. Ms. Curry는 자신의 발표 내용을 프린트하여 학생들에게 나누어 주고 게시판에 한 부를 붙여 놓았다. 도서실과 컴퓨터실을 사용하는 날을 알려주고, 수업 시간이나 자습 시간에 교실에 있는 컴퓨터를 사용할 순서를 정하도록 하였다.

첫 번째 멀티미디어 과제의 제출 마감일 전, Ms. Curry는 디스켓을 제출하기 전에 필요한 사항들이 모두 포함되었는지 살펴볼 수 있도록 학생들에게 확인 사항들을 기록해 놓은 검목표를 제공하였다. Ms. Curry는 학생들의 과제를 평가하고 학생들의 발표에 등급을 매기는 데 이러한 자료를 사용한다.

사례 연구 3.4

4학년 어느 학급의 부적절한 학습 습관

Mr. Ambrose의 4학년 학생들은 비교적 올바르게 행동하며 문제 행동을 거의 보이지 않고 있다. 대부분의 학생들은 일제식 수업 중 자기 자리에 앉아 있고, 토론시 손을 들고, 별 문제 없이 화장실이나 연필깎이 등 교실의 여러 부분을 사용하는 등 Mr. Ambrose가 정한 규칙과 절차를 잘 따르고 있다. 개별 학습 중 간간이 잡담을 하는 학생들도 있으나 크게 문제가 되지는 않으며, 교사가 지적할 경우 금방 조용해진다. 그러나 최근 들어 학생들은 학습 활동에 집중하지 않고 과제도 늦게 제출하고 있다.

일부 학생들은 언제까지 과제를 해야 하는지 몰랐다고 불평을 하고, 아예 과제를 제출하지 않는 학생들도 있다. 이를 해결하기 위해, Mr. Ambrose는 매일의 과제를 칠판 한 구석에 분명하게 적어 두고 있다. 며칠이 소요되는 과제도 있기 때문에 이전의 과제들도 칠판에 기록해 두어 학생들이 쉽게 각 과제의 제출일을 알 수 있도록 하였다.

오전 중에 끝내야 할 과제들을 칠판에 게시하고 계속 학생들에게 어느 쪽에 적어 두었는지 알려 주었지만, Mr. Ambrose는 1시간 동안의 개별 및 모둠 학습 시간 동안 몇몇 학생들에게 무엇을 해야 하는지 알고 있냐고 계속 질문을 한다. 시간이 끝나기 전에 몇몇 학생들이 학습지를 제출하자 Mr. Ambrose는 "시간 중에 학습지를 다 끝내지 못했고 선생님이 아무 말도 하지 않으면 집에 가기 전까지 끝냈다 해도 다음 날까지 가지고 있어야 해요. 자습 시간에 과제를 다 끝냈다면, 선생님의 책상에 올려 놓도록 하세요."라고 이야기했다. 학생들은 언제까지 과제를 제출해야 하는지, 어떻게 해야 하는지 계속 어리둥절하고 있었다.

학생들이 자습을 할 때, Mr. Ambrose는 책상에 앉아 사무를 보지만, 도움이 필요할 경우 한 번에 한 명씩 자신의 책상으로 오게 하였다. 성적이 낮은 학생들은 잘 나오지 않지만, 대부분의 학생들은 이 규칙을 잘 지키고 있다. 교사에게서 먼 쪽에 있는 학생들은 과제와 관련 없는 잡담을 하고 있다.

Mr. Ambrose는 학생들에게 충분한 양의 과제를 제시하고 있다. 예를 들어, 조금 전에 끝난 수업 시간에는 학생들에게 과제를 제시하고 간단한 시험을 보았다(시험을 다 마칠 때까지 학습지를 가지고 있으라고 학생들에게 이야기했다). 학습 활동을 일찍 끝낸 학생들을 위한 보너스 과제를 칠판에 게시하였다. 시험지를 나누어 주고 필요한 사항들을 이야기할 때, 이전의 과제를 하고 있는 학생들도 여러 명 있었다. 이들은 나중에 Mr. Ambrose에게로 와 지시 사항을 다시 물어 보았고, 이들 중 몇 명은 시간이 부족하여 시험 문제를 다 풀지 못했다. Mr. Ambrose는 학생들에게 열심히 최선을 다하지 않으면 성적이 나쁘게 나올 것이라고 이야기해 왔지만, 이는 성적이 우수한 소수의 학생들에게만 어느 정도 영향을 주는 것 같다.

이 학급에서 상황을 개선하기 위해 Mr. Ambrose는 어떤 조치를 취해야 할까?

검목표 3

책임감을 갖게 하는 절차

확인	영역	참고 사항
	과제와 필요한 조건 이야기하기	
☐	A. 어디에, 어떻게 과제를 게시할 것인가?	
☐	B. 과제의 형식 등에 대한 기준은? — 연필, 색연필, 인쇄해서 아니면 디스켓으로 — 제목 달기 — 제출 기한 — 수정 방법	
☐	C. 결석한 학생들은 어떻게 할 것인가?	
☐	D. 늦게 제출하거나 다 끝내지 못한 과제는 어떻게 처리할 것인가?	
	과제의 진행과 완성도 관찰하기	
☐	A. 학생들의 과제 진행 상황을 어떻게 확인할 것인가?	
☐	B. 장기 과제는 언제, 어떻게 확인할 것인가?	
☐	C. 학생이 과제를 끝냈는지 여부를 어떻게 결정할 것인가?	
☐	D. 완결된 과제를 어떻게 걷을 것인가?	
☐	E. 이를 어떻게 기록할 것인가?	
☐	F. 진행 과정을 스스로 확인하게 하는 방법은?	
	피드백	
☐	A. 학교의 평가 정책과 절차는?	
☐	B. 언제 어떤 피드백을 제공할 것인가?	
☐	C. 자신의 진행 과정에 반영하도록 어떻게 학생들을 격려할 것인가?	
☐	D. 학생이 과제를 중지했을 때는 어떻게 할 것인가?	
☐	E. 어떤 방법을 이용하여 학부모에게 자료를 보낼 것인가?	
☐	F. 어디에 학생들의 작품을 전시할 것인가?	
☐	G. 학생들에게 성적을 기록하게 할 경우 어떤 것들을 기록하게 할 것인가?	

(계속)

책임감을 갖게 하는 절차

확인	영역	참고 사항
□	H. 학생들에게 포트폴리오를 관리하게 할 것인가? 그렇다면 어떻게 자료를 정하고 평가하게 할 것인가?	______
□	I. 성적에 대한 불만은 어떻게 처리할 것인가?	______

4

성공적인 새학기 시작

새 학년의 시작은 학생들이 앞으로의 학교 생활에 영향을 줄 행동, 태도와 학습 습관을 배우기 때문에 학급 경영에 있어 중요한 시기이다. 학년 초의 몇 주 동안 학생들은 자신들에게 기대되는 행동과 어떻게 하면 성공적으로 과제를 수행할 수 있는가 등에 관한 것을 배우게 된다. 또한 학생들은 과제가 어떤 의미를 가지며 왜 성공적으로 과제를 마쳐야 하는지를 배운다. 이것들은 교사가 학생들을 어떻게 대하고 어떤 기대를 가지고 있는가를 통해 학생들에게 전달된다. 학년 초를 위한 세심한 계획은 앞으로의 1년을 위한 사전 준비 단계이다.

학년 초 교사의 주요한 목표는 학교의 과제는 성공적으로 해야 할 만한 가치가 있다는 학생들의 믿음을 강화시키는 것이다. 이를 달성하기 위해서 교사는 두 가지 중요한 영역에서 학생들의 협조를 얻어야 한다: 교사의 규칙과 절차를 따르고 모든 학습 활동에 충실히 참여하는 것. 이러한 목적 달성을 통해 나머지 기간 동안 좋은 학습 환경을 만들 수 있다.

적절한 행동 방법을 확립하는 데 관심을 둔다는 것이 학생들의 감정이나 태도에 관심을 두지 않는다는 것을 의미하는 것은 아니다. 이는 아동들에게 안정감을 주고 문제 발생을 막는 교실 분위기를 만들고자 하는 것이다. 따라서 학생들의 생각 및 여러 정의적 측면에 초점을 두는 부분도 있지만, 이 장에서 제시되는 제안들은 인지적 목적에 초점을 둔다.

이 장의 핵심 주제는 긍정적인 분위를 만들어 내고, 학생들에게 교사가 정한 규칙과 절차를 가르치며, 새학기 첫 주 동안 이루어질 교실 내에서의 활동들을 결정하는 것이다. 학부모들과의 의사소통, 특별한 문제들과 기간제 교사를 위한 준비 사항도 논의된다. 계획을 세울 때 도움이 되는 검목표와 새학년의 시작에 많은 아이디어를 줄 수 있는 두 가지 사례 연구가 제시된다. ■

생각해 보기

당신이 초등학교를 다닐 때 새학기 첫날을 어떻게 보냈는지 기억할 수 있는가? 성인이 되어서 새학기가 처음 시작될 때를 기억할 수 있냐고 물어보았을 때, 일반적으로 교사가 어떤 행동들을 했는지 정확하게 기억하는 사람들은 거의 없지만, 흔히 자신들의 개인적인 경험, 문제나 관심사들을 기억하는 경우는 많이 있다. 특히 환영받았던 해를 기억할 수 있는가? 새로운 학급에서 외톨이라는 생각이 들었거나 지루했던 해가 있었는가? 학년 초 교사는 학생들의 어떤 관심거리들을 고려해야 할까? 이 기간은 교사 또한 개인적인 근심과 긴장이 최고조로 달하는 시기이기도 하므로, 교사들이 어떻게 하면 자신들의 감정을 조절하는 동시에 학생들의 걱정거리들을 해결할 수 있을까? 새학년 시작 활동 선택에 교사 자신의 교육 철학을 어떻게 반영시킬 수 있을까?

긍정적인 학급 분위기 조성하기

새학년이 시작되기 전에 적절한 경영 계획을 수립해야 하지만, 경영 계획이 공동체 형성에 도움이 되기 위해서는 긍정적인 학급 풍토가 먼저 조성되어야 한다. 교사의 목표는 교실이라는 왕국의 통치자가아니라 상호 작용하는 학급 공동체의 설계자이자 촉진자가 되는 것이다. 긍정적인 풍토의 토대는 교사와 학생, 그리고 학생들 간의 긍정적인 상호 작용이다. 긍정적인 환경은 학교에서의 경험과 학습에 대해 관심을 갖도록 학생들을 유도한다.

학생들은 잠자는 시간을 제외한 나머지 시간의 약 50%를 교사들과 함께하며, 따라서 학생들의 삶에 교사들이 얼마나 큰 영향을 미치는지 쉽게 알 수 있다. 학생에 대한 교사의 영향력과 함께, 이러한 상당한 시간을 함께 보내기 때문에 학생들에게 도전감을 주고, 자유롭게 탐구할 수 있다는 느낌을 주며, 서로 서로를 지원하고 자기 자신의 지식을 구축하는 데 참여할 수 있는 긍정적이고 안전한 환경이 형성될 필요가 있다.

다른 모든 사람들과 같이, 아동들은 집단에 소속되고자 하는 강한 욕구를 가지고 있다. 교사는 일련의 방법들을 통해 소속감을 증진시킬 수 있다(Erwin, 2003; Evertson, 2007).

1. **예의 바르게, 차분하게 말하기.** 학생들에게는 “부탁합니다”, “고맙습니다”와 “실례합니다”라고 말하는 교사들이 필요하다. 학생들은 이러한 예의 바른 표현을 따라한다. 차분한 목소리는 수용 및 자기 통제를 나타낸다. 아동들은 위협을 받고 있다고 느끼거나 혼란스러움을 느낄 때, 교사가 화가 난 상태가 아니라는 것을 알게 되면 안심하게 된다.
2. **정보 공유하기.** 가능한 한 빨리 학생들의 이름을 외우고 학생들이 서로

친해지는 데 도움이 되는 활동을 한다. 교사 자신을 소개하고 자신의 관심사에 대해 학생들에게 이야기한다. 학생 개개인을 충분히 알기 위해 학생들과 사적으로 이야기를 나눈다.

3. **가능한 한 자주 긍정적인 표현 사용하기.** 일반적으로 긍정적인 행동보다는 부정적인 행동이 훨씬 더 눈에 잘 띈다. 따라서 부정적인 행동에 대해 이야기를 할 때가 훨씬 더 많다. 또한 부정적인 행동에 대해 언급하는 것이 학생들의 행동 개선에 도움이 된다고 믿기 때문에 더욱 그렇게 해야 한다고 생각하고 있는 것 같다. 그러나 그 반대의 경우가 정답이다. 부정적인 언급은 학생들에게 부정적인 느낌을 줄뿐만 아니라 모든 학생들에게 영향을 주는 부정적인 환경을 만들어낸다.
4. **공동체의식 형성하기.** 학생들이 협동하여 활동하도록 지도하고(6장 참고) 구조화된 협동 활동을 통해 학습할 수 있는 기회를 규칙적으로 제공한다. 공동체 형성, 문제 해결과 수업 내용 관련 사항의 토론을 위해 규칙적으로 학급 회의(class meeting)를 개최한다. 첫 번째 학급 회의에서는 학급 규칙과 절차를 정하기도 한다(3장).

학생 개개인과 긍정적인 관계를 형성하는 것은 학생의 성공을 예측하는 가장 중요한 요소로 생각할 수 있지만, 권위의 개념을 이해하는 것도 공동체의 원활한 운영을 위해 중요하다. 안정감을 느끼기 위해 교실 내의 권위의 근원에 대해 이해할 필요가 있다(Brophy, 2004; Hoy & Weinstein, 2006). 자연적으로 권위는 교사가 갖지만, 이러한 권위를 어떻게 행사하는가 하는 것은 학습 공동체에 큰 영향을 미친다.

규칙과 절차 가르치기

학생들의 행동에 대한 교사의 기대를 가장 잘 전달할 수 있는 방법 중의 하나는 계획된 규칙과 절차를 통하는 방법이다. 이것들을 어떻게 학생들에게 가장 잘 가르칠 수 있을까 하는 것이 중요한 고려 사항이 된다. 때문에 '가르친다'라는 말이 의도적으로 사용된다; 만약 교사가 학생들에게 규칙과 절차에 대해 말로만 이야기했다면 학생 행동에 대한 자신의 기대를 적절하게 표현하지 못한 것이다.

가르치는 과정의 세 가지 중요한 측면을 제시하면 다음과 같다.

1. **바람직한 행위에 대한 설명과 시범.** 말과 행동을 통해 어떤 행동이 허용되고 바람직한지 전달한다. 가능한 한 구체적으로 제시한다. 예를 들어, 교실을 나가면서 학생들에게 단순히 바르게 있으라고 말하는 것은 적절하지 않다; 학생에게 바르게 행동하는 것이 무엇을 의미하는지 이야기해 주어야 한다—자리를 떠나지 않고, 잡담을 하지 않으며, 과제를 계속하는 것 등. 기회가 있을 때마다 바람직한 행동에 대해 설명한다. 예를 들어, 학습 센터에서 활동을 하는 동안 학생들 간의 "조용한 대화"나 "수업에 도움이 되는 이야기"를 허용하려 한다면, 이러한 행동들이 무엇을 의미하는지 시범을 보여야 한다. 만약 그 과정이 복잡하다면, 단계적으로 제시한다. 예를 들어, '교실 밖에 나가 줄서기' 위해서 학생들은 언제 모여야 하는지(예를 들어, 교사가 모둠이나 분단별로 신호를 줄 때), 어디로 어떻게 가야 하는지(예를 들어, 의자를 밀어 넣고 조용히 걷는다), 줄을 섰을 때는 어떻게 해야 하는지(예를 들어, 다른 학생들과 손을 잡지 않고, 복도에서 조용히 하며 뛰지 않기) 등을 알고 있어야 한다. 대부분의 학생들은 대표로 나와서 올바른 행동 절차를 학급 아이들에게 보여주는 특권을 좋아하기 때문에 교사가 이 모든 것을 예시할 필요는 없다.

2. **리허설 — 행동 연습하기.** 리허설은 두 가지 목적을 가지고 있다. 리허설은 학생들이 올바른 행위를 배우는 것을 돕고 아동들이 그 절차를 이해하고 정확하게 지킬 수 있는 가를 결정할 수 있는 기회를 제공한다. 복잡한 절차는 여러 번의 리허설 과정을 거쳐야 한다. 연습은 특히 저학년 아동들에게 더 도움이 된다. 그러나 절차가 복잡하거나 이전에 그러한 경험이 없었다면 고학년 아동들에게도 상당한 도움이 된다.

3. **피드백.** 처음 어떤 절차를 따르도록 학생들에게 요구한 후, 학생들이 올

바르게 했는가를 이야기하고 칭찬해야 한다. 만약 개선이 필요하다면, 학생들에게 이러한 사항들을 이야기해야 한다. 피드백은 구체적이어야 한다. 예를 들어, "빠르게 책상을 정리해 줘서 고마워요. 2조는 떠드는 것을 그만두길 바래요." 만약 많은 학생들이 절차를 바르게 따르지 못한다면, 위의 단계를 한두 번 더 반복한다. 만약 몇몇 학생들만이 틀린다면, 이들에게 무엇을 어떻게 해야 하는지 설명하게 하여, 교사의 지시를 정확하게 이해하고 있는지 알아본다. 끝으로, 학생들이 한두 번 어떤 절차를 정확하게 따라 행동했다는 것이 그런 행동을 계속할 것이라는 것을 의미하지 않는다는 것을 알아야 한다. 교사는 학생들을 자세히 관찰하고 적절한 피드백을 제공할 준비가 되어 있어야 한다.

어떻게 절차들을 가르칠 것인가에 대한 예가 아래에 제시되어 있다. 이는 2학년 어느 학급에서 복잡한 이동 절차를 어떻게 가르치는가를 보여준다. 이 예에서 교사는 신호에 따라 책상을 정리하고 양탄자로 모이도록 학생들을 지도하고 있다.

Ms. Stevens는 제한된 시간 동안 계획된 모든 활동을 할 수 있도록 빨리 움직이기를 기대한다고 학생들에게 설명한다. 그녀는 종을 꺼내서 친다. 그녀는 학생들에게 이 소리가 아주 중요한 신호가 될 것이라고 말한다. 이 소리를 듣게 되면, 학생들은 책상을 정리하고 가능한 한 빨리 다음 활동으로 이동해야 한다. "책을 읽는 동안 종소리를 듣게 되면 가능한 한 빨리 책을 책상에 집어넣어야 해요. 그 다음 의자에서 일어나서 스페인어 수업을 시작할 수 있도록 조용히 양탄자로 걸어 와야 해요. 질문 있어요?" 어떤 학생이 스페인어 시간이 되면 항상 종을 칠 것인지 질문하였고 Ms. Stevens는 항상 그렇게 할 것이라고 대답한다.

Ms. Stevens는 학생들에게 연습을 해보자고 이야기한다. "책상에 공책과 연필을 꺼내 어떤 이야기를 하나 적어 보자. 그 이야기를 끝마칠 시간은 나중에 줄게요. 지금 선생님이 종을 치면, 여러분은 책상을 정리하고 빨리 양탄자로 와야 해요" 이때 Ms. Stevens는 종을 친다. 학생들은 즉시 책상을 정리하고 양탄자로 모인다. 그러나 몇몇 학생들은 물을 마시기 위해 줄을 서

> 고 한 명은 화장실로 간다. 모든 학생이 Ms. Stevens 주위에 모였을 때, 그녀는 벽에 있는 시계를 보며 말한다. "책상을 정리하고 양탄자로 모이는 데 3분이나 걸렸어요. 여러분은 지금 2학년이고 이보다 더 빨리 움직일 수 있을 거라고 생각해요. 선생님은 1분 안에 여러분이 양탄자 주위로 모일 수 있을 거라 생각해요. 그리고 급하지 않다면 화장실에 가거나 물을 먹으러 가면 안 되겠죠? 모두 알겠죠?" 학생들은 모두 고개를 끄덕인다.
>
> Ms. Stevens는 학생들에게 책상으로 돌아가서 공책과 연필을 꺼내서 다시 한 번 연습을 하자고 말한다. 재빨리 학생들은 책상으로 돌아가 공책과 연필을 꺼낸다. 다시 Ms. Stevens가 종을 울리자, 학생들은 교사의 지시대로 더 빠르게 움직였다. 모든 학생들이 자리를 잡은 후, Ms. Stevens는 웃으며 학생들을 칭찬한다. "여러분은 아주 어려운 일을 해냈어요. 양탄자로 모이는 데 1분밖에 걸리지 않았어요. 선생님은 여러분이 아주 자랑스러워요."

위의 예에서, Ms. Stevens는 신호를 설명하고 바람직한 행위와 그에 대한 이유를 제시하였다. 학생들은 2번 연습을 하였고 Ms. Stevens 매번 피드백을 제공하였다.

교사의 권위

교사의 권위는 학생의 행동과 성적에 대한 기준을 설정할 교사의 권한과 학생들이 결정 및 행동을 할 때 교사의 지도를 따를 가능성을 의미한다. 학생들이 교사의 기대를 따를 때, 학생들은 자신들을 이끌 권한을 교사에게 부여하고 있는 것이다. 의도적으로 교사가 기대하는 행동과 반대되는 행동을 할 때, 학생들은 교사의 권위에 저항하고 있는 것이다. 교사의 권위는 다양한 근원에서 나타난다(Spady & Mitchell, 1979; Pace, 2003). *전통적 권위*하에서, 어린 아이가 부모의 의견을 따르도록 기대되듯이 학생들은 교사가 책임을 맡고 있는 어른이기 때문에 따르도록 기대된다. 이러한 권위에 의존하는 교사들은 고학년 학생들이 권위에 도전하는 문제 상황에 자주 직면하게 될 것이다. *관료적* 권위는 노력과 성취에 대한 보상으로 성적을 매기고 부적절한 행동과 바람직한 행동에 대해 규정된 결과를 제시하는 교사의 능력에 근거하고 있다. *전문*

적 권위는 교사의 지식과 기술에 근거한다. 학생들은 해당 교과에 대한 교사의 전문성 때문에 교육과정 및 학습 과제에 대한 교사의 결정을 수용한다. 끝으로 *카리스마적* 권위를 활용하는 교사들도 있다. 이들은 표현이 풍부하고 사교적이거나 상호 작용 형태 및 의사소통 기술을 가지고 있다. 학생들을 이러한 교사들을 좋아하고 매력을 느끼기 때문에 이들 교사의 지도를 따른다. Pace(2003)에 따르면 교사들은 한 가지가 아니라 여러 가지 근원에서 자신들의 권위를 이끌어 낸다. 예를 들어, *카리스마적인* 교사는 자신의 대인관계 형태에 긍정적으로 반응하지 않는 학생들에게 *관료적* 및 *전통적* 권위를 행사할 수도 있다.

권위라는 용어가 "권위주의"를 의미하고 따라서 억압과 독단적인 지배의 이미지를 불러올 수 있기 때문에 교사의 권위를 언급하는 것을 반대하는 사람들도 있을 수 있다. 그러나 앞에 명확하게 제시한 것처럼, 권위에는 여러 가지 형태가 존재한다. 또한 사회는 사회 및 노동 집단을 조직하는 핵심적인 부분으로 권위에 의존한다. 동일한 맥락에서, 학교는 교수-학습 활동이 이루어지는 안전한 상황을 만들어 내기 위해 합법적 권위에 대한 학생들의 수용에 의존하고 있다.

학생들과 관련된 권위의 또 다른 측면은 *권위주의적(authoritarian)* 리더십 및 *권위 있는(authoritative)* 리더십을 구분하는 것이다. 권위주의적인 교사들은 규칙의 근거를 설명하지 않고, 위협과 처벌을 통해 학생들을 통제하려고 하며, 독단적으로 영향력을 행사한다. 이에 반해, 권위 있는 교사는 행동과 결정

의 기준을 설명하고, 성숙 및 책임감을 가지고 행동을 할 수 있도록 보다 많은 자율권을 부여하며, 공정하고 균형을 유지하며 영향력을 행사한다. 교사 권위 형태 또는 혼합된 형태에 관계없이, 권위 있는 리더십은 협동을 이끌어 내지만 권위주의적인 행동은 도전과 저항을 가져온다.

교사의 권위 행사에 대해 학생들이 어떻게 반응하는지 주의를 기울이고 문제가 있는 경우 접근 방법을 조정할 수 있는 방법들을 생각해 본다. 모든 상황에 적용할 수 있는 최상의 방법은 없으며, 따라서 피드백에 따라 유연하게 개방적인 태도를 취하도록 노력한다.

성공적인 시작을 위한 계획

따뜻하고 친근한 학습 환경을 계획하는 것이 새학년을 시작하는 첫 번째 단계이다. 학년 초, 교사는 규칙과 절차를 지도하고 학생들에게 책임을 지게 하는 절차 등을 선택하는 경영 전략을 생각해 보아야 한다(2장과 3장에서 논의됨). 지금은 학기 초 며칠 동안 사용할 활동 계획이 필요할 것이다.

새학년 첫날을 위한 계획

모든 학생들이 성공할 수 있는 활동들은 학생들에게 안정감과 자신감을 주며, 계속 노력하게 하는 자극제가 될 것이다. 학기 초의 활동 및 과제는 쉽고 간단한 것이어야 한다. 이러한 방식으로 아동들은 수업에 관련된 사항들을 빨리 배우고 과제를 수행할 때 거의 어려움을 느끼지 않게 될 것이다.

처음 며칠 동안은 모든 학생들에게 동시에 제시하고 설명할 수 있는 내용만을 다루어야 한다. 적어도 며칠 동안은 모둠 활동을 시켜서는 안 되며, 가능하다면 오랜 시간에 걸쳐 개별 아동에 대한 교사의 지도가 요구되는 개별 검사나 과제 등은 피하는 것이 좋다. 불필요한 복잡한 활동에 교사나 학생들이 얽매여서는 안 된다. 학생들은 학년 초 며칠 동안 이미 많은 새로운 절차들을 배우고 있다. 또한 교사는 문제점을 찾아내고 적절한 행동을 취하기 위해 처음 며칠 동안은 자연스럽게 학생들의 행동을 주의 깊게 관찰할 필요가 있다. 만약 모둠이나 개인에게 더 신경을 쓰게 된다면 나중에 큰 문제가 될 수 있는 중요한 행동과 사건들을 인식하지 못할 수도 있다.

새롭고 친숙하지 않은 환경에 대한 아동들의 걱정, 요구, 생각을 고려하여 활동을 계획해야 한다. 신체 동작과 음악 등을 포함한 다양한 활동과 짧은 휴식 시간 등은 아동의 흥미를 유지시키고 주의를 집중시키는 데 도움이 된다. 또한 교사가 그해 학습할 내용에 관심을 두고 호기심을 가진다면 교육과정 및 학습 활동에 대한 학생들의 관심을 유발할 수 있을 것이다. 과학 시간과 사회 시간에 배울 흥미 있는 단원의 내용을 슬쩍 비추거나 익히게 될 기능에 대해 이야기하는 것도 좋은 방법이다.

학기 첫날 결석하는 학생들도 있다는 것을 명심한다. 또한 학기 초 전학을 가거나 전학을 오는 학생들도 종종 있다. 따라서 이를 기록하기 위해 임시 출석부나 성적 기록부를 만들어 둔다.

일반적인 몇몇 활동들

새학기 첫날 이후 처음 며칠 동안 사용할 수 있는 활동들이 아래에 제시되어 있다. 이것들은 사용 순서대로 제시되어 있지 않으며, 매일 하나씩 사용하지 않아도 된다. 교사들이 이것들을 어떻게 조합해 사용하는가 하는 것은 이 장의 끝에 있는 두 가지 사례 연구에 제시되어 있다.

학생들에게 인사하기

미리 학생들의 이름표를 준비한다. 전학 올 학생들을 위해 여분의 것도 조금 준비한다. 이름표를 어떻게 달 것인가를 결정해야 한다. 만약 곧은 핀을 사용한다면 쉽게 꽂을 수는 있지만 찔리거나 상처를 입을 수 있다. 안전핀을 사용한다면 학생들 스스로 사용할 수 있도록 한다. 또 다른 방법으로는 테이프나 목걸이처럼 목에 걸 수 있는 실을 이용하는 것이 있다. 이름표뿐 아니라 책상의 상단에 종이를 붙여 이름을 쓸 수도 있다.

학생들이 교실에 들어오면, 따뜻하게 인사하고, 이름표를 달고 자리에 앉는 것을 도와준다. 만약 좌석에 학생들의 이름을 붙여 놓았다면, 좌석 배치 문제는 쉽게 해결이 된다. 그러나 학생 명부가 정확하지 않은 경우에는 학생들이 도착하기 전에 좌석 배치를 해놓지 못할 수도 있다. 이 경우에는 학생들에게 자기 몸에 맞는 책상을 스스로 선택하도록 한다. 자리를 바꿀 때 불편을 줄이기 위해 쉽게 붙였다 뗄 수 있는 스티커에 이름을 적어 책상에 붙여 놓게 할 수도 있다. 필요한 경우 좌석 배치에 변화가 있을 것이라고 설명한다.

가능한 한 빨리 좌석 배치표를 만들고 필요한 경우 나중에 조정을 한다. 좌석 배치가 완전히 끝나기 전까지 좌석 배치도에 연필로 학생들의 이름을 적어 두는 교사들도 있다. 두꺼운 종이 위에 학생들의 이름을 적어 놓은 접착식 종이를 붙여 비닐이나 유리로 덮어 두는 방법도 있다. 이렇게 해 두면 필요한 경우 이름이 적힌 접착식 종이의 위치를 바꾸어 놓음으로써 쉽게 변화를 줄 수 있다. 또한 학생들의 이름 위에 표시를 해 놓을 수도 있다. 이들은 특정 학생에 대한 어떤 정보를 상기시켜 주는 열쇠가 된다.

학생들이 교실을 배회하거나 떠들도록 해서는 안 된다. 만약 학생들이 무질서하고, 교사가 수업을 바로 할 수 없다면 자신들의 책상에서 무엇인가를 하도록 하기 위해 학생들에게 선 긋기, 그림 색칠하기, 간단한 닮은꼴 찾기 학습지나 '학교에서 _____ 에 대해 좀 더 알고 싶어요.', '~가 궁금해요.' 등과 같이 개방형 질문들을 담고 있는 학습지를 나누어 준다. 어느 정도 정리가 되었다면, '자기 소개' 시간을 갖는다. 어떻게 퍼즐을 풀었는지, 무엇을 썼는지 학생들에게 발표 시간을 주어야 한다는 것을 잊어서는 안 된다.

자기 소개하기

학생들에게 자신에 대한 소개를 하는 교사들도 있다. 그러나 너무 장황한 자기 소개는 불필요하다. 개인적으로 중요한 사항이나 관심을 가지고 있는 것을 이야기하는 것이 적당할 것이다. 그 다음 학생들에게 자기 자신을 소개하도록 한다. 단순히 이름만 소개하는 것이 아니라 다른 내용들이 포함되어야 하며, 특정 내용을 소개하도록 하는 교사들도 있다. 그러나 나중에 친해질 기회가 많고, 학생들이 들뜨게 되는 경우가 많이 있기 때문에 소개 시간이 너무 길어서는 안 된다.

교실 설명하기

교실의 여러 부분들, 특히 학년 첫날 학생들이 사용하게 되는 부분들을 학생들에게 설명해 준다. 이런 가운데, 당일 교실 사용에 관한 필요한 절차들을 학생들에게 설명한다. 예를 들어, 겉옷, 도시락이나 집에서 가져온 물건을 놓아 두는 곳을 알려 준다. 연필깎이가 어디 있으며 언제 사용할 수 있는지, 그리고 자주 사용하는 학용품과 달력, 휴지통, 시계 등은 어디에 있는지 확실하게 알려 준다.

친교 활동

교사들은 보통 학년 첫날의 계획에 친교 활동을 포함시킨다. 친교 활동은 학생들에게 교사와 다른 학생들이 자신을 잘 알고 있고 한 개인으로 생각하고 있다는 느낌을 가지게 한다. 교사들은 보통 이런 활동의 목적을 학생들이 자신들의 학급 친구들에게 편안함과 안정감을 느끼도록 하는 것이라고 설명한다. 또한 이러한 활동은 학급의 응집성을 높이는 데도 사용된다. 아래에 기술된 예들은 교실 설명, 규칙이나 주요 절차를 논의한 후 분위기를 바꾸기 위해 학년 첫날의 활동으로 사용할 수 있다.

- 학생들에게 자신을 소개하고 좋아하는 운동이나 취미, 또는 여름 방학(역주: 미국의 새학년은 8월 말에 시작된다.) 동안 무엇을 했는지 이야기하도록 한다. 소개가 너무 길어지면 학생들의 주의가 산만해질 수 있기 때문에 빨리 진행하도록 한다. 이를 조금 변형한 것으로 짝끼리 서로 서로를 소개하도록 하는 방법도 있다. 학생들을 짝을 짓게 하여 상대방의 이름과 그 사람에 대한 취미, 관심 사항을 알게 하고, 자신의 짝을 다른 사람에게 소개한다.
- 학생들이 이름을 외우고 소개에 흥미를 더하기 위해 '이름 게임'을 한다. 예를 들어, 학생들에게 자신의 이름 앞에 형용사를 붙이도록 시키거나(예를 들어, 행복한 Holly, 호기심 많은 Carl), 자신이 좋아하는 게임을 생각하게 한다(닌텐도 Nick). 그리고 나서 학생들에게 자신을 소개하도록 하고, 자기 앞에 소개한(다섯 명 정도) 학생들의 이름을 형용사와 함

께 열거하도록 한다.

- 자기 소개 그림을 그려서 이름을 쓰고, 자신에 관한 몇 가지 사항들을 쓴다(형제 이름, 애완동물, 좋아하는 것과 싫어하는 것, 좋아하는 운동, 음식 등). 그리고 이를 게시판에 붙여 학생들이 서로 서로 읽도록 한다.
- 학생들에게 자신들의 관심 사항, 좋아하는 과목, 취미 등에 대한 간단한 질문지를 작성하도록 한다. 고학년의 경우는 문장 형식으로 기술하게 할 수도 있다(예를 들어, "오늘 나는 ~ 느낌이 든다." 나 "내가 가장 좋아하는 것은 ~이다.").

아래에 설명된 활동들은 학생들이 어느 정도 친숙해졌거나 어느 정도 이들을 활용할 준비가 된 첫 주의 후반부에 사용할 수 있는 것들이다.

- 학생들의 이름으로 퍼즐을 만든다. 예를 들어, 각 이름에서 몇 글자를 빠뜨려서 학생들에게 채우도록 시킨다. 또는 무작위로 성과 이름을 따로 써 놓고 학생들에게 연결시키도록 하는 방법도 있다. 또는 퍼즐에 배열된 이름과 사람을 맞추어 보도록 한다.
- 학생들이 하교하기 전에 오늘 어떤 것을 배웠는가, 어려웠던 것과 가장 좋았던 것 등에 대한 이야기를 하고 하루를 되돌아보는 활동을 하기 위해 약간의 시간을 마련한다. 앞으로 일어날 일들과 하게 될 활동들을 간단히 설명한다. 기대를 강화하기 위해 훌륭한 행위와 성과에 대해 긍정적으로 칭찬을 한다.
- 지난해 담임을 맡았던 학생들에게 이번에 맡은 반 학생들에게 어떤 것이 기대되고, 지난해 어떤 것들이 재미있었으며, 작년에 배웠던 것과 학습에 있어서의 조언 등에 대한 편지를 쓰도록 한다(이 계획은 사전에 세밀히 준비되어야 한다). 이런 편지를 학급 전체와 같이 읽는다.
- 장난감, 책, 사진 등 다섯 가지의 물건을 가방에 가지고 오게 하여 그것들을 설명하게 한다. 학기 초 2~3일 정도가 지난 후 이런 소품들을 사용하여 자신을 다시 소개하도록 흥미를 유지하고 주의를 집중하기 위해 필요하다면 두 부분으로 나누어 시행한다.
- "형이 세 명 있으며 발야구를 좋아하는 사람은 누구일까?" 와 같은 형식

으로 질문지를 만들고, 학생들을 여러 집단으로 나누어 집단별로 얼마나 많이 학급 친구들을 찾아내는지 알아본다.

- 자신을 나타낼 수 있는 물건을 가지고 오게 한다. 학생들에게 각자 그 물건의 의미를 전체 학생들에게 설명하게 하고 게시판에 붙인다.

규칙, 절차와 결과의 제시와 논의

교실 환경에 대한 설명과 자기 소개가 끝난 후, 주요 규칙과 절차를 제시한다. 학급 규칙과 함께 학교 규칙도 다루어야 한다. 각 규칙에 대한 결과도 동시에 설명한다. 규칙의 중요성을 확인시키고 학생의 기억을 돕기 위해 2~3일 후 규칙을 재지도할 수 있도록 계획을 세운다. 규칙에 관한 시험을 보고, 학생들의 지식과 이해 정도를 기록해 두는 교사들도 있다. 규칙을 교실에 게시하는 것이 가장 일반적인 방법이다. 규칙과 절차를 복사하여 학부모들의 확인을 위해 가정으로 보낼 수도 있다. 규칙에 관한 자세한 논의는 7장에서 이루어진다.

한꺼번에 가르치기보다는 필요할 때 중요한 절차도 분명하게 가르친다. 예를 들어, 학기 초에는 화장실과 연필깎이 사용 절차, 자리를 떠날 때 지킬 절차, 도움을 얻고 질문을 할 때, 발표나 질문을 할 때의 절차 등을 가르칠 필요가 있을 것이다. 필요하다면 나중에, 이동 방법(방과 후, 점심시간 교실을 출입할 때와 휴식 시간 전후 등)뿐 아니라 휴식 시간, 식당 이용이나 다른 실외 활동 등 중요한 것들을 알려 준다. 아침 활동(2장 참조)과 같은 것은 둘째 날부터 시작할 수도 있기 때문에 그때 설명해 주며, 특별한 시설에 대한 절차 등은 그러한 시설을 사용할 때 그리고 모둠 활동에 대한 절차도 이러한 활동을 시작할 때 알려준다. 학기 첫날에 하는 활동을 성공적으로 완수하고 새로운 교실 환경에서 자신감을 갖도록 도와주는 데 필요한 정보는 바로 제공한다.

학기 시작 둘째 날, 학생들이 알고 있어야 하는 중요한 절차와 규칙을 다시 한 번 반복한다. 이는 바람직한 행동에 대한 교사의 기대를 강화하며 학생들에게 잊어버릴 수도 있는 규칙과 절차를 기억하는 데 도움이 된다. 학기 초에 학생들의 잘못된 행동을 바로잡아 줄 때, 어떤 규칙을 어겼는지 상기시켜 준다. 특히, 저학년의 경우 학생들이 올바르게 행동을 하는지 수주간 자세히 관찰하고, 암시와 조언을 통해 이들이 학급 규칙을 쉽게 학습할 수 있도록 한다.

"새학년이 시작될 때
가장 힘든 것은
속삭이기를 다시
배우는 거야."

학생들에게 학급 규칙과 절차를 제시할 때, 모두에게 이익이 된다는 점을 강조하면서 긍정적인 어조로 말을 한다: "이러한 규칙들은 우리 모두가 즐겁게 수업을 할 수 있도록 도와주는 것들이야. 우리 모두가 서로의 권리를 존중할 때, 우리 학급은 더 좋아지게 될 것이라는 것은 여러분 모두가 잘 알고 있을 거야." 또는 "다른 사람이 이야기할 때 끼어들지 않는다면 다른 사람의 의견을 잘 듣고 있다는 것을 나타내지." 만약 지키기가 어려운 규칙이나 절차가 있다면, 이를 이야기할 때 이러한 어려운 점을 인정한다: "재미있게 토론을 하고 있을 때 자기 의견을 이야기하기 전에 손을 든다는 것이 쉬운 것은 아니라고 생각해. 그러나 그렇게 하는 것은 모든 사람에게 토론에 참여할 수 있는 기회를 주는 거야." 또는 "실습 준비물을 곧바로 사용하지 않는 것은 어려울 수도 있어. 그러나 다치는 사람이 없기 위해서는 선생님의 지시 사항을 기다릴 필요가 있어." 이러한 설명을 통해 학생들은 독단적인 것처럼 보이는 규칙들을 이해하고 수용하게 된다.

교과 활동

어렵거나 복잡하지 않은 활동을 선택해야 한다. 학습 과제는 학생들의 능력에 따른 속도 차이를 고려해야 한다. 따라서 다른 사람보다 빨리 과제를 마친 학생들을 위한 보충 학습지도 준비한다. 교사용 지도서, 교육과정 해설서와 경험 많은 교사들의 조언을 통해 각 학년 수준에 따라 각 교과에 맞는 수업 도입 활동에 필요한 아이디어를 얻는다.

시간 채우기

때때로, 교실 이동 전후, 활동과 활동 사이 또는 그 전후로 해서 시간을 채워야 할 때가 있다. 예를 들어, 학생들이 생각보다 빨리 학습 과제를 끝마쳤지만, 다음 시간 때문에 또 다른 활동을 시작할 여유가 없을 경우가 있다. 또한 집중적인 학습 후 학생들에게 약간의 휴식 시간이 필요한 경우도 있을 수 있다. 이러한 경우 이미 끝난 과제를 계속 반복한다거나 자유 시간을 주기보다는 건설적인 활동으로 이러한 시간을 채우는 것이 더 바람직하다고 할 수 있다. 이럴 때에는 교실에서 할 수 있는 간단한 게임(예를 들어, 빙고 게임, hangman 등)이나 독서를 하게 할 수도 있다. 퍼즐, 수수께끼, 이야기 완성하기 등의 내용이 담긴 학습지를 이용할 수도 있다. 또는 분단별 장기 자랑이나, 노래 부르기 등의 활동을 하기도 한다. 자기가 잘 알고 있는 특정 주제나 대상(애완동물이나 취미 등)을 발표하게 하는 '서로 알고 있는 것 이야기하기' 등의 활동을 하기도 한다. 다른 교사들로부터 아이디어를 얻고 필요한 자료를 수집하여 필요한 경우 적절히 활용한다.

행정 업무

학기 초 학생들에게 교과서를 나누어 줄 때도 있다. 첫날에 한두 권 정도만 나누어 주는 교사도 있고, 특히 학급 인원에 변동이 있을 것 같은 경우에는 교과서를 하루나 이틀 후에 나누어 주고 그 동안 여러 가지 유인물을 사용하는 교사들도 있다. 교과서를 나누어 줄 때는 각 학생에게 나누어 준 책의 번호를 기록한다. 교과서를 나누어 주는 이러한 활동은 학교의 방침을 따라야 한다. 예를 들어, 책표지를 입혀서 책을 학생들에게 나누어 주도록 요구하는 학교도 있다. 이런 경우에는, 책표지를 충분히 준비하고 책표지를 어떻게 입히는지 학생들에게 가르쳐 준다. 저학년의 경우에는 학생들보다는 교사 본인이 직접 하거나 학부모나 보조 교사의 도움을 받는 것이 더 효과적이다. 고학년이라 하더라도 책표지를 어떻게 입히는지 잊어버린 학생들이 있을 수 있다. 전체 학생들이 볼 수 있도록 시범을 보이고 시간을 충분히 마련한다.

학기 첫날이나 주중에 학생들을 통해 각 가정으로 가정 통신문을 보낼 것인가 결정한다(여기에는 아침과 점심 식사, 출석에 대한 학교의 방침, 학교 도착과 하교시간 등에 대한 정보 등이 포함된다). 전학 온 학생들을 위해 어느 정도 여분을 준비해 둔다.

학부모 및 보호자들과의 연락

지금까지는 학년 초를 위한 준비 및 학생들과 긍정적인 관계 형성에 초점을 두었다. 그러나 관계 형성의 핵심적인 측면은 학생의 학교 교육에 참여하도록 하는 학부모 및 가정과의 관계 형성이다.

오래전부터 학부모의 참여는 아동의 학업 및 사회적 성장에 긍정적인 영향을 주는 요인으로 인식되어 왔다(예를 들어, Chiristianson, Rounds & Gorney, 1992; Hoover-Dempsey & Dandler, 1995; Jeynes, 2005). 최근의 연구에 따르면, 학부모의 참여는 성취도 향상에 기여하는 학생의 신념 및 행동에 영향을 줌으로써 가장 중요한 공헌을 한다(Walker, Hoover-Dempsey, Green & Sand;er, 2006). 학부모들의 학교 교육 참여가 증대함에 따라, 학부모들은 자녀들에게 교육의 중요성을 전달하는 모델이 되고 있고 가정 문화와 학교 문화의 통합을 도와주는 역할을 하고 있다.

공식적 및 비공식적 의사소통 관계 형성

학년 초에 취할 첫 번째 단계들 중의 하나는 학교에서 보내는 가정 통신문에 포함되어 있지 않은 해당 학급에 관한 중요한 정보를 담고 있는 통신문 등 가정과 공식적 의사소통의 수단을 확보하는 것이다. 이러한 초기 관계는 후속적인 관계 형성의 출발점이 된다. 때때로 동학년 교사들끼리 한자리에 모여 같이 편지나 가정 통신문을 쓰기도 한다. 그렇게 하지 않는다면 혼자 편지를 써서 학생 편에 가정으로 보낸다. 이를 통해 학부모와의 연결 통로를 마련하고 중요한 정보를 교환하고자 하는 것이다. 일반적으로 가정 통신문에는 다음과 같은 사항을 기록한다.

- 학생들에게 필요한 학용품, 준비물

- 학교 정책, 성취도 및 진행 과정에 관한 내용
- 상담 시간과 연락 방법
- 교과나 올해 있을 주요 행사 등에 대한 정보
- 학부모들을 위한 행사(예를 들어, 학교 축제, 학부모 참관 수업 등)
- 학생들의 활동 상황, 행동 또는 부족한 부분 등에 대한 이야기를 나눌 공식적 모임 또는 협의회
- 과제 일정 및 과제지, 숙제에 서명하기 및 전화와 이메일 주소 등 숙제에 관한 정보
- 학급 봉사자 지원 신청서
- 학교, 학급 또는 학생 회보
- (학교에서 보내는 통신문에 포함되어 있지 않은 경우) 아침 및 점심 급식 식단 및 계획

또한 학부모들이 학생에게 바라는 점, 장래 희망 및 올 한해 기대하는 것 등에 대한 질문지와 함께 학급 규칙 및 주요 절차(특히 숙제에 관한)를 설명하는 유인물을 동봉할 수도 있다. 이러한 방법을 통해 학부모들도 교사가 알고 있어야 하는 중요한 사항들을 교사에게 전달할 수 있다.

교사가 보내는 편지 및 안내문은 상냥하고 밝은 분위기를 띠어야 하지만, 깔끔하고, 명료하며, 맞춤법이 정확해야 한다. 학기 초에는 무척 바쁘기 때문에 성급하고 부주의하게 안내문을 보내기가 쉽다. 그러나 교사는 좋은 느낌 및 전문가라는 인상을 주길 원하며, 좋은 첫인상을 줄 기회는 한 번밖에 없다. 따라서 편지나 가정 통신문의 뜻이 명료하고, 정확하고 쉽게 읽을 수 있는지 알아보기 위해 주위의 사람들을 통해 편지를 교정받도록 한다. 중요한 사항을 담은 것은 두 부를 동봉하여 한 부는 학부모가 보관하고 다른 한 부는 학부모들의 사인을 받은 후 다시 이를 모음으로써 학부모들이 자신이 보낸 편지나 가정 통신문 및 동봉한 내용을 읽었는지 확인할 수도 있다.

학년 초 가정에 편지나 안내문을 보내는 것은 학부모 및 가정과의 중요한 초기 연락 방법이지만, 이는 학부모에게 정보를 전달하는 일방향 의사소통에 불과하다. 교사의 궁극적인 목적은 가정과 학교 간의 대화 통로를 확립하고 보

다 활발한 양방향 의사소통 관계를 형성하는 것이다. 학부모와 연락할 때 다음의 방안들을 실행한다.

- 교실 방문 유도
- 학교 행사 동안 간단한 대화 및 의견 교환
- 전화를 걸거나 걸도록 유도
- 안내문 또는 이메일을 통한 의견 교환
- 비공식적인 가정 방문

학부모에게 연락하는 또 다른 방안들은 http://content.scholastic.com/browse/article.jsp?id=4143에서 찾아볼 수 있다.

효과적인 의사소통의 장애물

학부모와 긍정적인 관계를 형성하고자 하는 교사의 노력에도 불구하고, *실질적*, *심리적* 및 *문화적* 요인에 기인하는 장애물에 부딪칠 수도 있다. 실질적인 어려움이란 학부모가 낮은 소득, 가난, 직장, 육아, 교통, 언어적 장벽 또는 제한된 교육 관련 지식 등으로 인해 학교와 상호 작용하는 것에 미숙하거나 할 수 없다고 생각하는 것을 의미한다.

심리적 장벽은 학부모의 유쾌하지 않은 학교 경험, 낮은 성적 또는 부적절한 경험에 대한 기억, 심신상의 문제로 인한 개인적 문제 등에 기인한다. 이러한 경우, 학부모들은 학교 당국에 위압감을 느끼게 되고 학교 활동에 거의 참여하지 않게 된다(예를 들어, Delgado-Gaitan, 2004; Drummond & Stipek, 2004). 이러한 요인들은 학생의 학습 및 행동에 영향을 미치는 다양한 요인들에 대한 교사들의 이해를 요구한다.

Walker와 Hoover-Dempsey(in press)는 가정과 학교의 관계를 향상시킬 수 있는 연구에 근거한 방안들을 제시하고 있다. 이것들 중 일부는 행정가 수준과 학급 수준 등 학교 전체에 걸친 헌신을 필요로 한다. 또 다른 일부는 교사들이 가정과 학교 간의 가교 역할을 하도록 제안하고 있다.

- 가정의 장점을 존중하고 활용할 수 있는 전략을 통한 학교 풍토 개선

- 기존의 학부모-교사 모임을 활용하여 학부모들이 참여할 수 있는 다양한 방안 마련
- 방과 후 활동 프로그램 시간을 기회로 활용
- 학부모가 참여하는 학생 중심 행사(콘서트, 운동 경기, 학생 프로그램 등)를 활용하고 학부모들에게 자원 봉사 요청

이 방법들과 이외의 다양한 방법들은 추천 도서에 제시된 여러 문헌들에서 찾아볼 수 있다. 이 장의 끝부분에는 학부모들에게 보내는 편지의 예가 제시되어 있다.

특별한 문제들

학기 초에 일어날 수 있는 모든 문제들을 예상하기란 불가능하지만, 자주 일어나거나 가끔 또는 때때로 일어나는 몇 가지 문제는 예측이 가능하다. 자주 일어나는 문제들에 대비하고 자주 일어나지 않는 문제가 발생했을 때 놀라지 않는다면, 이에 충분히 대처할 수 있을 것이다.

다른 교직원, 학부모, 보호자 등의 방문으로 인한 수업 중단(자주 일어나는 것)

교실을 떠나지 않고 수업 중단에 대처할 수 있다면 그렇게 한다. 방문자를 교실로 불러들여 아이들을 보며 그 사람과 대화를 나눈다. 만약 수업 중단이 몇 분간 계속되거나 교실을 떠나야만 한다면, 학생들이 할 수 있는 것들을 제시한다. 지금 어떤 활동을 하고 있다면, 방문자를 밖에서 잠시 기다리게 하고, 학생들에게 현재 하고 있는 활동을 계속하도록 하게 한다. 그렇지 않다면, 그 시간에 책을 읽거나 휴식을 취하도록 할 수도 있다. 교실을 떠나는 경우를 대비해 두세 가지 정도의 유인물을 준비해 두는 것이 좋다.

첫날 학생이 지각하는 경우(자주 일어나는 것)

지각한 학생에게 다른 학생들에게 한 것과 마찬가지로 가능한 한 따뜻하게 인사한다. 가능한 한 빨리 지각한 학생들이 듣지 못한 이야기들을 한다. 그러나 그전에 앉을 자리를 알려 주고, 자기 자리에 앉아서 기다리게 한다. 학급 전체

"학생들을 자리에 앉아 있게만 할 수 있었다면 사려 깊고 생산적인 시민으로 만들 수 있었을 텐데…."

가 활동을 시작하면, 지각한 학생들에게로 가서 이들이 듣지 못한 이야기를 한다.

학기 초에 한두 명의 학생이 새로 전학을 올 때(자주 일어나는 것)

일과 전에 이런 학생들을 만나 학급 규칙 및 절차들과 필요한 서류 작성 등을 한다. 만약 이미 나누어 준 교과서가 있다면 이들 학생들이 그런 교과서를 가지고 있는지 확인한다. 만약 미리 전학생들을 만나지 못했다면, 나머지 학생들이 활동을 하는 기회를 이용하여 따뜻하게 환영해 준다. 불편을 주는 것이 아니라, 새로 학급의 일원이 된 것을 기쁘게 생각하고 있다는 마음을 전달한다. 새로 전학 온 학생들이 학교와 학급의 규칙과 절차에 익숙해지도록 한두 명의 학생을 지정하여 전학 온 학생들을 돕게 한다. 이러한 역할은 학년 수준에 따라 달라진다. 전학생들을 자세히 관찰하여 이들이 새로운 학급에 적응하고 적절한 행동을 배울 수 있도록 도와준다.

점심값이나 필요한 학용품을 가지고 오지 않을 경우(자주 일어나는 것)

이에 대한 학교 방침을 숙지한다. 점심값을 가지고 오지 못한 학생들을 위해 학교장이나 보건교사가 비상금을 준비해 두는 경우도 있다. 나중에 가정으로 점심값을 청구하는 학교도 있다. 이러한 경우를 대비하여 몇 사람 분의 점심값을 준비해 두는 것도 좋은 방법이다. 또한 학용품을 준비하지 못한 학생들을 위해 여분의 학용품도 준비해 둔다. 만약 어떤 학생이 계속해서 학용품을 준비해 오지 않는다면 학부모들도 이를 알고 있는지 알아볼 필요가 있다. 만약 가장 형편이 어려워 이러한 학용품을 준비하지 못한다는 생각이 들 경우, 학교나 학부모 후원회가 이러한 학생들을 도와줄 수 있는지 알아본다.

학기 첫 주 동안 많은 양의 서류 작업(공문)을 해야 하는 경우(자주 일어나는 것)

어렵기는 하지만, 수업 시간 동안 공문 작성이나 서류 작업 등은 가능한 한 하지 않도록 노력한다. 이러한 서류 작업은 수업 전후로 시간을 내어 계획을 세우고 이에 따라 개인 스케줄을 다시 세운다. 만약 수업 시간 중에 다른 업무 처리를 해야 한다면, 학생들이 활동을 하는 동안 신속하게 마무리한다. 이러한 작업을 하는 중에도 학급 전체를 살펴야 하며, 장시간 학생들과 눈을 마주치지 않는 것은 피해야 한다. 학기 초에 해야 할 모든 작업 및 활동을 원활히 할 수 있도록 업무 확인표를 만들기도 한다.

학생이 학교 버스 번호를 잊어버렸거나 버스를 놓쳤을 경우(가끔 일어나는 것)

학생들과 연습을 통해 이러한 문제가 일어나지 않도록 한다. 집에 어떻게 가는지 알 수 있도록 하기 위해 학생들에게 스티커나 다른 표식을 붙이게 하는 방법도 있다. 이러한 방법을 사용한다면 교사 또는 다른 교직원들이 우왕좌왕하고 있는 아이들을 즉시 도와줄 수 있을 것이다. 학생이 버스를 기다리는 동안 혼자 남겨 두어서는 안 되며, 학부모나 자신을 태울 버스가 곧 도착할 것이라고 안심시킨다. 이러한 경우를 대비해 학생들이 타는 버스 번호와 학부모의 연락처를 준비한다.

교과서가 부족하거나 주요 기기 및 비품이 없을 때(가끔 일어나는 것)

학기가 시작되기 전에 미리 교과서와 교실 시설 등을 점검해야 하며, 필요한 물품을 보충하는 절차를 알고 있어야 한다. 어떤 것이 부족하다는 것을 알게 되면 교무실에 알린다. 만약 교과서가 부족한 상태에서 학기가 시작된다면, 학생들끼리 책을 같이 보게 하거나 학급 간에 책을 빌릴 수 있도록 시간표를 조정할 수도 있다. 만약 일부 교과에서 교과서 없이 수업을 해야 한다면, 창고에 있는 이전의 책들을 찾아서 이런 어려움을 해결할 수도 있을 것이다. 또한 교과에 따라서는 복사물이나 교사가 준비한 내용만으로도 충분할 것이다.

교사의 지시를 이해하거나 따라하는 데 방해가 되는 신체 장애를 가진 학생이 있는 경우(가끔 일어나는 것)

그 학생을 교사 근처에 앉히고 주로 간단한 활동만 시킨다. 학급 전체와의 학습이 끝난 후 이런 학생들을 개별 지도한다. 가능한 한 빨리, 특수 교육 담당 교사에게 그 학생이 무엇을 할 수 있는가 결정하게 하여, 이런 아동의 교육 프로그램을 작성한다. 가능하다면, 이전에 그 학생을 담당했던 교사들에게 자문을 구한다. 또한 이런 자녀를 둔 학부모와의 대화를 통해서도 많은 도움을 얻을 수 있을 것이다. 더 자세한 내용은 10장을 참고하기 바란다.

울음(가끔 일어나는 것)

학기 초, 특히 저학년의 경우 분명치 않은 이유로 우는 아이들이 종종 있다. 만약 우는 학생의 주의를 다른 곳으로 돌려서 어떤 활동을 하게 할 수 있다면 울음을 쉽게 그치게 할 수 있을 것이다. 때때로, 우는 아이의 친구에게 그 아이를 수돗가나 화장실로 데리고 가 얼굴을 씻고 오도록 하는 방법도 도움이 된다. 우는 아이를 이해하고 그 이유를 찾으려고 시도한다. 그러나 지나친 관심이나 동정을 통해 그런 행위를 강화시키지 않도록 주의해야 한다. 아이의 울음이 수업에 방해가 되지 않는다면 이야기가 끝날 때까지 제자리에 앉아 있게 한다. 만약 방해가 된다면, 그 아이를 교실 밖으로 데리고 나가거나 교무실에 연락하여 그 아이를 데리고 나갈 사람을 부른다.

대소변(가끔 일어나는 것)

저학년이 대소변으로 옷을 적시는 것이 더 일반적이기는 하지만, 특히, 학기 초에는 고학년에게서도 가끔 이런 일이 일어난다. 이런 사고는 그 학생을 매우 당황하게 만들기 때문에, 교사는 학생이 더 곤란을 겪지 않도록 하는 데 최선을 다해야 한다. 종이 수건 등으로 깨끗하게 닦아 내고, 가능한 한 비밀로 한다. 교사가 직접 가정에 연락을 하거나 교무실을 통해 연락을 해서 갈아입을 옷을 학교로 가져오게 한다. 나중에 그 아이를 조용히 불러 왜 적절한 때에 화장실에 가지 못했는지에 대해 이야기한다. 어떤 학생들의 경우 학부모들과의 연락을 통해 미리 갈아입을 옷을 준비해 둘 필요도 있다. 일반적으로 저학년의 경우에는 규칙적인 화장실 이용 시간 계획을 세울 필요가 있으며, 일부 학생에게는 규칙적으로 화장실을 이용하도록 이야기해 줄 필요도 있다.

아프거나 다쳤을 때(드물게 일어나는 것)

만약 어떤 학생이 질병(간질과 같은)을 앓고 있고, 교사가 무엇을 해야 하는지 잘 알고 있다면, 지시 사항을 따르고 안정을 유지한다. 그렇지 않은 경우, 교무실에 연락을 하거나 아이를 실어 나를 사람을 불러오도록 심부름을 시킨다. 그 학생의 곁을 떠나서는 안 된다.

기간제 교사(보결 교사)를 위한 준비

본인 결근시 대신 학생들을 지도할 교사를 위해 여러 가지 필요한 것들을 준비한다. 기간제 교사가 이전에는 한 번도 현재 학급에 와 본 적이 없다고 가정하고 다음과 같은 것들을 준비해 둔다.

- 학생 명부
- 좌석 배치도
- 학급 규칙 및 절차
- 수업 시간표
- 몸이 불편하거나 특별히 신경을 써야 하는 학생들
- 비상시를 위한 학습 활동

- 도움을 줄 수 있는 교사나 학생들
- 비상사태 발생시를 위한 행동 지침
- 학교 지도

기간제 교사가 도착하여 바로 볼 수 있는 곳에 이러한 자료를 놓아 둔다. '필요한 자료는 맨 밑의 서랍에 있습니다.' 와 같은 글을 남기는 것도 좋은 방법이다.

추천 도서

Brophy, J. E. (2000). Teaching. In H. J. Walberg (Series Ed.), *Educational Practices.* Brussels, Belgium: International Academy of Education.

Evertson, C. M., & Poole, I. R. (in press). Proactive classroom management. In T. Good (Ed.), *21st, century education.* Thousand Oaks, CA: Sage Publications.

Erwin, J. C. (2003). Giving students what they need. *Educational Leadership, 61*(1), 19-23.

Randolph, C. H., & Evertson, C. M. (1995). Managing for learning: Rules, roles, and meanings in a writing class. *Journal of Classroom Interaction, 30*(2), 17-25.

Wiske, M. S. (1994). How teaching for understanding changes the rules in the classroom. *Educational Leadership, 51*(5), 19-21.

www.teachersnetwork.org/NTNY/nychelp/need_to_know/parcontact.htm

www.proteacher.com

http://ci.kern.org.tesa

제안 활동

1. 여러 다양한 상황에서 새학년을 시작하는 교사들에 대한 사례 연구 4.1과 4.2를 읽어보자. 읽으면서 다음 질문들을 생각해 보자.

a. 각 사례는 이 장과 앞의 여러 장에서 설명한 원칙을 얼마나 반영하고 있는가?

b. 학년과 교과목상의 차이에도 불구하고, 이들 두 교사들 간에는 유사점이 많이 있다. 이러한 유사점을 찾아보자.

c. 이 두 교사들 간의 차이점은 무엇인가? 만약 '나' 라면 어떤 방법을 사용할까? 그 이유는?

d. 학생들의 활동을 위해 사례 연구 4.1의 교사는 문헌 중심적 방법을 사용하고 있고 사례 연구 4.2의 교사는 협동 학습을 활용하고 있다. 이들 방법은 두 교사의 활동에 각각 어떤 영향을 미칠까?

2. 학년 초 학생들의 목표와 관심사는 무엇일까? 어떻게 이것들을 학급 운영 계획에 반영할 수 있을까?
3. www.teachersnet.org/NTNY/nychelp/need_to_know/parcontact.htm 에서 가정으로 보내는 편지 및 통신문의 예를 참고한다. 이들을 어떻게 활용할 수 있을까?
4. 현재 학년과 같은 학년을 여러 번 가르친 적이 있는 동학년의 교사들과 이야기를 나눈다. 학년 초 며칠 동안 어떤 활동을 하였고 그 결과는 어떠하였는지 물어본다. 교사들은 자료와 아이디어를 공유하는 것을 좋아한다. 또한 수업 지도안을 보여주고 조언을 구할 수도 있다.
5. 학급 내에서 긍정적인 풍토를 이끌어 내고 유지할 수 있는 방법에는 어떤 것이 있을까? 다른 교사들과 이야기를 나누고 아이디어를 얻는다.

사례 연구 4.1

문헌 중심 학급에서의 새학년 시작

첫날 활동

8:00~8:35 인사하기

Ms. Gonzalez는 학생들이 교실에 들어올 때 인사하고 이름표를 붙여 주며 이름을 확인한다. 학생의 이름을 적어 코팅한 것을 나누어 주며 앉을 책상 위에 올려 놓으라고 이야기한다. 또한 간식이나 도시락을 한곳에 두고, 가방을 걸어 놓으라고 이야기한다.

먼저 온 학생들이 자리에 앉자, Ms. Gonzalez는 학생들에게 밑그림이 그려져 있는 종이를 나누어 주고, 그 종이에 이름을 쓰고 색칠을 하게 한다. 색칠이 끝나자, 자기의 물건을 넣어 놓을 사물함을 선택하게 하여, 색칠한 종이를 그 앞에 붙여 놓게 한다. 학생들이 사용할 수 있도록 미리 투명 테이프를 가져다 놓았다. Ms. Gonzalez는 이들에게 다른 친구들을 도와주라고 부탁했다. 모든 학생들이 도착하자, Ms. Gonzalez는 학생들을 자리에 앉히고 나누어 줄 것을 확인하고, 학부모들과 이야기를 나누면서 학생들의 활동을 지켜본다.

8:35~8:40 자기 소개하기

모든 학생들이 도착했다는 생각이 들자, Ms. Gonzalez는 다음 활동으로 넘어간다. 남아 있는 코팅지를 보고 누가 결석을 했는지 알 수 있기 때문에 출석을 부를 필요는 없다. 출석부를 기록하고 출입문 쪽에 걸어 둔다.

Ms. Gonzalez는 이 학교에서 오랫동안 근무해서 대부분의 학생들을 알고 있기 때문에, 자신을 간단하게 소개하고 즐거운 한 해가 되기를 기대한다고 이야기한다. 대부분의 학생들이 호기심 어린 얼굴로 교실을 두리번거리는 것을 보고, 교실의 각 부분을 설명하고 교실에서 지켜야 할 절차들을 설명한다.

8:40~9:00 교실 설명하기

학급 문고가 있는 독서 영역을 가리키며, 과제를 끝낸 후 학급 문고의 책을 읽을 수 있다고 이야기한다. 이곳에 있을 때는 방석을 사용할 수 있으며, 자기 자리로 책을 가져가도 된다. 다음으로 독서 영역 옆에 있는 듣기 영역을 가리키며, 이 영역은 한 번에 2명밖에 사용할 수 없다고 이야기한다. 그 다음 전축을 어떻게 사용하는지 알려 주고, 그 옆에 있는 컴퓨터 4대를 가리킨다. Ms. Gonzalez는 다음 주까지는 컴퓨터를 사용하지 않을 것이지만, 컴퓨터를 통해 학습할 활동들을 이야기해 준다. 또한 과학 발명품 영역을 강조하면서 사용 절차 및 한 번에 4명이 사용할 수 있다고 이야기한다

Ms. Gonzalez는 전날 그려둔 자화상을 학생들에게 보여주고, 자화상이란 것이 무엇인지 학생들과 이야기한다. 그 후 종이를 나누어 주고 학생들에게 자화상을 그리게 한다. 그리고 뒷면에 자기 자신에 대한 것을 아무 것이나 두 가지 쓰게 한다.

9:00~9:25 자화상 그리기

학생들이 시작하자, Ms. Gonzalez는 순회하며 도움을 제공하고 학생들의 진행 과정을 확인한다. 몇 명의 학생들이 철자 및 맞춤법을 물어보자, 최선을 다하고, 발음을 잘 생각해서 써보라고 이야기한다. 일찍 끝낸 학생들에게는 독서 영역으로 가서 책을 읽거나 듣기 영역으로 가라고 이야기한다.

9:25~9:30 행동 절차

9시 25분, 종을 울린다. Ms. Gonzalez는 종을 이용하여 활동이 끝났다는 신호를 할 것이라고 이야기한다. 종소리가 나면, 학생들은 교사를 쳐다보아야 한다. 다시 한 번 종을 치며 한 번 더 연습을 한다. 지금은 운동장으로 나가야 할 시간이며, 교실을 나가는 방법을 연습할 필요가 있다. 모둠별로 나가게 할 것이며, 나갈 때는 의자를 밀어 넣어야 한다고 이야기한다. 시범을 보이며 어떻게 하면 소리가 나지 않게 할 수 있을까 질문을 한다. 그 후, 밖에 나가서 한 줄로 잘 서라고 이야기하고, 한 모둠씩 밖으로 내보내고, 지시를 잘 따른 모둠에게는 칭찬을 한다.

9:30~10:00 운동장

학생들이 운동장에 있을 때, Ms. Gonzalez는 다른 활동을 준비한다.

10:00~10:10 화장실

Ms. Gonzalez는 운동장으로 나가서 교실로 들어가는 방법을 설명한다. 모든 학생들이 책상에 앉아서 자신을 쳐다보자, Ms. Gonzalez는 화장실을 이용하는 방법을 설명한다. 그녀는 두 명의 학생들에게 통행권을 주고 안에 다른 사람이 있는지 살펴보기 위해 문을 열기 전에 노크하게 한다. 그 후 학생들은 화장실로 가기 위해 자리를 떠난다. 종이 울리자, 화장실을 가길 원하는 모든 학생들이 교대로 화장실을 이용한다.

모든 학생들이 책상이 앉아 자신을 쳐다보자, Ms. Gonzalez는 자화상을 가져와서 바닥에 원형으로 배열하도록 한다. Ms. Gonzalez를 포함한 모든 사람들에게 자화상을 쳐다보며 각자 두 가지 흥미로운 것을 찾아보게 한다.

10:10~10:30 원 만들기

Ms. Gonzalez는 자존심에 대한 이야기를 들려준다. 그 후 학생들에게 '나는 나를 좋아해'라는 노래를 알려준다. 가사와 삽화는 미리 그려두었다. 학생들과 몇 번 가사를 읽어본 후, 노래를 부른다. 한 번 더 노래를 부르자 학생들도 따라한다.

10:30~11:00 이야기 및 노래하기

자기 자리로 돌아가게 하자 학생들은 자화상 그림을 Ms. Gonzalez에게 제출한다. Ms. Gonzalez는 점심시간에 지켜야 할 절차들을 이야기한다. 자기 도시락을 가지고 와서 식당으로 가기 위해 조용히 줄을 선다. 식당으로 가기 전에 다시 한 번 식당에서 지켜야 할 규칙들을 이야기한다.

11:00~11:30 점심 시간

11:30~11:50 휴식 시간

11:50~12:10 크게 읽기

학생들이 교실로 돌아오자, Ms. Gonzalez는 화장실 사용 규칙을 다시 한 번 이야기한다. 화장실 문을 열기 전에 안에 사람이 있나 알아보기 위해 노크를 하는 연습도 한다. 흔들의자에 앉아 있는 Ms. Gonzalez 주위에 학생들이 둘러앉아 있고 학생들은 화장실을 사용하는 절차를 연습하고 있다.

12:10~12:30 교칙 논의하기

Ms. Gonzalez는 카펫 위에 있는 흔들의자에 앉아서 학생들에게 2가지 교칙을 설명한다: (1) 복도에서는 항상 조용히 한다; (2) 모든 학생은 통행증을 가지고 있어야 한다. 교칙을 이야기한 후, 두 명의 학생에게 다시 한 번 이야기해 보라고 한 후, 이 규칙들이 무엇을 의미하는지 설명해 준다.

12:30~1:00 학급 규칙 만들기

교칙을 이야기한 후 바로 학급 규칙으로 넘어간다. 여전히 학생들은 카펫 위에 앉아 있고, 단지 시선만 칠판 쪽으로 옮긴다. Ms. Gonzalez는 학생들 옆에 있는 OHP를 사용한다. 모든 학생들이 화면을 볼 수 있도록 조명을 줄인다.

모든 사람들이 들을 수 있도록 토론 시간에는 손을 들고 지명을 기다려야 한다고 이야기한다. 학급 운영을 위해 필요할 것 같은 규칙들이 있는지 학생들에게 질문한다. 학생들이 손을 들자, Ms. Gonzalez는 그 중 몇몇을 지명하여, 학생들의 제안을 OHP 위에 기록한다. 이때 학생들의 생각을 평가하지 않도록 유의한다. Ms. Gonzalez는 학생들의 많은 참여를 원하고 있다. 학생들은 자신들의 생각을 발표하고 확장하거나 다른 사람의 생각과 연결시키고 수정한다.

학생들의 주의 집중이 떨어지는 것을 느끼자 Ms. Gonzalez는 이 활동을 곧 멈춘다. Ms. Gonzalez는 지금까지의 활동이 아주 좋았으며 내일 계속할 것이라고 이야기한다. 활동이 끝날 무렵 학생들은 자기 자리로 돌아간다.

1:00~1:35 도표 그리기

Ms. Gonzalez는 큰 도표를 칠판에 걸고 학생들은 그곳을 쳐다본다. 이 도표는 밝은 색의 종이에 그려져 있고, '오늘 등교한 방법'이라고 쓰여 있다. 도표는 4부분으로 나누어져 있다. 자동차, 버스, 자전거와 신발 그림이 각 부분의 밑에 그려져 있다. Ms. Gonzalez는 오늘 아침에 어떻게 학교에 왔는지 질문한다. 자동차로 학교에 온 사람? 학교 버스를 타고 온 사람? 자전거를 타고 온 사람은? 걸어서 온 사람은? 학생들에게 손을 들게 한 후, 해당 학생들에게 자동차, 버스, 자전거 또는 신발 그림을 나누어 준다. 그림에 이름을 쓰고 색칠을 한 후, 도표의 해당 부분에 붙이게 한다.

모든 학생들이 그림을 붙이자, Ms. Gonzalez는 학생들에게 각 부분에 있는 그림의 수를 세게 하여 어떤 부분의 수가 가장 많고 또 어떤 부분이 가장 적은지 결정하게 한다. Ms. Gonzalez는 그 도표 옆에 그림 수에 해당하는 막대그래프를 그린다. 그리고 이와 같이 올해에는 자연 실험, 수학, 쓰기 등의 과목에서 새로운 것을 많이 배우게 될 것이라고 이야기한다. 그 다음 궁금한 것이나 더 알고 싶은 것이 있는지 학생들에게 질문한다.

1:35~2:15 '내가 올해 하고 싶은 것'

도표 옆에 또 다른 큰 종이를 붙인다. 종이 중간쯤에 '올해 내가 배우고 싶은 것'이라고 쓰여 있다. 모든 사람이 들을 수 있도록 손을 들고 지명을 받을 때까지 기다리라고 다시 한 번 이야기한다. 학생들의 제안을 요약하여 칠판에 쓴다. 자신이 계획하고 있는 교육과정상의 내용과 학생들의 제안이 비슷하기 때문에 Ms. Gonzalez는 대부분의 내용이 수업 시간 중에 다루어질 것이라는 것을 알고 있다. 그렇지 않은 제안들은 개인 과제 또는 모둠 활동을 통해 제시할 것이다.

2:15~2:30 집에 갈 준비하기

'집에서 부모님이 학교에서 무엇을 했냐고 물어 보신다면 뭐라고 대답할 거니?'라는 질문으로 오늘 한 활동을 되돌아본다. 또한 교칙과 학급 규칙도 물어본다. Ms. Gonzalez는 학생들에게 자기 물건을 챙기고 집에 가져갈 통신문이 있나 우편함도 확인해 보라고 한다. 또 다음날 사용할 수 있도록 이름을 적어 놓은 것을 책상 위에 놓아 두라고 이야기하고, 떨어지지 않게 의자를 책상에 올려 놓는 방법을 알려 준다. 학생들이 집에 가져갈 것을 모두 챙겼는지 확인하다. 그리고 교실을 나갈 때 지켜야 할 마지막 절차를 연습한다. 학생들은 책상을 문 쪽으로 줄을 맞춰 정리해야 한다. Ms. Gonzalez는 학생 2명을 시켜 줄을 맞추어 보도록 한다. 종이 울리자, 학생들을 건물 출입구까지 인솔해서 나간다.

둘째 날 활동

8:00~8:20 학생들에게 인사하기

학생들이 교실로 들어올 때 인사를 하고 이름표를 붙인 후 사물함에서 일기장을 꺼내게 한다. 칠판에 '어제 학교에서 한 일들 중 가장 좋았던 것'이라는 제목을 쓰고, 그림을 그리거나 글짓기를 하라고 이야기한다. 학생들이 활동을 하는 동안, Ms. Gonzalez는 출석부를 기재하고, 점심 식사 인원수를 확인한 후, 학생들을 도와준다.

활동을 끝내는 종을 울린 후, 공책을 덮어서 다시 사물함에 넣게 한 후, 카펫으로 모이게 한다. 자리에서 일어나 카펫으로 모이는 절차를 다시 한 번 상기시킨다. (조용하고 신속하게)

8:20~8:50 아침 활동 소개하기

Ms. Gonzalez는 학생들에게 1인 1역 활동표를 보여준다. 모든 학생은 1인 1역을 가지고, 이 역할은 매일 바뀐다. '국기에 대한 맹세'를 선창할 학생을 앞으로 불러 시작하게 한다. 이때 이 학생에게 지시봉을 이용하여 다른 학생들이 읽는 부분을 가리키도록 한다. 그후 한 명을 불러 오늘의 날짜를 기록하게 한다. 신문에 나와 있는 일기 자료를 가지고 다른 학생에게 오늘의 최고 온도와 최저 온도 및 날씨를 이야기하게 한다. Ms. Gonzalez는 이 학생을 도와준다. 다음 학생이 나와 어제 배운 '나는 나를 좋아해.'라는 노래를 선창한다. 이때도 이 학생에게 지시봉을 이용하여 다른 학생들이 노래하는 부분을 가리키도록 한다.

학생 세 명이 자신들이 쓴 일지에 대해 이야기한다. 이 아이들이 일지를 가지러 갈 때, Ms. Gonzalez는 매일 아침 가장 먼저 하는 활동은 일지 쓰기라고 이야기한다. 학생들이 발표하고 난 후 한두 가지 사항을 지적해 준다.

8:50~9:25 학급 규칙 만들기

학생들에게 칠판을 보게 한다. OHP를 켜고 전날 학생들이 발표했던 학급 규칙안들을 다시 보여준다. 그리고 비슷한 내용끼리 묶어 보라고 이야기한다. 학생들이 활동을 시작하자, Ms. Gonzalez는 손을 들고 발표해야 한다는 것을 다시 한 번 주지시킨다. 학생들의 생각을 적어서 OHP에 올려 놓는다. 학생들이 다양한 생각을 6가지 범주로 묶자, Ms. Gonzalez는 여기에 제목을 달아 보자고 한다. 학생들이 제목을 제시하자, Ms. Gonzalez는 그것들이 학급 규칙으로 적당한지 질문을 한다. 여러 차례 문구를 고친 후, 모두가 만족하는 규칙을 만들어 낸다.

9:25~9:30 행동 절차들

Ms. Gonzalez는 학생들을 출입구 쪽에 줄을 서게 한다. 이때 몇몇 학생이 물을 먹으러 가거나 사물함 쪽으로 간다. Ms. Gonzalez는 학생들을 다시 카펫에 모이게 한 뒤, 다시 줄을 설 때 지켜야 하는 사항을 물어 본다. 다시 학생들에게 줄을 서게 하고, 절차를 잘 알고 있다고 칭찬을 한다.

9:30~10:00 체육 시간

학생들이 체육 수업을 할 때, Ms. Gonzalez는 큰 종이에 학급 규칙을 쓴다.

10:00~10:30 학급 규칙을 위한 역할 놀이

학생들이 체육 수업을 마치고 돌아와 자기 자리에 앉고 Ms. Gonzalez는 학생들에게 규칙을 적어 놓은 종이를 보여주며, 서명을 하라고 한다. 모든 학생들이 순서대로 나와서 서명을 한다. 학생들에게 규칙을 적은 종이를 어디에 게시해야 할지 물어보고, 학생들은 칠판 옆에 게시하자고 결정한다.

몇 모둠의 학생들이 학급 규칙에 대한 역할 놀이에 지원한다. 10분간 연습을 한 후 자기들이 준비한 것을 보여준다. 나머지 학생들은 현재 하고 있는 연극이 어떤 규칙에 대한 것인지 알아맞힌다.

10:30~11:00 수학 활동

Ms. Gonzalez는 학생들에게 자리로 돌아가라고 하고, 학생들이 모두 자리에 앉자, 자기를 쳐다보라고 한다. Ms. Gonzalez는 색도화지로 만든 여러 가지 도형(원, 삼각형, 사각형)을 들고 교실 정면에 서 있다. 도화지 뒤에 붙어 있는 자석을 이용하여 도형들을 칠판에 붙인다.

Ms. Gonzalez는 학생들에게 알아맞히기 게임을 할 것이라고 이야기한다. 준비한 여러 가지 도형을 이용하여 어떤 형태를 만들면 학생들은 그 다음에 어떤 모양의 도형이 위치할 지 맞추어야 한다.

여러 번 연습을 해본 후, 계속해서 자기 짝과 게임을 할 것이라고 이야기한다.

다른 사람과 힘을 합쳐 활동을 하는 것이 이번이 처음이기 때문에, 3~4명씩 짝을 이루지 않고 2명씩 짝을 만든다. 자료를 나누어 주며, 이번 활동 동안에는 어떤 규칙을 지켜야 하는지 질문을 한다. 짝이 하는 이야기를 끝까지 듣고 중간에 말참견을 하지 말아야 한다고 몇몇 학생들이 대답한다. 서로 서로를 도와주어야 한다고 이야기하는 학생들도 있다. 자기 자리에서 하거나 교실 바닥에 내려가서 할 수도 있다고 이야기한다. 자리를 옮길 수 있도록 1분간 시간을 준다. 학생들이 짝과 함께 여러 가지 모양을 만드는 동안, Ms. Gonzalez는 교실을 순회하며 도움을 제공한다. 활동이 끝났다는 신호를 하기 위해 종을 울린다.

종이 울리자, 대부분의 학생들은 활동을 멈추고 Ms. Gonzalez를 쳐다본다. 몇몇 학생들이 자기를 쳐다보지 않고 계속 활동을 하자, 그중 한 명의 학생에게 지명하여 규칙을 읽어보게 한다. 다시 종을 울린다. 종이 울리자 모든 학생들이 Ms. Gonzalez를 쳐다본다. 학생들에게 자신들이 만든 도형을 종이 가방에 집어 넣으라고 한다. 수업이 끝났다는 이야기를 하자 학생들은 도형들이 든 종이 가방을 Ms. Gonzalez에게 제출하고 식당으로 가기 위해 조용히 줄을 선다.

11:00~11:30 점심 시간

11:30~11:50 휴식 시간

11:50~12:10 책 읽어 주기

화장실 가기. Ms. Gonzalez는 흔들의자에 앉아 학생들이 고른 책을 읽어 주고 이 때 학생들은 Ms. Gonzalez 주위에 모여 있다.

12:10~1:00 글짓기

Ms. Gonzalez는 매년 학기 초 학생들에게 글짓기를 하게 하여 이를 모으고 있다. 이를 학생들의 포트폴리오에 넣어 두고, 학생들의 글짓기 능력 발전을 평가하는 기준으로 사용한다. 학생들은 서로를 어느 정도 알고 있기 때문에, '나에 대한 모든 것'이라는 제목으로 책 형태로 만들게 한다. Ms. Gonzalez는 내용을 쓰고 삽화를 그릴 수 있도록 아랫부분에 줄이 그어져 있는 조그만 책을 준비해 두었다. 어떻게 책을 꾸밀 것인가 생각을 모은 후, 맞춤법이 틀려도 큰 문제가 되지 않는다고 이야기한다.

학생들이 제자리로 돌아가자, Ms. Gonzalez는 학생들의 활동 상황을 확인하며 어려워하는 학생들을 도와준다. 글짓기를 어려워하는 학생들에게는 먼저 그림을 그리고 나서 그림에 대한 글을 써보라고 말한다. 종을 치기 전에 활동을 마친 학생들은 여러 학습 영역으로 간다.

1:00~1:15 함께하기

종을 친 후, 자기가 쓴 것을 발표해 볼 사람이 있는지 묻는다. 발표를 하고 싶어하지 않는 학생들의 글을 걷고 학생들은 카펫으로 모인다. 4명의 학생이 지원을 하고, 나머지 학생들은 이들의 발표를 듣고 있다. 발표한 글에 대해 학생들이 평가를 하고 박수를 쳐준다.

1:15~1:55 친구들 알기

전날 Ms. Gonzalez는 학생들에게 다른 친구들과 함께 공유할 수 있는 물건을 가져오게 했다. 자신이 좋아하는 책, 그림이나 인형을 예로 들었다. 전날과 마찬가지로, 교사를 포함한 모든 사람이 원형으로 모여서 여러 물건들을 보며 이야기를 나눈다.

1:55~2:15 조용히 책 읽기

학생들이 모여 있을 때, Ms. Gonzalez는 조용히 책을 읽는 방법을 설명한다. 매일 맨 마지막 활동으로 이를 할 것이라고 이야기한다. 학생들은 책이나 잡지를 골라 조용한 곳에서 읽는다. 책을 읽을 장소를 선택한 후, 종이 울릴 때까지 그 곳에서 책을 읽는다. 이때는 Ms. Gonzalez 자신도 책을 읽을 것이라고 학생들에게 이야기한다.

현재 모여 있는 상태에서 한 번에 두 명씩, 자기가 가져온 물건을 들고 책을 고른 후, 조용히 책을 읽을 장소를 선택하게 한다. 학생들이 책을 읽고 있는 동안 몇 명의 학생들에게 조용히 하라고 주의를 준다. 자신도 책을 읽고 있지만 계속 학생들을 주시하고 있다.

독서 시간으로 20분을 계획했지만, 절차 등을 가르치고 나니 책을 읽을 시간은 겨우 7~8분밖에 되지 않는다. 시간이 지남에 따라 독서 시간은 점점 늘어날 것이다.

2:15~2:30 집에 갈 준비하기

종을 다시 울리고, Ms. Gonzalez는 다시 2명씩 책을 제자리에 가져다놓게 한다. 모든 학생들이 준비를 끝내자, Ms. Gonzalez는 오늘 학습한 내용과 학급 규칙들을 간단하게 다시 이야기한다.

2:30 끝내기

Ms. Gonzalez는 줄을 어떻게 서야 하는지 다시 한 번 이야기하고, 먼저 학교 버스를 타고 가는 학생들을 앞쪽에 서게 한다. 오늘도 열심히 공부했다고 칭찬을 하며 학생들을 인솔하여 교실을 나간다.

사례 연구 4.2

협동 학습을 이용한 6학년 어느 학급의 새학년 첫 번째 수학 시간

Ms. James는 교사들이 담당과목만을 가르치는 학교에서 6학년 수학을 맡고 있다. 매일 6학년 세 학급에게 똑같은 내용을 가르치고 있다. 다음은 첫날 두 번째 학급의 활동을 기술한 것이다.

첫날 활동

종이 울리기 전

책상은 4 ~ 5명씩 7모둠으로 배열되어 있다. Ms. James는 전반 학생들이 사용했던 학습지 등이 들어 있는 폴더를 걷고 수업 시간과 모둠 번호가 쓰인 다른 색의 폴더로 바꾸어 놓는다. 학생들이 들어오자, Ms. James는 오늘은 아무 곳이나 앉고 싶은 곳에 앉아도 되지만, 주말쯤부터는 각자에게 자리를 정해 줄 것이라고 이야기한다.

인사하기 (4분)

Ms. James는 학생들에게 미소를 지으며 자신의 가족과 관심사 등을 이야기하며 자신을 소개한다. 자기는 열심히 일하는 사람이며 또한 학생들도 열심히 공부하기를 원한다고 학생들에게 이야기한다. 1교시 수업이 시작되기 한 시간 전에 출근을 해서 4시 30분까지 교실에 있을 것이며, 설명이나 도움이 필요한 사람은 이 시간 내에 교실에 오면 도움을 받을 수 있다고 이야기한다. "이 교실에서 가장 중요한 것은 스스로 시도를 해본다는 거예요. 모든 사람은 실수를 하기도 하고 어려움에 빠질 수도 있지만, 같이 공부하면서 이러한 문제들을 해결하고 새로운 것을 많이 배울 수 있을 거예요."

도입 (10분)

Ms. James는 이 학생들이 지난 5년 동안 수학을 배웠다는 것을 알고 있지만, 수학이 얼마나 중요하고 도움이 되는지 알고 있는지 알고 싶어한다. 수학이 얼마나 우리 생활에 도움이 되는지 학생들이 알고 있나 알아보기 위해 학생들에게 발표를 하게 한다. 이때 발표를 하기 전에 손을 들고 지명을 받아야 한다고 말한다. 학생들의 발표가 진행되는 동안, 수학이 우리 생활에 어떻게 활용되는가를 나타낸 도표가 있는 게시판을 보게 한다. 몇 명의 학생이 큰 소리로 대답하자, 발표하기 전에 손을 들어야 한다고 말한다. Ms. James는 모둠별로 앉아 있는 학생들에게 이야기한다. 이 교실에서 학생들은 대부분의 시간동안 모둠 안에서 활동을 하게 될 것이며 이러한 활동은 학습에 큰 도움이 된다고 이야기한다. 그러나 항상 모든 활동이 모둠 내에서 이루어지는 것은 아니라고 이야기한다; 학생들은 각자 공책을 정리해야 하고 시험을 볼 때도 스스로 문제를 풀어야 한다. 그러나 대부분의 과제는 학습 내용을 이해하고 문제를 풀 때 함께 서로 도와가며 활동을 하게 될 것이라고 이야기한다. 일반적으로 대부분의 학생들은 이러한 활동이 학습에 도움이 될 뿐 아니라 활동을 하면서 아주 즐거워한다고 이야기한다. 어떤 학생이 학생들이 모둠을 선택할 수 있냐고 질문을 한다. Ms. James는 자신이 모둠을 조정하는 권한을 가지고 있어야 한다고 대답한다. 그러나 모둠 구성원들을 수시로 바꿀 것이기 때문에 여러 학생들과 함께 공부할 기회를 가지게 될 것이라고 말한다. 또한 Ms. James는 다른 사람과 모둠에서 함께 공부한다는 것이 다른 사람들을 이해하는 좋은 방법이라는 것을 강조한다. "앞으로 여러분들이 사회에 나가서 생활을 해야 하듯이, 학교에 있는 어떤 사람과도 함께 공부할 수 있어야 해요." 라고 말한다.

행동 절차 설명 1(6분)

Ms. James는 발표할 때 손을 들었던 것을 칭찬한다. 원만한 수업 진행에 필요한 몇 가지 절차들이 더 있다고 이야기한다. 지금 몇 가지를 설명하고 나머지는 협동 학습을 할 때 설명할 것이라고 말한다. 수업 시간 중 자신이 이야기를 하거나 학생이 발표를 할 때에는 항상 자리에 앉아 있어야 한다고 이야기한다. 발표를 하거나 질문을 할 때에는 항상 손을 들고 지명을 받을 때까지 기다려야 한다. 그 외에는, 예를 들어 모둠에서 또는 개별 과제를 할 때에는 같은 모둠의 학생들과 과제에 관한 이야기를 할 수 있다. 다른 학생들을 방해하지 않는 범위에서 교사의 허락 없이 연필을 깎으러 가거나 다른 자료를 가지러 갈 수 있다.

모둠 활동 (8분)

각 모둠의 학생 개개인에게 1, 2, 3과 같이 번호를 부여한다. 모둠에서 활동을 할 때, 이들은 각자 다른 역할을 맡을 것이고, 모든 학생들이 서로 다른 일을 해볼 수 있도록 서로 역할을 바꾸게 될 것이라고 설명한다. "1번 학생은 폴더를 열어서 오른쪽을 보세요. 노란색 카드를 꺼내서 모둠원들에게 나누어주세요." 연필을 깎으러 가거나 다른 자료를 가지러 갈 때에는 1번 학생들에게 카드를 꺼내어 나누어 주게 한다. 이를 이용하여 모둠의 이름을 정하고 이름표를 만들게 한다. 학생들이 이름표를 만들고 있는 동안, Ms. James는 다른 업무를 처리하기 위해 잠시 자기 자리로 돌아간다. 그리고 1번 학생들에게 카드를 걷게 한다.

절차 설명 (10분)

2번 학생들에게 폴더의 왼쪽을 보게 하고 학급 규칙과 절차들을 기록한 파란색 종이를 나누어 주게 한다. 이 수업을 위해 모든 학생들은 구멍이 세 개 있는 바인더를 준비해야 하며, 규칙과 절차를 기록한 종이를 제일 앞장에 끼워야 한다고 말한다. 그리고 결석, 지각, 교실을 떠날 때, 보충 학습, 시험과 규칙을 위반한 경우의 처벌 등에 대한 학급 및 학교 규칙을 설명한다. 자신이 경고를 했는데도 학생이 이를 무시한다면, 점심시간에 교실에 남아 있게 하거나 12시에 점심을 교실로 가지고 오게 해서 먹게 할 것이라고 이야기한다. "만약 이를 지키지 않는다면 벌칙은 2배로 늘어나게 될 거예요."라고 Ms. James는 말한다.

끝내기

시간이 거의 다 되었다는 것을 느낀다. 성적 평가와 수업 활동에 대한 것은 내일 설명할 것이라고 말한다. "너희 모둠에 새로 전학 온 학생이 배정된다면, 규칙이나 이름표 등을 챙겨줄 수 있겠니?"라고 3번 학생에게 물어본다. 폴더에 모든 것을 다시 집어넣게 한다. 폴더를 정리하고 조용히 자리에 앉아 있는 모둠부터 교실을 나가게 하고 나머지 모둠들은 순서가 될 때까지 자리에 가만히 앉아 있게 한다.

둘째 날 활동

종 울리기 전

앞반 학생들이 사용했던 폴더를 걷고 다음 시간 사용할 것으로 바꾸어 놓는다. 학생들이 교실로 들어올 때 인사를 하며, 어제 앉았던 자리에 앉으라고 한다. 처음 온 학생들에게 자리를 배정해 준다.

시작하기 (3분)

종이 울리자 학생들에게 따뜻하게 인사를 한다. 모둠으로 활동을 할 것이고 각자에게 어제와 같은 번호가 배정될 것이라고 이야기한다. 처음 온 학생들을 도와주는 3번 학생에게 다시 한 번 역할을 상기시킨다.

진단 평가 (15분)

"오늘 수업을 하기 전에, 문제를 몇 개 풀어 보세요. 성적에 반영되지는 않지만 최선을 다하길 바래요. 이 시험을 통해 선생님은 여러분들을 어떻게 지도해야 할지 알게 되고 또한 과제를 제시하는 데도 도움이 될 수 있어요." Ms. James는 시험지를 나누어 주고, 시험이 끝날 때까지 학생들을 감독한다.

절차 및 성적 평가 방법 설명 (8분)

모둠에서의 대화와 이동에 대한 절차를 다시 이야기한다. "조용히 이야기를 해야 돼요. 옆 사람은 들을 수 있지만 다른 모둠에서는 알아듣지 못할 정도로 말을 해야 해요. 이렇게." (시범을 보인다.) 그리고 한 장으로 된 성적 평가 방법을 나누어 준다. 이를 자세히 설명하고 공책에 끼워 두라고 말한다.

모둠 활동 준비 (4분)

처음으로 할 활동에 대해 이야기한다. 이 활동은 수학 개념 학습뿐 아니라 모둠에서 함께 학습하는 것을 배우는 활동이라고 설명한다. 모둠의 구성원으로서 어떻게 행동하는 것이 올바른 것인지 학생들에게 발표를 하게 한다. 긍정적인 예를 강조하면서, Ms. James는 함께 하기, 도와주기, 잘 듣기, 서로 격려하기 및 열심히 공부하기 등에 초점을 둔다.

수학 수업 (20분)

평균적으로 미국의 6학년 학생들은 일주일에 1000분 동안 TV를 시청한다는 USA Today의 기사를 읽는 것으로 수업을 시작한다. 이 사실을 어떻게 생각하는지 물어 보고, 매일 자신들이 TV를 보는 시간을 계산해 보게 한다. 이것은 대략적인 것이지 정확한 계산은 필요하지 않다는 것을 강조한다. 다음, 기사에 나와 있는 '일반적인 6학년 학생'이 무엇을 의미하는지에 대해 학생들과 이야기를 나눈다. 그리고 이를 날짜로 따지면 1년에 며칠 동안 TV를 보는 셈인지 계산을 하라고 한다. 각 모둠의 4번 학생에게 폴더를 열고 자료를 나누어 주게 한다. 6분 정도 시간을 준 후, 각 모둠당 1명씩 지명하여 계산한 결과를 발표하게 한다; 학생들이 자신들의 풀이 과정을 설명할 때, 필요한 경우 질문을 한다. 이렇게 많이 TV를 볼 때 나타날 수 있는 영향에 대해 학생들에게 질문한다.

정리하기

모둠에서의 자신의 역할에 대해 이야기하게 한다. 그리고 이러한 역할을 잘 수행할 수 있도록 제안할 것이 있나 질문을 한다. 창의적으로 문제를 해결한 학생들과 그러한 노력에 대해 칭찬을 한다. 다음 반 학생들이 교실 문 앞에 모이기 시작하자 수업을 끝낸다.

셋째 날 활동

모둠 조직 (5분)

자신이 속한 모둠을 찾아서 이름을 확인하게 한다. 그리고 몇 주 동안 이 새로운 모둠에서 공부를 할 것이라고 이야기한다. 모둠내의 각 학생들에게 번호를 부여한다.

교과서 나누어 주기 (12분)

각 모둠의 4번 학생에게 교실 뒤의 책꽂이에서 교과서를 가지고 나와 나누어 주게 한다. 학생들이 책표지를 입히는 동안 Ms. James는 모둠을 돌아다니며 책의 고유 번호를 기록한다.

수업 활동 및 새로운 수업 방법 (15분)

전날 수업한 내용을 복습한다. 2번 학생들에게 학습지를 나누어 주게 한다. 이 학습지를 이용하여 문제를 해결할 수 있는 여러 가지 방법을 교사와 함께 학습한다. 이제 짝과 함께 할 것이라고 이야기하고 칠판에 '짝과 함께 하기'라고 쓴다. 학생들은 짝과 함께 문제를 풀고, 그 후 돌아가며 서로에게 문제를 해결한 방법을 설명하거나 증명한다. "문제를 해결하는 것으로 모든 끝난 것이 아니에요. 여러분은 짝에게 어떻게 문제를 풀었는가 설명을 할 수 있어야 해요." 그후, 몇몇 학생들을 지명하여 앞으로 나와 풀이 방법을 설명하게 한다.

모둠 활동 (17분)

각 모둠에게 문제를 제시한다. 이 문제들은 좀 더 어렵고 여러 단계를 거쳐야 해결할 수 있는 것들이다. 모둠원들이 서로 협력하여 각 문제를 해결할 수 있는 방법을 찾아보라고 이야기한다. 4번 학생에게는 해결 방법을 기록하고 5번 학생에게는 모든 학생들이 참여할 수 있도록 활동을 조정하는 역할을 부여한다. 어제 제기됐던 학생들의 의견을 반영하여 이 역할들에 대해 간단히 설명한다. 학생들이 문제 풀이 활동을 하는 동안 Ms. James는 학생들의 진행 상황을 확인한다. 몇 모둠에게 문제 해결 방법에 대해 발표를 시킨 후, 다음날 제출해야 할 숙제를 제시한다. 다른 학생들과 함께 해도 되지만, 자신이 직접 문제를 풀었다는 것을 보여줄 수 있어야 한다.

정리하기 (5분)

5분 정도 남은 상태에서, Ms. James는 학생들에게 활동을 끝내게 한다. 다 끝내지 못한 과제는 숙제로 대체한다. 어떤 것을 이해하지 못했을 때 어떤 생각이 드는지 질문을 하여 다른 사람을 도와주는 것에 대해 짧게 이야기한다. 어떤 것을 이해하지 못했을 때 어떻게 행동하냐고 학생들에게 질문을 한다. "누구나 이런 경험을 할 수 있고, 특히 자신이 똑똑하지 않다는 생각을 할 때 더욱 그러한 것 같아요. 그러나 우리는 우리들의 실수를 통해 많은 것을 배우게 될 것이고, 어떤 것을 이해하지 못했다고 해서 창피해해서는 안 돼요. 또한 다른 학생들을 도와주는 것이 이해를 높이는 데 도움이 되기도 해요. 선생님은 학생일 때보다는 교사가 된 이후에 수학에 대해 더 많은 것을 알게 되었어요." 모든 사람에게 문제를 설명하고 질문에 답을 하는 기회가 주어질 것이라고 이야기하고, 이해하지 못한 것이 있을 때에는 다른 사람에게 질문을 해야 한다고 이야기한다. 어떻게 설명하는 것이 가장 큰 도움이 될지 학생들과 이야기를 나눈다. 수업을 끝낸다.

학부모에게 보내는 편지 예시

존경하는 3학년 학부모/보호자께

제 이름은 ○○○입니다. 저는 학부모님 자녀의 교사로서 아이의 성공을 도와주기 위해 학보무님들과 함께 노력하길 기대합니다. ○월 ○일 △시에서 △시까지 진행되는 학부모 총회에서 만날 수 있기를 바랍니다. 필요한 경우 저에게 연락하실 수 있도록 하기 위해 교실 전화번호를 알려드립니다(전화번호). 수업 시간 중에 전화를 거신다면, 자동으로 음성사서함으로 이동합니다. 전화번호와 메시지를 남기시면 가능한 한 빨리 전화를 드리도록 하겠습니다. 또한 이메일로도 연락이 가능한데(이메일 주소), 이는 우리 학교의 홈페이지에도 게시되어 있습니다. 필요한 경우 연락을 드릴 수 있도록 다음 장의 기록난에 비상 연락처 등 모든 정보를 채워주세요.

우리 학급에서 필요한 학용품 목록을 동봉하며, 또한 이는 우리 학교 홈페이지에서도 찾아볼 수 있습니다. 다음 월요일까지 이것들을 학교에 가져올 수 있도록 준비시켜 주시기 바랍니다. 또한 여기에는 올해 이루어질 현장 학습 비용도 포함되어 있습니다. 이 비용에는 올해 우리가 참여하게 될 모든 현장 학습 관련 비용이 포함되어 있습니다. 현장 학습비는 첫 번째 현장 학습(○월 ○일) 이전에 납부하여 주시기 바랍니다.

우리 학급은 가족에서부터 시작하여 여러 가지 주제에 대해 공부할 예정입니다. 다음 2주일 동안 아이들은 '가족에 대해 부모님과 이야기 나누기' 등이 포함된 과제를 완성해야 합니다. 이러한 주제의 일환으로 함께 공유하고 싶으신 독특한 전통이나 이야기가 있으시면 전화나 이메일 또는 아이 편을 통해 연락주세요.

끝으로, 우리 학급의 효율적이고 효과적인 운영을 위해, 그리고 학급 공동체를 위해 몇 가지 학급 규칙을 만들었습니다. 동봉된 규칙을 읽어보시고 아이와 함께 읽었다는 표시로 서명을 부탁드립니다. 서명된 것은 다음 월요일까지 아이 편을 통해 전해주시기 바랍니다.

올 한해 학부모님과 함께 일하기를 기대합니다.

[서명]

첨부 자료: 연락 정보 기록지(완성하신 후 돌려보내주세요)
학용품 목록
학급 규칙(서명하신 후 돌려보내주세요)

검목표 4

교실 준비

확인	항목	참고 사항
☐	A. 교실 및 물품들을 모두 준비했는가?	
☐	B. 학급 규칙, 절차 및 이를 지키지 않을 경우를 위한 결과는?	
☐	C. 학생들이 사용할 학교의 여러 시설 (식당, 교무실 및 전화사용, 복도, 화장실, 준비실 등)과 이러한 곳을 사용하는 방법을 잘 알고 있는가?	
☐	D. 학생 명부를 가지고 있는가?	
☐	E. 학생들의 학업 성취 수준 및 기타 관련 정보를 가지고 있는가?	
☐	F. 담임을 맡은 반이나 수업을 들어가는 반에 장애아가 있는가?	
☐	G. 책상, 교과서 및 수업 자료 등이 충분한가?	
☐	H. 교사용 지도서는 준비되어 있는가?	
☐	I. 학생들의 등 · 하교 절차에 대해 알고 있는가?	
☐	J. 학생들의 이름표를 준비했는가? 여분의 것은 준비했는가?	
☐	K. 첫날 할 활동들을 계획하였는가?	
☐	L. 교과 전담 시간 등을 고려하여 수업 시간표를 짰는가?	
☐	M. 시간을 채울 활동들은 준비했는가?	
☐	N. 필요한 준비물 등을 학부모에게 알려줄 통신문은 준비했는가?	
☐	O. 학교 직원들(보건교사, 도서관 사서, 교무 보조, 상담 교사)에게 언제, 어떻게 도움을 받을 수 있는지 알고 있는가?	

5

수업 계획과 수업 진행

지금까지 학급을 원활하게 운영하기 위해 행한 여러 단계들이 효과적이었다고 가정을 하자. 교실 배치를 끝냈고, 만들고자 하는 학급 분위기와 학생들에게 전달하고자하는 기대 사항들에 대해서도 생각하였고, 규칙과 절차를 정하고 가르쳤으며, 학생들의 학습을 관리할 책무성 체제도 준비했다. 학생들이 주의 집중을 잘하고 있고 학습 활동에 참여할 준비가 되어 있다면 이제 교사는 무엇을 해야 할까? 원활한 학급 운영이 궁극적인 목적은 아니다. 학생들의 학습을 돕고 궁극적으로 자신의 학습에 책임을 지도록 학생들을 돕는 것이 교사의 목표라는 점을 명심한다.

이 시점에서 학급 관리와 수업이 결합된다. 학생들의 발달 단계에 맞는 다양한 활동과 함께 잘 계획된 수업은 효과적인 학습 환경을 만드는 데 도움이 된다. 학생들의 참여가 제한된 무미건조한 수업은 지루하며 학생들은 동기(motivation)를 상실하게 된다; 이때부터 학급 운영상의 문제점들이 나타나게 된다. 흥미롭고 잘 계획된 수업은 학생들의 관심과 주의를 집중시키는 핵심 요인이다.

이미 알고 있는 것처럼, 모든 사람이 동일한 방법으로 학습을 하는 것은 아니다. 이러한 상이한 형태를 학습 유형 또는 학습 선호도라고 한다. 이러한 학습 선호도는 일반적으로 4가지 형태로 구성되어 있다. (1) 정보 수집, 열거, 설명을 위해 단계적 접근법을 사용하는 감각적/논리적, (2) 정보 검토와 숙련을 위해 대인관계를 활용하는 감각적/정의적, (3) 문제 해결과 이해를 위해 자연적 호기심을 사용하는 직관적/논리적, (4) 이해를 심화시키기 위해 창의적인 프로젝트 기회를 사용하는 직관적/정의적. 학생들의 학습 방법은 상이하기 때문에, 다양한 방법 및 학습 형태를 활용한다면 학생들의 상이한 학습 선호도를 충족시킬 보다 나은 기회를 가질 수 있을 것이다. 그러나 교사 자신이 각 학생들이 선호하는 학습 형태를 결정하고 이를 모든 교과에 적용하려고 해서는 안 된다. 쉽지 않아 보이는 수업 형태에서 성공할 수 있도록 학생들을 이해시키는 것도 중요하다.

이 장은 교과 영역에 관련 없이 어떻게 교사가 원하는 학습 활동에 도움이 되는 수업을 계획하고 실제 수업에 임하는가에 초점을 둔다. 교사는 담당 교과 관련 정보와 이러한 정보를 종합함으로써 더욱 효과적으로 담당 과목을 가르칠 수 있을 것이다. 이 장은 세 부분으로 나누어져 있다. 첫 번째 부분은 수업을 하기 전에 이루어져야 하는 계획을 다룬다. 두 번째 부분은 수업 중 이러한 계획을 어떻게 실행할 것인가에 초점을 둔다. 마지막 부분은 여러 활동시에 이루어지는 이동과 같은 일반적인 문제들을 다룬다. ■

생각해 보기

학생들이 무엇을 배우고 있다고 생각하는가? 누군가가 학습을 하고 있다는 것을 어떻게 알 수 있는가? 교사가 선호하는 학습 유형은? 이러한 생각이 수업 전략 선택에 어떤 영향을 줄까? 이 장을 읽으면서 여기서 제시된 방법들이 자신이 가장 중요하다고 생각하는 학습 형태를 뒷받침해 주는지 생각해 보자.

수업 활동 계획하기

수업 활동을 선택할 때, 그 활동이 학생들의 학습에 도움을 줄 수 있는지와 자신이 가르치고자 하는 학습 형태에 대해 생각한다. 암기에 효과적인 학습 방법과 문제 해결력과 사고력을 높이는 데 도움이 되는 활동과는 차이가 있다. 다음으로, 교사들은 그 활동이 학생들의 참여를 지속시킬 수 있는가 하는 것도 고려해야 한다. 또한 교육과정을 토대로 하여 각 과목의 시간 배정과 활동 순서도 생각해야 한다. 이러한 점들을 고려하여 대부분의 초등학교 교사들은 읽기와 그 외 언어 관련 과목들을 오전 중이나 첫째, 둘째 시간에 배정한다. 이러한 활동들은 보통 계속적인 노력을 필요로 하며 일반적으로 모둠 활동, 전체 활동과 개별 활동이 혼합된 형태로 사용된다. 학생들의 주의 집중이 떨어지고 피곤한 상태에 있는 오후에 이러한 활동에 대한 학생들의 참여를 이끌어 내는 것은 쉬운 일이 아니다.

각 과목에 배당된 특정 시간대에 따라 일일 계획을 세워 보는 것도 좋은 방법이다. 이렇게 하면 시간에 대한 기준이 생겨서 후에 시간이 모자라거나 남아서 과목들을 바꾸어야 하는 일이 없게 된다. 또한 학생들도 앞으로 진행될 계획을 알면 학습 속도를 더 잘 조절할 수 있을 것이다. 시간표를 짤 때는 많은 노력과 주의 집중을 필요로 하는 수업 다음에 학습의 흐름을 변화시키는 활동들을 하도록 한다. 예를 들면, 읽기나 언어 영역 수업 뒤에 예체능 과목을 배당한다. 이렇게 과목 시간을 배정할 수 없을 때에는 학생들에게 적어도 약간의 휴식 시간이나 노래, 신체 활동을 하도록 해서 긴장을 해소시켜 주어야 한다.

일일 시간표를 짤 때에는 우선 각 과목에 배정되어 있는 법정 시간수를 확인한다. 교과 전담 교사의 수업 시간도 고려한다. 예를 들어, 체육 시간이 화요일과 목요일, 1시 30분부터 2시까지, 음악 수업은 월요일과 수요일 10시 30분부터 11시까지로 배정되어 있다면 이에 따라 시간표를 짜야 한다.

효과적인 계획을 세우기 위해서 학기 초에는 더 많은 노력이 필요하다. 특히, 초임 교사의 경우 수업 시간에 이루어질 활동을 너무 많이 준비하거나 시간에 비해 활동을 너무 적게 준비하는 경우도 있을 수 있다. 적은 것보다는 많이 준비하는 것이 더 나으며, 시간에 따라 융통성 있게 조절한다. 그날 끝내지 못한 활동은 다음날과 연계해서 끝내게 할 수도 있다.

계획의 종류

장기간(1년이나 한 학기 정도) 또는 단기간(한 단원이나 한 주 또는 하루)의 계획 등 여러 가지 수준의 계획을 세우게 된다. 이러한 각각의 계획은 상호 조정되어야 한다. 장기간에 걸친 계획을 완성하기 위해서 그 작업을 학기로 나누고, 학기를 다시 단원으로, 단원을 주나 일일계획으로 나누는 일이 필요하다.

교사가 생각하고 있는 수업의 결과가 계획의 목표와 목적을 결정하게 되며, 그 계획은 의도한 결과를 반영해야 한다. 이러한 결과는 정부나 지역 교육청 또는 표준화 검사 등에 의해 결정되지만, 교사 자신도 이해, 평가 및 적용을 가리킨다는 것을 명심해야 한다. 따라서 계획은 교육과정상의 내용을 여러 가지 유의미한 활동, 과제 및 학습 경험으로 전환하는 일종의 지도 역할을 하게 된다. 계획을 세움에 있어 두 가지 사항을 고려해야 한다. 첫째, 학생들은 어떤 기능이나 개념을 익혀야 하는가, 둘째는 어떠한 활동을 통해서 이들을 관심을 가진 동반자로 참여하게 할 수 있는가 하는 점이다.

수업 활동의 유형

교사는 각 과목마다 학생들이 새로운 것을 학습하거나 새로운 기술을 얻고, 그 기술을 자기 것으로 만들고, 지식을 넓혀 나가고, 학습에 대한 피드백을 받을 수 있도록 하기 위한 일련의 활동을 선택한다. 수업(teaching)의 기본적인 단계는 (1) 내용 전개, (2) 토론, (3) 질의-응답 또는 강화, (4) 피드백이다. 다양한 수업 형태에서 이들 단계를 적용할 수 있다(표 5.1 참조). 이 절에서는 전체 모둠 수업, 모둠 기본 기술 수업, 개별 활동 및 피드백 등 가장 흔히 사용되는 중요한 수업 활동 유형을 기술한다.

학습 내용 전개(또는 전체 모둠 수업)

때때로 교사들이 학생들에게 개별적으로나 모둠별로 학습 내용을 제시하기도 하지만, 일반적으로 학생 모두를 대상으로 하는 수업이 그 주된 방법이며, 이를 통해 다양한 활동들이 이루어지고 수업이 진행된다. 학습 내용 전개시, 교사는 새로운 정보를 제시하고, 개념이나 원리를 정교화하고 확장하며, 새로운 기술을 어떻게 활용하는가에 대한 예를 제시하거나 어떻게 문제를 해결하는가 하는 것 등을 설명한다. 학습 목표가 효과적으로 어떤 새로운 개념을 학생들에게 제시하고 이러한 개념에 학생들을 친숙하게 만드는 것과 관련되어 있을 때 전체 모둠 학습 내용 전개가 도움이 된다.

학습 내용을 전개할 때, 교사는 학생들이 새로운 내용을 생각하고, 이를 자신들이 알고 있는 것과 관련시키며, 적용하도록 도와주는 것에 초점을 두는 중요한 역할을 한다. 이때 핵심이 되는 것은 학생들이 수동적인 아닌 능동적이 되도록 하는 것이다. 따라서 수업을 전개할 때 학생들의 참여를 이끌어 낼 수 있는 방법을 모색해야만 한다. 이러한 목적을 위해 수업 내용에 대해 학생들에게 질문을 하는 방법을 사용하며, 이는 학생들의 이해 정도를 확인하고, 문제 해결 과정에 학생들이 적극 참여할 수 있도록 하며, 개념이나 원리를 적용하고 제시된 생각을 분석하게 만든다.

교사의 설명 및 질문과 함께, 학습 내용을 전개할 때에는 새로운 개념이나 내용에 대한 학생들의 이해 정도를 파악할 수 있는 예시 문제 풀이 또는 증명과 같은 활동이 포함되어야 한다. 이러한 활동들은 학생들의 새로운 내용 학습을 도와줄 뿐만 아니라 교사들에게 학생들의 이해 정도에 대한 정보를 제공한다. 학생들의 생각과 이해 정도를 쉽게 알아볼 수 있도록 여러 활동 및 질문을 계획하여야 한다. 예를 들어, 어떤 학생이 정확한 대답을 했을 때, 교사는 다음과 같은 보충 질문을 하기도 한다: "어떻게 그렇게 생각하게 되었지?", "그 말은 무엇을 의미하니?", "그 다음에는 어떻게 될까?", "또 다른 방법은 없을까?"

학습 내용을 전개하는 또 다른 방법은 개별 또는 모둠별로 학생들을 문제

표 5.1 수업 형태

형태	구성 방법	목적	장점	단점
전체 모둠	전체 모둠	한 번에 새로운 내용 또는 기술에 관한 정보 전달	■ 적은 시간에 많은 정보 제공 가능 ■ 모든 학생들에게 동일한 정보 제공	■ 유일한 수업 방법으로 사용할 때 많은 학생들의 요구를 충족시키지 못함
교사 주도 소모둠	교사가 만든 동질 집단	보충 또는 심화 등 특정한 필요 충족을 위한 활동 제공	■ 학생의 이해 정도를 정확하게 측정할 수 있음	■ 교사의 관찰 없이 오랫동안 개별 활동을 하는 학생들이 있을 수 있음
소규모 협동 모둠	교사가 만든 동질 집단 또는 이질 집단 형성에 필요한 교사의 지시에 따라 무작위로 선정	이전에 학습한 내용 강조 및 사회적 기술 육성 또는 개인 또는 모둠 학습 성적을 반영하지 않은 상태에서 과정을 경험하거나 결과를 만들어 낼 때	■ 제시되는 자료와 상호 작용할 수 있는 기회가 더 많음 ■ 사회적 기술 강화	■ 4~5명의 학생들 중 2~3명의 학생들만이 이익을 볼 수 있음 ■ 활동 중 학생 개개인의 이해 정도를 확인하기가 어려움
학생 짝	상호 학습 욕구를 근거로 교사 또는 학생들이 선택	협동적/상호 작용 과정을 통해 협동 학습을 향상시키기 위해	■ 학생 두 명 모두가 참여할 수 있음 ■ 사회적 기술 강화 ■ 상호 학습 촉진	■ 학생 한 명이 모든 활동을 할 수도 있음
개별 수업	학생 한 명	개별 학생들의 욕구를 충족시키기 위해 (개별화 교육 프로그램, 결석자, 학습 내용 심화 또는 보충)	■ 낮은 교사-학생 비율 ■ 보충/심화가 쉽게 이루어짐	■ 많은 시간이 소요될 수 있음 ■ 일부 학생들의 관찰이 어려울 수 있음
학습 센터	학생들에게 동일한 접근 기회를 부여하는 다양한 방법으로 교사가 설계	새로 학습한 내용의 심화, 확대, 연습 및 적용/내용 및 기술의 교정	■ 학생의 이해 심화 ■ 기술 연습 가능 ■ 새로 학습한 내용의 적용	■ 활동 시간 관리의 어려움 ■ 준비 시간 필요 ■ 관찰이 어려움

출처: Adapted from Everston(2007). © Vanderbilt University, reprinted with permission.

해결 또는 조사 과정에 참여시키는 것이다. 모둠 활동을 계획할 때는 사례 연구 2.2 및 6장에 제시된 다른 내용을 참고하기 바란다.

모둠 중심 기본 기술 수업

학급의 나머지 모둠들이 독자적으로 활동을 하는 동안, 교사가 한 번에 한 모둠의 학생들과 학습을 하는 형태이다. 이 수업 방법은 읽기 수업에서 흔히 사용되며, 수학 수업에서도 자주 이용된다. 물론 이 수업의 목적은 기초 교과에서의 학생들의 다양한 능력을 수용하는 것이다. 기초 교과들의 수업에 이 방법이 아주 많이 사용되기 때문에, 여기서 좀 더 자세히 다룬다.

모둠(소집단) 학습의 가장 중요한 측면은 적어도 두 가지 이상의 상이한 활동이 동시에 이루어진다는 것이다. 교사가 어느 한 모둠을 지도하고 있는 동안 해당 모둠 이외의 나머지 학생들은 여러 가지 다양한 활동을 하게 된다. 교사가 적극적으로 모둠 활동에 참여하기 때문에, 다른 학생들의 활동을 관찰하거나 도움을 제공하는 데 어려움이 있을 수 있다. 그리고 학생들이 비교적 오랜 시간 동안 독자적으로 학습하기 때문에, 이들의 관심을 유지시키기 위해 세심한 계획과 노력이 요구된다.

효과적인 모둠 학습을 위한 첫 번째 단계는 모둠 외부 활동 계획을 준비하는 것이다. 다음과 같은 사항들을 학급 전체에 제시한다: 각 과제를 위한 지시사항, 필요한 교재 및 기구 사용법, 각 활동을 끝내는 시간. 또한 각 활동 과제는 게시하거나 칠판에 제시한다. 수업을 시작하기 전에 각 모둠의 학생들에게 질문을 하여 지시 사항을 바르게 이해하고 있는지 확인한다.

첫 번째 모둠을 부르기 전에, 잠시 다른 모둠들의 시작 상태를 확인한다. 다른 모둠들이 과제를 시작했을 때 첫 번째 모둠을 부른다. 한 모둠을 지도하고 있을 때, 자주 교실을 살펴보며 나머지 학생들을 관찰한다. 학습에 방해가 되는 부적절한 행동이 일어난다면 눈길을 주거나 몸짓을 하여, 그리고 그 학생의 이름을 부르거나 학생들이 무엇을 해야 하는가를 다시 한 번 상기시킴으로써 그러한 행동을 멈추게 한다. 계속 학습에 지장을 주는 학생들을 위해 교사 주위에 'time-out' 용 책상을 마련한다: 현재 위치에서 움직이지 않고서 신호를 보내어 그 학생을 준비된 자리로 가게 할 수도 있다.

모둠 활동시 교사의 활동에 방해를 주지 않으면서도 다른 모둠의 학생들이 교사의 도움을 받을 수 있는 방법도 생각해야 한다. 교사의 도움을 받을 수 있을 때까지 모르는 것을 건너뛰고 다음 것을 하도록 하는 교사들도 있다. 학생들이 서로를 도와주거나, 몇 명의 학생들을 (예를 들어, 모둠당 한 명씩) 학습 도우미로 정하는 교사들도 있다. 이는 이질 능력 집단일 때 가장 좋은 방법이다. 끝으로, 도움이 필요하다는 것을 나타내기 위해 도움이 필요한 학생 또는 모둠의 이름을 칠판이나 게시판에 적게 하는 교사들도 있다. 다른 학생들 또는 모둠을 도와주기 위해 잠시 현재 함께 활동하는 모둠을 떠나야 한다면, 그 모둠에게도 뭔가 해야 할 과제를 제시한다. 잠시 동안 한 학생을 지정하여 모둠 활동을 이끌어 가게 할 수도 있다.

한 모둠과의 활동이 끝났다고 해서, 다음 모둠을 바로 불러서는 안 된다. 그 대신, 다른 학생들의 과제 진행 상황을 점검하고 문제가 있는 경우 도와준다. 간단히 모든 학생들의 활동을 확인하고 도움을 필요로 하는 학생이 있는지 살펴본다. 이때 모르는 부분을 건너뛴 학생들이 있다면 이들에게 피드백을 제공한다. 활발하게 활동에 참여하고 있는 학생들에게 긍정적인 피드백을 주도록 한다. 방금 활동을 끝낸 모둠이 자기 자리로 돌아가 즉시 다른 과제를 시작하는가 하는 것도 확인해야 한다. 그 후 다음 모둠에게 신호를 보낸다.

협동 학습, 상호교수법(reciprocal teaching), 프로젝트 중심 학습 등과 같은 다른 수업 방법의 중요 부분으로 모둠을 활용할 수도 있다. 협동 학습 활동(6장 참고)에서, 학생들은 모둠 및 개별 과제를 완성하기 위해 함께 활동한다. 상호교수법에서, 학생들은 요약하기, 질문하기, 명료화하기 및 예측하기를 익히기 위해 교재 내용을 논의하는 동안 서로 돌아가며 모둠장의 역할을 수행한다. 프로젝트 중심 학습에서, 학생들은 구조화되지 않은 문제(다양한 해결 방안이 존재하거나 판단이나 평가를 필요로 하는 문제)들에 대한 해결책을 만들어내기 위해 협동 모둠 내에서 활동한다.

개별 학습

학생들은 수업 내용에 근거한 과제를 수행한다. 고학년의 경우, 수업 시간에 다 끝내지 못한 과제는 보통(학교에서만 사용할 수 있는 교재나 기구를 필요로 하지 않는 경우) 숙제로 제시한다(좀 더 자세한 절차는 2장에 제시되어 있다).

효과적인 개별 학습 관리를 위해서는 우선, 학생들이 생산적인 학습을 할 수 있도록 개별 학습이 이루어지기 전에 학습 내용에 대한 전체 수업이 충분하게 이루어져야 한다. 둘째, 과제의 목적과 필요 조건을 충분하게 설명하고 필요한 교재나 준비물을 사용하는 방법을 분명히 학생들에게 알려 주어야 한다. 전체 활동(예를 들어, 몇 개의 예제 풀이, 질문 등)을 통해 개별 학습을 시작하는 것도 좋은 방법이다. 이를 통해 학생들은 과제 활동을 시작하고, 질문할 기회를 갖게 되고, 교사는 여러 학생들에게 확대되기 전에 학급 전체 상황에서 자주 일어나는 문제들을 확인하고 교정할 수 있다. 셋째, 초기에 문제를 탐지하고 적절한 피드백을 제공할 수 있도록 학생들의 활동을 자세하게 관찰한다.

개별 학습은 새로운 개념이나 내용의 학습보다는 이전에 학습한 내용을 확대하고 강화하는 데 적합한 방법이다. 따라서 개별 학습에 너무 많은 시간을 할애하는 것은 좋지 않다. 적어도 개별 학습에 사용하는 시간만큼 전체 활동에 시간을 할애한다. 또한 개별 학습 시간이 지나치게 길어질 경우 학생들의 주의 집중에도 문제가 생기게 된다. 현재 개별 학습 활동에 많은 시간을 할애하고 있다면, 학습 활동을 여러 부분으로 나누어 그 사이 사이에 토론이나 복습을 병행한다. 학습 형태의 변화는 학생들의 주의 집중을 새롭게 하고, 교사들에게는 학생들의 이해 상태를 점검하고 문제를 해결하는 기회가 된다.

피드백

토론, 질의-응답 또는 과제 검사 때 피드백을 사용할 수 있다. 예를 들어, 새로운 내용을 제시할 때, 이전에 학습한 내용을 토대로 하여 새로운 생각 도출 및 해결해야 할 문제에 대한 모둠 토론을 시작할 수도 있다. 또한 새로운 내용 및 기술을 도입할 정도로 학생들이 이해하고 있는지 확인하기 위해 학생들의 활동 결과를 검사한다. 이와 함께, 학생들의 발표, 시범 및 실험 등에 대해서도 피드백을 제공한다. 수업 상황에서 피드백 활동이 이루어질 경우, 계획과 관리 기술은 피드백을 더욱 효과적이게 만든다.

토론

토론은 학생들에게 어떤 사건, 논제 또는 결과를 평가하게 하고, 자기 생각의 근거를 명확하게 하고, 다른 사람들의 관점을 인식하며, 언어적 표현 능력을 향상시키는 데 도움이 된다. 토론할 내용에 대한 간단한 질의-응답 활동으로 토론을 시작하는 경우도 있다. 하지만 질의-응답 활동과 비교해 볼 때, 토론 때 사용하는 질문들은 학생들의 판단, 느낌, 생각, 의견 등을 더 많이 요구한다. 또한 교사들은 학생들의 의견을 직접적으로 평가하지 않는다. 그 대신 자기 자신을 표현하고, 자신들의 의견과 생각을 검토하고, 다른 관점을 이해하도록 학생들을 격려한다. 학생들은 교사에게만 반응을 보이기보다는 서로 의견을 주고받는다. 교사의 역할은 학생들의 생각이 정확한가를 평가하는 것이 아니라 학생들에게 자신들의 의견을 제시하고, 구체화하고, 활용하도록 도와주는 것이다.

효과적인 토론이 이루어지기 위해선 (수용과 개방성을 키우기 위한) 다양한 관점 제시, 갈등 해결, 친근한 또는 화기애애한 분위기 조성과 같은 기술이 필요하다. 일반적으로 소수의 학생들이 토론을 주도해 나가지만, 이들이 토론을 독점하도록 해서는 안 된다. 따라서 발표가 적은 학생들도 참여하도록 기술적으로 토론을 진행할 필요가 있다. 때때로 발표가 적은 학생들을 지명하여 논의되고 있는 문제에 대한 생각이나 의견을 물어 보는 것도 좋은 방법이다. 학생들에게 자신이나 다른 사람의 발표 내용을 확대하고, 명확히 하고, 다른 말로 표현하게 하는 기회를 제공하는 방법도 도움이 된다. 또한 토론 진행을 어느 정도 학생들에게 맡기는 것도 원만한 토론 진행에 도움이 된다. 교사에게 이야기하는 것이 아니라 서로의 이야기를 귀담아 듣는 것이 토론이라고 학생들에게 이해시키는 것이 쉬운 것은 아니다. 따라서 학생들에게 교사의 질문이나 의견뿐만 아니라 다른 학생들의 생각과 의견에도 반응해야 한다는 것을 강조해야 한다.

전체 학생이 참여하는 토론을 진행하려 한다면, 먼저 토론 주제에 대해 생각해야 한다. 이를 통해 토론을 일관성 있고 더 생산적으로 만들 수 있다. 그러나 특히 모둠 또는 개별 조사 과제에 근거하여 토론이 이루어지는 경우, 학생들에게 토론 문제를 정하도록 하는 교사들도 많이 있다. 교사가 중심이 되든 학생들이 중심이 되든, 중요한 것은 기본적인 참여 규칙(예를 들어, 손 들기, 주의 깊게 듣기, 다른 사람의 말할 권리 존중하기 등)이 지켜져야 한다는 것이다.

질의-응답

이 활동은 교사가 질문을 하고 학생들의 대답을 수용하고, 방향을 제시하며, 정정해 주는 등 질의-응답 체제로 이루어진다. 일련의 내용이 모두 다루어질 때까지 여러 학생들을 대상으로 하는 질문/대답/평가 체제가 반복된다. 사실, 이는 구술로 이루어지는 확인 방법이다. 이전 시간에 이루어진 학습이나 읽기 과제의 이해 정도를 확인하거나 발표력을 키우는 방법으로 사용한다. 또한 어휘력이나 맞춤법 등을 확인하기 위해 사용할 수도 있다.

학생들의 이해 정도를 알아보기 위해 사용할 때, 손을 드는 몇몇 학생들이 아니라 모든 학생들에게 골고루 질문을 해야 한다. 손을 드는 일부의 학생들에게만 질문을 한다면 학생들의 이해 상태를 정확하게 확인할 수 없을 것이다. 모든 학생들에게 골고루 차례가 돌아갈 수 있게 하는 방법을 생각한다. 검목표를 이용하거나 이름이 적힌 카드를 섞어 놓고 무작위로 뽑는 방법도 가능하다. 학생들의 책상에 표시용으로 색지를 올려 놓는 교사들도 있다. 학생이 발표를 하면, 이를 책상에서 치우게 한다. 질문을 할 때는 생각할 시간을 충분히 준 다음 학생을 지명한다. 손을 드는 학생들만 지명하는 것은 바람직하지 않다. 때로는 모든 학생들의 주의 집중과 참여를 위해 일제답을 요구할 수도 있다. 이러한 방법은 새로운 개념이 도입되는 개념 형성 초기에 아주 큰 도움이 된다. 때때로, 대답하는 데 필요한 시간을 충분히 주지 않아 반응이 늦은 학생들의 기회를 빼앗는 경우도 있다. 전문가들은 다른 학생을 지명하기 전에 어느 정도 여유 시간을 줄 필요가 있다고 추천하고 있다.

과제 검사

학생들이 스스로 학습 활동이나 과제를 확인하는 것을 말한다. 이는 답의 옳고 그름을 쉽게 판단할 수 있는 경우에 적당하다. 과제 검사는 신속한 피드백을 제공하며, 과제에 대한 일반적인 문제점들을 확인하고 논의할 수 있는 기회를 제공한다. 교사는 학생들이 올바르게 활동하고 있는가 확인하기 위해 자세하게 활동을 관찰해야 한다. 학생들에게 정확하게 과제를 점검하도록 지도하며, 절차뿐만 아니라 예를 들어 설명하고 연습할 기회를 제공한다. 이 방법을 이용할 때에는 학생들의 발전 정도와 문제점들을 확인하기 위해 과제를 걷어서 다시 한 번 더 점검해야 한다.

수업 시간 중 활동 배열

어떤 과목이든 수업 시간은 일련의 활동으로 구성된다. 기본 교과들의 경우 일반적인 활동 체제는 다음과 같다.

1. 과제 검사 또는 질의-응답
2. 학습 내용 전개(전체 학습)
3. 반복 학습
4. 개별 학습, 모둠 활동 또는 토론

첫 번째 활동을 통해 전날의 과제나 숙제를 확인하고 교정해 준다. 숙제가 없었다면, 당일 수업에 필요한 선수 학습 내용을 복습한다. 학습 내용 전개(전체 학습)시에는 새로운 내용이나 기술을 학습한다. 그 후 간단하게 새로 학습한 내용을 복습하고 새로 학습한 과제를 살펴보는 반복 학습이 이루어진다. 그 다음, 개별 학습, 모둠 학습 또는 토론을 통해 연습이 이루어진다.

이 체제는 학습 내용 제시와 연습의 두 부분으로 나누어지며 각 부분이 장시간 동안 지속되는 문제점을 가지고 있다. 장시간에 걸친 학생들의 주의 집중을 필요로 하지 않으면서 더 복잡한 내용의 학습에 적합한 다음과 같은 변형된 체제도 있다.

1. 과제 검사 및 질의-응답
2. 학습 내용 전개(전체 학습)
3. 간단한 과제 조사를 겸한 반복 학습 또는 개별 학습
4. 학습 내용 전개(전체 학습)
5. 간단한 반복 학습
6. 개별 학습, 모둠 활동 또는 토론

이 체제는 첫 번째 전체 학습 활동 후 연습과 피드백을 제공하며, 교사는 수업 내용을 두 부분으로 나눌 수 있다. 새로운 학습 내용을 두 부분으로 나눔으로써, 두 번째 부분의 내용을 학습하기 전에 복습할 기회가 주어지기 때문에 학생들은 첫 번째 부분에서 학습한 내용을 충분히 이해하고 다음 단계로 넘어가게 된다. 또한 다음 부분으로 넘어가기 전에 학생들의 이해 정도를 확인하고 즉시 피드백을 제공할 수 있다. 더 나아가 학습 활동이 비교적 짧은 시간의 여러 단계로 나누어짐으로써 학생들의 주의 집중을 유지하는 데도 도움이 된다. 이 체제의 문제점은 활동 간 이동이 증가하기 때문에 학생들의 주의 집중을 방해할 가능성이 크다는 것이다. 그러나 학습 내용 전개—반복 학습—개별 학습의 순서는 학생들의 이동, 새로운 자료 또는 학습 내용의 큰 변화를 필요로 하지 않기 때문에, 일반적으로 이들 활동 간의 이동은 큰 어려움 없이 관리할 수 있다. 따라서 보통 활동 간의 큰 이동이 없기 때문에 이들 다양한 활동들을 혼합하여 사용한다.

물론 모든 수업이 위에 제시된 활동 체제에 적합한 것은 아니다. 예를 들어, 과학이나 사회 수업의 경우 학급 전체의 토론이 이루어진 후 비교적 많은 시간을 필요로 하는 모둠별 문제 해결이나 탐색 활동이 이루어지기도 한다. 또한 여러 차례의 전체 학습 또는 모둠 활동과 병행하여 개별 학습이나 모둠 활동이 이루어지기도 한다. 그러나 위에 제시된 일반적인 체제들은 대부분의 교사-주도 수업의 바탕이 된다.

학생 발표 및 시범

학생들은 개별적 또는 모둠별로 장기/단기 프로젝트에 관한 보고서 제출, 절차 또는 기술 시범, 또는 학습 활동을 요약한다. 사전에 기준을 제시하고 학생들에게 계획 및 연습할 시간을 준다면 발표시키는 것이 더 효과적이다. 학생들을 도와주는 방법 중의 하나는 발표안을 짜고, 발표할 때 필요한 각 역할을 부과하는 것이다. 바람직한 청중의 태도에 대해 학생들과 토론을 해 보는 것도 좋은 방법이다. 자신들의 모둠이 발표를 할 때 다른 학생들은 어떻게 참여하고 행동했으면 좋겠는지 발표하도록 질문을 하는 것이 토론의 출발점이 될 수 있다.

시험

초등학교의 교실에서 시험 또는 쪽지 시험은 일상적인 활동 중의 하나이다. 학생들에게 기대되는 것이 무엇인지 알 수 있도록 하기 위해 고정된 장소 또는 파워포인트 슬라이드나 OHP 필름 등을 통해 학생들에 지시 사항을 제시하는 것이 도움이 된다. 이렇게 지시 사항을 제시한다 하더라도, 특히 저학년의 경우에는 지시 사항을 자세하게 설명해 줄 필요가 있다. 일찍 끝내는 아동들을 위한 계획을 세우고 기다리는 동안 시간을 허비하지 않도록 의미 있는 과제 활동을 준비한다. 학생들에게 지시 사항을 명확하게 제시하기 위해 다음 절에 제시된 생각을 활용한다.

명확한 수업을 위한 계획 세우기

일련의 수업 활동이나 흐름에 대해 생각해 본 후, 수업 시간에 다룰 내용, 개념과 수업 및 단원 목표를 확인한다. 교사용 지도서를 참고하는 것도 한 가지 방법이다. 특히 수업 전개 및 활동상의 유의점에 유의한다. 지도서 내의 연습, 질문, 문제와 그 외 활동들을 연구하고 수업 목표를 달성하는 데 필요한 자료를 결정한다. 주된 내용을 설명할 때 사용할 예시 자료, 시범, 질문이나 활동들을 간단히 기록한다. 수업이나 과제 활동 중 학생들이 직면할 수 있는 문제들을 생각해 본다. 수업 중 또는 숙제를 할 때 학생들이 직면할 수 있는 문제들을 확인한다. 새로 나온 낱말이나 용어를 확인하고 바로 설명할 수 있도록 예도 준비한다.

지도서의 유의 사항들도 충분히 고려한다. 학생들이 단순히 교과서를 소유하고 있는 것이 아니라 그 속의 내용을 이해해야 한다는 것을 명심한다. 대부분의 교육자들은 지식의 구조화, 기존에 알고 있는 내용과 새로운 정보를 연결시키는 활동에 학생들이 적극적으로 참여하는 것의 중요성을 이야기한다. 지식의 구조화는 문제 도입과 가능한 해결 방안 탐색 또는 개인의 경험과 어떻게 관련시킬 수 있는지에 대한 논의를 통해 수업 내용을 재구조화하는 등 간단하게 수행할 수 있다. 교사는 이해, 평가와 적용을 목표로 한다.

수업 내용에 대한 학생들의 흥미도 고려한다. 수업 내용에 대한 교사의 흥미 여부도 학생들에게 영향을 주며 이를 통해 수업 내용의 중요성에 대한 교사의 느낌이 학생들에게 전해진다. 교사가 수업 내용을 재미있고 흥미롭게 생가하고 이러한 느낌을 학생들에게 전달하면, 학생들도 수업 내용에 관심을 가지고 접근하게 될 가능성이 크다. 그러나 교사가 수업 내용이나 주제에 관심이 적은 경우 학생들도 그러한 교사의 느낌을 공유하게 될 가능성이 크다. 여러 가지 방법으로 수업에 접근한다. 예를 들어, 전체 학생들을 대상으로 한 일제식 수업보다는 학생들의 참여도를 높이는 모둠 토론 활동 등을 통해 동일한 학습 내용을 전달할 수도 있다.

끝으로, 여러 학습 활동들을 일관되게 조직한다. 주요 내용을 적어 보거나 개요를 세운다. 이제 수업을 위한 준비가 거의 끝났다고 할 수 있다.

새로운 개념이나 내용 제시

수업이 어떻게 이루어질지 학생들이 알고 있다면, 학생들은 교사의 기대에 부합하는 행동을 보일 것이다. 수업을 시작할 때 또는 수업 중 학습 목표를 학생들에게 알려 준다. 학습 내용이 아주 복잡한 경우에는 대체적인 개요를 설명하여 학생들의 이해를 돕는다. 이러한 개요는 학생들에게 내용을 조직화하는 데 도움을 주며, 지도와 같이 방향을 제시하는 역할을 한다.

개인별 독서나 간단한 영화 · 비디오 시청 등을 통해 학습 내용을 제시할 경우, 학생들이 참여하는 빈칸 채우기 등을 통해 개략적인 수업 내용을 제시한다. 이는 주의 집중에 초점을 두는 것으로 독서나 비디오 시청시 동기 요인으로 작용한다. 후속 학습이나 과제에 이용되는 경우, 독서나 비디오 시청 후 이러한 활동을 반복한다. 공책 필기 능력을 키우기 위해 비디오를 시청하는 경우도 있다. 영화를 보면서 질문에 대한 답을 제시하게 하고, 영화가 진행되는 동안 중요한 정보를 확인할 수 있도록 도와준다.

교사가 학습 내용을 제시할 경우 변화가 불가피한 경우를 제외하고 계획한 순서대로 수업을 진행한다. 불필요한 여담이나 수업과 관련 없는 이야기는 피하도록 한다. 이러한 정보는 학생들에게 혼동을 야기할 뿐이다. OHP나 판서를 통해 핵심 내용, 새로운 개념 또는 그 외 중요한 정보 등을 제시함으로써 그 중요성을 강조한다.

교사의 설명은 가능한 한 구체적이어야 한다. 애매모호한 표현은 학습 내용

의 이해와 전달에 방해가 되므로 실례, 그림, 소품, 차트 등을 이용하여 구체적으로 지도한다. 정보를 거의 제공하지 못하고 수업 진행을 어렵게 만드는 장황한 설명과 시간 떼우기식 이야기는 피한다. 그 후 학생들에게 충분한 시간과 기회를 주어 교사가 제시한 내용을 자기 것으로 만들 수 있도록 한다.

이해 정도 확인하기

수업 중 학생들의 이해 상태를 확인한다; 다음날로 미루어서는 안 된다. 학습활동이 이루어질 때, 학생들에게 질문을 하여 주요 내용을 이해하고 있는지 알아본다. 핵심 내용에 대해 질문을 하고 그 답을 종이에 적게 하여 발표를 시키거나 걷는 등의 방법을 통해 학생들의 이해 상태를 확인할 수도 있다. 내용을 설명하는 동안 학생들의 이해 상태를 계속 확인한다면 학생들의 발전 과정을 확인할 수 있을 뿐 아니라 수업 참여도를 높일 수도 있다.

교사는 수업 내용 설명 후 질의-응답을 통해 학생들의 이해 상태를 확인하고 주요 개념을 강조하기도 한다. 이는 학습 내용과 주요 개념에 대한 질문을 통해 이루어진다. 가능한 한 많은 학생들에게 질문을 하여 학급 전체의 전반적인 이해 수준을 확인하고 부족한 부분을 발견하여 다시 다루어 줄 수도 있다.

아래와 같은 방법을 통해 학생의 이해 정도를 확인할 수도 있다.

- 준비된 색지를 이용하여 응답하기
- 지정된 신체 동작 사용하기(예를 들어, 손가락을 펴거나 오므리기, 팔짱끼기 등)

- 종이를 4등분하여 접고 각 부분에 답을 적어 교사가 볼 수 있도록 들기
- 학습한 내용을 학생 자신의 말로 표현하여 교사에게 제출하기
- 교사가 순회하는 동안 짝 또는 앞뒤 학생들에게 학습한 내용 설명하기
- 각 시간 수업 내용에 대한 간략한 일지 쓰기

컴퓨터 사용하기

수업 내용 설명, 조사 또는 연습을 위해 수업 중 컴퓨터를 사용한다면 이에 대한 계획과 준비가 필요하다. 교사가 원하는 수만큼 컴퓨터가 설치된 교실은 거의 없지만, 적어도 한 대 이상은 설치되어 있다. 학생들이 학습 목표를 달성하는 데 도움이 될 수 있는 생산적인 도구가 될 수 있도록 컴퓨터 사용 계획을 세운다. 학교에 컴퓨터실이 없다면, 컴퓨터 사용에 관한 절차 등을 계획해야 한다. 4장에서 언급한 것처럼, 컴퓨터 사용에 관한 절차를 가르치고 연습을 해야 한다. 또한 교사가 학생 지도 등 다른 활동을 하고 있을 때 동료 학생들을 도와줄 수 있도록 '컴퓨터 전문가' 로 1~2명의 학생을 지정할 수도 있다.

컴퓨터를 함께 사용하는 것은 쉬운 일이 아니다. CD-ROM 사용법, 자료 조사를 위한 인터넷 사용, 또는 특정 수업 관련 소프트웨어 사용 등에 관한 활용 계획을 세운다. 이메일과 문서 작업용 프로그램은 학생들의 조직 및 작문 능력을 신장시킬 수 있다. 학생들과 함께 사용할 게임, 퍼즐 등도 설치한다.

예전과 비교해 볼 때 학생들은 인터넷을 통해 필요한 정보를 더 쉽게 찾을 수 있다. 불행히도 모든 정보가 학생들에게 도움이 되는 것은 아니기 때문에 접속 차단 장치를 사용하는 학교들도 있다. 수업 시간에 인터넷을 사용한다면 사전에 이에 대한 주의 및 지도가 이루어져야 한다. 인터넷을 사용할 때 학부모들의 동의를 얻도록 규정한 학교들도 있다. 부모가 찬성하지 않은 학생들이 있다면 이들을 위한 대안책을 준비해야 한다. 인터넷을 사용할 때 이름이나 개인 정보를 입력하지 않도록 학생들에게 미리 주의를 준다. 이와 함께, 과제와 관련이 없는 화면을 보고 있는 것이 아닌가 쉽게 확인하기 위해 미리 학습할 사이트들을 살펴본다.

검색 시간을 효율적으로 사용하기 위해 학생들이 정보를 검색할 때, 찾은 내용을 프린트하도록 시킬 수도 있다. 검색한 내용의 제목을 훑어보고 관련된

내용을 화면상으로 보지 않고 출력하여 읽도록 지도한다. 이렇게 출력한 자료가 학습 주제와 관련이 없다고 하더라도, 이를 통해 시간을 절약할 수 있으며, 출력된 종이는 다른 용도로도 사용할 수 있다.

학생들이 인터넷을 이용할 때에는 교사가 감독을 하고 있어야 한다. 찾는 정보에 대한 구체적인 사항을 제시하거나 시간을 제한함으로써 인터넷 사용시 생길 수 있는 여러 가지 위험 요인들을 피할 수 있다. 학년 초에 활용 기준을 정해 두는 것도 좋은 방법이다. 예를 들어, "나는 학교 과제 활동에만 인터넷을 사용할 겁니다. 만약 의도적으로 부적절한 정보에 접근하거나 찾는다면, 인터넷을 사용할 수 있는 권한을 포기하겠습니다."와 같은 계약서에 학생들의 서명을 받는다. 실수로 어떤 사이트에 접속을 했다고 우기지 못하게 하기 위해 실수로 어떤 부적절한 사이트에 접속을 했다면, 즉시 '뒤로' 버튼을 누르고 교사에게 바로 이야기를 하도록 지도한다.

전체-모둠 수업을 위한 Kounin의 제안

교사 주도식 학습 활동에 있어 가장 중요한 것은 불필요한 여담 또는 중단 없이 부드럽게 수업이 이루어지는 정도를 의미하는 학습 활동의 흐름이다. 부드럽게 진행되는 수업은 학습 활동이 이루어지는 동안 학생들의 행동을 수업과 관련된 방향으로 이끌어 가기 때문에 학생들의 주의 집중을 유지하며 다른 곳에 한눈을 파는 것을 막을 수 있다. 수업의 흐름이 원활하지 못한 경우(자주 중단되거나 수업과 관계없는 이야기가 많은 경우), 학생들은 학습 활동과 다른 활동 간의 갈등을 겪게 되며, 따라서 다른 곳에 관심을 둘 가능성이 커질 것이다.

Kounin과 그의 동료들(Kounin, 1970; Kounin & Gump, 1974)은 일련의 교실 연구들을 통해 효과적인 모둠 활동 운영에 도움이 되며 원만한 학습 활동을 이끄는 일련의 개념들을 이끌어 냈다. Kounin에 따르면, 교사들은 표 5.2에 요약된 것과 같이 세 유형의 행동으로 활동을 관리한다. 각 행동 유형마다 두세 가지의 관련된 하위 개념들이 있다. 어떤 것들인가 살펴보고 그 예를 제시한다.

표 5.2 원만하게 학습을 진행하는 방법 (Kounin, 1970)

행동	기술	정의	실례
문제 행동 예방하기	적절히 대처하기	학급에 대한 생각을 학생들에게 전달하기; 일탈 행동을 즉시 확인하고 바로 교정하기	종이를 말아 휴지통에 농구하듯이 던지려는 학생을 쳐다본다. 그 학생은 교사의 눈길을 의식하고 종이를 치운다. 그 뒤에서 이를 본 다른 학생도 같은 행동을 취한다.
	동시에 여러 가지 일 처리하기	두 가지 이상의 일을 동시에 처리하기	수업을 하고 있을 때 지각한 학생이 교실로 들어온다. 교사는 간단하게 인사를 받고 수업을 계속한다. 그 후 학생들이 개별 활동을 할 때 이유 등을 물어 보고 출석부에 기록한다.
이동 관리하기	중단 없는 수업 진행	활발한 수업 진행; 수업에 방해가 되지 않도록 활동 계획하기	별로 중요하지 않은 개념을 설명하는 데 많은 시간을 보내고 이것이 핵심 내용에 대한 학생들의 주의 집중을 방해하고 있다는 느낌이 든다. 다음날 다른 시간에 좀 더 다루기로 하고 다음 활동으로 넘어간다.
	원만한 진행	수업 내용에 집중하기; 혼동을 일으킬 수 있는 불필요한 여담이나 행동을 하지 않기	학생들의 흥미를 고려하면서도 수업에 대한 주의 집중을 저해하는 이야기 등은 피한다.
전체 활동에 초점 두기	전체 학급에 초점 두기	학생 개개인에게 적당한 반응을 보이면서도 전체로서의 학급에 초점을 둔다.	학생 개개인의 번호를 적어 조그만 상자 안에 넣는다. 상자 안에서 무작위로 번호를 골라 호명하고 질문을 한다.
	책임 강조하기	학생들에게 수업 참여 정도를 관찰하고 평가할 것이라고 이야기한다.	토론 학습이나 새로운 개념을 학습한 후, 주위의 학생들에게 학습한 내용을 설명하게 한다.
	학생들의 적극적인 수업 참여 이끌어 내기	교사의 질문에 대해 직접 반응하지 않는 경우 학생들의 행동을 제시한다.	몇몇 학생들이 칠판에 나와 문제를 푸는 동안, 나머지 학생들에게는 그 문제들을 공책에 풀어 보라고 한다.

문제 행동 예방하기

교실은 아주 복잡한 곳이다. 여러 일들이 동시에 일어날 수 있다. 언제 어떤 일이 일어날지 정확하게 예측할 수도 없다. 신규 교사들의 경우 한 가지 일이나 어떤 특정 부분에만 초점을 둠으로써 전체로서의 학급에 신경을 쓰지 못하는 경향이 있다. Kounin이 제시한 '적절히 문제에 대처하기'와 '여러 가지 일을 동시에 처리하기' 를 이해함으로써 이러한 잘못을 예방할 수 있다.

'*적절히 문제에 대처하기*'는 문제 행동이 강화되거나 다른 학생들에게로 옮겨지기 전에 그러한 행동을 교정해 주는 것을 말하며, 정상적인 학생들을 대상으로 한다. 적절히 문제에 대처하지 못하는 교사는 초기 단계에 문제를 해결하지 못해 상당한 어려움을 겪게 되며 일탈 행동의 원인이 된 학생을 찾아내지 못하고 엉뚱한 학생을 대상으로 하기도 한다. '적절히 문제에 대처하기' 의 이면에는 7장에서 논의될 효과적인 관찰과 문제 행동에 즉각 대처하기 등의 개념이 포함되어 있다.

'*여러 가지 일을 동시에 처리하기*' 는 두세 가지 일들을 동시에 처리하는 것을 말한다. 예를 들어, 수업 중 손님이 왔을 때, 어느 한 모둠을 지도하고 있을 때 다른 모둠의 어떤 학생이 도움을 청할 때, 어떤 학생들을 지도하고 있을 때 교실의 다른 곳에서 학생들 사이에 싸움이 일어날 때 등이 있다. 동시에 여러 가지 일을 처리할 수 있는 기술을 가진 교사들은 한 사건을 해결하기 위해 다른 행동을 그만두거나 두 번째 일어날 행동을 무시하는 것이 아니라 양자를 동시에 적절하게 해결할 수 있다. 예를 들어, 교실에 누가 찾아왔을 때, 학생들에게 하던 것을 계속하라고 말을 하거나 과제를 내준 후 찾아온 사람을 만난다. 학생들 간의 싸움은 하던 일을 계속하면서 그 학생들에게 눈길을 주거나 간단한 몇 마디의 말로 해결할 수 있다.

적절히 문제에 대처하고 여러 가지 일을 동시에 처리하는 기술을 가진 교사

들은 학생들의 문제 행동과 외부 사람들에 의한 수업 중단으로 야기되는 수업 방해를 효과적으로 처리할 수 있다. 또한 문제에 즉각 대처함으로써(너무 지나쳐도 안 된다) 진행 중인 활동이나 다른 학생들의 활동에 지장을 주지 않는 간단한 동작(예를 들어, 눈길 주기, 침묵 지키기 등)을 통해 그 문제들을 해결할 수 있다. 필요할 때 적절히 문제 행동에 대처하지 못하거나 여러 가지 일을 동시에 처리하지 못한다면, 학생들의 문제 행동과 그에 대한 교사의 부적절한 대처로 인해 수업에 상당한 지장을 주게 된다.

이동 관리하기

'적절히 문제에 대처하기' 와 '동시에 여러 가지 일 처리하기' 가 수업 진행 중 일어나는 외부의 방해나 학생들의 문제 행동에 대한 것인 반면, '이동 관리' 는 교사에 의해 야기되는 수업 중단이나 문제를 피하기 위한 것이다. 이는 중단 없는 수업 진행 및 원만한 수업 진행을 통해 이루어진다.

중단 없는 수업 진행은 적절한 속도로 활발하게 이루어지는 수업을 의미한다. 교사는 수업 활동을 지나치게 세분화하거나 특정 부분에 지나치게 시간을 많이 배당함으로써 수업 진행에 지장을 줄 수도 있다. 예를 들어, 과제를 제시할 때마다 매번 제목 다는 방법을 바꾸면서 이를 반복해서 설명하기보다는 모든 과제에 적용할 수 있는 일반화된 방법을 제시해야 한다.

'들쑥날쑥함' 에 반대되는 '원만함' 은 수업의 계속성이라고 할 수 있다. 원만하게 진행되는 수업은 학생들의 주의 집중에 도움이 된다. 만약 교사들이 또 다른 것을 하거나 새로운 내용을 다루기 위해 현재 주제나 활동에서 벗어난다면, 학생들의 주의 집중을 방해하거나 수업의 핵심을 이해하지 못하게 할 수도 있다.

전체 활동에 초점 두기

교실에서의 수업은 모둠 학습, 그리고 때로는 한꺼번에 전체 학생들을 가르치는 형태로 이루어진다. 이는 수업을 할 때 모둠의 영향력을 고려해야 할 필요가 있다는 것을 의미한다. 관현악단을 지휘하는 지휘자처럼, 교사는 학생 개개인의 만족스러운 성취를 이끌어 내면서도 학급 전체에 방향과 피드백을 제시

참고 자료 – Kounin이 제시한 원만한 수업 진행을 방해하는 일반적인 문제점들

문제점	정의	실례
왔다 갔다 하기 I	현재 하던 활동을 멈추고 다른 활동을 하거나 새로운 활동을 하는 것	"자, 이제 수학책을 꺼내세요. 교과서, 아참 교무실에 이걸 조사해서 보내는 것을 잊어버렸네. 학교 버스를 타고 통학하는 사람 손 들어보세요. 자, 선생님이 어디까지 했지?"
왔다 갔다 하기 II	'왔다 갔다 하기 I'과 비슷하며, 차이점은 새로운 활동이 이전 활동에서 다 끝내지 못한 것이라는 것.	"자, 어려운 낱말 공부는 이제 그만 하자. 나머지는 내일 할 거에요. 이제 모둠별로 모여서 연필과 종이를 준비하세요." (학생들은 모둠별로 모여 앉고 교사는 쓰기 수업을 위한 사항들을 이야기하기 시작한다) "자, 선생님이 한 말 다 이해하겠죠? 아참, 여러분들 어려운 낱말 숙제를 모두 받아 적었어요? 235쪽에서 242쪽까지에요. 칠판에 적어 놓을게. 자, 그럼 계속하자."
끼워 넣기	학생들이 어떤 활동을 하고 있을 때 그 활동과 관련이 없어 보이는 새로운 것을 한다.	학생들은 시험을 보고 있다. 교사는 교실을 순회하며 학생들을 도와주고 있다. 교실은 아주 조용하다. 학생들을 쳐다보며, "다 끝냈으면, 시험지와 답안지를 앞으로 가지고 나와서 여기에 놓도록 해요."라고 조용히 이야기한다. 학생들은 조용히 계속 시험을 보고 있다. 시간이 다 되어감에 따라 시험을 끝낸 학생들이 늘어가고, 학생들이 시험지와 답안지를 들고 나올 때마다 교사는 시험지와 답안지를 어디에 놓아야 하는지 계속 이야기를 해야 한다.
자극(행동)에 대한 반응	어떤 자극(행동)에 지나친 반응을 보여 학생들의 관심을 그쪽으로 돌리는 경우	학생들은 순서대로 돌아가며 자기가 쓴 글을 크게 읽고 있다. 한 학생이 발표한 후 다른 학생들이 그 글에 대한 느낌이나 생각을 발표한다. 이때 어떤 학생이 동화책을 읽고 있는 것을 교사가 발견했다. "Alice, 지금 무슨 책을 보는 거야?" "그 사람이 쓴 다른 책은 읽은 적이 있니?"

해야 한다. 이때 몇 가지 방법을 사용할 수 있다.

'학급 전체에 초점 두기' 는 질의-응답 활동 중 학급 전체의 주의 집중을 유지하는 행동을 취하는 것을 의미한다. 이는 긴장감 조성, 다음에 지명할 학생 알려주기, 무작위로 지명하기, 지명되면 자신의 생각을 추가하여 발표해야하기 때문에 다른 학생의 발표 주의 깊게 듣기, 또는 여러 시청각 매체 사용하기 등의 형태를 띤다. 반대로, 한 학생과 이야기하기 또는 질문하기 전에 학생 지명하기 등은 그 반대의 예이다.

'책임감 갖게 하기' 는 학생들에게 자신들의 행동이 관찰되고 평가된다는 것을 알려줄 때 이루어진다. 반드시 등급이나 점수를 매길 필요는 없다. 이는 학생들이 어떻게 활동하고 있는지에 대해 살펴볼 것이라는 것을 전달하는 것만으로 충분하다. 예를 들어, 어떤 문제의 답을 알고 있는 경우 손을 들게 하고, 그중 몇몇 학생을 지명하여 확인하거나 공책에 답을 적게 하여 교실을 순회하며 확인한다. 또한 때때로 공책을 걷어 학생들의 필기 상태를 확인한다.

'학생들의 적극적인 수업 참여 이끌어 내기' 는 학생들의 활동이 교사의 질문에 직접적으로 관련되지 않은 경우 이를 계획하는 것을 말한다. 이는 그냥 자리에 앉아서 다른 학생들이 대답하는 것을 쳐다보게 하는 방법보다 학생들의 참여율을 더 높일 수 있다. 학생들에게 공책에 문제를 풀거나 답을 쓰고, 교사를 따라 책을 읽게 하고, 실험 기구들을 조작하거나 수업 관련 활동을 하게 함으로써 학생들의 수업 참여를 이끌어 낼 수 있다.

세 가지 방법 중의 어느 한 가지에 더 적합한 활동도 있다. 수업 활동을 계획할 때, 이를 고려하면 더 많은 도움이 될 것이다. 예를 들어, 비싼 실험 기구를 이용하여 실험을 하는 경우에는 학생들의 적극적인 수업 참여를 이끌어 내기가 어려우며, 따라서 '학급 전체에 초점 두기' 가 더 효과적이라고 할 수 있다.

Kounin의 개념은 효과적인 수업을 위한 핵심적인 부분들을 확인하게 해줄 뿐 아니라 문제를 진단하고 가능한 해결책까지 제시해 준다. 예를 들어, 수업이 지루하고 학생들의 반응이 시원치 않을 경우, '전체 활동에 초점 두기' 에 문제가 있을 수 있다. 이때는 학생들의 참여를 높이거나 책임감을 가지게 한다. 지나치게 길거나 불필요한 내용이 삽입되는 경우에는 이동 관리상에 문제가 있을 수 있다. 이런 경우, 교사 스스로 원만하게 수업을 진행하고 있는지 되돌아본다.

수업 중 흔히 일어나는 문제 해결하기

많은 교사들이 수업 중 두 부분에 어려움을 느낀다: 활동 간의 이동과 명확함. 이 절에서는 이들 영역에 있어서 흔히 일어나는 문제점에 초점을 두고 가능한 해결책을 제시한다.

이동

두 활동 간의 공백기가 '이동' 이다. 이때 다음 활동을 시작하는 데 많은 시간이 걸리는 등 여러 가지 관리상의 문제들이 일어날 수 있으며, 이것들은 부적절한 또는 수업에 방해가 되는 행동들을 불러일으킬 수 있다. 이런 문제들은 다음 활동에 대한 교사나 학생들의 준비 부족, 적절한 행동에 대한 학생들의 이해 부족과 부적절한 절차 때문에 일어난다. 아래에는 이와 관련된 일련의 문제들과 그에 대한 해결책들이 제시되어 있다.

활동의 이동 중에 생길 수 있는 문제점	제시할 수 있는 해결 방안
학생들이 아침부터 큰소리로 떠든다. 출석을 확인하는 데 방해가 되고 수업 시작이 지연된다.	하루 일과를 시작하는 절차를 만들어 일과 시작시 어떻게 해야 하는가 하는 것을 분명하게 제시한다.
특히 개별 학습 과제가 제시된 후 활동이 바뀌는 순간 학생들이 너무 소란하다. 몇 분이 지나도 개별 과제를 시작하지 않은 학생들이 많다.	과제가 무엇인지 확실하게 제시하고, 학생들이 쉽게 볼 수 있는 곳에 게시한다. 처음 몇 분 동안은 일제 수업을 하여 모든 학생들이 동시에 학습을 시작할 수 있도록 한다. 활동이 바뀌는 동안 학생들을 자세히 관찰하고 필요할 경우 바로잡아 준다.
다른 학생들이 과제 활동을 하고 있는 동안 보충 수업을 위해 교실을 떠나는 학생들이 일찍 과제를 끝내고 소음을 일으키며 교실을 떠난다. 이들이 교실로 다시 돌아왔을 때, 의자를 움직이는 등 다른 학생들의 학습에 피해를 준다. 과제나 지시 사항을 물어보면서 다른 학생들을 방해한다.	과제를 마친 후 언제 자리를 떠나도 되는가를 나타내는 신호를 정한다. 조용히 자리에서 일어나고 다시 돌아오는 연습을 한다. 적절한 행동에는 보상을 해준다. 자리에 돌아와서 무엇을 해야 하는지를 적어서 책상에 올려 놓거나 칠판이나 폴더 등에 지시 사항을 적어 둔다. 저학년의 경우, 교사가 적절히 반응을 보일 때까지 특정 장소에서 기다리면서 특정 활동을 하게 한다.

마지막 수업시간에 학생들이 종이 울리기 전에 활동을 모두 끝냈다. 그들은 교실을 돌아다니거나 밖으로 나간다.	일과를 끝마치는 절차를 만들어 교사의 지시가 있을 때까지 활동을 계속하도록 한다. 그 후 학생들에게 교실을 정돈하도록 한다.
한 활동에서 다음 활동으로 이동할 때, 이를 따라하지 않고 이전의 활동을 계속하는 학생들도 있다. 이는 다음 활동의 시작에 방해가 되거나 혼란을 일으킨다.	학습 활동이 끝나기 전에 학생들에게 이를 알려 준다. 활동이 끝나면 모든 물건을 다 치우고 다음 활동에 필요한 물건을 꺼내게 한다. 모든 학생들이 잘 따라하고 있는가 확인한다. 모든 학생들이 준비가 되었을 때 다음 활동을 시작한다.
다른 학생들이 기다리고 있는 동안 한두 학생과 이야기를 한다거나, 교과서를 찾거나 출석을 확인하거나 유인물 등을 나누어 주거나 걷는 등 교사 자신이 학습 활동의 시작을 지연시킨다.	미리 교재 등을 준비하고 일단 다음 활동으로 넘어갔으면 학생들을 지도하는 데 방해가 되는 활동을 피하도록 한다.

앞의 예는 활동의 이동시 일어날 수 있는 문제점들을 간추려 놓은 것이다. 이러한 시기에 학생들의 통솔에 어려움을 느끼거나 시간을 많이 허비하고 있다는 생각이 든다면, 함께 제시된 해결 방안이 많은 도움이 될 것이다.

명확성

학습 내용과 지시 사항을 분명하고 이해하기 쉽게 전달하는 것은 중요한 수업 기술 중의 하나이다. 명확한 수업은 학생들의 학습 속도를 높이고 성공적으로 학습이 이루어지도록 한다. 또한 이를 통해 학생들은 교사의 지시와 기대를 더 쉽게 이해할 수 있다. 모든 교실 활동에 있어서 '명확함' 이 중요하지만, 새로운 개념을 도입하는 학습 활동을 할 때 특히 더 그러하다.

명확한 수업은 몇 가지 요소에 기인한다: 체계적으로 조직된 정보, 적절한 삽화나 예 활용, 간결하고 구체적인 표현, 학생들의 이해 상태 확인 및 완전히 숙지할 수 있도록 충분한 연습 기회 제공.

'명확함' 은 중요한 목표 및 목적을 언급하고 학생들이 무엇을 해야 하는지 확실하게 알게 하는 것 등을 포함한다: 학습 흐름을 주의 깊게 계획하여 쉬운 것에서 어려운 활동으로 이동하고, 주요 내용을 판서하면서 설명하기; 활동 결과나 질문을 통한 학생들의 이해 상태 확인하기; 학습한 모든 내용 및 기능을 복습할 수 있도록 과제나 숙제 등을 통한 연습 기회 및 피드백 제공. 스스로 자신의 단점을 발견하기 어렵기 때문에 수업 참관자들에게 수업에 대한 피드백을 구하는 것도 좋은 방법이다.

아래 내용은 이 책의 이전 판들에 나와 있는 내용으로, 교사의 수업이 분명하거나 분명하지 않은 경우를 설명한 것이다.

추천 도서

Borich, G. (2006). *Effective teaching methods* (6th ed.). Upper Saddle River, NJ: Pearson Prentice Hall.

Brophy, J. E., & Alleman, J. (1991). Activities as instructional tools: A framework for analysis and evaluation. *Educational Researcher, 20*(4), 9-23.

Casey, M. B., & Tucker, E. C. (1994, October). Problem-centered classrooms: Creating lifelong learners. *Phi Delta Kappan*, 139-143.

Fuchs, D., Fuchs, L. S., Mathes, P. G., & Simmons, D. G. (1997). Peer-assisted learning strategies: Making classrooms more responsive to diversity. *American Educational Research Journal, 34*(1), 174-206.

Johnston, B. D. (1995). "Withitness": Real or fictional? *The Physical Educator, 52*, 22-28.

Price, K. M., & Nelson, K. L. (2007). *Planning effective instruction* (3rd ed.). Belmont, CA: Thomson Wadsworth.

www.lessonplanspage.com

www.teachervision. fen.com

www.lburkhart.com

제안 활동

1. 이 장에 제시된 만화를 한 편 골라 이 만화 속에 기술되어 있는 학급에서 이루어지고 있는 계획 및 수업에 관해 기술해 본다.
2. 수업 관리상의 어려움을 겪고 있는 세 명의 교사들의 문제를 이야기하고 있는 문제 상황 5.1부터 5.3까지를 읽는다. 읽은 후, 이 장을 다시 한 번 살펴보고 이들이 처한 문제를 해결할 수 있는 방법들을 생각해 본다(다른 장에서 도움이 되는 내용을 찾을 수도 있다). 각 문제에 대한 교사들 간의 토론을 통해 가능한 해결책을 만들어 낼 수도 있다. 그 후 부록에 제시된 것과 비교해 본다.
3. 사례 연구 5.1을 읽어 본다. 여기서 Kounin이 제시한 개념들을 얼마나 많이 찾아볼 수 있는가? Mr. Case의 수업의 흐름을 개선할 수 있는 방법들을 모색해 본다.
4. 사례 연구 5.2는 수업시 일어날 수 있는 문제들에 대한 것이다. 이 장과 앞의 여러 장에서 제시된 내용에 기초하여 Ms. Lake의 문제점을 찾아본다. 이를 부록에 제시된 것과 비교해본다.
5. 교사들은 종종 광범위한 내용을 간략하게 다룰 것인가 아니면 학생들의 이해를 심화시키기 위해 구체적인 내용을 다룰 것인가 하는 고민을 하곤 한다. 중견 교사들을 인터뷰하여 그들은 이 문제에 어떻게 대처하고 있는지 살펴본다.
6. www.lessonplanspage.com이나 www.teachercision.fen.com을 방문하여 몇 편의 수업안을 선택한다. 이들 수업 계획안에는 어떤 아이디어, 장기 목표, 부가 목적 및 활동이 반영되어 있는가? 이것들 중 한 가지 안을 가지고 수업을 한다면, 어떤 변화 또는 수정이 필요할까? 그 이유는?

문제 상황 5.1

Ms. Kendall은 4학년 담임을 맡고 있는 신임 교사이다. Ms. Kendall은 학기 초 며칠 동안 사용할 활동 계획을 세웠다. 그녀는 4학년 교육과정을 자세히 알고 있다. Ms. Kendall이 가장 먼저 결정해야 하는 것 중 하나가 시간표이다. 어떻게 하면 가장 효과적으로 시간표를 짤 수 있을지 결정해야 한다. 일과 시간표를 짤 때 어떤 것들을 고려해야 하는가? 학생들이 스스로 학습 활동을 계획하고 바람직한 능력을 학습할 수 있도록 하기 위해서 어떤 장기적인 계획이 필요할까?

문제 상황 5.2

읽기 시간, Mr. Hart는 한 모둠씩 돌아가며 수업을 진행하며 나머지 학생들에게는 지정된 활동을 하게 한다. 최근 들어 Mr. Hart는 충분한 시간과 필요한 사항들을 미리 제시함에도 불구하고 몇몇 학생들이 개별 학습을 할 때 지켜야 하는 규칙들을 지키지 않고 과제를 다 끝내지 않고 있다는 것을 알아차렸다. 과제를 일찍 끝내고 교실을 돌아다니며 다른 학생들을 방해하고 떠드는 학생들도 있다. Mr. Hart는 학생들을 조용히 시키기 위해 현재 지도하고 있는 모둠과의 활동을 멈추기도 한다. 학생들에게 개별 학습을 더 효과적으로 하게 하기 위해서 Mr. Hart는 어떻게 해야 할까?

문제 상황 5.3

Ms. Jackson은 과학 관련 활동을 좀 더 늘리려고 하고 있다. 자신이 맡고 있는 3학년 학생들에게 탐구 학습 모형을 적용시키려고 한다. 어떻게 소리가 만들어지는가에 대한 학습을 할 때, Ms. Jackson은 크기가 다른 종이컵을 학생들에게 나누어 준다.

컵에 입을 대고 소리를 내어 진동의 차이를 느끼게 하려는 것이 Ms. Jackson의 계획이었다. 그러나 학생들은 컵을 받자마자 컵으로 책상을 두드리기 시작한다. 종이컵의 바닥에 연필로 구멍을 뚫는 학생들도 있다. 종이컵을 귀에 걸거나 머리에 모자처럼 쓰는 학생들도 있다. Ms. Jackson은 학생들의 관심을 수업 활동으로 돌리려고 했지만 소용이 없다. 이러한 문제를 예방할 수 있도록 사전에 어떤 계획을 세워야 할까? 검목표 5를 사용하는 것이 도움이 될 것이다.

사례 연구 5.1

점심시간 후 수업이 시작될 무렵, Mr. Case는 쪽지를 주고받는 2명의 학생들을 쳐다보았다; 이들은 즉시 책과 공책 등을 꺼냈다. "끝부분에 나와 있는 연습 문제 풀이로 수업을 시작하자. 공책이 필요할 거예요." 학생들이 준비물을 꺼낼 때, Mr. Case는 "참, 내일 현장 학습비를 가지고 와야 된다는 것을 말하지 않았구나. 현장 학습에 몇 명이나 갈 거니?" 간략히 설명을 들은 후, 학생들은 모두 준비물을 꺼냈다. "그냥 말로 설명을 할 거지만, 선생님은 여러분이 답을 공책에 쓰기를 원해요. 나중에 순회하면서 여러분들이 쓴 답을 확인할 거에요. 자 그럼 누가 첫 번째 문제의 답을 한 번 발표해 볼까요? 손을 들어요. Tyrone가 해 볼까?"

Mr. Case는 몇 명은 손을 든 학생들 중에서 지명을 하고, 또 몇 명은 손을 들지 않은 학생들 중 일부를 지명하며 수업을 진행한다. 수업 중간쯤, 어떤 학생이 교실로 들어와서 전학을 와서 이 학급에 배정이 되었다고 이야기한다. Mr. Case는 자기 책상으로 가서 앉으며 "자 여기로 오겠니? 네게 필요한 책을 나누어 줄게. 교무실에서 수업 시간에는 전학생들을 보내지 않았으면 좋겠어. 하여튼, 너는 어디서 왔니? 예쁜 옷을 입고 있구나."

학생과의 일을 끝내고 자리를 배정한 후, Mr. Case는 자기 자리에서 일어나 "지금 어디 할 차례지? 아, 그래, 7번 문제지. Kim과 Lee는 어디에 있니? 그 애들에게 교실을 나가도 된다고 허락을 하지 않았는데."라고 이야기한다.

몇 분 후, Mr. Case는 활동을 잠시 멈추고, "이번주 목요일에 볼 시험에 대해 이야기할게. 시험 범위와 시험에 대비를 할 수 있게."라고 말한다. 약간 뜸을 들이다가 "또 잊어 먹을 뻔했네. 끝에서 두 번째 문제를 보자. 아주 중요한 거야."라고 말한다. 이를 마친 후, Ms. Case는 다시 시험 이야기를 한다. "선생님이 어디까지 이야기했었지? 아, 그래, 시험에 나올 문제들과 비슷한 유형의 문제들을 보여줄게. 이런 거야." Ms. Case는 칠판에 문제 하나를 쓴다. 그리고 잠시 뜸을 들이다가 "글쎄, 시험에 대해 모든 것을 이야기해 줄 수는 없지. 안 그러니?"

시험에 대해 더 이상 아무 말도 않고, 다른 이야기를 시작한다. "내일 우리가 볼 비디오에 대한 이야기 들어 봤니? 선생님이 옆 반 선생님께 빌렸는데, 그 선생님 말씀으론 옆 반 애들이 지금까지 본 것들 중에서 제일 재미있었다고 하더라고 하시더구나."

사례 연구 5.2

6학년 어느 학급에서의 과학 수업

Ms. Lake가 맡고 있는 6학년 학생들은 Ms. Lake가 생각하는 과제 제출 기준에 크게 못 미칠 뿐 아니라 과제를 다 끝내지 못하는 경우가 많다. 교과서에 있는 문제를 풀 때조차도 학생들은 교사의 이야기나 지시 사항을 따르지 않고 있다. 가장 공부를 잘하는 4~5명의 학생들만 적절히 활동하고 있다. Ms. Lake는 학생들의 호기심을 자극하고 스스로 생각하게 하기 위해 새로운 아이디어를 적극 장려한다. 대부분의 학생들은 Ms. Lake의 수업을 좋아하고 재미있어 하지만, 이러한 것을 과제에 반영하지는 못하고 있는 것 같다.

예를 들어, 지난 과학 시간의 과제는 파충류에서 조류로 진화되는 과정을 설명하는 그림을 그리는 것이었다; 제대로 한 학생은 몇 명 없었다. 그 이전 시간에는 그 전에 다루어졌던 내용을 복습하면서 조류, 파충류, 척추동물에 대한 각각 5가지의 질문들이 과제로 주어졌다. 학생들은 스스로 답을 맞추어 보고 그 후 Ms. Lake에게 제출하였다. 비록 문제들이 어려웠지만, 대부분의 학생들은 3~4 문제 정도는 맞추었다. 확인을 해 본 후, Ms. Lake는 파충류에서 조류로의 진화 가설에 대해 설명을 시작하였다. 설명한 내용은 다음과 같다.

- 환경에 대한 적응의 의미 – 예는 학생들이 제시함
- 지역 사회에서 이루어지고 있는 환경 활동에 대한 예 – 한 학생이 설명을 하고 다른 학생들이 덧붙이는 식으로 진행됨
- 태양계의 다른 행성 등 다른 별에 생명이 존재할 가능성
- 왜 파충류가 조류로 진화했을까 하는 질문에 대해 생각하기 – '적을 피하기 위해 하늘을 택했다'는 답을 제시하고 학생들의 생각을 유도한다.
- 생명체의 분류 체계: 종, 속, 과, 문, 강, 문, 계

이때 칠판에 제시된 분류 체계를 공책에 옮겨 쓰라고 이야기한다. Ms. Lake는 사자를 예로 들어, 동물계, 척추 동물문, 포유류강 등으로 설명을 했다. 또한 두 가지 비슷한 예를 칠판에 쓰면서 설명을 하였다. Ms. Lake는 학생들에게 질문이 있는지, 모두 이해하고 있는지에 대해 질문을 한다. 학생들은 질문이 없었고, Ms. Lake는 파충류에서 조류로의 진화 단계를 설명하는 과제를 냈다. "색칠도 하고, 깔끔하게 세 단계로 나누어 보세요."라고 하며 25분 안에 끝내게 했다. 다른 과제와 마찬가지로, 노력을 한 것 같지만 몇몇 학생들만이 만족스러운 정도로 과제를 끝냈다.

문제가 무엇이며, 학생들의 만족스러운 과제 완성을 위해 Ms. Lake는 어떤 변화를 시도해야 할까?

검목표 5

수업 계획하기

확인	수업 전 스스로에게 질문하기	참고 사항
□	A. 가장 중요한 개념이나 익혀야 할 기능은?	______
□	B. 목표로 하는 학습 유형(암기, 적용 등)은?	______
□	C. 이 수업이 지향하는 학습 유형은?	______
□	D. 좀 더 설명을 필요로 하는 어려운 낱말이나 개념이 있지는 않은가?	______
□	E. 이전 학습과 관련 지을 수 있도록 어떻게 도와 줄 것인가?	______
□	F. 수업시 학생들의 흥미를 유발할 활동은?	______
□	G. 활동 간의 이동은 어떻게 할 것인가?	______
□	H. 필요한 교재 및 기자재는 없는가? 있다면 학생들에게 이들의 사용법을 설명해야 하는가?	______
□	I. 여러 활동을 위해 학생들은 어떤 절차들을 알고 있어야 하는가?	______
□	J. 수업에 시간을 얼마나 배당할 것인가? 수업 중 각 활동 간에는 어떻게 배정할 것인가?	______
□	K. 학생들 간의 협동을 필요로 한다면 어떻게 모둠을 만들 것인가? 어떻게 학생들 사이의 협동을 유도할 것인가?	______
□	L. 어떤 예시 자료를 사용하고 어떻게 질문을 할 것인가? 일련의 예와 사고를 요하는 질문을 준비한다.	______
□	M. 수업 중 또는 수업 후 학생들의 이해 정도를 어떻게 확인할 것인가?	______
□	N. 학생들이 충분히 이해하지 못하는 경우 개념을 설명할 다른 대안은? 시청각 매체 이용 등?	______
□	O. 좀 더 많은 도움을 필요로 하는 학생이 있는가?	______

(계속)

수업 계획하기

확인	수업 전 스스로에게 질문하기	참고 사항
☐	P. 모든 학생들의 수업 참여를 이끌어 낼 방법은?	______
☐	Q. 수업 시간이 남거나 모자랄 경우 어떻게 대처할 것인가?	______
☐	R. 수업이 끝난 후 학생들에게 기대하는 행동은?	______
☐	S. 수업이 끝난 후 학생들은 무엇을 할 것인가?	______
☐	T. 어떻게 평가하고 피드백을 제공할 것인가?	______
☐	U. 학습한 개념은 학생들의 앞으로의 생활에서 어떻게 사용될 것인가?	______

6

모둠을 통한 협동 학습 운영

Ms. Stockton의 4학년 학생들은 3~4명씩 모둠을 지어 앉아 있다. 이전 시간, 각 모둠은 여러 가지 다리의 형태를 공부하고 세계 각국의 유명한 다리들을 살펴본 후 자신들이 만들고자 하는 다리를 디자인하였다. 지금은 나무젓가락, 종이, 풀, 실이나 고무줄 등 각 모둠의 '자료 준비' 역할을 맡은 학생이 교사에게서 받아온 여러 가지 재료들을 가지고 자신들이 디자인한 것에 기초하여 다리 모형을 만들고 있다. 학생들은 교사의 지시가 필요하지 않을 정도로 집중해서 활동을 하고 있다. Mr. Stockton은 학생들을 칭찬하고, 질문을 하거나, 도움을 주면서 교실을 순회한다.

> DaLynn이 다리를 만드는 데 필요한 재료들을 가지고 장난을 치고 있다고 Bryce가 와서 이야기하자 Mr. Stockton은 DaLynn에게 그렇게 하지 말라고 이야기를 해 보았는지 Bryce에게 질문한다. Mr. Stockton은 자기에게 도움을 청하기 전에 모둠 내에서 스스로 해결할 수 있는지 알아보도록 모둠 내의 학생들과 먼저 이야기를 해 보라고 제안한다. 어떤 모둠이 활동을 멈추자, Mr. Stockton은 그 모둠에게 가서 전 시간에 계획한 기준에 따라 다리를 만들고 있는지 확인해 보라고 이야기한다.

Mr. Stockton은 모둠을 통한 협동 학습(cooperative learning groups)이라는 수업 형태를 사용하고 있다. 그 이름이 의미하는 것처럼, 이 방법은 학생들을 여러 모둠으로 조직하여 서로 협력하여 과제를 진행하고, 도와주고, 문제를 해결하고, 학습 재료 등을 함께 사용하며, 토론에 참여하게 하는 방법이다. 여러 교사들이 이 방법을 사용하는 이유는 이 방법이 학생들의 참여와 학습을 향상시킬 수 있다고 생각하기 때문이다. 또한 대부분의 교사들은 모둠 내에서의 계획과 의사 결정을 강조함으로써 나타나는 학생들의 자율성 향상을 바람직하게 여긴다. 이러한 교사들은 자신들의 역할을 감독이나 통제가 아닌 활동을 촉진하는 것으로 생각한다. 끝으로, 교사들은 모둠 활동을 통해 향상되는 사회적 기술과 문제 해결력을 중요하게 생각한다. 이러한 중요한 기술들은 학생들이 학교 안팎에서 경험할 수 있는 여러 사회적 상황에 도움이 될 것이다.

모둠을 통한 협동 학습을 이용할 때에는 전통적인 학급 운영상의 일부 변화가 필요하다. 개별 학습이나 일제식 수업을 할 때 사용한 학생들의 행동과 활동을 관리하는 여러

가지 절차를 사용할 수도 있지만, 이동이나 대화에 대한 절차 등에 변화가 필요하다. 또한 활동 순서 조정, 학생 관찰 및 피드백을 제공하는 관리 활동이 특히 중요하게 된다. 가장 중요한 것은 모둠 내에서 효과적으로 활동하는 데 필요한 기술들을 학생들에게 가르쳐야 한다는 것이다. ■

협동 학습에 대한 연구

협동학습에 대한 연구들의 상당수는 학생들 간의 관계나 학생들의 학습 태도, 학업 성취 등에 초점을 두고 있다(Johnson & Johnson, 1994b; Nastasi & Clements, 1991; Slavin, 1995). 이러한 연구들은 지난 몇 년 동안에 급속하게 증가하고 있다. 1998년의 조사에 따르면, 초등학교 교사의 93%가 협동 학습을 활용하고 있으며, 이를 통해 학업 성취도가 유의미하게 향상되었다는 것을 발견하였다. 학생들의 동기 수준, 태도나 행동 등과 같은 영역에서도 협동 학습의 결과는 좀 더 긍정적이었다(더 자세한 내용은 Wade, Abrami, Pousen, & Chambers, 1995와 Educational Research Service, 1989를 참고하기 바란다).

모둠을 통한 협동 학습의 장점을 설명할 때에는 보통 학생들의 학습 참여도 향상이라는 면에 초점이 주어진다. 전체 수업이나 개별 학습 방법과 비교해 볼 때, 작은 모둠을 통한 학습은 학생들의 학습 참여, 피드백, 내용 이해 등을 향상시킬 수 있다. 이러한 방법은 학생들을 수동적인 정보 수혜자가 아닌 능동적인 참여자로 만든다. 또한 학습 부진아들은 급우들이 설명을 해주기 때문에 도움이 되며, 학습 우수아들도 다른 학생들에게 설명을 하면서 내용을 좀 더 구체적으로 이해할 수 있기 때문에 역시 도움이 된다. 모든 학생들은 공동의 목표 달성을 위해 모둠 활동에 참여함으로써 대인관계 기술을 개발할 수 있다. 더욱이, 모든 학생들이 모둠 내에서 서로서로 도와줄 수 있기 때문에 이는 모두에게 도움이 된다. 이러한 지원을 통해 학업 성취 및 학습에 대한 긍정적인 기준을 만들어 낼 수 있다.

비록 모둠을 통한 협동 학습이 학습이나 학생들의 여러 활동 결과를 개선할 수는 있을지라도, 단지 모둠을 활용한다고 해서 그런 결과를 만들어 낼 수 있는 것은 아니다. 예를 들어, 설명을 해 주거나 듣는 것과 같은 도움 행동(helping behaviors)을 통해 학업 성취도가 향상된다는 연구 결과들이 많이 있기는 하지만(Nattiv, 1994; Webb & Farivar, 1994), 이러한 도움이 자동적으로 일어나는 것은 아니다. 도움이 필요한 학생이 항상 도움을 요청하는 것은 아니며, 또한 도움을 요청한다고 해서 반드시 도움을 받는 것도 아니다. 도움을 주는 학생들이 자세하게 설명을 해 주기보다 단지 정답만을 알려 주거나 같이 이름을 써서 내기만 할 수도 있다. 어떻게 협동하는가에 대한 지도나 피드백이 없다면, 학업 우수아들의 성취도가 떨어질 수도 있다(Tudge, 1992). 모둠 내에서학생들 간에 상호 작용이 활발히 이루어질 때 모둠 활동은 많은 긍정적인 결과를 가져오지만, 상호 작용이 잘 이루어지지 않을 때에는 여러 가지 부정적인 결과를 가져온다(Battistich, Solomon, & Delucchi, 1993). 예를 들어, 지체부자유아들은 협조적이고 긍정적인 짝을 필요로 하기 때문에, 교사는 모둠을 구성할 때, 모둠내에서의 행동을 지도할 때, 모둠 활동에 성공적으로 참여하고 있는지 확인할 때 사전에 이를 고려해야 한다(O' Connor & Henkins, 1996).

여러 가지 연구들은 모둠을 통한 협동 학습의 효과성을 높이는 데 사용할 수 있는 여러 가지 전략들을 제시하고 있다(Emmer & Gerwels, 2002; Gillies, 2007; Lotan, 2006). 이러한 전략에는 모둠 내에서 어떻게 활동하는가 지도하기, 학습 촉진자로서의 역할 연습하기, 학습 활동 선택 및 학습 속도 조정하기와 모둠 내에서 개인의 책임감과 함께 학생들 간의 상호 의존성 높이기 등이 포함된다. 효과적인 모둠 수업은 일상적인 책무성 체제(개인 또는 모둠의 성취 결과에 대한 평가가 늦게 이루어지거나 이루어지지 않는 것의 반대), 모둠에 대한 교사의 관찰과 피드백, 다양한 자료 활동 등을 특징으로 한다(Emmer & Gerwels, 2002).

이러한 기술의 중요성은 교사의 수업 목표나 학습 과제의 성격에 따라 달라진다. 수업 활동의 주요 수단으로 모둠을 사용하며, 대부분의 학습 과제를 협동 과제나 통합된 형태로 제시하는 교사들도 있다. 일부 과목에서 짧은 복습 활동을 할 때 모둠을 사용하는 등 전체 학습이나 개별 학습을 보충하기 위한 방법으로 모둠을 활용하는 교사들도 있다. 어떤 방법을 사용하든, 이 장에 제시된 여러 방법들이 도움이 될 것이다. 그러나 자신이 처한 상황에 맞게 조정할 필요는 있다.

모둠 활동의 예

Ms. Liu의 2학년 학생들은 짝을 이루어 여러 가지 장난감 동전과 도표를 가지고 활동을 하고 있다. 이 도표는 10칸으로 나누어져 있고, 그 위에 1센트, 5센트, 10센트, 25센트, 50센트라고 쓰여 있다. Ms. Liu는 동전들을 가지고 특정 금액을 도표에 나타내 보라고 한다. 15분후, Ms. Liu는 동일한 금액을 표현하는 다양한 방법에 관한 대화를 유도하며, 몇몇 모둠을 지정하여 OHP를 이용하여 자신들의 결과를 발표하게 한다.

Mr. Garcia는 읽기 시간에 3명씩 모둠을 이루어 수업을 한다. 학생들은 그날 그날 읽는 역할과 질문하는 역할을 교대로 맡는다. 읽기 활동을 시작하기 전에 모둠 활동을 할 때 질문하고 대답하는 방법을 전체 수업을 통하여 설명해 주기도 한다. 읽기 활동은 보통 20분 정도 지속되며, 이때 Mr. Garcia는 2~3분 정도 각 모둠의 활동을 관찰하고 필요한 경우 피드백을 제공하거나 제안을 하기도 한다.

Ms. Dodd의 5학년 학생들은 Quiluit 족의 문화와 관습에 대해 공부하고 있다. 이 단원의 마지막 시간, 학생들은 부족 사람들의 역할을 선택하여 신체로 표현하는 활동을 하고 있다. 4~5명으로 구성된 각 모둠은 고래잡이와 같은 Quiluit 족의 중요한 활동을 보여주는 장면을 나타내려고 계획을 세우고 있다. Ms. Dodd는 30분의 계획 및 연습 시간을 주고 교실을 순회하며 학생들의 활동을 감독하고, 질문에 답을 하며 필요한 도움을 제공한다. 그 후 각 모둠은 자신들이 계획한 장면들을 발표한다. 학생들이 묘사한 개념들을 명확하게 하기 위해 발표 후 보충 설명 등이 뒤따른다.

Ms. Ricchardson의 6학년 과학 수업 시간, 학생들은 모둠을 이루어 여러 가지 다양한 크기의 바퀴, 나무 막대, 고무줄, 클립 등을 이용하여 모형 자동차를 만들고 있다. 3차시까지 학생들은 자가 추진력을 가진 모형을 만들기 위해 여러 가지 방법을 통해 실험을 하고 있다. Ms. Richardson은 학생들에게 마찰과 바퀴의 크기가 주는 영향, 동력을 어떻게 만들고, 축을 이용하여 움직임을 전화하는 방법 등을 찾아보게 한다. 실험 보고서는 각자 작성을 하지만, 모형 만들기는 모둠 활동으로 이루어진다.

위 예들은 모둠 활동을 여러 교과 활동에 적용할 수 있음을 보여준다. 그러나 모둠 활동을 원만하고 효과적으로 진행하기 위해선 교사의 계획과 학생들의 준비가 필요하다. 모둠 활동 장면을 머리속에 그리면서 효과적인 활동을 위해 필요한 행동들을 생각해 본다. 또한 모둠 활동을 위해 교실 배치를 달리해야하는지도 고려한다. 모둠 활동을 할 때 교사의 역할은 정보 제공보다는 감독과 피드백 제공이라는 것을 염두에 둔다. 이는 모둠을 활용하는 교사는 교사주도식 수업이나 개별 학습을 하지 않는다는 것을 의미하는 것은 아니다. 모둠 활동과 함께 이러한 방법들도 다양하게 활용된다.

이제 효과적인 모둠 활동을 도와주는 여러 가지 절차 및 수업 기술 등을 살펴보자.

협동 학습에 도움이 되는 전략 및 일상적인 활동

교실 배치

모둠 학습을 주로 사용하고자 한다면, 매번 학생들에게 모둠 형태로 자리를 옮기게 하는 것보다 모둠 형태로 좌석을 배치한다. 교실에 큰 테이블이 있다면, 학생들의 행동을 원활하게 관찰할 수 있도록 하기 위해 교사가 교실을 순회하는 것에 방해가 되지 않도록 적절히 배치해야 한다. 또한 과제를 마치기 위해서는 모둠 내에서 학생들 간의 대화가 필요하다는 것을 명심하며, 따라서 소음으로 인한 학습 방해를 최소화할 수 있도록 모둠의 위치를 정한다. 큰 테이블이 없다면, 학생들의 책상을 붙여서 이용할 수도 있다. 일반적으로 교사들은 처음부터 많은 학생들을 대상으로 하기보다는 짝과 하는 활동으로 모둠 활동을 시작한다. 그러나 이때에도 예를 들어, 4명씩 모둠을 이루어 좌석을 배치할 수 있다.

학생들의 물건을 놓아 두는 곳도 교실 배치의 중요한 부분 중의 하나이다. 물론, 개인 물건을 책상에 놓아 둘 수도 있지만, 책상 대신 테이블을 사용하고 있다면 학생들에게 개인 물건을 어디에 놓아 두어야 할지 알려 주어야 한다. 플라스틱 바구니나 상자에 담아서 테이블이나 의자 밑에 놓아 두게 하는 것도 좋은 방법이다. 이 방법을 사용하면 쉽게 개인 물건을 사용할 수는 있겠지만, 교실 바닥이 바구니나 상자로 가득 차기 때문에 이동에 방해가 될 수도 있다. 또 다른 방법으로, 학생들의 물건이 담긴 상자를 수납할 수 있는 서랍장이나 책꽂이 등을 활용할 수도 있다. 이때 연필, 지우개 등과 같이 학생들이 자주 사용하는 물건은 테이블 위에 항상 놓아 두어야 한다. 모둠 내의 학생들이 사용할 수 있도록 테이블 중간에 조그만 상자나 통에 물건을 담아 두는 교사들도 있다. 이렇게 한다면 물건을 옆 사람에게 빌리는 수고 및 물건을 가지러 가기 위해 이동해야 하는 불편을 덜 수 있다.

대화 및 이동을 할 때의 절차

모둠 활동을 할 때, 교사들은 소음이 커지기 때문에 어려움을 겪는다고 이야기한다. 어느 정도 시간이 지나면 이러한 소음에 익숙해질 것이고, 또한 이러한 소음은 학생들이 적극적으로 학습에 참여할 때 생기기 때문에 크게 걱정할 필요는 없다. 그럼에도 불구하고 지나친 소음을 막기 위해, 학생들에게 교사의 생각을 전달하고 어떤 기준이나 지침을 제시해야 한다. 자주 사용되는 방법은 '6인치(15cm)' 또는 '12인치(30cm)' 거리에서 이야기하기이다. 옆 모둠의 학생들이 알아듣지 못하거나 방해가 되지 않을 정도로 조용히 이야기하게 할 수도 있다. '속삭이기'를 통해서는 원활하게 모둠 내의 토론을 이끌어 갈 수 없기 때문에 이는 기준으로서는 바람직하지 않다. 소음이 계속 커진다면, 특정 신호를 사용하여 소음을 낮출 수도 있다. 소음이 계속 문제가 된다면, 나머지 시간 동안 입을 다문 채 활동을 하게 할 수도 있다(필요한 대화는 종이에 적어서 전달하게 한다).

불필요하게 돌아다니는 것을 막기 위해 '모둠 속에 머물러 있기' 또는 '모둠 활동 이외의 활동은 빨리 끝내기' 등과 같은 기준을 제시하는 것이 도움이 되기는 하지만, 학생들이 자신들의 해당 모둠에 자리 잡고 있다면 '이동'은 크

Reprinted by permission of James Warren.

게 문제가 되지 않는다. 물론, 필요한 물건을 가지러 가야 할 때는 이동이 필요하다. 각 모둠의 한 학생을 지정하여 '자료 준비' 역할을 맡긴다면 효율적으로 이러한 활동을 할 수 있을 것이다.

활동에 따라 모둠의 구성원을 바꾸는 교사들도 있으며, 따라서 이때는 이동이 불가피하다. 활동이 전환될 때는 시간을 낭비하기가 쉽고, 다음 활동을 시작하는 데 어려움을 줄 수 있다. 학생들에게 이동을 위해 준비해야 하는 것, 교사의 기대 및 어느 정도 시간이 주어지는지 등을 이야기하는 것이 효율적인 방법이다(자, 모두 교재를 가지고 1분 이내에 각자 모둠별로 모이세요). 우왕좌왕하는 학생들을 줄이기 위해 활동 간의 이동시에도 감독을 계속한다. 학생들이 모둠별로 모인 후, 무엇을 해야 하는지 알려주는 것도 좋은 방법이다(자리에 앉아서 준비물—교과서, 학습장, 연필 등—을 꺼내 테이블에 올려 놓으세요. 또는 모둠 과제를 바로 시작하도록 하세요).

전체 학습 형태에서 모둠으로 이동이 필요한 경우도 있다. 이때는 이동이 빠르게 이루어질 수 있도록 사전에 충분한 계획을 세운다. 테이프를 이용하여 교실 바닥에 테이블이나 책상의 위치를 표시해 둔다. 여러 방법을 통해 모둠으로 모이는 방법을 지도하고 연습한다. 테니스공을 의자나 테이블 다리에 끼워서 조용하고 신속하게 이동하게 하는 교사들도 있다. 또한 천장에 상징물을 매달아서 모둠의 위치를 표시해 둘 수도 있다.

주의 집중을 유도하는 신호

학생들이 모둠 내에서 활동을 할 때, 추가적인 지시를 하거나 다음 활동 또는 과제로 이동을 하게 하기 위해 현재 진행 중인 활동을 멈추게 해야 할 때도 있다. 또한 전체 학생들에게 피드백을 제공하고, 과제에 변화를 주거나, 좀 더 자세히 설명해 주어야 할 때도 있다. 또한 학생들이 지나치게 떠들어서 교사가 개입을 해야 할 때도 있다. 이런 경우, 교사는 현재 과제 활동이나 상호 작용을 하고 있는 학생들의 활동을 중단시켜야 하며, 이런 상황에서 학생들의 주의 집중을 유도하는 것은 쉬운 일이 아니다. 이를 해결하는 방법으로 신호를 이용한다.

학생들의 주의 집중을 유도하는 효율적인 신호는 학생들이 무슨 활동을 하고 있든 분명하게 반응을 보이도록 하는 것이어야 한다.

> 교사는 박수를 치면서 "하나, 둘, 셋"이라고 말한다. 학생들은 "눈을 들어서 선생님을 봅니다."라고 반응한다.

> 교사는 "선생님의 이야기가 들리면 엄지손가락을 드세요", "선생님의 이야기가 들리면 팔짱을 끼세요." 또는 "선생님의 이야기가 들리면 박수를 치세요." 등과 같이 이야기한다.

위에 제시된 각 신호는 학생들에게 다른 활동을 하게 함으로써 학생들의 주의 집중을 유도하며, 따라서 이전 활동을 효과적으로 멈추게 한다. 이러한 신호는 학생들이 조작 활동을 하고 있을 때 특히 도움이 된다.

활동 간의 이동을 조절하기 위해 신호를 사용할 수도 있다. 특히 한 장소에서 다른 장소로 이동이 필요할 때 도움이 된다. 아래에 제시된 신호들은 학생들의 주의 집중을 유도할 뿐 아니라 이동시에도 상당히 도움이 된다.

교사가 리듬감 있게 박수를 처음에 두 번, 그 후 세 번 친다. 학생들은 이를 듣고, 교사가 두 번 박수를 친 후, 교사의 박자에 맞추어 박수를 세 번 친다.

교사나 OHP (또는 교실 조명) 스위치를 가볍게 치며 두 번 껐다 켰다 한 후, 박수를 치며 "십, 구, 팔, 칠, …… 하나, 영" 숫자를 센다. 학생들은 이전 활동을 끝마무리하며, 교사에 맞춰 "영"을 함께 외치며 박수를 친다.

학생들이 상호 작용을 하고 있지 않고 따라서 학생들의 주의 집중을 위해 강력한 방법이 필요하지 않은 경우에는 종을 울리거나 "활동을 멈추고 선생님을 보세요." 등과 같이 간단하게 이야기하는 것도 도움이 된다. 한 가지 신호만 사용하지 않고 여러 가지 신호를 학생들에게 가르치거나 학생들에게 선택권을 주는 것도 좋은 방법이다. 끝으로 필요한 경우에만 학생들의 활동을 멈추게 한다. 사전에 내용이나 지시 사항을 설명하거나 칠판에 게시하거나 OHP로 제시하여 학생들의 활동이 중단되는 것을 최소화한다. 필요할 경우, 학급 전체가 아닌 개별 모둠에게 신호를 보내기도 한다.

모둠 구성원들의 상호 의존성 증가시키기

모둠 구성원들의 활동으로 모둠의 성과와 개인의 성취가 향상되었을 때 학생들은 적극적으로 서로 협동하게 된다. 성취도 향상과 함께, 이러한 상호 작용은 학생들 간의 응집력을 강화시킬 뿐 아니라 학습에 도움이 되는 규범을 만드는 데 도움이 된다. 상호 의존성을 높일 수 있는 방법은 여러 가지가 있다.

- 학생들은 각자 자신이 맡은 부분에 대한 책임을 진다. 예를 들어, 모둠 과제를 여러 부분으로 나누어 자신이 맡은 부분을 조사한다.
- 수업 활동 내용 중 특정 부분을 골라 모둠의 나머지 학생들에게 설명을 한다. 또는 4명으로 이루어진 모둠에서 두 명씩 짝을 이루어 함께 준비하여 설명하게 한다.
- 두 명씩 짝을 이루어, 서로의 학습에 도움이 될 수 있도록 연습 상대가 된다.

- 각 학생이 모둠 활동에 기여할 수 있도록 교사가 학생들의 역할(예를 들어, 확인, 기록, 준비물 관리 등)을 지정해 준다.
- 모둠 과제(장기 과제, 보고서, 활동, 발표 등)를 통해 모둠 활동을 평가하거나 보상을 제공한다.

학생 개인의 책무성

학생들의 상호 의존적인 활동이 중요하기는 하지만, 학생들은 학습에 대해 개별적인 책임감을 느껴야 한다. 학생들이 개별적으로 과제를 할 때는 크게 문제가 되지 않지만 모둠에서는 그렇지가 않다. 모둠 과제를 가지고 평가할 때, 높은 등급을 주거나 전체 학생들 앞에서 발표하게 하는 것 등의 활동이 모든 학생들에게 보상이 되고 적극적으로 활동에 참여할 수 있도록 하는 유인책이 되는 것은 아니며, 모둠 활동을 할 때 딴짓만 하거나 대충 그냥 넘어가는 학생들도 있다. 아래에 제시된 것과 같이 모둠 과제를 할 때 여러 방법으로 개인의 책임감을 높일 수 있다.

- 학생들에게 모둠 과제 중 한 부분을 맡아서 하게 한다.
- 최종 과제와 함께 각 모둠 구성원의 기여도를 기록하여 제출하게 한다.
- 각자 관찰한 내용을 공책에 기록하게 하여 자주 이를 걷어서 검사하고 평가한다.
- 모둠 과제와 함께 학생 각자의 결과물도 제출하게 한다.
- 학생 각자에게 모둠 내에서의 자신의 활동을 매일 기록하게 한다.
- 전체 학생들에게 모둠의 결과를 발표할 경우 자신이 맡은 부분은 자신이 발표해야 한다는 것을 주지시킨다.
- 학생을 지정하여 개별적으로 모둠 활동 내용을 발표하게 한다.
- 각 모둠의 활동 과제를 중심으로 간단한 쪽지 시험을 자주 본다.

학생들에게 교사의 기대를 전달함으로써 학생들의 개인적인 책임감을 강화할 수 있다. 즉 모둠 과제를 함께하고 있더라도 각 모둠 구성원은 각자 과제 내용을 학습할 책임을 져야 한다는 것을 강조한다. 모둠원들끼리 현재 학습하고 있는 내용을 이해할 수 있도록 서로 도와주어야 하고 각자가 그 모둠 활동에 기여하는 것이 중요하다고 이야기한다. 끝으로, 모둠 활동을 지도할 때 학생 개개인의 참여에 관심을 기울인다. 모둠 활동에 참여하지 않는 학생들이 있다면 왜 그런 행동을 보이는지 확인한다. 그 후 다시 활동 내용을 설명해 주는 등 추가적인 조치를 취한다. 이러한 간단한 조치가 도움이 되지 않을 경우 모둠 내에서 직접 문제를 해결하도록 하거나, 상황을 진단하고 해결책을 찾아낼 수 있도록 학생들과 대화 시간을 가지기도 한다.

모둠 활동 과정에서 학생 개개인에게 활동에 대한 책임감을 가지고 각자 맡은 활동을 하도록 지도하는 것이 쉬운 것은 아니다. 모둠 과제에 대한 평가와 함께 학생 개개인의 평가를 함으로써 직접적인 평가뿐 아니라 평가 계획과 그 준비 등에 보내야 하는 시간이 크게 증가할 수도 있다. 또한 개개인의 책임감을 지나치게 강조함으로써 모둠의 결과에 관심을 두지 않는 결과를 가져올 수도 있다. 따라서 활용 가능한 시간과 노력을 고려하여 학생들을 활동에 적극적으로 참여하게 하는 절차를 계획하고 필요한 경우 수정한다.

학생들의 과제 활동 및 행동 관찰

교실 내의 다른 활동을 관찰할 때와 마찬가지로 효과적으로 학생들의 활동을 관찰하기 위해선 일어서서 교실을 순회하며 학생들을 자세히 살펴보아야 한다. 어느 한 모둠을 지도하기 위해 많은 시간을 보내선 안 된다. 학생들을 관찰하는 목적은 교과 내용, 모둠 활동 기술 및 개인 행동 등에 있어 학생 개개인의 성취 및 향상을 확인하기 위한 것이다. 여기서 문제가 되는 것은 모둠의 성취와 개인의 성취를 구분하는 것이다. 다른 구성원들보다 모둠 활동 결과를 위해 더 열심히 노력했기 때문에 모둠 활동의 성적에 대해 불만을 표현하는 학생들도 있다. 모둠별로 과제를 제시할 때, 개인과 모둠의 활동 과정을 어떻게 평가할 것이고 모든 학생들이 적극적으로 참여하고 있는지 확인하기 위해 모둠의 과제 활동을 관찰할 것이라는 것을 충분히 설명한다.

모둠에서 학생들의 활동을 관찰하는 방법은 모둠 활동의 성격에 따라 다양하다. 개별적으로 과제를 제시하고 모둠 활동이 개별적인 학습을 지원하는 것이라면, 학생들의 활동 관찰은 전체 학습 및 개별 활동이 주된 형태인 학급에서 학생들을 관찰하는 것과 큰 차이가 없을 것이다. 교실을 순회하면서 학생 개개인의 활동을 확인하고 개별적으로 과제를 걷어 검사할 수도 있다. 개별 학습을 지원하기 위해 모둠을 사용할 때 가장 중요한 것은 학생들이 어느 정도 상호 작용을 하는가이다. 단순히 정답을 알려 주거나 질문을 무시하는 것이 아니라 학생들이 서로 서로 설명을 해주거나 예를 제시해 주는가를 확인한다. 학생들에게 '도와주는 행동'을 가르치는 가장 좋은 방법은 교사 자신이 학생들의 모델이 되는 것이라는 것을 명심한다.

학생들의 이름과 모둠 활동을 할 때의 행동이나 성취도 등을 기록하거나 평가하는 난이 포함되어 있는 평가표나 PDA를 사용하여 학생들의 활동을 관찰하는 것도 좋은 방법이다. 이 방법을 사용할 때, 교사들은 눈에 띄게 적극적으로 활동하는 학생들뿐 아니라 모든 학생들의 활동에 대한 정보를 얻으려고 노력해야 한다. 이때 얻은 학생들의 활동에 대한 정보는 모둠이나 개별 학생에게 피드백을 제공할 때, 또는 활동 평가를 할 때 사용할 수 있다. 일주일에 한두 번 이 방법을 사용함으로써 개인에 대한 중요한 정보를 얻을 수 있고 또한 다른 관찰 방법에서 얻은 결과의 보조 자료로도 사용할 수 있다.

모둠 과제와 함께, 활동 관찰의 초점은 개별 학생의 성취와 함께 모둠 전체의 성취에 맞춰진다. 학생들에게 과제 진행 중 확인 사항과 제출일을 제시한다면 이는 교사 본인에게는 학생들의 활동을 관찰하는 기준이 될 뿐 아니라 학생들에게도 자기 평가를 할 수 있게 하는 역할을 한다. 모둠에게 자신들의 과제 진행과정, 계획, 어려운 점 등을 보고하게 하여 관찰을 통해 얻지 못하는 정보를 얻을 수 있다. 앞에서 제시한 것처럼, 모둠 과제에 개별적인 활동 내용을 포함하는 것도 도움이 된다. 예를 들어, 학생들에게 개별적으로 관찰한 내용을 기록하고, 문제를 풀거나, 모둠 활동에 대한 자신의 기여도를 요약하여 제출하게 한다. 이러한 자료를 통해 각 학생들의 과제 활동에 대한 정보를 얻을 수 있을 뿐 아니라, 이를 통해 과제 활동에 대한 학생 개개인의 적극적인 참여를 이끌어 낼 수 있다.

모둠 활동 기술도 모둠 활동을 관찰할 때 관심을 가지고 살펴보아야 한다(예를 들어, 이 장에 제시된 사회적 기술 부분을 참고하기 바란다). 학습 능력과 마찬가지로 학생들의 협동 행동에 대한 이해와 활용 정도는 학생들마다 다양하게 나타난다. 학생들에게 중요한 모둠 활동 기술들을 가르치는 여러 가지 방법들은 학생들 스스로 자기 활동을 조정하는 데 도움이 되지만 이러한 방법들이 적절하게 활용되고 있는지 항상 주의를 기울여야 한다.

교사들은 모둠 활동이 제대로 이루어지고 있는지 확인하기 위해 여러 가지 방법들을 활용한다. 일반적으로 학생들은 모둠 내에서 특정한 과제 활동을 하고 있기 때문에, 학생들이 그 활동을 올바르게 하고 있는지 살펴보는 것은 어려운 것이 아니다. 보고서 작성, 조작, 연습 등 과제를 마치기 위해 필요한 활동을 하거나 과제에 대해 서로 대화를 나누고 있을 때, 교사는 그 활동이 적절한 과제관련 활동인지 손쉽게 확인할 수 있다. 또한 교사들은 학생들이 과제 활동을 하지 않거나 다른 행동을 하는지도 관찰해야 한다. 잠시 한눈을 팔거나 딴짓을 하는 것은 무시해도 되지만, 이러한 것이 길어진다면 즉시 필요한 조치를 취해야한다. 또 다른 지표는 학생들의 감정이나 태도이다. 학생들은 모둠 활동을 하면서 화를 내거나, 적대적 행동 등을 하기도 한다. 이러한 감정적 반응은 좌절이나 잠재적 갈등의 요인이 될 수 있으며 따라서 문제가 더 커지기 전에 적절한 조치를 취해야 한다.

모둠 활동시 교사의 개입

모둠 활동시 교사의 개입은 위에 제시된 행동 관찰과 밀접하게 관련되어 있다. 가장 일반적인 방법은 아주 간단하고 쉽게 사용할 수 있는 것이다. 과제 활동을 하고 있지 않은 학생이나 모둠에게 과제에 집중을 하도록 구두로 주의를 준다. 부적절한 행동을 계속 보이는 학생들은 잠시 교실 뒤로 내보내거나(1~2 분 정도) 이러한 교사의 주의에도 행동이 나아지지 않는다면 좀 더 오랫동안 혼자 앉게 할 수도 있다. 개별 학생을 위한 교사의 지도 방법은 9장에 자세히 기술되어 있다.

학생들과의 대화 시간을 갖는 방법은 전체 수업 활동보다 모둠 활동을 할 때 더 적합하다. 다른 학생들은 모둠 활동을 하고 있기 때문에 개별적으로 학생이나 모둠을 만나 이야기를 나눌 수 있다. 일반적으로 이러한 협의나 대화는 오래 지속되지 않으며(1분 정도) 이때 학생이나 모둠에게 행동에 대한 주의를 주거나 변화를 위한 계획을 세우는 등 피드백을 제공한다. 이러한 방법은 학생들에게 대안적인 행동을 제시하기 때문에 단순히 야단을 치는 것보다 훨씬 더 효과적이다. 짧은 대화를 통해 교사들은 상황이 더 나빠질 때까지 기다리지 않고 즉석에서 바로 피드백을 제공할 수 있다.

모둠 학습이 잘 이루어지지 않을 때 해당 모둠과 대화 시간을 갖는다. 학생들이 질문을 하지 않거나 서로 도와주지 않을 때, 활동 결과가 좋지 않을 때, 또는 학생들이 스스로 해결할 수 없는 문제에 부딪쳤을 때가 그 대표적인 경우이다. 이러한 대화 시간 동안 교사는 촉진자 또는 중재자의 역할을 한다. 비록 교사가 문제 상황에 대한 피드백을 제공하고 모둠 학생들이 어떤 생각을 가지고 있는지 확인을 하지만, 학생들 스스로 문제를 해결하도록 격려한다. 능숙한 교사들은 학생들 스스로 문제를 발견하고, 대안을 제시하고, 필요한 사항들을 이야기하고 모둠 구성원들이 힘을 합쳐 새로운 방법을 찾도록 유도한다. 최후의 방법으로, 문제가 지속되고 개선의 여지가 없다면 교사가 직접 해결책을 제시하거나 모둠의 구성원들을 바꾸어 본다.

효과적인 모둠 활동 기술

모둠 활동을 효과적으로 하기 위해, 학생들은 일련의 모둠 활동 기술을 익히고 있어야 한다. 여기에는 적극적으로 듣기, 함께 공유하기 및 도와주기 등의 사회적 기술(social skills), 학습 과제 및 내용을 이해하고 의미를 전달하는 설명 기술(explaining skills), 열정을 가지고 주도적으로 계획에 참여하고 앞장서는 지도력 기술(leadership skills) 등이 포함된다. 이러한 기술에 대해 토론 시간을 갖고 역할극을 하는 것도 좋은 방법이다. 이를 위해 Cohen(1994a)의 *Designing Groupwork* 게임을 사용하기도 한다.

사회적 기술

적극적으로 듣기에는 다른 사람이 이야기할 때 중간에 끼어들지 않고 끝까지 듣기, 다른 사람의 생각을 요약하기, 요약한 내용을 토론에 반영하기 및 모둠 과제를 끝내기 위해 이러한 생각을 효과적으로 사용하기 등이 포함된다. 교재 등을 함께 사용하는 것도 효과적인 협동 학습을 위해 꼭 필요한 것이다. 또 다른 사회적 기술인 도움 제공하기는 서로의 차이를 인정하고 친근하게 서로 서로를 격려하고 도와주는 것을 의미한다. 사회적 기술이 부족한 학생들은 자기 방식대로만 일을 하려고 하고, 자주 다투며, 다른 학생들의 역할을 무시하거나 인정하지 않으며, 모둠 활동에 참여하지 않는다.

모둠에서 함께 학습하기 위해선 사회적 기술이 중요하기 때문에 일반적으로 교사들은 이러한 능력의 개발을 강조한다. 이를 위해 학년 초에 모둠 활동으로 모둠 과제를 진행하는 데 필요한 기술을 학생들에게 가르치는 것도 좋은 방법이다. 요약하기, 질문하기 또는 의견상의 차이점을 표현하는 방법 등을 가르칠 수도 있다. 또한 학년 내내 학생들이 이러한 사회적 기술을 적절하게 사용할 수 있도록 지도한다.

설명 기술

설명 기술은 모둠 과제 활동을 할 때 중요한 부분이며, 학습 결과를 이끌어 내기 위해 필수적인 것들이다. 이는 문제, 과제나 목표 등을 설명하는 것에서 나타난다. 학생들의 발표나 이야기를 통해 문제 해결을 위해 따라야 하는 각 단계뿐만 아니라 왜 그런 단계를 따라야 하는지 이유 등을 이해하고 있는지 확인할 수 있다. 학생들은 자신들이 끝낸 과제를 요약하거나 앞으로 해야 할 과제에 대한 계획을 세우기도 한다. 모둠 과제가 질문에 답하기 등이라면 학생들은 자신들이 어떻게 그러한 결과에 이르렀는지 설명하고 질문에 답할 수 있을 것이다.

설명 과정에 있어 또 다른 중요한 요인은 다른 사람들로부터 설명을 구하는 것이다. 여기에는 학생 자신이 이해한 것과 이해하지 못한 것을 이야기하고 모둠의 다른 학생들로부터 도움을 구하는 것이 포함된다. 모둠의 다른 학생들이 바람직한 사회적 기술을 가지고 있지 않다면 이러한 도움 요청은 이루어지지 않을 것이다. 서로 도움을 구하고 도와줄 수 있도록 학생들을 유도하기 위해 "모든 것을 다 알고 있는 사람은 없어. 만약 이해하지 못한 것이 있다면 모둠의 다른 친구들에게 도움을 청하는 것이 현명한 방법이야. 그리고 누가 도움을 요청할 때 친구라면 최대한 자세하게 설명을 해줘야 해요." 등과 같이 이야기한다.

학습 내용에 대한 상호 작용은 그 의미를 이해하는 데 있어 핵심적인 과정이라고 할 수 있다. 이를 통해 학습 내용에 대한 이해를 증진할 수 있으며 또한 학습에도 중요한 역할을 한다. 학습 내용에 대한 대화나 토론 등이 일상적인 상호 작용에서는 잘 이루어지지 않기 때문에 학생들에게 이러한 행동을 하도록 유도할 필요가 있다. 이를 위해 다음과 같은 방법들을 사용할 수 있다.

- 적절한 교재 내용을 활용하여 여러 가지 요약 및 명료화 방법에 대한 예를 제시한다. 그 후 짝을 이루어 역할을 바꿔가며 연습을 한다.
- 짝에게 어떤 내용을 설명하게 한다. 그러고 나서 순서를 바꾸어 상대 학생에게 다시 설명하게 한다.
- 모둠의 각 학생들이 질문을 한 가지씩 만들어 질문하고 나머지 학생들이 이에 대답한다.
- 도움을 청하고 설명을 해주는 역할극을 진행한다. 그 후 역할극에 대해 이야기를 나눈다.
- 어떻게 설명을 하고 어떻게 도움을 요청할 것인가에 대한 토론 시간을 갖는다.
- 모둠의 의견을 기록하여 학급 전체 학생들에게 발표하게 한다.

지도력 기술

모둠에서 누군가가 "이 문제를 해결하기 위해 무엇을 해야 하는지 생각해 보자."라고 이야기한다면, 이 모둠에는 지도력 기술을 발휘하는 학생이 있다고 할 수 있다. 여기에는 열정을 가지고 주도적으로 계획에 참여하고 앞장서는 행동이 포함된다. 기본적인 학습 능력이 모둠 과제 활동에 도움이 되듯 사회적 기술도 여기에 도움이 된다. 학생들에게 자신감과 진취적 기상 등을 심어 줄 수 있는 토론 진행자 또는 발표자 등의 역할을 부여함으로써 지도력 기술을 향상시킬 수 있다. 이러한 역할에 대해 학생들에게 분명하게 설명을 한다. 교대로 이 역할을 맡게 하여 모든 학생들이 이러한 기회를 가질 수 있도록 한다. 대부분의 교사들은 이러한 능력을 상당히 중시하고 이러한 능력을 가진 학생들이 각 모둠에 한 명 이상 포함될 수 있도록 신경을 써서 모둠을 구성하려고 노력한다. 비록 지도력 기술이 장시간에 걸쳐 발전하며, 학생들의 수준도 상이하지만, 모든 학생들은 이러한 능력을 개발하고 성취할 수 있다.

생각해 보기

협동 학습을 지지하는 사람들은 직장이나 가족 등을 포함한 사회생활 그 자체가 상호 의존성을 강조하고 있다는 점을 지적한다. 이들은 또한 학습의 사회적 본질 및 의미 형성에 있어 상호 작용의 중요성을 강조하고 있다. 그러나 일부 학자들은 부진아들을 도와주어야 하는 학업 우수아들의 예를 들며 모둠 학습이 시간을 너무 많이 낭비할 수도 있다는 점을 지적하며 모둠에 지나치게 의존하는 것의 문제점을 제기하기도 한다. 또한 이들은 개인의 성취보다 모둠의 성과에 초점을 두는 것도 비판하고 있다. 이에 대한 본인의 입장은 어떠한가? 모둠을 더 적극적으로 활용해야 할까 아니면 활용을 삼가야 할까? 무슨 목적을 위해 활용해야 하고 또 활용하지 말아야 할까?

모둠을 통한 협동 학습 활용

학년 초부터 모둠을 활용하든 아니면 중반부터 활용하든, 몇 가지 중요한 사항을 먼저 생각해야 한다. 주된 학습 형태로 모둠 학습을 이용하려 한다면 우선 교실 배치부터 살펴보아야 한다. 또한 후속 학습 활동을 위해 첫 활동에서부터 학생들이 성공을 경험할 수 있도록 최초 모둠 학습 과제를 정할 때 신중하게 선택한다. 모둠 구성도 중요하다; 학생들은 서로 학습에 도움을 줄 수 있어야 하며 또한 서로 협동해서 학습을 할 수 있어야 한다. 끝으로, 모둠 학습이 효과적으로 이루어질 수 있도록 필요한 모둠 기술을 어떻게 가르칠 것인가에 대한 계획도 세워야 한다.

교실 배치

학생들을 쉽게 관찰할 수 있도록 모둠의 위치를 배열한다. 학생들이 쉽게 접근할 수 있는 곳에 교재를 보관하는 장소를 배치하여 필요한 교재나 비품을 쉽게 받아갈 수 있도록 한다. 이 외에 교실 배치를 할 때 신경을 써야 하는 부분은 이 장의 앞부분과 1장에 자세히 설명되어 있다.

절차 및 규칙

일제식 수업이나 개별 학습 활동을 할 때 학생들이 규칙이나 필요한 절차를 잘 지키기 때문에 모둠 활동을 할 때도 그러할 것이라고 기대해서는 안 된다. 그 대신 학생들에게 모둠 활동 때 지켜야 하는 교사의 기대를 구체적으로 설명하도록 한다(예를 들어, 모둠원들과만 이야기를 할 수 있다). 또한 필요한 경우 학생들의 주의 집중을 위해 학생들에게 주의 집중을 요구하는 신호도 가르친다. 이러한 절차들을 학생들에게 지도하고 가능하다면 여러 번 연습을 통해 학생들이 피드백을 받을 수 있도록 한다.

모둠 활동을 할 때 기대되는 적절한 행동에 대해 토론을 한다. 모든 사람이 참여해야 하는 것의 중요성을 강조한다. 모둠 구성원들이 함께 활동을 잘하게 만드는 것은 무엇인지 학생들에게 질문을 한다. 그 후 학생들의 생각을 적절한 모둠 활동 참여 및 협동을 위한 지침으로 구체화시킨다.

모둠 구성

초기 단계의 모둠 활동은 서로 과제를 검사하거나 문제나 질문 등에 대한 의견을 교환하는 등 2명씩 짝을 이루어 진행되기도 한다. 또한 맞춤법 확인이나 수학 문제지 채점 또는 과제 복습 활동을 할 때 짝끼리 서로 도와가며 활동을 하도록 할 수도 있다. 짝과 이러한 간단한 활동을 할 때, 학생들이 새로운 장소로 이동할 필요는 없으며, 단순한 활동들로 이루어지기 때문에 교사나 학생 모두에게 큰 부담감을 주지 않는다.

모둠 활동을 좀 더 광범위하게, 자주 활용하고자 한다면, 모둠의 구성은 더욱 중요하다. 항상 그러한 것은 아니지만, 교사들은 사전에 모둠을 구성하고 이에 따라 학생들을 각 모둠에 배치한다. 읽기, 사회, 수학 등과 같이 과목에 따라 모둠 구성을 달리하기도 한다.

학생들을 모둠에 배정할 때, 대다수의 교사들의 주된 관심사는 해당 교과에서 학생들의 성취 수준에 따라 고르게 배정하는 것이다. 두 번째 관심사는 각 모둠에 지도자 역할을 할 수 있는 학생들을 두는 것이다. 또한 학생들 간의 갈등을 줄이는 데도 신경을 쓴다. 논쟁적인 학생들은 사회적 기술 및 적절한 지도력을 가진 학생이 있는 모둠에서 가장 바람직하게 활동할 수 있다.

학업 수준이 지나치게 차이가 나는 학생들을 동일한 모둠에 배정하지 않는 교사들도 있다. 예를 들어, 학업 성적이 뛰어난 학생들과 아주 부진한 학생들을 같은 모둠에 배정하지 않는다. 학업 우수아들 또는 부진아들로만 구성된 모둠보다는 좀 더 다양한 능력을 가진 학생들로 구성되지만, 이러한 방법을 통해 모둠 내에서 학생들 간의 능력 차이를 줄이려고 한다. 이들 교사들은 모둠 내에서 학업 우수아들의 학습 진행 속도와 사고 유형이 부진아들과는 큰 차이를 보이며 따라서 이들에게 위협감을 줄 수 있기 때문에 과제 회피나 과제 중단 등을 낳을 수도 있다는 점을 지적하고 있다. 중간 정도의 능력을 가진 학생들로 구성된 모둠은 학습 속도나 사용하는 용어들이 비슷하기 때문에 부진아들의 학습 참여를 강화할 수 있다. 이 원칙은 학생들이 가진 사회 기술 및 설명 기술 등에 따라 달라진다.

모둠 구성을 어느 정도 지속할 것인가에 대한 정답은 없다. 몇 주 단위로 수시로 모둠 구성을 달리하는 교사들도 있다. 대부분의 교사들은 주기를 이보다 좀 더 길게 잡지만 최소한 1년에 2~3번 이상은 모둠 구성에 변화를 준다. 특정 활동이나 과제의 경우 학생들 스스로 모둠을 구성하게 하는 교사들도 있으나 이는 일부 특정 과제를 진행할 때를 제외하고는 그 모둠 구성이 오래 지속되지는 않는다.

학년 초, 교사 자신이 학생들에 대해 충분히 이해하지 못했을 때 학생들에게 스스로 짝을 선택하게 하는 것이 도움이 될 수도 있다. 이러한 경우 활동의 범위나 지속 시간을 제한하고 남겨진 학생이 없도록 주의 깊게 관찰한다. 대안적인 모둠 구성 방법은 관심사가 같은 학생들끼리 모둠을 구성하게 하는 것이다. 칠판에 활동 주제나 유형을 기록한다. 자신이 하고 싶거나 관심이 있는 주제에 1, 2, 3 지망순으로 자기 이름을 쓰게 한다. 이러한 학생들의 선택을 기준으로 하여 1, 2 지망에 근거하여 학생들을 모둠에 배정한다. 이를 통해 학생들의 활동에 대한 정보를 얻을 수 있으며, 이러한 정보는 오래 사용할 새로운 모둠을 구성할 때 도움이 된다. 모둠을 구성한 후에는 모둠내 학생들 간에 갈등이 일어나는지 관찰해야 한다. 문제가 발생했을 때는 그 즉시 교사가 나서서 해결 조치를 취하기보다 학생들에게 스스로 문제점을 찾아내게 한다. 모둠 내에서 일어나는 문제의 해결을 학생들 본인들에게 맡김으로써 학습 기회를 증진시킬 수 있다. 학생들이 모둠 활동 기술을 익히고 함께 활동하여 긍정적인 결과를 얻는 경험을 하게 되면 보통 갈등은 줄어들게 된다. 그러나 충분한 시간이 지난 후에도 갈등이 해결되지 않는다면 대부분의 교사들은 문제가 되는 학생을 다른 모둠으로 이동시킨다. 그러나 학년 말, 학생들이 능숙하게 협동 활동을 하게 되었을 때, 다시 한 번 함께 활동할 수 있는 기회를 준다.

초기 모둠 활동 과제

모둠 내에서 다른 학생들과 활동을 한 경험이 많지 않은 학생들은 복잡한 과제보다는 비교적 단순한 과제 활동을 통해 바람직한 능력이나 기술을 익힐 수 있을 것이다. 모둠을 통한 협동 학습의 선구자 중의 한 사람인 Holubec(1992)은 간단하고 쉽게 활용할 수 있는 모둠 활동을 시작하는 활동들을 제시하고 있다. 그의 제안은 다음과 같다: 짝과 마주 보세요. 어떤 것을 설명하거나 학습지의 답을 비교해 보세요. 학생들은 다음 단계를 선택하거나 답을 정정해 줄 수도 있다. 학생들이 좀 더 익숙해지면, 문제 해결 과정에 이 방법을 활용한다.

충분한 연습 및 기술을 형성하기 전에 급속하게 모둠 활동을 도입하지 않도록 한다. 모둠 기술은 복잡하지 않는 절차, 단순한 형태로 쉽게 가르친다. 학생들이 초기 모둠 과제에서 성공을 경험하였다면, 좀 더 복잡한 모둠 과제 및 형태를 시작할 준비가 되어 있다고 할 수 있다.

짝과 함께 연습하기

암기해야 할 것을 짝과 함께 익힌다.

책 읽어 주기

학생들은 서로에게 어떤 내용을 읽어 준다. 내용을 듣고 나서 요약을 하게 하거나 들려준 내용에 대해 질문을 하게 한다.

검사하기

서로 답을 비교해 보고 차이가 나는 것을 해결한다. 학생들은 모두 왜 그렇게 된 건지 그 답을 설명할 수 있어야 한다.

재확인하기

시험지나 학습지 등을 재검토하거나, 서로 문답 활동을 통해 구두로 발표할 준비를 한다. 서로 서로 질문을 하고 그에 대한 답변을 한다.

모둠 기술 지도하기

학생들이 습득해야 하는 기본적인 기술을 결정한다. 여기에는 주의 깊게 듣기, 설명하기, 도움 요청하기, 서로 격려해 주기 및 교재 함께 사용하기 등이 포함된다. 이들을 지도하는 가장 효과적인 첫 단계는 '서로 도와 가며 공부하기 위해서 무엇을 해야 할까?'를 주제로 한 학급 토론을 갖는 것이다. 함께 학습해야 하는 근거를 제시하기 위해, 가정, 운동장, 이웃 등으로 토론의 범위를 넓혀서 인간이 살아가는 데 필요한 성격이나 관계 등에 대한 토론을 유도하는 교사들도 있다. 물론 궁극적으로 이러한 토론을 통해 주의 깊게 듣기, 설명하기 등과 같은 필요한 행동들을 구체적으로 제시해야 한다. 모둠 내에서의 바람직한 행동을 기록하여 게시할 수도 있다.

학생들에게 모둠 내에서의 바람직한 행동에 대한 예와 모델을 제시하는 것도 중요하며, 또한 연습과 피드백의 기회도 뒤따라야 한다. 모둠 활동의 참여가 가져오는 부담이나 새로운 요구에 적응을 할 때까지 몇 주씩 걸리는 학생들도 있다는 것을 명심한다. 서둘러서는 안 된다. 한 번에 필요한 모든 모둠 활동 관련 기술을 지도하려고 하지 말고, 하나를 골라 충분한 시간을 가지고 학생들과 토론을 갖는다. 학생들에게 연습할 기회를 주고 피드백도 제공한다. 차례로 필요한 다른 기술을 소개한다.

Mrs. Walker는 자신이 맡고 있는 5학년 학생들이 충분히 이해할 때까지 학년 초 6주간에 걸쳐 일주일에 한 가지씩의 모둠 활동 관련 기술을 가르쳤다. 첫 주에는 모둠 과제 활동에 참여하는 것에 초점을 두었다. 둘째 주에는 과제를 끝까지 마쳐야 한다는 것을 강조하였다. 그 후에는 서로 도와주기, 격려해 주기, 설명해 주기, 적극적으로 듣기 등에 시간을 할애했다. Mrs. Walker는 예나 그렇게 해야 하는 이유 등을 학생들에게서 이끌어 내며 학급 토론을 통해 필요한 기술을 한 가지씩 지도했다. 첫째 주, Mrs. Walker는 학습 참여도의 단계를 5단계로 나누어 OHP로 제시하며 모둠 활동을 할 때 자신이 기대하는 사항을 학생들에게 알려 주었다. 여러 번의 모둠 활동을 끝낸 후, Mrs. Walker는 토론 시간을 가지며 학생들에게 스스로의 활동을 반성해 보도록 한 후 자신의 생각을 학생들에게 이야기했다. 매주 Mrs. Walker는 새로운 모둠 관련 기술에 대한 척도를 제시하며 학생들이 자신들의 행동 발달에 대한 피드백을 얻을 수 있도록 하였다.

학생들에게는 자신들이 어떻게 행동하고 있는가 하는 피드백이 필요하다. Mrs. Walker가 사용한 행동 관련 척도는 모둠 활동의 특정 부분에 학생들이 집중하게 유도하는 한 방법이다. 또 다른 방법은 모둠 활동 관련 기술에 대한 학급 토론을 갖는 것이다. 학생들에게 잘된 것은 무엇이고 개선해야 하는 것은 무엇인지 자신들의 모둠 활동을 평가하게 하여 또는 모둠 내에서 효과적으로 모둠 기술을 발휘한 사람에 대해 설명하게 하여 이러한 토론을 시작할 수도 있다. 또한 학생들에게 어떤 기술을 사용하는 데 어려움이 있었는지, 있었다면 그것을 어떻게 해결하였는지 질문을 할 수도 있다. 학생들에게 자신들의 모둠에 대해 발표하게 하는 것은 자기 조절력 및 관찰력 향상을 위한 가장 좋은 방법 중의 하나이다.

필요한 경우 교사들은 특정 모둠이나 학생들에게 피드백을 제공할 수 있다. 보통 이러한 피드백은 교사가 교실을 순회하며 활동을 관찰할 때 이루어진다. 학생들이 모둠 활동 기술을 익히고 있는 모둠 학습의 초기 단계에는 적절한 행동을 찾아내서 칭찬해 주는 것이 특히 중요하다. 적절하게 활동을 하지 못하는 학생에게 주의를 주는 것이 가끔은 모둠 전체가 문제가 있다는 식으로 전달될 수도 있다. "Roberto는 아직 아무것도 하지 않고 있구나. Roberto가 모둠 활동에 참여할 수 있게 하기 위해 저 모둠은 Roberto에게 어떤 것들을 이야기해 줘야 할까?" 문제 행동을 보이는 학생과 개별적으로 그 상황에 대해 대화를 나누는 것이 모둠 활동에 참여하도록 유도하는 최선의 방법이 될 수도 있다.

모둠의 각 구성원들에게 특정 역할을 부여함으로써 모둠 활동 기술을 지도할 수도 있다. 교재 및 비품 관리자, 서기, 토론 진행자, 토론 발표자 등과 같은 역할은 특정 기술과 관련되어 있다. 학생들에게 이러한 역할을 배정하여 새로운 행동을 익힐 수 있도록 하는 것이다. 또한 모든 구성원들 간에 이러한 역할을 교대로 하게 하는 것은 모든 학생들이 이러한 기술을 익힐 수 있도록 하기 위한 것이다. 각 구성원들이 모둠을 위해 해야 할 각자의 역할을 가지고 있기 때문에 이러한 역할을 통해 모둠 구성원들 간의 상호 의존성을 키울 수 있다. 자주 활용하는 역할들은 구체적인 기대 행동과 함께 기록하여 코팅을 하기도 한다. 모든 학생들이 기본적인 사항을 익힐 때까지 각 역할을 기록하여 게시할 수도 있다.

학생들의 목표와 참여

학생들은 모둠 활동의 목적을 알고 있어야 하며, 또한 모둠 활동을 어떻게 진행해야 하는가에 대한 지시 사항도 주어져야 한다. Cohen(1994b)은 모둠 과제가 갖는 특성상의 중요한 차이점을 제시하고 있다. Cohen은 교사의 지시 정도는 모둠 활동 과제의 구조화 정도에 달려 있다는 점을 지적한 연구들을 개괄하여 제시하고 있다. 결과가 분명하게 나타나거나 사용 가능한 방법이 제한되어 있는 경우(예를 들어, 수학 학습지 풀기, 과학 실험, 학습 내용의 이해 정도를 측정하는 질문에 대한 해답 등), 교사는 따라야 할 구체적인 단계들을 제시하고 학생들이 이를 적절하게 따라하는지 관찰할 수도 있다. 이러한 과제들의 경우, 따라야 할 각 단계들을 기록하여 칠판이나 OHP를 통해 게시하거나 유인물을 통해 학생들에게 나누어 줄 수도 있다. 각 단계가 언제 끝났는지 교사에게 알려줄 수 있도록 한 학생을 지정하여 과제 활동을 관찰하는 역할을 맡길 수도 있고, 학생 모두에게 자신들의 과제 진행 상황을 기록하게 할 수도 있다.

그러나 과제 진행 자체가 구체화되어 있지 않거나, 그 결과나 각 단계가 명확하지 않은 경우 또는 과제를 해결할 수 있는 방법이 명확하지 않은 경우, 모둠의 활동 과정에 대해 지나치게 간섭하거나 지시를 해서는 안 된다. 문제 해결 절차를 결정하거나 필요한 자료를 선택하는 등의 활동에 대한 책임은 어느 정도 모둠에게 맡겨야 한다. 일반적으로 이러한 활동은 사고 능력 및 문제 해결력 향상을 목적으로 한다. 교사의 지나친 간섭은 이러한 활동이 의도하는 사고력을 향상시키지 못한다.

예를 들어, 모둠에게 보고서를 제출하게 하는 목적이 해당 주제에 대한 비판적 사고력 및 문제 해결력을 향상시키기 위한 것이라고 가정해 보자. 만약 교사가 모둠의 활동 과정 및 사용할 수 있는 자료 등에 대해 구체적으로 지시를 한다면, 학생들은 교사가 제시한 요구 사항을 충족시킬 수 있는 보고서를 쓰려고 노력을 하게 될 것이다. 그러나 만약 교사가 학생들에게 어느 정도 재량권을 부여한다면, 학생들은 스스로 창의력을 발휘하여 모둠 활동 과정에 적극적으로 참여할 가능성이 증가하게 될 것이다.

모둠 및 개별적 보상 활용하기

대부분의 학생들은 모둠에서 함께 학습하는 것이 바람직한 활동이라고 생각을 하기 때문에, 일반적으로 모둠을 통한 협동 학습과 관련하여 외적 보상책을 준비할 필요는 없다. 그러나 때때로 적절한 모둠 활동 관련 기술을 익히거나 학습 동기가 부족한 학생들의 참여를 증가시키기 위해선 학생들을 자극할 외적 동기 요인으로서 보상이 도움이 된다는 것을 발견하게 될 것이다.

Mr. Galvan은 바람직한 행동을 보인 모둠에게 '상품권'을 주어 이를 일주일 단위로 추첨하는 방법을 보상책으로 사용하고 있다. 모둠의 모든 구성원들이 과제를 끝낸 경우 해당 모둠은 보너스 상품권을 받을 수도 있다. 학생들은 '상품권'에 자기 이름을 써서 상자에 집어넣고, 매주 주말에 Mr. Galvan은 그 상자에서 4~5장씩 뽑는다. 뽑힌 사람은 상으로 작은 장난감이나 어떤 행동 특권을 갖는다.

Ms. Frank는 학습 준비 또는 정리 정돈을 잘하거나, 서로 협동해서 학

> 습을 진행하거나 학습 태도가 좋은 등 바람직한 행동을 보인 모둠에게 점수를 주었다. Ms. Frank는 예를 들어,'여러분들이 서로 서로 설명 해 주고 도와주고 하는 것이 마음에 들었어요. 여러분 모둠에게 보너스 점수를 줄게요.' 등과 같이 이야기하며 모둠 활동을 할 때 점수를 부여하였다. 또한 모둠 활동을 할 때 관찰한 바람직한 행동을 언급하며, 학습 정리 시간에도 점수를 주었다. 그러면서 칠판에 모둠별로 점수를 기록하였다. 어떤 모둠이 특정 점수에 이르렀을 때, 보상으로 자신과 점심을 같이 먹을 수 있는 특권을 주었다.

현명하게 보상을 활용한다면 중요한 행동이나 활동에 대한 학생들의 주의 집중을 높일 수 있으며, 따라서 학생들도 쉽게 이러한 행동을 따라하게 될 것이다. 또한 모둠을 통한 보상은 공동 목표와 성공을 경험했을 때 학생들이 공유하는 긍정적인 생각을 통해 응집력을 강화할 수 있다. 또한 7장의 내적 동기 요인에서 언급한 바와 같이, 외적 보상책은 교사의 인정, 긍정적인 피드백, 여러 가지 형태의 칭찬과 학습 및 목표 달성에 기인하는 만족 등과 같은 학생들의 성취 결과에 따른 보상을 보조하는 것으로 사용되어야 한다. 학생들의 학업 성취에서 기인하는 보상이 많이 이루어지는 경우, 추가적인 모둠 또는 개별적 보상은 내적 동기를 저해하지 않는 범위 내에서 사용되어야 한다.

추천 도서

Baloche, L. (1998). *The cooperative classroom: Empowering learning*. Upper Saddle River, NJ: Prentice Hall.

Cohen, E. G. (1998). Making cooperative learning equitable. *Educational Leadership, 56*, 18-21.

Johnson, D. W., & Johnson, F. P. (2005). *Joining together: Group theory and group skills* (9th ed.). Boston: Allyn & Bacon.

Gillies, R. M. (2007). *Cooperative learning: Integrating theory and practice*. Los Angeles: Sage.

Slavin, R. E. (1995). *Cooperative learning: Research, theory, and practice* (2nd ed.). Boston: Allyn & Bacon.

www.co-operation.org

www.psychologymatters.org/jigsaw.html

www.findarticles.com/p/articles/mi_m0341/is_4_55/ai_62521561

http://home.att.net/~clnetwork/thinkps.htm

제안 활동

1. 협동 학습을 활용하는 교실을 관찰해 보자. 협동 학습을 위한 교실 배치, 일상적인 절차 및 활동 과정을 관찰한다. 관찰 기준으로 검목표 6을 이용한다.
2. 지금까지 관찰해 왔던 수업 중 개별 학습 또는 전체 학습 형태로 진행된 수업이나 교사용 지도서 또는 교육 과정 내에서 한 차시나 단원을 선택한다. 해당 차시나 단원을 지도하기 위해 모둠을 통한 협동 학습을 활용하기 위한 방법을 생각해 본다. 이 장에 제시된 개념과 자신이 생각한 것을 비교해 본다.
3. 모둠 활동을 할 때 개인의 책임감을 향상시키고 모둠 상황에서 개인의 학업 성취나 행동에 대해 어떻게 피드백을 제공할 것인가 등에 대해 동료 교사들과 이야기를 나누어 보자. 학생들의 책임감을 향상시키고 피드백을 제공할 수 있는 실행 가능한, 효과적인 방법에는 무엇이 있을까?
4. 학년 초 모둠 학습을 도입하려고 하는 교사에 대해 설명한 사례 연구 4.2를 다시 한 번 읽어보자.
   a. 이 장에서 제시된 개념들 중 Ms. James의 절차 및 전략에 나타나 있는 것들을 찾아보자. 이러한 절차 및 전략은 어떤 역할을 할까?
   b. 이 장에서 제시된 내용 중에서 학년 초 처음 3일 동안 Ms. James가 사용하지 않은 부분들이 있는가? 있다면 이러한 부분들을 사용해야 할까? 그 이유를 말해 보자.

c. Ms. James는 교과전담제로 수업이 진행되는 학교에서 6학년 수학을 지도하고 있다. 저학년에서 또는 다른 교과에서도 이를 이용하려 한다면 어떤 변화가 있어야 할까? 통합 교과를 위해서는 어떤 변화가 있어야 할까?

5. 사이트 www.eduref.org의 "Lesson Plan"을 클릭하여 모둠 학습 수업안을 살펴본다. 이 사이트에서 학년 및 교과에 따른 많은 수업안을 찾아볼 수 있을 것이다. 협동 학습에 관한 예를 찾아보려면, 검색란에 "모둠 학습"이라고 타이핑한다. 마음에 드는 수업안을 동료 교사들과 공유한다. 이 수업을 하려고 할 때 학급 경영상 쟁점이 될 수 있는 부분이 있는가? 동료들의 조언도 구한다.

검목표 6

협동 모둠 학습을 위한 계획

확인	항목	참고 사항
	교실 배치	
□	A. 어떻게 학생들의 좌석을 배치할 것인가?	________
□	B. 모둠 및 개인의 소지품 및 준비물을 어디에 놓아 둘 것인가?	________
	일상적인 절차 및 기대	
□	A. 모둠으로 이동할 때, 처음 자리로 돌아갈 때, 모둠 활동을 할 때 학생들은 어떻게 이동해야 하는가?	________
□	B. 대화를 나눌 때는 어떻게 하도록 할 것인가?	________
□	C. 학생들의 주의 집중을 위해 어떤 신호를 사용할 것인가?	________
□	D. 학생들에게 개별적인 역할을 맡길 것인가?	________
□	E. 어떤 모둠 활동 기술을 다루고 익히게 할 것인가?	________

(계속)

협동 모둠 학습을 위한 계획

확인	항목	참고 사항
	관찰, 책임 및 피드백을 위한 절차	
□	A. 모둠 활동을 통해 개별적 결과 또는 모둠 결과, 아니면 양자를 모두 이끌어 낼 것인가?	______
□	B. 개별적 및 모둠의 평가를 어떻게 할 것인가?	______
□	C. 모둠 활동시 학생들의 행동 및 활동을 어떻게 관찰할 것인가?	______
□	D. 개별적 및 모둠 성취에 대해 어떻게 피드백을 제공할 것인가?	______
□	E. 모둠 내에서의 활동에 대해 학생들에게 어떻게 피드백을 제공할 것인가?	______
	수업 시간에 다루고 익혀야 할 모둠 활동 기술	
□	A. 사회적 기술?	______
□	B. 설명 기술?	______
□	C. 지도력 기술?	______

7
바람직한 학생 행동의 유지

앞에서 살펴보았듯이, 성공적인 학급경영을 위해선 학급의 조직, 규칙, 절차, 초기 활동 등에 대한 세심한 계획이 필요하다. 이러한 모든 준비는 학생들이 교실에 들어오는 순간 그 효과가 나타난다. 그러나 이런 준비만으로 일년 내내 바람직한 행동을 지속시킬 수는 없다. 적절한 학급 규칙과 절차를 통해 학생들이 서로 협동하고 교사의 지시를 따르도록 하는 데 관심을 가져야 한다. 학생들에게 교사가 기대하는 행동을 모두 가르쳤다고 해서 학생들이 즉시 그러한 행동을 할 것이라고 생각해서는 안 된다. 저학년 어린이들은 학교에 다니는 기본 생활 습관을 배우는 초기 단계이기 때문에, 바람직한 행동을 격려하는 데 계속 관심을 기울일 필요가 있으며, 중학년 어린이들도 규칙 및 절차를 일관성 있게 사용해서 바람직한 행동을 격려해 줄 필요가 있다.

특히, 학년 초 학생들의 바람직한 행동에 대해 안심해서는 안 된다. 대체로 초등학교의 학생들은 학년 초 며칠 동안은 조용하고 차분하다. 바람직한 행동을 유지시키려는 교사의 세심한 관심 없이는, 시작이 좋은 것 같은 학급조차도 결국에는 흐트러져서 통제하기 어렵게 된다. 아래의 간단한 예는 그런 반을 보여주고 또한 학급 경영상의 문제들이 발생하는 몇 가지 이유를 제시해준다.

5학년 담임인 Ms. White는 학년 초 며칠 동안 학생들과 학급 규칙과 절차를 신중하게 여러 번 논의했다. 그리고 학생들은 대체로 바르게 행동했다. 그러나 셋째 주 초부터 문제가 생기기 시작한다. 수업을 하는 동안 Ms. White는 요점을 적기 위해 칠판 앞에 서 있다. 그녀가 칠판에 판서하기 위해 학생들에게서 등을 돌렸을 때 교실 뒤쪽의 학생들이 서로 소곤소곤 잡담을 시작한다. 일부는 쪽지를 돌리고, 종이 뭉치를 던지고 과제를 하는 동안 자리를 이탈한다. 만약 Ms. White가 잡담하는 학생들을 꾸짖으면 무엇을 해야 할지 몰라서 서로에게 도움을 구하고 있다고 대답한다. 개별 학습을 하는 동안 학생들끼리 서로 도울 수 있게 허락하면 곧 모두는 잡담을 하면서 아무도 공부하지 않고 소음도 커진다.

처음에 학생들은 발언권을 얻기 위해 손을 들었다. 나중에는 일부 학생들이 발언권을 얻지 않고 대답하고, Ms. White는 이를 무시하기보다는 오히려 내용이 적절할 때 그것을 받아들이기 시작했다. 지금은 학생들이 점점 더 소란스럽고 어수선해졌다. 토론 활동이 잘 이루어지는 것처럼 보이지 않기 때문에 Ms. White

는 이런 활동 시간을 줄이고 더 많은 개별 학습 과제를 제시하기 시작한다.

읽기 수업 시간, Ms. White 는 학급의 나머지 학생들이 개별과제 학습을 하는 동안 한 모둠씩(소집단) 학생들을 만난다. 한 모둠과 학습하는 동안 Ms. White는 개별 학습을 하고 있는 나머지 학생들에게 점점 더 방해를 받는 것처럼 보인다. 때로 그녀는 개별 학습을 하는 학생들의 잘못된 행동을 처리하기 위해 모둠 학습을 중단해야 한다. 읽기 모둠 학습 시간이 끝날 무렵에 Ms. White는 학생들이 개별 학습 과제를 거의 하지 않았다는 것을 알고 실망한다.

Ms. White의 반에서 일어나고 있는 문제들은 몇 주나 심지어 몇 달에 걸쳐 조금씩 나타난 것이다. 보통 이 문제들은 피할 수 있으며, 이를 위해 교사는 먼저 문제가 발생하는 원인과 어떻게 하면 막을 수 있는지 알고 있어야 한다. 이런 문제들은 항상 서서히 나타나기 때문에 교사나 교실의 내력을 모르는 관찰자에게 그 원인은 분명치 않다. 그러나 Ms. White의 수업에서 일어나고 있는 일에 대한 간단한 예를 통해서, 문제가 일어나기 시작한 몇 가지 이유를 알 수 있다. 문제의 원인 중 하나는 Ms. White가 학생들의 행동을 주의 깊게 충분히 관찰하고 있지 않다는 것이다. 소음의 정도가 높아질 때까지 잡담, 주의 산만, 바람직하지 못한 행동을 발견하지 못하고 있다. 게다가, Ms. White는 학생들이 과제를 어느 정도 했는지 충분히 점검하지 않고 있다. 이것은 학생들의 책임감을 감소시키고, 교사는 학생들이 학습 목표에 도달하는 데 필요한 도움을 제공하지 못하게 한다.

두 번째 문제는 Ms. White가 절차의 사용과 그 절차를 따르지 않을 때 보이는 반응에 일관성이 없다는 것이다. 때로 발언권을 얻지 않고 소리쳐 대답하는 것도 받아들이고, 개별 학습을 하는 동안 잡담을 허락해서 결국 학생들이 절차가 무효화될 때까지 계속 교사의 한계를 시험하고 있다.

처음 두 가지 문제와 관련된 세 번째 문제는 지나치게 많은 문제 행동들이 무시되고 있다는 것이다. 결과적으로 학생들은 행동 기준을 확신할 수 없게 되고, 사소한 문제들이 점차 상당수의 학생들이 포함된 심각한 상태로 확대되고 있다. 네 번째 문제는 교사가 점점 더 부적절한 행동에 초점을 두고 있다는 것이다. 긍정적인 행동에 대한 유인책 또는 관심을 보이지 않고 있다.

아래 네 가지 지침을 통해 이 문제들을 방지하거나 효과적으로 처리할 수 있다.

- 학생들의 행동과 학습 진행을 주의 깊게 관찰한다.
- 절차와 규칙, 결과를 일관성 있게 적용한다.
- 문제 행동은 즉시 해결한다.
- 바람직한 행동을 강화하는 긍정적인 분위기를 조성한다.

이 장의 나머지 부분에서는 이러한 지침들을 어떻게 실행할 수 있는가를 설명한다. ■

생각해 보기

본인이 생각하는 '바람직한' 행동이란? 현재 맡고 있는 학급을 생각해 보자. 학생들이 바람직하게 행동을 할 때, 어떤 형태나 모습을 띠고 있는가? 어느 정도의 이동과 대화가 허용되고 있는가? 전체 수업, 개별 학습, 모둠 학습 등 여러 수업 상황을 그려보자. 자신의 생각을 정리한 후 자신의 기대에 학생들이 부합하는 행동을 할 수 있도록 도와주는 방안들을 이 장에서 찾아본다. 교사의 교육 철학이 "바람직함"의 정의에 어떤 영향을 주는가?

학생 행동 관찰하기

효과적으로 학생들의 행동을 관찰하기 위해, 교사는 무엇을 관찰할 것인지 알고 있어야 한다. 두 가지 범주의 행동이 특히 중요하다.

1. 학생들의 학습 활동 참여
2. 학급 규칙과 절차 지키기

전체 수업과 토론을 하는 동안의 주의 집중, 개별 학습 및 기타 여러 과제 활동의 만족스러운 수행 등 많은 행동들이 학생 참여를 나타내는 지표가 된다. 교사가 학생 행동에 대한 확실한 기준을 가지고 있고 이를 학생들에게 분명하게 전달한다면, 학생들은 이러한 학급 규칙과 절차를 쉽게 수용하게 될 것이다.

전체 수업을 하는 동안 학생 행동을 관찰하려면 전체 학생들의 얼굴을 볼 수 있고 자주 전체 학생들을 살펴볼 수 있는 곳에 서 있거나 앉아 있어야 한다. 소수의 학생들(주로 가운데 부분이나 앞쪽에 앉아 있는 학생들)에게만 주의를

기울이는 교사들은 전체 수업을 하는 동안 학생 행동을 효과적으로 관찰할 수 없다. 칠판만 쳐다보고 수업을 진행하는 교사들도 있다. 이런 경우, 수업시 학생 전체의 반응을 분명하게 알아차리지 못하며 교실에서 어떤 일이 일어나고 있는지 충분히 파악하지 못하게 된다. 그러므로 학습 내용을 제시하거나 설명할 때는 시선을 고정시키지 말고 학생들을 골고루 쳐다보아야 한다. 만약 일부 학생들의 동요를 알아차리고도 무슨 일이 일어나고 있는지 모른다면 이것은 관찰이 충분히 이루어지고 있지 않다는 증거이다.

학급의 나머지 학생들이 개별 학습을 하고 있는 동안 특정 모둠의 학생들을 지도하고 있을 때는 다른 학생들을 관찰하는 데 불편이 없는 곳에 앉아야 한다. 다른 학생들을 잊을 정도로 지나치게 한 모둠과의 활동에 열중해서도 안 된다. 자주 쳐다보고 문제를 방치하지 말아야 한다. 한 모둠과 학습을 마친 후 다음 모둠을 부르기 전에 교실을 한 바퀴 돌아보고, 필요한 도움을 주는 것이 좋다.

학생들이 개별 학습을 하고 있고 특정 모둠을 지도하고 있지 않을 때는 교실을 순회하면서 정기적으로 각 학생들이 시간에 맞게 과제를 진행하고 있는지 점검한다. 물론 도움이 필요한 학생들은 도와주어야 한다. 그러나 손을 든 학생들만을 도와준다면 다른 학생들의 과제 진행 상태를 알지 못하게 된다. 이를 피하기 위해 모둠별로 궁금한 것을 질문하게 하는 것도 좋은 방법이다. 이를 통해 더 많은 학생들에게 도움을 줄 수 있다.

교사의 책상이나 다른 고정된 장소에서 학생들의 과제 진행 상태를 관찰하는 것은 매우 어려우므로 한곳에 머물면서 많은 시간을 보내는 것은 피해야 한다. 만약 한동안 책상에 앉아 일을 해야 한다면 자주 일어나서 교실을 순회하며 각 학생들의 학습 진행 상황을 지켜봐야 한다. 만약 한 학생을 돕는 데 많은 시간(1, 2분 이상)이 걸릴 것 같고 그 위치에서 다른 학생들을 관찰할 수 없는 경우, 그 학생의 자리에서 도움을 주는 것을 피한다. 예를 들어, 만약 학생의 자리가 교실 가운데라면 학급의 절반은 교사의 등 뒤에 있게 될 것이다. 이런 경우에는 모둠 학습용 책상이나 교사 책상 또는 모든 학생들을 쉽게 볼 수 있는 다른 곳으로 학생을 불러야 한다. 끝으로, 교사가 책상이나 다른 곳에서 일을 할 때 그곳으로 학생들이 모여들지 않도록 해야 한다. 이는 학급을 살펴보는 데 방해가 될 것이고, 근처에 앉은 학생들의 주의를 산만하게 할 것이다. 대신에 학생들을 한 번에 한 명씩 부르는 것이 바람직하다.

모둠 학습 활동 관찰은 더 많은 주의를 필요로 한다. 학생들이 과제를 시작할 때 각 모둠이 교사가 원하는 바를 충분히 이해하고 있는지 확인하기 위해 빨리 한 바퀴 돌아본다. 그 후, 한 모둠씩 다니면서 학생들의 이야기를 귀담아듣고 모둠의 한 일원으로서 도움을 준다. 이런 과정을 통해, 교사는 모둠의 활동 진행 상황에 대한 정보를 얻을 수 있고, 필요한 경우 토론이 효과적으로 이루어질 수 있도록 도움을 제공할 수 있다.

학생들의 과제 수행 활동을 확인할 때 가장 중요한 부분은 과제를 검사하는 것이다. 학생들끼리 바꾸어 검사한 것도 정기적으로 걷어서 검사한다. 학급 경영록에 이를 기록하여 학생들의 과제 수행 상태를 쉽게 알아볼 수 있도록 한다. 장기간의 시간을 요하는 과제를 낼 때는 정기적으로 과제 진행 상태를 확인한다. 중간 중간 과제를 검사하면서 점수를 주거나 등급을 매길 수도 있다. 고학년의 경우, 학생들에게 과제 진행 점검표와 제출 기한을 제시하고 이를 지키도록 할 수도 있다.

학생들을 관찰할 때 가장 중요한 것이 학생들의 과제 및 학습 진행 상황과 이해 정도를 확인하는 것이기 때문에, 과제를 제시할 때도 이를 고려한다. 예를 들어, 모둠별로 과제 진행 상황을 발표하게 한다; 학생들에게 매일 또는 매주 학습 계획을 작성하게 한다; 학생 개인별 이해 정도를 확인하기 위해 간단하게 중요 개념에 대한 질의-응답 시간을 마련한다(학생들의 이해 정도를 확인하는 방법은 5장을 참고하기 바란다).

일관성

교실 상황에서 일관성이란 모든 학생들의 활동에서 기대되는 특정 행동이 언제나 동일하다는 것을 의미한다. 예를 들어, 만약 월요일에 학생들이 개별 학습활동을 하는 동안 조용히 공부해야 한다면 나머지 요일에도 동일한 규칙이나 절차를 적용해야 한다. 처벌도 일관성 있게 해야 한다. 예를 들어, 만약 숙제를 하지 않았을 때의 벌칙이 우등생 명단(honor list)에서 이름을 지우는 것이라면 교사는 숙제를 하지 않은 모든 학생들이 이 벌을 받도록 해야 한다. 이 규칙은 실행하기 어려울 때나 타당한 이유가 있는 학생들에게도 적용해야 한다. 규칙이나 벌칙 적용에 일관성이 없다면, 어떤 행동이 적절한가에 대한 혼동을 일으킬 수 있다. 이런 경우 학생들은 종종 규칙을 지키지 않거나 처벌을 받을 행동을 반복함으로써 교사의 "한계를 시험" 할 것이다. 이런 일은 빠르게 확산되어서 교사가 규칙을 포기하거나 그러한 문제 행동을 그냥 참고 지나가도록 만들게 된다. 이런 교사의 행동은 바람직한 것이 아니기 때문에 처음부터 일관성을 유지하여 문제를 극복하는 것이 최선의 방법이다. 물론 항상 일관성을 유지하는 것은 불가능하다. 규칙과 절차에 예외가 되는 타당한 이유가 있을 수 있다. 따라서 타당한 이유가 있는 경우에는 과제 제출 시한을 연장해 주거나, 비상시에는 일부 절차를 생략하거나 무시할 수도 있다. 특정 활동에 대해서만 항상 동일한 규칙을 적용하는 것도 일관성 있는 것이다. 예를 들어, 토론이나 학습 안내 동안에는 누구도 교사의 허락 없이 자리를 떠날 수 없지만 개별 학습 동안에는 필요한 경우 교사의 허락 없이 자료를 가지러 간다거나 연필을 깎으러 간다거나 학습지를 제출하러 오도록 허용할 수 있다. 학생들에게 이러한 규칙을 설명할 때 활동들 간의 차이를 분명히 제시한다.

특정 활동을 할 때는 학생들 간의 상호 작용이 필요하기 때문에 학생들 간의 대화에 대한 일관성 있는 정책을 유지한다는 것이 어려울 수도 있다. 예를 들어, 모둠 활동 동안에는 과제와 관련된 학생들 간의 상호 작용이 필요하다.

그러나 일부 개별 활동의 경우에는 대화가 제한되어야 한다. 일부 개별 활동의 경우에는 도움을 주고받기 위해 대화가 필요할 때도 있다. 이러한 다양한 상황으로 인해 혼란이 나타날 수 있다. 이렇게 대화에 대한 다양한 기대를 관리하는 한 가지 방법은 점진적으로 활동을 도입하고, 이유를 분명하게 제시하며, 각 활동 형태에 대한 교사의 기대를 분명하게 설명하는 것이다. 예를 들어, 학년 초에는 개별 활동을 할 때 서로 이야기를 하지 못하게 한다. 학생들이 이에 어느 정도 적응한 후에는 과제에 관련된 대화를 허용하고 언제 대화가 허용되는지를 알려 주는 신호를 가르친다. 일반적인 활동 형태(모둠 활동, 개별 활동, 짝 활동)의 명칭을 게시하고, 화살표로 "과제 관련 대화 가능" 또는 "조용한 목소리로 대화"와 "조용히 활동하기" 등을 표시할 수도 있다.

보통 세 가지 이유에서 일관성이 부족하게 된다. 첫째, 제시된 절차가 비합리적이거나 비능률적이거나 부적절한 경우이다. 둘째, 교사가 학생들을 주의 깊게 관찰하지 못하고 문제 행동의 일면만을 알게 되는 경우이다. 이는 일관성의 부족을 만들어 낸다. 끝으로 절차나 규칙을 적용하거나 관련된 벌을 줄 정도로 교사가 심각하게 생각하지 않는 경우이다. 만약 일관성 부족의 문제가 교사 자신에게서 비롯된 것이라는 생각이 든다면 대안은 다음과 같다.

1. 규칙을 다시 가르친다. 학급에서 문제를 논의하고 규칙을 지키기를 바라는 교사의 마음을 다시 전달하는 시간을 갖는다. 그리고 규칙을 시행한다.
2. 규칙과 그 규칙에 대한 결과를 수정하여 다시 제시하고 사용한다.
3. 문제가 된 이전의 규칙을 새로운 것으로 대치한다.

대안의 선택은 처한 상황과 학급 운영상 그 문제의 중요도에 달려 있다.

바람직하지 않은 행동에 대한 대처

바람직하지 않은 행동은 계속되거나 확산되지 않게 신속하게 처리해야 한다. 교사가 관심을 가져야 할 행동에는 학습 참여 부족, 장기간의 무관심, 학습 회피, 명백한 학급 규칙과 절차 위반 등이 있다. 이런 행동을 무시하는 것은 좋지 않다. 장기간의(만연된) 무관심은 학생들의 학습 및 과제 해결을 어렵게 하며, 규칙이나 절차 위반은 우리가 앞서 논의했던 것과 같은 문제를 불러일으킨다. 교사는 이러한 행동에 즉시 대처해야 하며 과잉 반응을 보여서는 안 된다. 차분하고 적절한 어조나 대처는 생산적이며, 반감을 줄일 수 있다. 다음과 같은 대안들이 제시된다.

1. 학생들과 시선을 마주치거나 더 가까이 간다. 바람직한 행동을 유도하기 위해 입술에 손가락을 대거나 고개를 흔드는 것과 같은 신호를 사용한다. 학생이 이 지시를 따를 때까지 관찰한다.
2. 학생이 올바르게 절차를 따르지 않는다면, 단순히 바른 절차를 상기시키는 것으로 효과를 볼 수도 있다. 교사가 바른 절차를 설명하거나 학생에게 그 절차를 기억하고 있는지 질문하기도 한다.
3. 학생이 딴전을 피우고 있을 때, 다시 말해서 과제를 하고 있지 않을 때 그 학생의 관심을 과제로 돌려야 한다: "Sammy, 지금은 쓰는 시간이야" 또는 "Cynthia, 그 페이지에 있는 문제를 모두 푸는 것이 과제야." 학생들의 학습 진행 상태를 간단히 점검한 후 과제를 계속하게 한다.
4. 바람직하지 않은 행동을 그만두도록 학생에게 이야기한다. 그러고 나서 학생이 그 행동을 멈추고 바람직한 활동을 시작할 때까지 관찰한다.

때때로 이러한 절차를 사용하는 것이 불편하거나 활동에 방해가 되기도 한다. 만약 어떤 행동이 다른 학생들에게 방해가 되지 않거나 확산될 것 같지 않다면 그 문제를 기억해 두고, 적절한 때가 올 때까지 활동을 계속한다. 그러고 나서 그 학생에게 자신이 본 것을 이야기하고 어떻게 행동했어야 했는지에 대해 이야기한다.

위에서 제시된 네 가지 절차들은 사용하기 쉽고, 수업 활동에 거의 방해를 주지 않으면서도, 학생들 스스로 자신의 행동을 교정하게 한다. 그러나 만약 학생이 받아들일 수 없는 행동을 계속한다면 다른 대안을 고려해야 한다. 나머지 학생들이 올바르게 학습을 하고 있고 어느 정도 시간적 여유가 있다면, 문제 학생과 간단한 대화를 하는 것으로 문제를 해결 할 수 있다. 그럼에도 불구하고 문제가 지속되거나 그 학생과 대화를 나눌 여유가 없다면, 즉각 그 문제 행동을 멈추게 하고 적절한 벌을 내린다. 잘못한 학생들을 위한 공간으로 "벌칙용(time-out)" 책상이나 의자를 사용하는 교사들도 있다. 이야기할 수 있는 여건이 될 때까지 학생을 교실 밖에 세워 놓는 교사들도 있다. 그러나 이것을 사용하기 전에 복도로 학생을 내보내는 것이 교칙상 허용되는지 먼저 확인해야 한다. 위에 제시된 네 가지 절차들은 비교적 가벼운 일탈 행위에 적용된다. 이 외의 문제 행동을 다루는 방법은 8장과 9장에서 설명한다.

긍정적인 분위기 조성하기

이 장은 규칙과 절차를 일관되게 적용하고, 신속하게 문제를 처리하며, 학생들의 수업 참여와 학습 진행을 방해하지 않는 간접적인 해결 방법을 통해 학생들의 바람직한 행동을 유지해야 한다는 것에 초점을 둔다. 이제 여기서 긍정적인 생각의 중요성을 강조하고자 한다. 때때로 교사들은 학생들의 부적절한 문제 행동만 관찰하고 긍정적인 행동을 간과하기도 한다. 29명의 학생들이 적극적으로 학습에 참여하는 것에 만족하기보다는 한 명의 학생이 딴전을 피우는 것에 불평을 하기도 한다.

> Mr. Acerbic의 6학년 체육 시간은 잘 될 수가 없었다. 비록 초기에는 대다수의 학생들이 학습 활동에 적극적으로 참여했지만, 교사가 보기에는 결코 만족스러운 것이 아니었다. "야 이놈들아, 입 다물고 선생님 이야기나 들어." 학생들의 이야기 소리를 들을 때마다 그는 소리쳤다. 체육관 구석진 곳에는 잘 신경을 쓰지 않았다. 이런 곳에는 항상 몇 명의 학생들이 둥글게 모여 있었다. 바람직한 행동에 대해 칭찬을 하기보다 항상 문제 행동을 나무라기만 했다. 학생들은 이런 계속되는 꾸중을 받아넘기지만 수업에 대한 열의가 없었다.

비록 낮은 학업 성취 및 문제 행동을 무시해서는 안 되지만—학생들에게는 자신들이 개선해야 하는 것에 대한 구체적이고 교정적인 피드백이 필요하다—더 중요한 것은 긍정적인 학습 분위기이다. 이는 학생들이 수업에 대한 기대를 가져야 한다는 것을 의미한다. 학생들은 어려움에 직면했을 때 교사로부터 도움을 받고 많은 것을 배울 수 있다는 기대를 가져야 하며, 또한 노력에 대한 교사의 지원 및 인정을 느낄 수 있어야 한다. 학생들에게 긍정적적인 기대를 전달함으로써, 바람직한 행동에 대한 칭찬을 통해, 그리고 때때로 적절한 보상책을 통해 이러한 분위기를 형성할 수 있다.

학생들에 대한 교사의 기대는 여러 가지 다양한 방법으로 학생들에게 전달된다(더 자세한 내용은 Good과 Brophy, 2008을 참고하기 바란다). 교사들은 다음과 같은 활동을 할 수 있다.

- 적절한 수업 목표를 학생들에게 제시함으로써 학생들에게 기대되는 바를 분명하게 밝힌다.
- 만족스럽게 과제를 끝마치도록 강조한다.
- 만족스럽지 않은 과제에 대한 변명이나 이유를 받아들이지 않는다.
- 새로운 학습 내용에 대한 어려움을 나타낼 때 불완전한 선수 학습 상태를 인정한다.
- 학생들의 능력을 믿고 있다는 것을 전달한다.
- 자신감을 불러일으키는 '너는 할 수 있어' 라는 분위기를 조성하며 격려한다.
- 특히 학습 부진아의 경우, 자신이 무능력하다고 생각하게 하는 상대 평가를 피한다.

긍정적 기대를 전달함으로써 학생들이 새로운 과제를 시도하고 새로운 목표에 도달할 수 있는 기초를 마련하게 된다. 선생님이 자기의 능력을 믿고 있다는 것을 알 때 학생들은 더 열심히 노력한다.

긍정적인 학습 분위기는 교사의 적절한 칭찬에 의해서도 만들어진다. 효과적으로 사용될 때 칭찬은 학생의 성적을 향상시키며 격려할 수도 있다. 가장 바람직한 칭찬 형태는 학생에게 왜 칭찬을 받을 만한지 그 이유를 설명해 주고 또 자신의 과제가 아주 인상적이었다는 것을 보여 주는 것이다. 다시 말해서, 효과적인 칭찬이란 정보적 피드백과 교사의 진정한 인정 모두를 제공하는 것이다. 또한 효과를 상실하지 않는 개선을 위한 의견(건설적 비평)이 덧붙여질 수도 있다.

3학년 이상의 어린이들에게는 학업 성취 및 결과에 대한 칭찬이 노력에 대한 칭찬보다 더 효과적이다. 교사로부터 "열심히 하고 있구나"라는 칭찬을 받았을 때 대부분의 고학년 학생들은 "선생님은 내가 능력이 없다고 생각하는구나"라는 생각을 갖는다. 학생이 열심히 노력하고 있고 교사가 이를 칭찬해 주고 싶을 때에는 학업 성취 및 결과에 대한 내용이 칭찬 속에 포함되어야 한다. "Gloria, 열심히 노력한 만큼 아주 좋은 결과가 나왔구나. 내용이 아주 자세하고 질서 정연하게 배열되어 있어." 또한 칭찬을 남발해서도 안 되고 너무 쉽게 얻어져서도 안 된다. 여러 학생들 앞에서 쉬운 문제를 잘 해결한 학생을 공개적으로 칭찬하는 것은 교사가 그 학생이 능력이 부족하다고 생각하고 있다는 것을 학급의 나머지 학생들에게(그리고 칭찬받은 학생에게) 알려 주는 것과 같다.

개별적으로 칭찬하는 방법을 찾아보는 것도 좋은 방법이다. 시험지나 학습지, 기타 여러 과제나 일기장 등에 간단한 말을 써 주는 것도 아주 좋은 칭찬의 기회가 된다. 학생과의 대화, 부모와의 상담, 가정 통신문, 전화 등을 통한 비공식적 접촉 또한 학생을 칭찬할 기회가 된다. 개인적 칭찬을 통해 여러 사람들 앞에서 칭찬할 때 나타날 수 있는 문제점들을 피할 수 있고 다양한 성취와 행동에 대한 칭찬을 할 수 있다. 칭찬에 대한 더 자세한 내용은 Emmer(1988)와 Brophy(1981)에 잘 나타나 있다.

자극(유인책)이나 보상을 통해 학급 분위기 개선하기

이 외의 여러 자극(유인책)이나 보상도 긍정적인 학급 분위기를 형성하는 데 도움이 된다. 여러 자극(유인책)이나 보상은 바람직한 행동에 대한 관심을 증가시키는 동시에(부적절한 행동을 감소시키면서) 일상적인 학급 활동에 대한 관심과 흥미를 증가시키기 때문에 학급 분위기를 좋게 만들 수 있다. 또한 보다 협동적인 상호 작용을 통해 학생들은 교사에게 더 긍정적으로 반응하는 경향을 보인다.

보상은 긍정적인 영향을 줄 수도 있지만 특정 상황에서는 부정적인 결과를 가져오기도 한다. 다음 절에는 여러 가지 유형의 보상 및 유인책뿐만 아니라 학생들의 동기에 미치는 부정적인 영향에 대한 유의 사항이 제시되어 있다.

이것들을 사용하기 전에 적절성이나 효과에 영향을 미칠 수 있는 몇 가지 요인들을 고려해야 한다. 특정 보상책은 학교나 교육청의 정책상 승인되지 않을 수도 있기 때문에 우선 이것에 대해 알아보아야 한다. 예를 들어, 현장 학습이나 학급 파티 등을 허용하지 않는 학교나 교육청도 있기 때문에 이러한 방법은 제외되어야 한다. 교사의 보상책은 교사가 격려하려고 하는 구체적인 행동을 대상으로 해야 한다. 너무 쉽게 받을 수 있는 보상이나 반대로 너무 받기 어려운 보상은 그 동기 효과를 잃게 된다. 또한 기록이나 사전 준비 등으로 많은 시간을 필요로 하지는 않는지 생각해 보아야 한다. 수업 활동을 저해하는 복잡한 것은 피한다. 간단한 것으로 시작해서 필요한 경우 덧붙여 나간다.

일부 우수한 학생들만이 받을 수 있는 자극(유인책)이나 보상책을 만들어서는 안 된다. 지나친 경쟁을 불러일으키는 것은 능력이나 기회가 부족한 대부분의 학생들을 실망하게 만든다. 이 장에서는 여러 가지 다양한 활동과 예들이 다루어진다. 이들과 주위 교사들 또는 본인 스스로의 경험을 결합하여 다양한 보상책을 만든다.

초등학교 학생들에게는 인정, 활동, 상징물 및 상품 등을 통한 다양한 보상책을 사용할 수 있다. 이들 각각의 유형이 예와 함께 이 장에서 다루어진다.

인정

인정을 통한 보상책은 학생들에게 관심을 주는 여러 방법들이 포함된다. 그 예로 학생 작품 전시, 학업 성취 및 성적 향상 또는 선행 등에 대한 상장 수여, 학생의 성취를 언급하는 것 등이 있다. 인정을 통한 보상은 선행자 명단인 '이번 주의 스타' 또는 'ㅇㅇ 우수상'과 같은 방식을 이용하여 주 또는 월 단위로 이루어지기도 한다. 이를 위해 무결석, 학업 성취, 성적 향상, 노력, 선행 등과 같은 상의 근거를 확실히 설명해야 한다. 바람직한 행동에 대한 설명을 명확하게 할수록 더 쉽게 그 행동을 얻을 수 있다.

모둠이나 모둠들 간의 경쟁을 유도하는 교사들도 있다. 이러한 경쟁은 매우 간단하고 짧은 것일 수도 있다(예를 들어 1학년 수업에서 "어느 모둠이 제일 먼저 준비하나 볼까."와 같은 것들). 고학년 수준에서는 한 주, 한 달 또는 한 학기 단위로 경쟁이 이루어질 수도 있고 행동이나 특정 학습 과제를 중심으로 이루어지기도 한다. 모둠 간의 경쟁을 이용하려 한다면, 모둠을 구성할 때 이를 반드시 고려해야 한다. 모둠의 구성은 균형을 이루어 모든 모둠이 성공할 수 있는 동일한 기회를 가지도록 이루어져야 한다. 보상이나 상을 위한 경쟁은 재미뿐만 아니라 학생들의 흥미와 노력을 이끌어 낸다.

활동

학생들에게 특별하거나 재미있는 활동을 하게 하거나 계획을 세우게 하는 것이다. 때때로 학생들에게 모든 것을 맡기기도 한다. 자신들에게 결정권이 있다면 더 적극적으로 참여하게 될 것이다. 여기에는 자유 독서 시간, 오락 시간, 학교 도서관에 가기 또는 반장 역할 하기, 게임 사회자 또는 선생님 도와주기와 같은 특권들이 포함된다.

학급 전체를 대상으로 한 활동 보상책의 경우, 학생들 스스로 활동 선택 과정에 참여할 수 있다. 따라서 학급 회의를 통해 학생들의 의견을 이끌어 내기도 하며, 교사의 제안으로 시작하여 차츰 학생들이 생각을 덧붙여 나가는 방법도 있다. 어떤 경우든 투표를 통해 학생 전체가 참여할 수 있다. 전체 학급을 대상으로 한 자극(유인책) 또는 보상책에는 영화 보기, 휴식 시간 갖기, 오락 시간 갖기, 음악 듣기, 간단한 과자 파티 하기, 또는 숙제 없는 날 등이 있다. 모둠 활동 보상책은 구체적인 행동과 연결되어야 한다. 만약 모둠원들이 서로 협동해서 문제를 해결하는 경우, 자극(유인책)이나 보상을 해준다. 그렇지 않다면, 시간을 줄이거나 아예 보상을 제공하지 않는다. 활동을 통한 보상책은 긍정적인 분위기 형성을 목적으로 하기 때문에 한두 명의 학생이 다른 학생들의 참여나 흥미 및 분위기를 깨트리지 않도록 하는 것도 중요하다. 비협조적인 학생들을 참여시킬 수는 있지만 계속 분위기를 깨트릴 경우 아예 보상 활동에서 제외시킬 수도 있다. 그러나 대부분의 경우 이러한 학생들도 동료들의 긍정적인 압력을 통해 활동에 참여하게 된다.

상징물

초등학교 교사들은 학생들의 학업에 대한 긍정적인 의미를 전달하기 위해 다양한 상징물을 사용한다. 여기에는 점수 또는 등급, 웃는 얼굴, 학생들이 좋아하는 별이나 예쁜 스티커 등이 포함된다. 초등학교 수준의 학생들은 교사의 긍정적 평가와 논평을 통해 상당한 만족을 얻는다. 특히 저학년의 경우에는 과제를 마쳤을 때 또는 하루하루를 단위로 가능한 한 자주 이러한 보상을 제공해야 한다. 저학년들의 과제는 보통 짧은 시간 안에 검사할 수 있는 것들이며, 따라서 피드백을 늦출 아무런 이유도 없다. 학습지, 쓰기 또는 수학 문제 풀기 등과 같은 과제를 검사할 때는 과제를 끝마쳤을 때 책상의 한쪽 끝에 놓게 하는 것이 아주 효과적인 방법이다. 교실을 순회하면서, 완료된 과제를 검사하고, 정확하거나 깔끔하게 끝낸 것에 별을 그리고, '참 잘했어요' 라고 쓰거나 다른 상징물을 남기면서 학생의 노력을 칭찬한다.

과제가 더욱 복잡하고 시간을 요하는 고학년에서는, 과제를 검사하고 경영록에 등급을 기록하기 위해 과제를 걷는 것이 더 효과적이다. 점수나 등급을 대체할 수 있는 별이나 스티커 또는 웃는 얼굴의 스탬프 등의 상징물을 구입한다. 보상에 너무 인색해서는 안 된다. 성적 향상과 노력도 보상하여 모든 학생들이 이러한 자극(유인책) 및 보상을 경험할 수 있도록 해야 한다. 하지만 결과가 시원치 않을 때는 보상해서는 안 되며 학생 스스로가 개선할 수 있도록 피드백을 주고 격려를 해야 한다.

일상적인 피드백과 더불어, 성적표에도 상징물이 사용된다. 초등학교 아동들(1학년조차도)은 좋은 성적(예를 들어 '수' 가 많은 것)에 상당한 가치를 두

며, 흔히 학생들끼리 서로 성적표를 비교하기도 한다. 그러나 대부분의 1, 2 학년 아동들은 일상적인 과제와 성적표에 있는 점수 간의 관계에 대해 분명하게 지각하지 못하는 경우가 많다. 따라서 성적표에 나와 있는 성적이 일상적인 과제를 마치도록 어린 아동들을 고무하는 데 도움이 되는 것은 아니다. 그러나 고학년의 경우, 학생들은 일상 과제와 특정 과목에서 받는 등급 간의 관계를 더 잘 이해할 수 있다. 그러므로 등급 정책을 아동들에게 설명하여 일상 과제에 대한 노력과 결과가 성적표에 반영되리라는 것을 이해하도록 하는 것도 좋은 방법이다. 그러나 모든 학생들에게 성적표의 성적이 주요한 동기원이 되리라 기대해서는 안 된다. 일상적으로 사용하는 상징, 학생들에 대한 긍정적 피드백과 다른 보상에 대한 계획도 세워야 한다.

상품

상품은 학생들에게 가치 있는 물건이다. 여기에는 음식, 연필이나 지우개, 사용하지 않은 교실 비품, 장난감 또는 책 등이 포함된다. 이런 보상을 사용하기 전에 교사는 먼저 자신의 재정적 여건뿐 아니라 학교 정책도 고려해야 한다.

몇 가지 보상 유형을 결합한 것으로 선행자 명단이나 다른 유인책과 결합한 모둠 또는 그룹 간의 경쟁 등이 있다. 배지, 학생들이 좋아하는 모양의 스티커, 급식 때 음식 나누어 주기, 활동 특권 또는 파티 등을 보상으로 사용할 수 있다. 그러나 아주 우수한 학업 성취나 행동에만 보상을 해서는 안 된다; 성적 향상, 노력, 선행 등에도 보상을 해야 한다.

보상을 사용할 때 가장 먼저 생각해야 하는 것은 실행 가능성이다. 계획, 기록 및 사전 준비 등을 위해 많은 시간을 필요로 하는 보상책들도 있고 많은 노력이나 준비를 필요로 하지 않는 보상책들도 있다. 예를 들어, 긍정적인 피드백 제공하기, 학습지나 공책에 스티커를 붙이거나 긍정적인 논평하기 등과 시험지 나누어 주기, 숙제 걷기 등과 같은 간단한 특권을 주는 것들이다.

너무 많지도 적지도 않은 중간 정도의 노력을 필요로 하는 보상책들도 있다. 자유 독서 시간 주기, 오락 및 게임 시간 갖기; 가정 통신문 보내기; 학교의 이름이 새겨진 연필 등과 같은 상품 주기; 도서관에서 더 많은 시간 보내기; 선행아 명단에 넣기 등이 여기에 포함된다. 그러나 너무 많은 것을 한꺼번에 하려고 해서는 안 된다. 자세한 기록이나 주의 집중 또는 많은 시간을 필요로 하는 보상책들은 교사의 시간을 허비하게 할 수도 있다. 따라서 간단한 것에서 출발하여 필요한 경우 더 첨가한다. 이 장의 끝에 제시된 예에서 그 가능성을 찾아볼 수 있다.

보상 사용시 주의점

몇몇 연구자들(예를 들어, Deci, Koestner, & Ryan, 2001)은 보상의 사용이 보상받는 학생의 내적 동기를 없앨 수 있다는 것을 지적하면서 외적 보상의 사용에 있어 주의를 기울일 것을 주장하고 있다. 예상되고, 분명하며, 과제 성취와 관련된 보상은 일반적으로 학습의 *과정* 및 *질*에 부정적인 영향을 준다. 이러한 동기에 대한 부정적인 영향은 보상이 주어질 때 학생들의 사고 과정에 초점을 둔다. "이러한 보상이 주어진다면 이 과제는 재미없거나 지루한 것임에 틀림없어" 아니면 학생들은 학습을 촉진하는 것이 아니라 행동을 통제하기 위해 보상이 사용된다고 생각할 수도 있다.

이들 연구자들은 예상되는 또는 예상하지 못한 분명한 또는 언어적/상징적, 그리고 과제 관련 또는 성취 관련 보상 간의 차이를 지적하고 있다. 일반적으로 예상되고, 분명하며 과제와 관련된 보상은 학생들의 내적 동기에 부정적인 영향을 주며 학습 내용, 호기심 및 유능한 사람이 되고자 하는 욕구에서 멀어지게 만든다. 더 나아가 이러한 유형의 보상을 자주 사용하면 교사가 추구하는 목표인 자기 통제력, 지식과 기술에 대한 이해 및 유용성 인식이 아니라 수동적 학습을 초래하며, 창의력을 저해할 수도 있다. 즉, 보상을 바라는 학생은 의식적이든 무의식적이든 보상을 위해 행동할 수 있다는 것이다.

교사들은 행동 통제 또는 행동 형성을 위한 보상, 그리고 학생의 능력에 대한 피드백을 제공하기 위한 또는 숙련감을 지원하기 위한 보상 간의 차이를 구분할 필요가 있다(Reeve, 2006). 교사의 목적이 상 또는 다른 외적 보상을 통해 학생의 행동을 통제하는 것이라면, 학생들은 정해진 기준을 따를 것이다. 그러나 이는 자기 통제감 또는 열심히 노력해야 한다는 생각을 이끌어 내지는 못할

것이다.

모든 보상이 부정적인 영향을 준다는 것은 아니다. Cameron(2001)은 "학생들이 상당한 관심을 가지고 있는 과제에 대해 유인책을 마련하는 교사들은 없다"고 주장한다(p.32). 발전, 능력 또는 숙련감에 대한 보상은 내적 보상을 증대시키며 자신의 능력에 대한 학생의 생각을 강화시킬 수도 있다. 칭찬, 상징물 또는 상은 가능한 한 구체적으로 긍정적인 행동과 연결되어야 한다. 보상이 갖는 정보적 측면도 중요하며 학생들의 내적 동기를 향상시킬 수 있다.

보상에 관한 연구 결과를 교실에 적용시키는 가장 합리적인 방법은 이들의 사용을 심사숙고하는 것이다. 학생들이 이미 높은 관심과 흥미를 가지고 있다면 외적 보상은 아무런 효과를 얻지 못할 것이다. 사실, 이런 상황은 동기를 감소시킨다는 증거들이 많이 있다. 그러나 교실에서 이루어지는 상당수의 과제, 특히 여러 번의 반복을 필요로 하는 과제들은 흥미롭지 못하므로, 학생들의 동기가 약해질 때 외적 유인책이 학생들의 활동과 관심을 유지시키기 위해 필요하다. 보상을 사용한다면, 학생들의 행동을 통제하기 위해서가 아니라 학생들의 참여 및 자기 관리를 위해 사용해야 한다(Reeve, 2006). 예를 들어, 학생에게는 "선생님이 하라고 하는 대로 해. 그렇지 않으면 보상을 받을 수 없어"라는 말이 아니라 "너 참 잘했어"라는 의미가 전달되어야 한다.

끝으로, 보상을 사용할 때 교사는 학생들의 흥미와 관심을 유지시킬 수 있는 준비물이나 행동을 선택하거나, 그 과제에 대한 교사의 개인적 관심과 열정을 나타내거나, 학습하고 있는 내용이나 활동의 유용성을 학생에게 전달함으로써 내적 동기에 미칠 수 있는 부정적인 영향을 상쇄시킬 수 있다.

추천 도서

Akin-Little, K. A., Eckert, T. L., Lovett, B. J., & Little, S. G. (2004). Extrinsic reinforcement in the classroom: Bribery or best practice. *School Psychology Review, 33*, 344-362.

Brophy, J. E. (2004). *Motivating students to learn* (2nd ed.). Hillsdale, NJ: Erlbaum.

Burden, P. R. (2000). *Powerful classroom management strategies: Motivating students to learn*. Thousand Oaks, CA: Corwin Press/Sage.

Mueller, C. M., & Dweck, C. S. (1998). Praise for intelligence can undermine children's motivation for performance. *Journal of Personality and Social Psychology, 75*(1), 33-52.

Reeve, J. (2006). Extrinsic rewards and inner motivation. In C. Evertson and C. Weinstein (Eds.), *Handbook of classroom management* (pp. 645-664). Mahwah, NJ: Lawrence Erlbaum.

Strengthening student engagement [Special issue]. (1995). *Educational Leadership, 53*(1) 1-69.

제안 활동

1. 교실 내에서 사용할 보상 방법에 영향을 미칠 수 있는 학교의 관련 정책을 찾아본다. 또한 전체 학교 관련 사항들 중 학급 규칙에 포함되어야 하는 것들도 확인한다.
2. 2장과 3장에 제시된 검목표 2와 3을 다시 살펴보고, 주요 행동 영역과 책임 체제 등에 사용할 보상책을 생각해 본다. 사전에 준비를 함으로써 더 쉽게 설명을 할 수 있고 또한 일관되게 적용할 수 있다.
3. 학생들이 교실 내에서 여러 가지 활동을 할 때 어떻게 하면 학생들의 내적 동기를 불러일으킬 수 있을까?

4. 예 7.1~7.4를 읽고 여기에 제시된 보상 체계를 어떻게 현 학급에 적용할 수 있을지에 대해 생각해 본다. 다음과 같은 관점에서 각 예를 분석한다.
   a. 기대되는 교사 및 학생들의 행동은?
   b. 사용된 보상은 내적 보상책인가 외적 보상책인가?
   c. 사용된 보상은 학생들 간의 경쟁을 불러일으키는가 아니면 협동을 강조하는가?
   d. 이들 보상책들이 형성하고자 하는 학급 환경

예 7.1: 달을 향해 쏴라. Mrs. Li는 자신이 맡고 있는 2학년 학생들의 행동 및 학업 성취에 대한 피드백을 위해 '달을 향해 쏴라'라고 명명한 보상책을 쓰고 있다. 파란 색지, 큰 보름달, 구름 등으로 게시판을 장식하고 거기에다 '달을 향해 쏴라'라고 제목을 붙여 놓았다. 우주선 모양의 종이에 학생들의 이름을 각각 적어 놓았다. 학생들 각자의 이름을 적어 놓은 우주선은 처음에는 게시판의 맨아래 부분에 있었다. 학년 초, Mrs. Li는 우주선을 달 가까이로 가져가는 행동에 대해 학생들에게 설명을 하였다. 과제 끝내기, 교실과 점심 시간 및 운동장에서의 바람직한 행동을 보일 때 우주선은 2인치씩 달로 가까이 다가간다. 나쁜 행동(예를 들어, 식당이나 수업 시간 중의 문제 행동, 열심히 공부하지 않거나 과제를 제출하지 않을 때)을 보일 때는, 그 학생의 우주선이 1인치씩 뒤로 물러난다. 우주선이 달이 도착했을 때는 별을 이용하여 예쁘게 장식을 해주었다. 그 후 Mrs. Li는 다른 우주선을 다시 출발선에 놓아 주었다. 어떤 특권이나 팝콘 파티 등과 같은 보상을 위해 정해진 시간 내에 달에 도착해야 할 때도 있었다. Mrs. Li는 일관되게 바람직한 행동에 대해 보상을 하고, 문제 행동에 대해 처벌을 하였으며, 또한 때때로 아주 조용히 하거나 다른 친구를 도와주었을 때 또는 성적이 향상되었을 때 해당 학생들에게 보상을 해주었다. 이 방법은 특정 행동 또는 학습에 문제를 가진 학생들에게 아주 효과적이었다.

예 7.2: 규칙적인 피드백. Ms. Harmony의 1학년 학급은 눈에 띄는 보상책이나 처벌책이 없는데도 부드럽고 원만하게 운영되고 있다. 때때로 공개적으로 학생들이나 모둠을 칭찬해 주기는 하지만, Ms. Harmony는 과제를 즉시 돌려주고 이에 대한 피드백을 제공하면서 재미있고 잘 계획된 수업과 과제를 통해 학생들의 높은 참여를 유지하고 있다. 간단히 주의를 주거나 학생들과의 짧은 대화를 통해 학생들의 문제 행동에 대처하고 있다. 학생들이 과제를 끝냈다면 현재 무엇을 해야 하는지 간단하게 이야기 해 준다. Ms. Harmony는 전화 통화를 통해 학생의 학습 진전과 학생이 과제를 끝내지 못했다는 것 등을 학부모들에게 알려 준다. 장기적인 안목에서 학년 초 처음 몇 달 동안 계속 이런 노력을 하고 있다.

예 7.3: 동전 교환제. Mr. young은 자신이 맡고 있는 3학년 학생들의 바람직한 행동을 유도하기 위해 때로는 단순하고 때로는 아주 복잡한, 다양한 여러 가지 방법을 사용하고 있다. 일년 내내 Mr. Young은 학급 전체를 대상으로 바람직한 행동을 했을 때는 파란색 동전을, 문제 행동을 했을 때는 빨간 동전을 주는 방법을 사용했다. 매달 파란색 동전의 수가 정해진 목표에 도달했다면, 학생들에게 한 턱을 내거나 어떤 특권을 주었다. 첫 번째 달의 학급 파티에서 시작해서 주에서 주관하는 전시회에 현장 학습을 가는 것으로 목표와 보상은 점점 커져 갔다. 매일, 여러 가지 바람직한 행동에 대한 보상으로(예를 들어, 수업 중에 손님이 왔을 때 조용히 하던 일을 했을 때는 2개, 활동 후 주위 정리를 잘 했다면 10개, 일과 시간 전에 각자 해야 할 것을 모두 끝냈다면 한 사람당 1개씩) 파란색 동전을 조그만 통에 넣었다. 아주 소란했거나, 교실 바닥에 휴지를 던졌을 때, 식당으로 가는 도중 질서를 지키지 않았을 때 또는 다른 규칙을 어겼을 때에는 빨간 동전을 통에 넣었다. 학생들이 너무 떠들거나 문제 행동을 할 때는 동전이 든 통을 흔드는 것으로 신호를 보냈고, 그래도 조용해지지 않으면 빨간 동전을 통에 넣었다. 매일 하교하기 전, 빨간 동전 수를 세어 그 수만큼 파란색의 동전을 통에서 꺼냈다.

이와 함께, Mr. Young은 열심히 공부하거나 과제를 충실하게 한 학생들을 공개적으로 칭찬하고, 때로는 줄을 설 때 이들을 제일 앞에 세우기도 하고, 서로 협동하는 학생들의 이름을 게시판에 있는 '훌륭한 사람' 난에 써 놓으며, 그날 모든 과제를 끝낸 학생들에게 웃는 얼굴이 그려진 스티커를 주었다.

예 7.4: 4~6학년을 위한 동전 보상제. Ms. Woodmore는 학년 초 학생들에게 '신용카드'를 한 장씩 나누어 준다. 매일 학생들은 3달러씩 벌 수 있다: 지각하지 않고 정시에 학교에 왔을 때 1달러, 그날 해야 하는 모든 과제를 다 끝냈을 때 1달러, 그리고 문제 행동에 대해 두 번 이상 경고를 받지 않았을 때 1달러씩. 하교하기 전 Ms. Woodmore는 각 학생이 그날 번 돈을 기록한다. 정해진 기간의 마지막 날 Ms. Woodmore는 경매를 한다. 학생들은 자기가 번 돈에 따라 경매에 참여한다. 경매 때 파는 물건은 학부모들이 제공한 여러 가지 학용품이나 책, 하루 숙제를 하지 않아도 되는 권리, 컴퓨터 사용 우선권이나 피자 등이다. 모든 학생들이 상품을 받을 수 있을 정도로 물건이 충분히 많다. 다 쓰지 않은 돈은 6주 후의 다음 경매 때로 이체된다.

5. 예 7.4를 읽고 예상되고, 명확하며 과제와 관련된 보상에 관한 연구 결과들을 살펴본다. 학생들의 학업 및 개인 행동에 대한 Ms. Woodmore와 관련해, 그녀가 전달하고자 하는 메시지는 무엇인가?
6. 문제 상황 7.1에서, Ms. Greene는 학급 경영 체제 유지와 관련된 문제에 직면해 있다. 이 장 앞의 여러 장에서 제시된 내용을 참고로 하여 Ms. Greene의 문제를 진단하고 학생들의 행동을 개선하기 위한 방법을 생각해 본다. 부록에 제시된 사항을 참고하기 바란다.

문제 상황 7.1

어느 3학년 학급에서의 문제 행동

Ms. Greene의 3학년 학생들은 아주 산만한 편이다. 자습을 할 때나 Ms. Greene이 설명을 할 때도 주의 집중을 하지 않으며, 소란스럽고 산만한 편이다. 학년 초 며칠은 태도가 아주 좋았으며, 규칙도 잘 지켰고, 거의 모든 학생들이 서로 도와가며 자신들이 해야 할 일을 했다. 그러나 시간이 지남에 따라, 조용히 지내던 학생들조차, 떠들고, 수업을 방해하는 등의 문제 행동을 보이고 있다.

Ms. Greene이 설명을 할 때 학생들은 교사의 설명에 집중하지 않고, Ms. Greene는 겨우 겨우 수업을 마치는 지경에 이르렀다. 때로는 학생들이 너무 말을 듣지 않아서 종종 수업을 멈출 때도 있다. 칠판에 이름을 쓰며 방과 후에 남게 해야 겨우 학생들을 조용히 만들 수 있다. 그러나 대부분의 학생들이 딴짓을 해서 칠판에 이름을 적히는 것을 더 이상 학생들이 창피하게 여기지 않게 되는 등 이 방법도 오랫동안 효과를 보지는 못했다.

지난 읽기 시간에는, Ms. Greene이 한 모둠을 지도하고 있는 동안 3명의 학생들이 계속 잡담을 하고 있었다. 2명은 교실을 돌아다니고, 6명 정도는 물을 마시러 가거나, 화장실이나 수족관이 있는 곳으로 왔다 갔다 했다.

이 학급의 문제는 무엇인가? 어떻게 하면 학생들의 협조를 이끌어 낼 수 있을까?

8

수업을 위한 의사소통 기술

이 책의 전반에 걸쳐 우리는 학급 경영의 예방적, 교육적 측면들을 강조해 왔다. 그러나 모든 문제를 예방할 수는 없으며, 수업 시간에 일어나는 학생들의 문제 행동을 완전히 해결하지 못할 수도 있다. 이 장에서는 이러한 문제를 해결하기 위한 몇 가지 추가적인 방법을 제시한다. 아래의 예는 그런 상황을 설명한 것이다.

> 지난 며칠 동안 Ms. Harris가 맡고 있는 5학년 학급의 Debra와 Diane은 점점 수업에 집중하지 않고 있다. 이들은 다른 학생들과 소곤거리고, 서로 잡담하고, 옆에 앉은 남자아이들을 괴롭히고, 학급토론 때 눈에 띄도록 과장되게 지루하다는 표정을 짓는 등 문제 행동을 하고 있다. Ms. Harris는 먼저 그 여학생들에게 다른 사람을 괴롭히지 말라고 경고했고, 효과가 없자 자리를 바꾸었다. 그러나 Debra와 Diane은 종이쪽지를 돌리고 큰소리로 서로 이름을 부르는 등 계속해서 학급 활동을 방해하고 있다. ■

여기서 Ms. Harris가 학생들의 행동에 대한 자신의 생각을 분명하게 전달했는지 아니면 신속하게 행동을 취했는지 따져 볼 필요는 없다: 실제로 Ms. Harris가 효과적인 예방적 조치들을 취했음에도 불구하고 학생들이 어떤 식으로든 문제 행동을 했다고 가정해 보자. 어떤 방법이 항상 효과를 보는 것은 아니다. Ms. Harris는 이러한 문제를 어떻게 해결할 수 있을까? 다음과 같은 몇 가지 방법이 가능하다.

- 그 문제를 무시하고 자연적으로 없어지길 기다린다.
- 학생들을 교장실로 보낸다.
- 학부모를 불러서 도움을 요청한다.
- 방과 후에 남겨 두거나 그 외 다른 벌칙을 강구한다.

위의 각 접근 방식에는 모두 장단점이 있다. 예를 들어 학생들이 교사의 관심을 끌기 위해 그런 행동을 하는 것이라면 그 문제를 무시함으로써 힘들이지 않고 문제를 해결할 수 있다. 그러나 행동의 이유가 이러한 것만은 아니며, '무시'는 이러한 문제를 더 악화시키거나 다른 학생들에게 확산시킬 수도 있다. 교장에게 보내는 것도 단기적으로 볼 때는 교사의 시간을 거의 빼앗지 않는다는 이점이 있다. 또한 수업을 방해하는 학생들을 일시적으로 격리하는 억제책이 될 수도 있다. 그러나 장기적으로는 그 학생들이 학급에서 일으키는 문제를 해결하지 못할 수 있으며, 비록 교장에게 보내는 것이 심각한 문제 행동을 처리하는 가장 합리적인 방법이 될 수도 있지만 남용될 우려가 있다.

부모에게 전화를 하는 것도 크게 성공을 거둘 수 있는, 일반적으로 시도해 볼 만한 가치가 있는 방법이다. 그러나 부모들이 언제나 문제 행동을 막을 수 있는 것은 아니다. 매일 학부모들이 수업에 참석할 수 있는 것도 아니며 문제 행동을 일으키는 원인을 통제하지 못할 수도 있다. 방과 후 나머지 공부를 시키거나 어떤 활동이나 특권을 유보시키는 것도 실행 가능한 또 다른 방법이다. 9장에 제시되어 있듯이 처벌은 적어도 일시적으로나마 문제 행동을 멈추게 할 수 있고, 다른 학생들에게 경각심을 줄 수도 있다. 그러나 처벌은 반항이나 적대감을 불러일으키고 학생의 문제 행동과 교사의 대처라는 악순환을 낳기도 한다. 또한 처벌 자체가 자기 통제와 책임감을 가르쳐 주는 것도 아니다.

이들 각 방법은 각각의 한계가 있기 때문에, 문제를 처리하는 부가적인 방법이 필요하다. 그러나 무시하기, 다른 사람(교장)에게 맡기기, 처벌이나 학부모 면담과 같은 방법들이 다른 방법들로 대체된다는 것을 의미하는 것은 아니다. 이는 적은 노력으로 해결할 수 없는 문제를 처리하고 학생들에게 자신의 행동에 대한 책임감을 가지도록 만드는 여러 가지 방법 중에 학생과의 의사소통(대화) 기술이 포함되어야 한다는 것을 의미한다.

의사소통 기술은 교사나 다른 학생에게 문제 행동을 일으키는 학생들을 다루는 데 도움을 줄 뿐만 아니라 문제를 겪고 있는 학생들을 돕는 데도 사용할 수 있다. 흔히 교사들은 학생들의 문제가 학급 내외 요인들에 의해 야기된다는 것을 알게 된다. 때로는 단순히 학생들의 이야기를 귀담아 들어 주거나 문제 상황을 해결하거나 이에 적응하기 위한 대안을 생각하도록 격려함으로써 교사들은 학생들의 문제 해결을 도울 수 있다.

이 장에서는 문제를 불러일으키는 상황 , 행동, 생각에 있어서의 변화를 위해 다른 사람들과 명확하고 효과적으로 의사소통하는 방법에 초점을 두기 때문에 이러한 전략들을 '*의사소통 기술(communication skills)*' 이라고 명명한다. 의사소통(대화)은 정보에 개방적이라는 것을 의미하며, 따라서 교사들은 학생들의 이야기를 귀담아 듣고 학생들의 (또는 학부모들의) 생각과 감정을 이해하려고 노력할 필요가 있다. 유능한 의사소통(대화) 전문가가 되기 위해서는 다음과 같은 세 가지 관련 기술이 필요하다.

1. **건설적이며 명확한 자기 표현**: 자신의 생각을 명확하게 표현하고, 문제 행동은 교정되어야 하며, 강요와 속임을 반대한다는 것을 의미한다.
2. **감정을 이입하여 반응하기**: 이는 학생들의 입장에 귀를 기울이고, 긍정적 관계를 유지하고 계속 토론을 이끌어 가는 것을 의미한다.
3. **문제 해결하기**: 이는 상호 만족스러운 문제 해결을 위한 여러 가지 단계들로 구성된다; 학생들과 함께 행동 변화를 위한 계획 세우기 등이 요구된다.

이들 세 가지 기술들은 Kottler의 *Students Who Drive You Crazy*(2002), Glasser의 *Realrity Therapy*(1975), Alberti의 *Assertiveness*(1977), Zuker의 *Mastering Assertiveness Skills*(1983) 등에서 발췌하였다. 이 장은 이러한 의사소통 기술을 소개하는 데 그 목적이 있다. 만약 더 자세한 것을 알고자 한다면, 위에 언급된 문헌들을 참고하기 바란다.

이 장에서 다루어지는 자기 표현하기, 감정을 이입하여 반응하기, 문제 해결하기 등은 학생들을 대상으로 하고 있지만, 학부모 및 다른 성인들과의 관계, 특히 학부모들과 상담을 할 때에도 많은 도움이 될 수 있다. 따라서 이 장에서 기술되는 의사소통 기술은 다양한 분야에 적용할 수 있으며 학급 및 학교 관련 문제들을 더 효과적으로 처리할 수 있도록 도움을 준다.

생각해 보기

대부분의 교사들은 자기의 이미지 또는 경력이나 학력 등의 배경을 의식하거나 그것에 아주 민감한 반응을 보인다. 키, 몸무게, 외모, 교과 관련 지식, 교직 경력, 결혼 유무 및 타인으로부터의 존경 및 수용 등이 그 중요한 것들이다. 가르친다는 것 자체가 여러 사람들을 대상으로 한 것이며 또한 학생들이 교사의 행동을 빠짐없이 관찰하기 때문에, 흔히 교사들은 학생들에게 자기 자신들을 내보이게 된다. 학생들에게 감추었으면 하는 것이 있는지 생각해 본다. 만약 학생들이 그러한 부분에 대해 질문이나 이야기를 한다면 어떻게 반응을 해야 할까?

건설적이며 명확한 자기 표현

분명하게 자기를 표현한다는 것은 다른 사람들이 자신의 권리를 무시하거나 회피하지 못하게 자신의 정당한 권리를 확고히 하는 능력이다. 그리고 형용사 *건설적인(constructive)*이라는 것은 교사가 명확하게 자신의 생각을 표명할 때 학생을 비웃거나 공격하지 않는다는 것을 의미한다. 명확한 자기 표현은 우리가 일상생활에서 사용하는 일반적인 의미로 생각할 수도 있고, 구체적인 상황에서 사용되는 일련의 기술로 생각할 수도 있다. 낯선 사람과 대화할 때, 직장 · 각종 모임 · 학교 등 다양한 상황에서 자기 의사 표현을 확실히 하는 사람들도 있고 대인관계에서 자신의 의사 표현을 명확하게 하지 못하는 사람들도 있다.

일반적으로 자신의 생각을 명확하게 표현하는 편이 아닌 교사라 하더라도, 수업을 하는 동안 이러한 행동들을 배울 수 있다. 사실, 자신의 수업 기술에 대한 자신감이 더해질수록 이러한 자기 표현을 다른 상황에까지 일반화하기도 한다. 집단을 이끌 때 극단적으로 신경이 예민해지거나 다른 사람과 대화를 할 때 어려움을 겪거나 눈을 마주치지 못하는 경우, 부적절한 부탁을 너무 쉽게 받아들이고 자신의 권리를 전혀 내세우지 못하는 등 자기 자신을 분명하게 표현하지 못하는 교사들은 수업이 불편하며 특히 훈육 문제에 있어 상당한 어려움을 가지게 된다. 이러한 교사들은 자기 표현에 관한 책을 읽거나 자신감을 얻을 때까지 좀 더 편안한 상황에서 연습을 통하여 문제를 해결할 수 있다. 상담이나 자기 표현에 관한 강좌나 모임에 참여하는 등 전문적인 도움을 받을 수도 있다. 효과적인 프로그램에는 보통 적절한 사회적 상호 작용을 방해하는 부정적인 사고 형태를 바꾸기 위한 인지적 변화, 두려움 줄이기 훈련, 효과적인 행동을 위한 기술 개발 및 연습 등이 포함되어 있다.

자기 의사를 분명하게 표현한다는 것은 아래와 같은 사항들을 통해 이루어진다.

- 문제에 대한 분명한 진술
- 명확한 신체 표현

- 적절한 행동과 문제의 해결을 주장함

그러나 자기 자신을 분명하게 표현한다는 것이 다음과 같은 것들을 의미하는 것은 아니다.

- 공격적이거나 적대시함
- 논쟁적임
- 융통성 없음

자신을 분명하게 표현한다는 것은 공격적이고 위압적인 행동과 일부 학생들에게 교사와 다른 학생들의 권리를 무시하게 하는 머뭇거리거나 순종적인 반응 사이의 연속선상에 있는 일련의 사회적 반응이다. 교사는 자신을 분명하게 표현하는 기술을 통해 모든 사람들의 권리가 존중되는 학급 상황과 수업을 중요하게 생각하고 있다는 것을 학생들에게 효과적으로 전달할 수 있다. 자신을 분명하게 표현하는 것이 교사와 학생들이 서로 서로를 좋아하고 신경을 쓰는 것을 제한하거나 방해하는 것은 아니다.

다음은 교사들에게 특히 중요한 건설적이며 명확한 자기 표현에 관한 것들이다.

문제나 관심사 표명

학생들의 문제 행동은 학습 속도를 더디게 만들고, 원만한 수업 진행에 방해가 되고, 다른 학생들의 주위를 산만하게 하는 등 교사의 수업 진행상에 상당한 문제를 불러일으킨다. 문제 행동이 계속될 때, 교사의 관점에서 무엇이 문제인지 학생들에게 알려줘야 한다. 때때로 문제에 대한 간단한 언급만으로도 학생들 스스로 문제를 인식하게 하고 좀 더 주의를 기울이게 함으로써 학생들의 행동을 변화시킬 수 있다. 문제를 언급할 때는 아래에 제시된 예와 같이 (1) 학생들의 행동을 이야기하고, (2) 그 행동이 어떤 영향을 주는지 설명한다.

"도서관에서 큰 소리로 이야기하면 다른 사람들에게 방해가 되."
"선생님이 지명할 수 있게 손을 들도록 하자."
"교실을 왔다 갔다 하면 다른 친구들에게 방해가 되."

"친구들에게 욕을 하는 것은 그 친구들의 기분을 상하게 만들어."

행동과 그에 따른 결과를 강조함으로써, 학생들이 변명할 가능성을 줄이고 문제 상황을 만족스럽게 해결할 기회를 가질 수 있다. 가능한 한 개별적으로(예를 들어, 방과 후 또는 협의 시간) 상담을 함으로써 그 학생이 친구들 앞에서 당황하거나 창피를 당하지 않게 하며 교사의 권위에 도전하거나 반항하는 등의 문제들을 줄일 수 있다. 그러나 그 자리에서 즉각적인 반응을 보여야 하는 경우도 있다.

문제를 지적하는 것이 학생들이나 그들의 행동에 대해 꼬리표를 다는 것이 아니라는 것을 명심해야 한다; 다시 말해서 잘못된 행동, 무례한 행동, 남을 괴롭히거나 생각이 짧고 어리석은 행동 등에 대해 학생들을 비난하지 않는다. 학생 본인이나 그 학생의 행동에 대해 꼬리표를 다는 것은 학생 스스로에게 자기 자신을 그렇게 생각하게 만들기 때문에 학생의 행동을 변화시키는 데 방해가 된다. 또한 질문보다는 구체적으로 이야기해야 한다는 것을 명심해야 한다. 학생에게 "왜 떠들고 있니?", "다른 사람에게 욕을 해야 한다고 생각하니?" 와 같은 질문을 하면 학생들은 변명을 하거나 빈정대거나 상반된 반응을 보일 수 있으며, 교사와 학생 간의 논쟁을 불러일으킬 수도 있다.

신체 표현

학생에게 자신의 생각을 분명하게 표현할 때 세 가지 영역의 적절한 신체 표현을 통해 시각적 강화를 줄 필요가 있다. 첫째는 학생과 말하고 있을 때, 특히 문제를 설명할 때, 그리고 행동 변화를 요구할 때 눈을 마주치는 것이다. 그러나 진지하게 문제를 해결하려는 눈길과 적의를 나타내는 화난 눈길이 다르다는 것을 명심해야 한다. 긴장을 완화시키기 위해 가끔씩 시선을 다른 곳으로 돌린다. 두 번째 영역은 빈틈없는 태도와 학생 쪽으로 몸의 방향을 유지하는 것이다(그러나 학생이 위협을 느낄 정도로 가까워서는 안 된다). 바른 자세를 유지하면서 학생을 바라볼 때 그 학생은 자신에 대해 교사가 관심을 가지고 있으며 진지하게 이야기를 듣고 있다는 생각을 가지게 된다. 세 번째 영역은 이야기하는 내용과 어조에 맞는 표정을 짓는 것이다(예를 들어, 진지하게 이야기를 할 때는 웃지 말아야 한다).

적절한 행동 익히기

자신의 의사를 분명하게 표현할 때, 학생들에게 적절한 행동을 강조해야 한다. 학생들은 자기 행동을 부인하거나, 정당화하거나, 교사를 포함한 다른 사람들의 탓으로 돌리는 등 자신의 책임을 회피하려고 할 수도 있다. 학생들이 이런 반응을 보일 때, '문제 행위에는 여러 가지 이유가 있을 수 있지만 핑계를 허용해서는 안 된다.' 는 것을 명심해야 한다. 비록 다른 학생들이 문제 행동에 대한 원인을 제공하였다 하더라도, 문제 행동을 한 학생이 자신의 행동에 대한 책임을 져야 한다. 그 학생의 입장을 이해하기 위해 주의 깊게 이야기를 듣지만, 그 학생의 행동이 수업에 방해가 된다면, 그러한 행동을 교정해야 한다. 따라서 학생이 문제 행동을 정당화하려 하거나 책임을 회피하려 한다면, 문제의 핵심에서 벗어나지 않도록 한다. 그 이유야 어떻든 그 학생의 행동은 잘못된 것이며, 교사가 이를 받아들일 수 없다는 것을 분명히 한다.

자신의 의사를 분명하게 표현하는 교사란 자신의 생각과 원하는 바를 학생들에게 알려주며, 문제가 해결되고 결과가 나올 때까지 계속 행동을 취할 것이라는 의도를 학생들에게 전달하는 교사를 말한다. 유머 감각을 잃거나 학생들을 거칠게 다룰 필요는 없다. 어느 정도의 유머는 긴장을 완화시키며, 교사 자신이 학생들에게서 원하는 정도로 학생들을 친절하게 대한다. 자신이 편안함을 느끼는 자기 표현 기술을 개발하고 그러한 행동이 다른 사람들에게는 어떻게 받아들여지는지도 알아보아야 한다. 이 장의 끝부분에 제시된 활동들이 도움이 될 것이다.

감정 이입을 통한 반응

또 한 가지 중요한 의사소통(대화) 기술은 학생들에게 감정을 이입하여 반응하는 것이다. 이 기술은 학생의 입장을 이해하고 수용한다는 것을 보여줄 뿐 아니라, 필요한 경우 이를 명확하게 하는 데 도움이 된다. 감정 이입을 통한 반응은 학생과 교사 간의 충분한 대화를 가능하게 하며 따라서 상호 수용할 수 있는 문제 이해와 해결을 가능하게 한다. 이러한 기술은 학생이 지나친 걱정 등으로 스트레스나 흥분 상태에 있을 때 특히 도움이 된다. 학생을 지도하는 사람으로서 교사는 학생들이 이러한 문제를 해결할 수 있도록 긍정적인 반응을 보여야 하며, 적어도 문제가 더 악화되지 않도록 학생들의 반응에 대처해야 한다. 또한 감정 이입을 통한 반응은 행동을 바꿔야 하는 학생들을 대할 때 문제 해결 과정의 한 부분으로 사용할 수도 있다. 이러한 학생들은 보통 반항적이며 부정적인 생각을 가지고 있다. 감정 이입을 통한 교사의 반응은 학생들의 이러한 행동을 누그러뜨릴 수 있으며, 더 쉽게 변화를 수용하도록 하는 데 도움이 된다.

감정 이입을 통한 반응은 건설적이고 명확한 자기 표현이 갖고 있는 단점들을 보완해 준다. 명확한 자기 표현이 교사 자신이 원하는 바를 나타내는 반면, 감정 이입을 통한 반응은 학생들의 관점을 이끌어 내고 확인할 수 있게 한다. 감정 이입을 통한 반응이 문제 행동을 한 학생들의 행위를 정당화한다는 것을 의미하는 것은 아니다. 이는 학생들의 입장을 이해하고 고려함으로써 보다 만족스러운 해결책을 찾고자 하는 데 그 목적이 있다. 학생들은 어느 정도 교사가 자신들의 입장을 이해하고 있다는 느낌을 가질 때 행동 변화를 위해 더 많은 노력을 할 것이다. 반대로, 학생의 생각이나 입장에 전혀 관심을 두지 않는 교사들은 더 자주 학생들의 반항적인 행동이나 도전적인 행동을 경험하게 될 것이다.

아래에 제시된 두 가지 사례를 비교해 보자.

사례 A

학생: 저는 안 남아 있을 거에요. 선생님은 저에게 나머지 공부를 시킬 수 없어요.

교사: 너는 방과 후 남아 있어야 할 거다. 숙제를 끝내지 않았잖아.

학생: 아니오. 저는 남을 수 없어요.

교사: 아니. 남아야 돼. 그렇지 않으면 시간이 두 배로 늘어날 거야. 그게 규칙이야.

학생: (화가 나서) 저는 갈 거에요.
교사: 그러지 않는 것이 좋을 거야.
학생: 저 가요! (학생이 나간다.)

위의 경우, 교사의 반응은 문제 해결에 아무런 도움이 되지 않고 있다. 방과 후 나머지 공부를 하지 않으면 다음날 시간이 두 배로 늘어난다는 사실을 학생도 알고 있는 것 같고, 따라서 이는 문제를 더 심각하게 만들었고(학생의 반항), 학생이 교실을 떠났기 때문에 일시적으로나마 학생이 교사를 이긴 경우가 된다.

문제 상황을 처리하는 또 다른 예가 아래에 제시된다.

사례 B

학생 : 저는 남지 않을 거에요. 선생님은 저를 남게 할 수 없어요.
교사 : 그래, 나는 그럴 수 없지. 너에게 달려 있지.
학생 : 저는 남을 수 없어요.
교사 : 방과 후에 남아서 하는 데 문제가 있니?
학생 : 저는 곧장 집에 가야 해요.
교사 : 그래, 집에 늦게 가는 것이 문제로구나.
학생 : 맞아요. 오늘 방과 후에 어디 가기로 했어요.
교사 : 어려운 상황이구나. 그럼 네가 할 수 있는 다른 것을 말해 보겠니?
학생 : 좋아요.

사례 B의 경우, 교사는 학생과 논쟁을 피하는 대신에 학생의 문제를 알아내고 더 자세한 토론을 이끌어 냈다. 학생은 자기의 입장을 솔직하게 설명하면서 교사의 접근에 반응했다. 이 상황에서 교사의 역할은 대립자(적대자)라기보다는 학생의 입장을 들어주고 도움을 주는 것이라는 것을 명심해야 한다. 또한 방과 후의 나머지 공부를 면제해 주는 것으로 학생의 문제를 해결하려고 하지 않았다는 것도 명심해야 한다. 그 대신 그 학생에게 대안을 생각할 기회를 주었다. 물론, 모든 사람에게 만족스럽게 문제가 해결될 것이라는 보장은 할 수 없다. 그러나 위와 같은 접근은 적어도 문제 해결 가능성을 제시하며, 사례 A

에서와 같은 교사와 학생 간의 대립을 피할 수 있다. 또한 이는 책임을 회피하는 또 다른 변명거리를 주기보다는 학생에게 문제 해결을 위한 책임을 계속 부여하고 있다.

감정 이입을 통한 반응은 몇 가지 장점이 있다. 이를 통해 교사는 문제 해결에 대한 책임을 떠맡지 않으면서 학생들의 강한 감정을 처리할 수 있다. 동시에 이를 통해 학생과 교사가 감정적으로 대립하는 상황을 방지할 수 있다. 흔히 격한 감정은 일시적이며 강한 반응이 있을 때 계속 유지된다. 학생들과 비슷한 격한 감정을 보임으로써 불에 기름을 붓는 것과 같은 행동을 피해야 한다. 또한 침착하게 학생들의 입장을 이해해 주는 교사들은 긍정적인 문제 해결을 위한 좋은 모델이 된다.

감정 이입을 통한 반응은 듣기 기술(listening skills)과 진행 기술(processing skills), 두 가지로 구성된다.

듣기 기술

듣기 기술은 학생이 표현하는 감정이나 생각을 인정하거나 수용하는 것을 의미한다. 가장 기본적인 단계는 단지 관심만을 표현하는 것이다. 관심 있는 눈길로 바라보는 것만으로도 계속 학생이 이야기하도록 할 수 있다. 이와 관련된 비언어적인 행동으로 고개 끄덕이기, 학생과 계속 눈 마주치기 등 허용적인 분위기를 조성하는 몸짓 등이 있다. "그래", "알겠어", "계속해", "재미있구나" 등과 같은 언어적 반응도 보인다. 또한 이보다 더 강한 격려가 필요한 경우도 있다. 따돌림을 당하거나 자신감을 상실한 학생들에게는 다정하게 쓰다듬어 주거나 가볍게 껴안아 주기도 한다. 더 나아가 "좀 더 자세히 말해볼래?", "선생님은 네가 한 이야기에 아주 관심이 많아.", "네 생각을 말해보겠니?", "너는 어떻게 생각하니?"와 "지금까지 내 이야기를 많이 들었지? 이제 네 이야기를 듣고 싶구나." 등의 반응을 통해 더 많은 이야기를 나눌 수 있다.

진행 기술

진행 기술을 통해 학생의 의도를 분명하게 이해하고 확인할 수 있다. 아래의 예에서 어떤 교사가 계속 대화를 이끌어 낼 수 있을지 생각해 보자.

학생: 저는 이 과제를 할 수 없어요.

교사 (A): 무슨 문제가 있니?

교사 (B): 무슨 소리야? 더 열심히 해봐. 그러면 잘 할 수 있을 거야.

학생: (눈물을 글썽이며) 저는 Angela가 미워요. 그 애는 더 이상 제 친구가 아니에요.

교사 (A): 친구 때문에 정신이 없는 것 같구나.

교사 (B): 어리석게 굴지 마. 그 애는 너랑 가장 친한 친구야. 그 애한테 가서 미안하다고 그래.

위 예에서 교사 A의 반응이 학생의 감정을 잘 받아들이고 있는 반면, 교사 B의 반응은 학생의 감정을 무시하고 있으며 대화를 단절시키고 있는 것 같다. 교사 B의 반응은 단정적이며, 학생 스스로에게 문제를 해결할 수 있는 기회도 주지 않고 또한 상황에 대한 충분한 정보도 없이 해결책을 제시하고 있다.

학생과 이야기를 진행하기 위해 학생이 한 말을 반복하거나 요약해서 다시 이야기할 수도 있다. 학생의 이야기에 여러 가지 메시지가 포함되어 있거나 두서가 없다면, 가장 중요하게 생각하는 말을 골라 알기 쉽게 바꾸어 이야기한다. 단순히 학생이 한 말을 반복하거나 질문 형식으로 바꾸어 이야기할 수도 있다. 어떤 경우든, 학생들은 보통 교사의 생각이 옳다고 인정하거나 좀 더 자세하게 부연설명을 할 것이다. 방과 후에 짧은 상담 시간에 이루어진 아래의 예를 살펴보자.

학생: 저는 학교가 싫어요. 학교는 답답해요!

교사: 왜 그런지 이야기해 볼래?

학생: 저는 그냥 학교에 있는 것이 싫어요.

교사: 학교에 있는 무엇인가가 너를 괴롭히고 있구나.

학생: (울면서) 예, Sean과 Billy가 저를 놀려요.

교사: (학생을 팔로 감싸며) 그 애들이 너를 놀려서 기분이 좋지 않은 거로구나.

학생: 예.

교사: 좀 더 자세하게 말해 줄 수 있겠니?

학생: 그 애들이 저를 바보, 멍청이라고 불러요.

교사: 그 애들이 욕하는 것이 많이 속상했던 모양이구나. 그 애들이 정말로 그렇게 생각할까봐 걱정되니?

학생: 아뇨. 저는 바보가 아니에요.

교사: 그렇지. 너는 바보가 아니야. 네가 그렇게 생각하지 않는다니 선생님도 기분이 좋구나. 다른 애들이 욕을 하거나 너를 놀릴 때 뭐라고 해야 하는지 알겠지?

위의 예에서, 교사는 속상해 하는 학생에게 다양한 반응을 보이며 부분적으로라도 학생이 자신의 감정을 표현하도록 유도하고 있다. 그런 후 학생에게 문제를 해결할 수 있도록 도움을 주고 있다. 한 번의 대화를 통해 모든 문제를 해결할 수 있다는 생각은 현실적으로 불가능하지만, 부정적인 감정을 누그러뜨리거나 어느 정도 긍정적인 상태로 만들 수 있다. 적어도 그 학생은 어른들이 자기의 이야기를 주의 깊게 듣고 있다는 것을 알게 될 것이고, 교사는 학생들을 지도할 수 있는 더 유리한 위치에 있다.

위의 예들에서 감정 이입을 통한 반응 기술(듣기기술과 진행기술)은 각 학생들과의 상호 작용이라는 맥락에서 다루어졌지만, 이는 집단 속에서 문제가 생겼을 때도 역시 문제를 해결하는 데 도움이 된다. 특히 이러한 방법을 사용한다면 수업 중에 일어날 수 있는 학생들의 감정적 대응이나 문제에 효과적으로 대처할 수 있을 것이다. 또한 이를 통해 교사는 대안을 생각할 수 있는 시간을 벌 수도 있다. 더욱이, 이러한 듣기 및 진행 기술은 토론 학습을 진행하거나 학부모들과 면담을 할 때도 아주 도움이 된다.

비록 감정 이입을 통한 반응 기술이 여러 상황에서 도움이 된다 하더라도 학급 규칙을 위반하거나 다른 학생들을 방해하는 학생들을 다루는 일차적인 방법이 되어서는 안 된다. 이러한 문제 행동에는 7장과 9장에서 제시된 방법들을 사용해야 한다. 그러나 듣기 및 진행 기술은 다른 방법들을 사용하는 데 어느 정도 도움을 줄 수도 있다.

이러한 기술을 사용하는 데 따르는 또 다른 제한점은 이를 사용할 적절한 시기 및 장소를 찾는 것이다. 수업 중 학생들의 모든 생각이나 의견 표현, 감정 등에 감정 이입을 통한 반응을 할 수는 없다. 이러한 반응은 수업 능률을 떨어뜨리고 학생들의 주의 집중을 방해하는 요인이 된다. 얼마나 자주, 어떤 상황에서 이러한 기술을 사용할 것인가 하는 것은 기회, 교사가 의도하는 목표와 가치, 그리고 교사의 자신감 등 여러 요인들에 달려 있다. 교사들은 적어도 이러한 기술이 도움이 되는 상황에서 이를 사용할 수 있도록 자신의 기술을 개발해야만 한다. 효과적인 기술 개발을 위해서 많은 노력과 관찰이 필요하며, 또한 이 장의 마지막 부분에 제시된 여러 가지 활동들도 도움이 될 것이다.

문제 해결

문제 해결은 갈등을 처리하고 해결하기 위해 사용하는 과정이다. 역할에 따라 욕구가 다르고 개인에 따라 목표와 관심사가 다르기 때문에 교사와 학생들 사이에 갈등이 생긴다. 복잡한 교실에서 다양한 생각이 서로 충돌할 수 있고, 서로서로 상대방에 대해 어색한 느낌을 가질 수도 있다. 만약 갈등이 일어난다면 협동적인 분위기 속에서 수업이 계속될 수 있도록 갈등을 바람직하게 처리하는 방법이 필요하다. 이를 위한 효과적인 방법이 교사와 학생이 함께 문제를 해결하거나 감소시키기 위해 계획을 세우는 '문제 해결 과정' 이다. 문제 해결 과정의 단계는 다음과 같다: (1) 문제 확인, (2) 대안 논의, (3) 대안들 가운데 하나를 선택하여 실행하기. 상황에 따라 문제 해결 과정에는 문제의 원인 규명이나 대안을 실행했을 때와 하지 않았을 때의 결과를 밝히는 단계가 포함되기도 한다. 학생의 행동에 대한 단순한 간섭 이상을 요구하기 때문에 학생들과 대화(상담)를 나누는 동안 문제 해결을 위한 노력이 이루어진다. 문제 해결을 위한 학생과의 합의에 이르기 위해 건설적인 자기 표현 및 감정 이입을 통한 반응 등이 도움이 된다.

간단한 방법으로 해결하기 어려운 만성적인 문제를 해결하기 위해 문제 해결 방법을 사용한다. 계속 내버려두면 수업이나 다른 학생들의 학습을 방해하고 학급에서 이루어지는 여러 가지 활동에도 지장을 주기 때문에 이러한 문제들을 해결하기 위해 어떤 조치를 취해야 한다. 다음의 예를 생각해 보자.

1. Brad는 관심을 끌고 싶어한다. 선생님이 질문을 할 때마다 Brad는 손도 들지 않고, 이미 다른 학생을 지명했더라도 이를 무시하고 큰소리로 대답한다. 바람직한 행동을 상기시키고 Brad의 행동을 무시하려는 교사의 노력에도 불구하고 Brad의 행동은 계속 수업에 방해가 된다.
2. Alice와 Alicia는 과제를 마친 후 학급 자료나 학용품, 책상 등을 전혀 정리하지 않는 것 같다. 이들은 교사가 "학급 규칙을 잘 지키자"고 말하는 것을 기분 나쁘게 생각하며 교사가 직접 감독을 하지 않으면 자신들이 맡은 책임을 회피한다. 최근에는 과제나 숙제를 낼 때마다 투덜거리고 있다. 신발을 끌며 다니는 것이 처음에는 사소한 것 같았지만 지금은 계속 짜증을 일으킨다.
3. 수업 중에 문제를 해결할 충분한 시간을 주었는데도 Terrence는 수학 과제의 마지막 세 문제를 빼먹었다. Terrence는 수업 시간에 무기력한 태도를 보이며, 할 수 있는 것들도 제대로 하지 않고 수업시간 내내 게으름을 피우고 있다. 지난주에는 두 번이나 쉬는 시간에 쉬지 못하고 끝마치지 못한 과제를 해야만 했지만, 역시 끝마치지 못했고, 쉬는 시간을 빼앗긴 것에 대해 아주 불만이었다. 지난 학기 성적은 상당히 좋지 않은 편이었으며, 숙제나 다른 과제들을 자주 빼먹기 때문에 수학이나 다른 과목의 학습 능력이 크게 향상되지 않고 있다.

위의 각 예들은 문제 해결 방법이 도움이 될 수 있는 단계에 이르렀다는 것을 나타낸다. 각 예에서 계속되는 교사의 교정 노력은 학생들의 행동 변화에 아무런 영향을 주지 못하고 있다. 위의 예에서, 계속되는 반복적인 교사의 행동은 교사-학생 간의 힘겨루기나 학생들의 바람직한 행동 능력을 저하시키는 결과를 초래하고 있다.

위의 예들에서 분명한 것은 학생들이 자신들의 행동에 대한 책임을 받아들이지 않는다는 것이다. 문제 행동과 관련된 강력한 (처벌과 같은) 결과가 필요하다고 할 수도 있다. 이러한 것들은 문제 해결을 위해 학생들과 대화를 나눌 때 일종의 대안으로 이야기될 수도 있다. 그러나 학생 스스로 문제 행동을 변화시키려고 노력하기 전까지, 학생들은 처벌을 행동의 결과로서가 아니라 강제적이고 통제적인 것으로 인식하며, 따라서 이는 문제 해결에는 거의 도움이 되지 않는다. 또한 위의 예들은 각 문제의 원인들이 명확하지 않다. 왜 Brad는 자기 순서를 기다리지 못할까? Alicia와 Alice는 왜 정리를 하지 않는 것일까? Terrence에게 과제가 너무 어려운가 아니면 숙제나 과제를 싫어하는 다른 외적인 이유가 있을까? 자신들의 상황에 대해 이야기할 기회를 줌으로써 만족스러운 문제 해결을 위한 단서를 찾을 수 있다. 또한 이러한 대화를 통해 학생과 교사는 각자 상대방의 입장을 좀 더 이해하며 문제가 악화되는 것을 막을 수 있다.

문제 해결의 각 단계를 설명하면 다음과 같다.

1단계: 문제 확인하기. 대화의 목적을 설명하고 학생에게 자신의 생각을 이야기하도록 함으로써 대화를 시작한다. 학생들의 생각을 알게 됨으로써 문제 해결의 다음 단계를 위한 유용한 정보를 얻게 되며, 학생들의 문제 이해 정도와 협조 정도를 파악할 수 있다. 또 다른 방법은 교사 본인이 문제를 설명하고 학생에게 반응을 요구하는 것이다. 이는 특히 저학년, 언어 발달이 더디거나 자신의 행동에 대한 책임을 회피하고 시치미 떼는 학생들에게 필요하다. 학생이 비협조적인 태도를 보인다면, 앞에서 설명한 바와 같이, 문제 행동과 이로 인한 결과를 설명하면서 교사는 자신의 생각을 분명하게 표현해야 한다. 또한 문제를 계속 방치하지 않을 것이며 이를 해결하기 위해 어떤 조치가 취해져야 한다는 것을 강조한다.

Glasser(1975)는 학생들에게 자신들의 행동이 자기 자신에게 도움이 되는지 아니면 해가 되는지, 그리고 긍정적인 영향을 주는지 그렇지 않은지를 생각하게 해 보라고 권한다. 학생이 자신의 행동이 부정적인 결과를 가져온다는 사실을 이해하고 인정한다면 해결책을 찾는 데 더 적극적으로 참여할 것이라는 논리이다. 자신의 책임을 회피하거나 자신의 행동이 다른 사람들에게 좋지 않은 영향을 준다는 것을 깨닫지 못하는 학생들은 변화에 적극적으로 참여하지 않을 것이다. 이런 학생들에게는 '만약 그런 행동을 계속한다면 어떤 일이 생길까?' 라는 질문을 하는 것이 도움이 될 것이다.

대화의 초기 단계에서 학생들은 방어적이거나 감정적인 반응을 보일 수도 있고, 다른 사람들을 비난하거나 자기의 행동을 정당화하는 등 책임을 회피하려고 할 수도 있다. 이런 경우, 교사는 먼저 학생의 반응이 책임을 회피하려고 하는 것인지 아니면 어느 정도 근거가 있는 것인지 결정해야 한다. 만약 학생의 주장이 타당하다면, 듣기 및 과정 기술을 통해 적절한 반응을 보인다. 이는 학생의 입장을 이해하려는 교사의 태도를 전달하며 계속되는 문제 해결 과정에서 학생들의 협조를 증가시킨다. 바람직한 행동을 본보기로 보여줌으로써 학생들이 이러한 행동을 하도록 고무한다. 문제 해결 단계에서 감정 이입을 통한 반응의 단점은 학생들의 변명, 자기 정당화 등이 단순히 책임을 회피하려는 수단일 수도 있다는 것이다. 문제의 핵심에서 벗어나지 않기 위해, 학생의 입장을 충분히 들은 다음 다시 문제 상황에 초점을 둔다. 문제가 분명해지고 합의가 이루어졌을 때 다음 단계로 넘어간다.

2단계: 대안 선택하기. 이 단계를 시작하는 한 방법은 학생에게 문제 해결 방법을 제시하도록 하는 것이다. 만약 학생이 그렇게 할 수 없다면, 그때 교사가 방법을 제시한다. 가능하다면 서로 비교해 보고 최선의 것을 선택할 수 있도록 둘 이상의 대안을 마련하는 것이 가장 좋다. 일반적으로 학생들의 해결책은 단순히 바람직하지 않은 행동을 멈추게 하는 데 초점을 두기 때문에 부정적으로 진술되는 경우가 많다. 이러한 부정적 진술이 문제를 해결하는 단계들 중의 한 부분이지만 바람직한 행동을 증가시키기 위한 제안을 포함하는 등 긍정적인 관점에서 문제를 처리하는 것이 좋다. 따라서 학생들의 생각을 받아들이고 필요한 경우 교정해 줄 수 있는 준비가 되어 있어야 하다.

교사가 해결책을 제안하는 경우, 학생이 그 방안을 이해하고 받아들이는지 확인을 해야 한다. "실현 가능한가? 눈에 띄게 문제 행동을 줄일 수 있는가? 다른 학생들이나 학급 환경의 변화가 필요하며 그런 변화가 실행 가능한가? 계획을 미리 평가해 볼 수 있는가?" 등 계획의 적절성을 생각해 보아야 한다. 수업을 더 재미있게 해달라고 하거나 다른 학생들에게 "나를 가만히 내버려둬."라고 요구하는 등 교사나 다른 학생에게 변화의 책임을 떠맡기는 방법으로 자신의 책임을 회피하는 학생들도 있다. 적절하고 합당한 범위 내에서 이러한 변화를 생각해야 하며 다른 학생들에게 모든 책임을 전가시키게 해서는 안 된다.

"그래, 그렇게 바꾸면 도움이 될 거야. 그러면 너는 어떻게 할 거니?" 등이 바람직한 반응이다. 충분히 동의할 수 있는 해결책에 도달했다면 세 번째 단계로 넘어간다.

3단계: 약속 받기. 이 단계에서 교사는 학생들에게 해결책을 받아들이도록 요구하며, 나중에 잘하고 있는지 살펴볼 것이라는 것을 이해시킨 뒤, 일정 기간 동안 이를 지키도록 요구한다. 계약서를 작성할 때처럼 구두나 문서로 약속을 한다. 학생과 교사의 서명, 약속 기간, 약속대로 행동했을 때와 약속을 지키지 않았을 때의 결과 등을 기록한 공문서 양식으로 계약서를 만들기도 한다.

문제의 심각성과 첫 번째냐 아니면 약속 위반에 따른 추수 지도냐에 따라 약속을 지키지 않았을 경우 어떻게 할 것인가를 분명하게 명시하기도 한다. 교사의 통제나 강압적 행동을 최소화했을 때 장기적인 협동 관계가 더 잘 이루어진다는 이유에서 처벌의 힘을 빌지 않고 학생 스스로 행동을 고칠 수 있는 기회를 주려고 하는 교사들도 있다. 그러나 학생이 약속을 지키려는 적절한 노력을 하지 않거나, 문제 행동을 방치하기에는 너무 위험하거나 공격적일 경우, 학생들에게 주의를 주고 사태의 심각성을 알려 주기 위해 결과를 명확히 제시할 필요가 있다: 예를 들어, "너는 선생님과 네가 합의한 결정을 따를 것인지 아니면 교장 선생님, 부모님과 네 행동에 대해 상담을 할 것인지 선택해야 해."

만약 문제가 해결되지 않았다면, 정해진 결과대로 행동을 하거나 보다 실행 가능한 해결 방법을 만들어 내기 위해 학생과 계획 수정 작업을 할 필요가 있다. 이러한 경우 교장실에 보내기, 나머지 공부시키기 및 그 외 다른 처벌을 사용하는 대신에 새로운 계획을 위해 얼마나 많은 시간과 노력을 기울일 수 있고 또 기울여야 하는가 하는 것이 관건이 된다. 또한 후속적인 행동을 취하기 전에 문제를 다른 시각에서 이해할 수 있도록 상담 교사, 교감 및 다른 동료 교사들에게 자문을 구할 수도 있다.

문제 해결을 위한 대화에 진전이 없는 경우(예를 들어, 학생이 진지하게 참여하지 않거나 협조하지 않는 경우), 문제 해결 과정을 그만두기 전에 먼저 교사 자신의 자기 표현 기술과 감정 이입 기술을 평가해야 한다. 어설픈 자기 표현 기술(적대적, 비판적이거나 공격적 행동과 그와 상반되는 소심하고 어정쩡한 반응 등)은 문제 해결 과정에 방해가 된다. 지나치게 자신의 의견을 제시하는 등의 적대감이 느껴지는 태도는 교사의 권위에 의존하는 것으로 학생과의 대화를 단절시키게 된다. 그러나 권위가 전혀 없는 어정쩡한 반응은 쉽게 무시된다. 교사가 믿음직스러워 보이지 않기 때문에 학생들은 교사의 행동과 약속 불이행에 대한 결과를 믿지 않게 된다. 그러나 건설적으로 자기 의견을 표현하는 교사들은 학생들의 주의를 집중시키고 상황을 변화시키려는 진지한 의도를 학생들에게 전할 수 있다. 감정 이입을 통한 반응은 학생들의 입장을 이해하려는 태도를 전달하며 학생들의 이야기에 반응하거나 이야기를 명확하게 한다. 이러한 기술을 통해 학생들의 방어적 행동을 잘 처리할 수 있기 때문에 문제 해결을 위한 학생들과의 대화에서 자기 표현과 감정 이입적 반응 기술이 필요하다. 또한 이러한 기술들은 논의되는 해결책을 명확하게 해주며 변화를 위한 학생들의 약속 이행 정도를 높여 준다.

이러한 기술들을 사용할 때, 조급해 하지 않으며 효과를 발휘할 수 있도록 여유를 가져야 한다. 교사들은 사태가 만성화된 이후에 또는 오랜 기간에 걸쳐 형성되어 온 행동에 대해서 문제 해결 방법을 사용하곤 한다. 이런 경우 어떤 기적을 기대할 수는 없다. 서서히 불완전한 변화가 이루어진다. 그러나 대부분의 경우 문제 해결을 위한 대화는 도움이 되며, 학급 경영 및 수업 활동에 꼭 포함되어야 한다.

문제 해결을 위한 예가 대화 8.1과 8.2, 8.3에 제시되어 있다. 또한 문제 해결을 위한 연습 활동들이 이 장의 끝부분에 제시되어 있다.

학부모들과의 대화

건설적이고 명확한 자기 표현, 감정 이입적 반응과 문제 해결 과정은 학생들과 상호 작용을 할 때 큰 도움이 되며, 학부모들을 대할 때도 역시 도움이 된다. 4장에서 학부모들을 참여시키기 위한 방법들을 제시하였다. 이러한 초기 방법들은 가정과 학교 간의 효과적인 의사소통 체제 형성의 토대를 제공하며 학부모와의 적절한 관계 형성에 도움을 줄 수 있다. 이와 함께 학부모들과 대화 및 상호 작용을 할 때 도움이 되는 아래와 같은 방법들도 제안한다.

- 바쁜 와중에도 교사를 찾아온 학부모의 성의에 감사하는 마음을 보인다. 사전에 준비하여 시간을 효율적으로 활용한다.
- 학창시절을 어렵게 보낸 학부모들은 학교와 교사들에게 주눅 들어 있다고 할 수도 있다. 이는 회피, 신경질적인 반응 등을 불러일으킨다. 따라서 학부모들의 반응은 교사의 이야기 또는 행동에 대한 것이 아니라 이러한 자신들의 마음 상태를 반영하고 있다고 이해한다.
- 행동 및 학업상의 문제를 가지고 있는 아이의 부모들은 특히 비판에 더 민감하다. 학생이 결정한 선택에 초점을 두고 보다 나은 결정을 위해 무엇을 할 수 있는지에 초점을 둔다.
- 팀의 일원으로 학부모들을 대한다. 교사와 학부모는 학생이 잘 되기를 바라는 공동의 목표를 가지고 있다. 따라서 대화의 초점은 함께 협력할 수 있는 방법을 찾는 것이다.
- 가능하면, 자료를 모아 둔다. 예를 들어, 어떤 학생이 과제를 성의 없이 한다면, 그중 몇 가지를 학부모에게 보여줄 수 있도록 준비한다. 학생이 과제를 제출하지 않는다면, 제출일이 기록되어 있는 과제지를 학부모에게 전달한다.
- 학생에 대해 단정 짓기보다 행동을 기술하는 데 중점을 둔다(예를 들어, 'Abigail은 너무 짓궂어요.' 보다는 'Abigail은 친구들의 별명을 부르고 다녀요.' 등). 단정 짓게 되면 학부모들은 방어적인 태도를 보일 가능성이 크다.
- 아이들에 대해 학부모가 알고 있는 것을 존중한다. 학부모들은 자녀들의 행동을 이해하고 있으며 따라서 문제를 다루는 대안적인 방법을 제안할 수도 있다.

추천 도서

Berger, E. H. (2004). *Parents as partners in education: Families and schools working together* (6th ed.). Englewood Cliffs, NJ: Merrill/Prentice Hall.

Greene, J. O., & Burleson, B. R. (Eds.). (2003). *Handbook of communication and social interaction skills*. Mahwah, NJ: Lawrence Erlbaum.

Hill, C. E. (2004). *Helping skills: Facilitating exploration, insight, and action* (2nd ed.). Washington, DC: American Psychological Association.

Kottler, J. A. (2002). *Students who drive you crazy: Succeeding with resistant, unmotivated, and otherwise difficult young people*. Thousand Oaks, CA: Sage (Corwin Press).

www.wglasser.com

www2.scholastic.com/browse/teach.jsp

www.state.ky.us/agencies/behave/homepage.html

www.air.org/cecp

제안 활동

활동 8.1: 자기 표현 기술 개발

이 활동의 목적은 자기 표현 기술을 연습할 수 있는 상황을 제공하기 위함이다. 아래에 기술된 각 상황에 대해 적절하게 반응을 해보자. 어느 정도 편안함을 느낄 때까지 각 상황에 대해 다음의 세 단계를 따른다. 그 후 각 단계를 통합함으로써 여러 상황에 어느 정도 익숙해질 수 있을 것이다.

1단계: 문제를 분명하게 기술하거나 자신의 권리가 존중되어야 한다는 내용의 글을 쓴다. 다른 사람들과 함께 자기가 쓴 글을 비교하고 분석한다. 필요하면 자기의 글을 수정한다.

2단계: 자신이 교사 역을 맡고 다른 사람들이 학생 역을 맡아 어떤 상황을 나타내는 역할극을 한다. 역할극을 하는 동안, 자신의 행동을 뒷받침할 수 있는 적절한 신체 동작(바디 랭귀지—눈을 맞추거나 얼굴 표정을 바꾸는 등)을 한다.

3단계: 자기 표현 능력에 대해 관찰자로부터 피드백을 구한다. 스스로 자기 행동을 평가하려면 이 장의 끝에 제시된 자기 표현력 측정 도구를 사용하며, 이 결과와 자신에 대한 다른 사람들의 평가 결과와 비교하여 자신을 살펴본다. 역할극에서 경험한 문제나 잘못된 부분에 대해 이야기를 나눈다. 주어진 상황을 처리하는 데 자신감이 생길 때까지 2단계를 반복한다.

그러나 역할극의 목적이 자기 자신을 분명하게 표현하는 경험을 주려는 것이기 때문에 주어진 상황이 완전히 해결될 때까지 역할극을 반복할 필요는 없다. 다만 학생 역을 맡은 사람들은 가능한 한 자연스럽게 반응을 하도록 한다.

상황 A. Scott은 최근 들어 공부도 잘하지 않고 과제도 겨우 해내는 등 불안정한 행동을 보이고 있다. 수업이 끝날 무렵, 그는 과제를 며칠 뒤에 제출해도 되는지 질문을 했다. 필요한 자료를 구하지 못해 과제를 제때 하지 못한 2명의 학생에게 선생님이 제출일을 조금 연장해 준 것을 Scott은 알고 있다.

상황 B. Alyson과 Maria는 체육 기구를 정리하는 역할을 맡았지만, 기구를 제자리에 갖다 두지 않고 그냥 체육관에 여기 저기 흩어져 있는 상태로 내버려두었다. 쉬는 시간이 끝날 때가 되자 이들은 교실 쪽으로 뛰어간다.

상황 C. Victor는 과제를 하지 않고 있다. 선생님과 눈이 마주치자 고개를 돌리고, 계속 주변의 학생들과 잡담을 하고 있다. 학생들의 과제 활동 상황을 알아보기 위해 교실을 순시할 때, Victor는 종이비행기를 만들기 시작한다.

상황 D. 두 명의 학생이 복도를 지나가면서 욕설을 하고 있는 것을 보았다. 그냥 왔다 갔다 하기만 하지 아직 크게 흥분된 상태는 아니지만, 주위에 학생들이 모여들고 있고, 이들이 싸움을 부추기고 있다는 생각이 든다.

상황 E. 수업을 시작하자마자, 교실에서 음식을 먹어서는 안 된다는 규칙을 무시하며 Daphne이 과자를 먹고 있는 것을 보았다. 선생님이 자기를 보고 있다는 것을 느끼자, 손에 들고 있던 것을 얼른 입에 집어넣고 한 개를 다시 꺼낸다.

상황 F. 학급회의 시간, Susan과 Kris는 공책을 주고받으며 소리 내어 웃고 있다. 이들의 행동이 다른 학생들의 주의 집중에 방해가 되고 있고, 교사도 짜증이 나기 시작한다.

상황 G. 어제 결근을 했는데, 대신 들어왔던 선생님이 무척 힘들었던 것 같다. 그 선생님이 남겨 놓은 글에 의하면, 상당수의 학생들이 교사의 지도에 따르지 않았으며, 4~5명은 화장실에 간다고 나간 뒤 점심시간까지 돌아오지 않았으며, 오후 시간에도 종이를 던지거나 장난을 쳤다고 한다. 첫시간 수업 시작종이 울리자, 학생들에게 인사를 하며 교실로 들어간다.

활동 8.2: 대화를 계속하기 위한 대응

아래의 대화는 학생의 발언에 대한 교사들의 다양한 반응을 나타낸 것이다. 각각의 경우에서, 어느 답이 대화를 이어가는 데 가장 근접한 반응, 즉 대화가 계속 진행될 수 있게 하거나 학생의 생각이나 감정에 대해 가장 적절히 반응하는 것인지 찾아보고 부록의 답과 비교해 보자.

1. 학생: 제기랄. 이 놈의 학교.
   - a. 그런 말을 하면 안 돼.
   - b. 학교에 대해 뭔가 불만이 있는 것 같구나.
   - c. 힘을 내, 모든 것이 그렇게 나쁜 것은 아니야.
   - d. 그렇게 말을 해도 달라지는 것은 없어.

2. 학생: 분수를 잘 이해하지 못하겠어요. 왜 이걸 배워야 해요?
   - a. 대학에 가려면 필요해.
   - b. 계속 해봐. 시간이 조금 지나면 알게 될 거야.
   - c. 어떤 부분이 이해가 안 되니?
   - d. 방과 후에 남을래? 선생님이 도와줄 수 있어.

3. 학생: 더 이상 저 애들 옆에 앉고 싶지 않아요.
   a. 미안하구나. 그러나 이미 정해진 거야.
   b. 저 애들이 너를 괴롭히면, 바꿔줄 수 있어.
   c. 네가 직접 처리할 수는 없겠니?
   d. 어떤 상황인지 이야기해 볼래?

4. 학부모: 우리 애는 아주 걱정을 하고 있고, 더 도와주지 않으면, 이번 시험을 통과하지 못할 거에요. 하나도 이해를 하지 못한다고 그러더군요.
   a. 계속하세요. 좀 더 이야기를 듣고 싶군요.
   b. 수업 시간에 좀 더 집중을 해야 해요.
   c. 걱정이 크겠지만, 괜찮을 거에요. 시험을 보기 전에 다시 한 번 복습하는 걸로 충분할 겁니다.
   d. 대부분의 학생들은 제가 쉽게 설명을 한다고 해요. 아마 수업 시간에 딴짓을 하고 듣지 않는 모양이군요.

5. 옆반 선생님: 반 애들 때문에 미치겠어요. 요즘은 어떻게 할 수가 없어요.
   a. 좀 더 분명하게 자기 생각을 표현하는 것이 어때요?
   b. 나도 알아요. 이 층에 있는 사람들은 다 들을 수 있어요.
   c. 다루기 힘든 애들이 많이 있죠!
   d. 그 애들이 안 좋다면 우리 애들을 한 번 해봐요(우리 애들은 더 심해요).

활동 8.3: 감정 이입을 통한 반응

이 활동은 동료 교사들과 함께 해야 한다. 교사와 학생의 역할을 돌아가며 역할극을 한다. 교사 역을 맡은 사람은 감정 이입을 통한 반응을 연습해야 하며, 학생 역을 맡은 사람들은 가능한 한 자연스럽게 행동한다. 이때 교사와 학생 간의 충분한 대화가 이루어질 수 있는 시간과 장소에서, 교사가 학생들의 이야기를 듣는 데 관심을 가지고 있다는 가정하에서 대화가 이루어진다. 그러나 이러한 가정이 항상 현실적인 것은 아니다. 예를 들어, 어떤 한 모둠을 지도하고 있을 때는 이러한 문제들을 처리하기가 어려우며, 또한 모든 학생들의 문제를 이런 식으로 처리할 수 있는 시간적인 여유가 없는 경우가 많다. 이 활동에서는 학생들에게 해결책을 제시하는 것을 피해야 한다. 그 대신 학생들이 문제 상황에 대해 충분히 이야기하고 스스로 문제 해결 방법을 생각할 수 있도록 하기 위해 듣기와 진행 기술에 초점을 둔다.

상황 A. Teresa는 수학과 과학 실력이 우수하며 영어를 모국어로 쓰지 않는 학생이다. 그러나 쓰기는 어느 정도 문제를 가지고 있다. 수업이 끝난 후, 눈물을 글썽이며 낮은 점수를 받은 과제를 들고 나와서 교사에게 이야기한다. "저는 꽤 잘했다고 생각을 했었는데..."

상황 B. 공부를 잘하는 David가 교사에게 이야기한다: "이런 학습지를 하지 않는다면 수업이 더 재미있을 거예요. 저희가 스스로 활동을 선택할 수는 없을까요?"

상황 C. 나머지 학생들이 각자 과제 활동을 하고 있는 동안, Barry는 책을 덮고, 학습지를 집어던지고 불평을 하면서 책상 밑으로 들어간다.

상황 D. 이번주 들어 두 번째, SueAnn은 과제를 제출하지 않았다. 지난주에도 두 번이나 잊어버리고 숙제를 가지고 오지 않았다. 수업이 끝난 후, SueAnn에게 숙제의 중요성에 대해 이야기를 해주었다. 그러나 그애는 "나하고는 상관없어요."라고 대답한다.

상황 E. 새로 전학 온 Armand는 친구를 잘 사귀지 못하고 있다. 최근에는 주위의 관심을 끌기 위해 인기가 많은 남자아이들과 자주 싸움을 하고 여자아이들을 울리고 있다. 그러나 크게 성공을 거두지는 못하고 있다. 수업이 끝난 후 "예전의 학교로 다시 전학을 갔으면 좋겠어요."라고 이야기한다.

활동 8.4: 문제 해결 과정 연습

아래에 제시된 상황을 가지고 문제 해결 과정(문제와 그 결과를 확인하고, 해결책을 선택하며, 이를 실행하는 데 최선을 다할 수 있게 하는 것)을 연습할 수 있도록 역할극을 한다. 문제 행동이 그런 행동을 하는 학생 본인에게만 영향을 미치는 경우, 듣기 및 감정 이입을 통한 반응으로 대화가 계속 진행될 수 있도록 하며 또한 해결책을 생각할 수 있도록 도와준다. 어떤 학생의 문제 행동이 교사의 수업이나 다른 학생들의 권리에 영향을 주는 경우에는 문제 행동을 한 학생이 이러한 문제 해결 과정에 참여하는 것을 꺼리는 경우가 많으며, 따라서 명확한 자기 표현 기술을 통해 이러한 것을 해결한다. 아래에 제시된 상황과 함께, 활동 8.1과 8.3에 제시된 상황도 활용할 수 있다.

상황 A. Bob과 Ray는 서로 경쟁적으로 우스갯소리를 하면서 다른 학생들의 주의 집중을 방해하고 있다. 주의를 주거나 벌을 주는 것도 순간적일 뿐이다. 따라서 이 아이들과 대화를 나누려고 한다.

상황 B. David는 아무것도 시키지 않을 때는 문제 행동을 보이지 않는다. 그러나 수업에 집중을 해야 한다거나 과제를 해야 한다는 이야기를 들으면, 다른 사람들에게 피해를 주지 않는 한 자기가 하고 싶은 것을 할 수 있는 권리가 있다며 반항적인 행동을 보인다.

상황 C. Lucy는 공부를 잘하지만 가끔 과제를 늦게, 그것도 다 끝내지 못한 상태에서 제출한다. 그러나 그 결과는 그럭저럭 받아들일 만하며, 만약 좀 더 신속하게, 좀 더 내용을 조직화한다면 쉽게 최고 점수를 받을 수 있다. 최근에, 과제를 자주 빼먹는다는 것을 가정 통신문을 통해 알려 주었고, 이 문제를 상의하기 위해 Lucy와 그 어머니가 학교에 왔다. Lucy의 어머니는 점수를 더 받을 수 있도록 Lucy에게 제출하지 않은 과제를 다시 제출할 수 있도록 기회를 주었는가에 대한 의문을 가지고 있다.

활동 8.5: 대화 분석

아래의 세 가지 대화에 대해 이야기해 보자. 교사들은 어느 정도 문제 해결 과정, 건설적인 자기 표현을 사용하고 감정 이입적 반응을 하였는가? 이를 적절히 사용했는가? 문제 상황을 처리하기 위해 다른 어떤 방법들을 사용할 수 있을까? 이 방법들의 장점과 단점은 무엇인가?

대화

다음의 세 가지 예는 이 장의 앞부분에 제시된 세 가지 문제 상황에 문제 해결 협의 과정을 적용한 것이다.

대화 8.1: Brad

교사: Brad, 토론 시간의 문제 행동 때문에 좀 이야기하자고 선생님이 남아 있으라고 그랬었지. 선생님이 질문을 했을 때, 너는 지명을 받기도 전에 큰 소리로 대답을 했어. 그렇지?

Brad: 예. 맞아요.

교사: 이런 행동이 왜 문제가 되는지 이야기해 볼래?

Brad: 제 생각으로는 다른 아이들에게 기회를 주지 못하는 것 같아요.

교사: 그렇지. 선생님은 다른 학생들도 이해하고 있는가 확인을 해야 한단 말이야.

Brad: 다른 애들이 모르고 있다면 어떡해요?

교사: 아무도 손을 들지 않거나 대답을 하려 하지 않을 때를 말하는 거니?

Brad: 예. 그래요. 그 때는 제가 대답할 수 있나요?

교사: 발표하기 전에 생각하기 위해 좀 더 시간을 필요로 하는 사람도 있다고 생각하지 않니?

Brad: 그래요. 하지만 나는 이미 알고 있는데 그냥 자리에 앉아서 기다리기는 너무 지루해요.

교사: 차분하게 기다리는 것이 힘들 거야. 하지만 선생님은 우리 학급 학생 전체를 가르쳐야 하고 모든 사람들이 자신의 생각을 발표하고 토론에 참여할 수 있도록 해야 해. 선생님이 원할 때 다른 학생들을 지명할 수도 있고, 네게도 공평한 기회가 돌아가게 하려면 어떻게 해야 할까?

Brad: 제가 손을 들어야 할 것 같아요.

교사: 그래, 그게 아주 도움이 되겠구나. 아주 고마워. 선생님은 네가 좋은 생각을 가지고 있고 또 대답할 수 있는 기회를 많이 가져야 한다고 생

각해. 네 생각에는 몇 번이나 발표를 했으면 좋겠니?

Brad: 잘 모르겠어요. 음, 3~4번이 적당할 것 같아요.

교사: 괜찮구나. 매 시간 4번 정도 발표하게 하면 되겠니? 발표할 시기를 잘 선택해서 손을 들면 선생님이 지명을 하마. 만약 지명을 하지 않는다면, 좀 더 있다가 지명을 받을 거라고 생각을 하고 있어.

Brad: 알겠어요.

교사: 이번주 동안 한 번 연습을 해 보는 것이 어떻겠니? 그러고 나서 문제가 해결되었나 다시 한 번 이야기를 해보자꾸나.

Brad: 알겠어요.

대화 8.2: Alice와 Alicia

교사: 애들아. 너희들에게 주위를 정돈하게 하는 데 선생님은 시간을 점점 더 많이 쓰고 있어. 그래서 이야기를 하자고 한거야. 이에 대해 너희들은 어떻게 생각하고 있는지 궁금하구나.

Alice: 모르겠어요.

Alicia: 우리가 그렇게 잘못했다고는 생각을 하지 않는데요.

교사: 너희들이 선생님을 실망시키고 있다는 것을 아니? 모든 것을 끝낼 때까지는 기다려야 한다고 이야기했었는데 기억하고 있니?

두 사람: 예.

교사: 자료나 기구를 정리하는 것은 누구의 역할이지?

두 사람: 저희들요.

교사: 이 문제를 해결할 수 있는 방법이 있다고 생각하니? (두 아이는 고개를 끄덕인다.) 너희들의 생각을 이야기해 볼래?

Alicia: 선생님이 시키지 않아도 저는 할 수 있어요.

교사: 그래. 좋은 생각이구나. 다른 것은 없을까?

Alice: 다른 아이들에게 도움을 청할 수도 있어요.

교사: 좋은 생각이구나. 정리 정돈 역할을 하려고 하는 사람이 있니?

Alice: 잘 모르겠어요.

교사: 다른 사람이 주변을 정리하고 치우는 것을 도와주는 것은 어떠니?

Alicia: 좋아요. 재미있을 것 같아요.

교사: Alice, 너는 어떻게 생각하니?

Alice: 좋아요.

교사: 자, 그럼 이렇게 해보자꾸나. 너희들을 다음주 도우미로 정하는 것은 어떠니? 너희들이 해야 하는 것을 끝낸 다음 선생님이 해야 하는 일을 도와주는 것은 어때?

두 사람: 좋아요.

교사: 그래. 한 번 해보자꾸나. 내일, 너희들이 해야 할 일을 끝낸 뒤 선생님에게 이야기하렴. 그러면 너희들이 무엇을 해야 하는지 선생님이 알려 줄게. 괜찮지?

두 사람: 좋아요.

교사: 선생님은 두 사람의 도우미를 가지게 됐고, 또 문제도 해결할 수 있을 테니까, 이렇게 너희들과 이야기를 나눌 시간을 가진 것이 아주 좋구나.

대화 8.3: Terrence

교사: 계속해서 세 번이나 수학 과제를 제출하지 않았더구나. 무슨 문제가 있니?

학생: 너무 어려워요.

교사: 문제를 풀 수 없었다는 거니?

학생: 예. 할 수 없었어요.

교사: 선생님이 교실을 순회할 때 느꼈는데, 너는 그중 몇 가지는 풀 수 있었는데, 그냥 중간에서 그만두던 것 같은데.

학생: 더 이상 할 수 없어서 그런 거에요.

교사: 그래. 알겠다. 아주 힘들겠지. 하지만, 다른 사람들도 그렇다는 것을 아니? 선생님도 그럴 때가 있어. 선생님들도 그 다음에 어떻게 해야 할지 알지 못하는 경우도 있다는 것을 알고 있니?

학생: 아니요.

교사: 선생님도 그래. (학생이 웃는다) 그 다음 어떻게 해야 할지 모를 때 선

생님은 어떻게 하는지 아니?

학생: 다른 사람에게 물어 보세요?

교사: 그래. 맞았어. 그럼 네가 어떻게 해야 할지 잘 모를 때는 어떻게 해야 할까?

9

문제 행동 관리

이 장에서는 교실에서 일어날 수 있는 여러 가지 문제 행동들을 다루는 방법이 설명된다. 앞에서 이미 문제 행동을 처리하는 여러 가지 방법들과 예방책들을 다루었지만, 가능한 모든 방법들을 생각해 보는 것도 도움이 될 것이다. 심각한 문제들이 교실에서 일어나지 않기를 바란다. 그러나 실제 학급에서, 교사들은 학습 분위기를 유지하고 학생들이 올바른 행동을 학습할 수 있도록 하기 위해서 반드시 해결해야만 하는 어려운 상황들에 직면하게 된다. 이 장에서는 교사들이 선택 가능한 여러 가지 전략들이 제시된다. 다양한 방법들을 이해함으로써 구체적인 상황에 적합한 방법들을 쉽게 선택할 수 있을 것이다. 또한 첫 번째 방법이 실패한 경우를 대비해 다른 대안을 준비하는 것도 효과적인 방법이다. ■

생각해 보기

흔히 가정에서 또는 학교에서 자신들이 어렸을 때 경험한 훈육 및 모델이 되었던 성인들의 행동이 이 장에서 제시된 것과 같은 학생들의 문제 행동에 대한 교사의 반응에 영향을 미친다. 어렸을 때를 되돌아보고 그 의미를 생각해 보기 바란다. 어렸을 때의 이러한 경험이 다양한 문제 해결에 어느 정도 도움이 되는가? 자신에게 도움이 되었던 방법들이 현재 가르치고 있는 아동들에게도 도움이 될 수 있을까? 이전에 경험하지 못했던(예를 들어, 약물, 가난, 한부모 가족, 왕따 등) 행동 및 환경 관련 문제점들이 있는가? 자신의 접근 방법에서 어떤 것들을 첨가해야 하고 바꿔야 할까?

이 장에서 제시되는 내용이 교사의 역할에 대한 어떤 불변의 진리로 받아들여져서는 안 된다. 특히, 이 장에서 제시되는 다양한 문제 해결 방법들은 이 책의 다른 부분들과 같은 맥락에서 다루어져야 한다. 문제의 예방에 초점을 두는 긍정적이며 지원적인 분위기 조성이 강조된다. 그러나 문제가 일어났을 때 즉각 이에 대처할 준비가 되어 있어야 한다. 여기에 제시된 다양한 방법들을 통해, 수업 방해를 최소화하면서 학생들의 바람직한 행동을 유도할 수 있는 상황에 적합한 방법을 선택할 수 있다.

이 장은 문제 학생이 아닌 문제 행동에 초점을 둔다. 정서 장애나 행동 장애아로 분류될 정도로 계속 비정상적으로 행동하는 학생들은 그렇게 많지 않다.

허용 가능한 행동을 가르칠 학생들은 그렇게 많지 않다. 대부분의 학생들은 일시적으로 부적절한 행동을 한다; 행동의 원인을 정신적인 문제로 돌리거나 적절한 선택을 할 수 있는 능력이 부족하다고 가정하는 것보다는 이렇게 생각하는 것이 학생들이 바람직한 행동을 학습하는 데 도움이 되는 건설적인 접근이라고 할 수 있다.

때때로 가정이나 여러 상황에서 경험하게 되는 스트레스(예를 들어, 가정폭력, 가족의 사망, 부모의 실직, 질병, 부모의 이혼 등)가 문제 행동의 원인이 되기도 한다. 학생이 평소와 다른 행동을 하거나 상담 등의 문제 해결 활동 후에도 부적절한 행동을 계속한다면, 학교 상담 교사, 학부모 또는 보호자 등을 만나 문제 상황에 대한 이야기를 나눈다. 전 학년도의 담임교사에게서 학생에 관한 정보를 얻을 수도 있다. 문제 상황에 대해 학생과 이야기할 때, 상황을 확실하게 이해하기 위해 8장에 제시된 '듣기 기술' 을 활용한다. 학생의 입장을 이해하면서도 문제 행동이 문제를 해결하는 데 도움이 되지 않는다는 것을 이해시킨다. 문제 행동의 원인이 학교 밖에 기인하는 경우에도 가능한 모든 방법을 동원하여 문제를 해결한다.

문제 행동이란?

문제 행동이라는 개념은 광범위하게 사용된다. 따라서 교실 상황에서 일어날 수 있는 모든 문제 행동을 열거하기보다는 어떤 기준에 따라 살펴보는 것이 더 도움이 된다.

문제가 되지 않는 행동

오래 지속되지 않으며 또한 수업이나 학습 활동에 방해가 되지 않기 때문에 크게 문제가 되지 않는 일반적인 행동들로는 잠시 한눈을 팔거나 멍하게 있는 것, 잡담하는 것, 잠시 과제를 중단하는 것 등이 있다. 이러한 행동들은 무시하는 편이 더 효과적이다. 이러한 행동에 일일이 반응을 한다면 많은 에너지를 소비하게 되고 오히려 수업에 방해가 되며, 학습 분위기를 망칠 수도 있다.

조금 문제가 되는 행동

학습 규칙이나 절차를 어기는 행동이지만 가끔씩 일어나면 교실 내에서의 활동이나 학생의 학습에 크게 방해가 되지 않는 행동이다. 예를 들면, 교사의 허락 없이 자리를 떠나거나 큰 소리로 대답하는 것, 수업 시간에 수업과 관련 없는 책을 읽거나 행동을 하는 것, 쪽지를 돌리는 것, 사탕이나 과자를 먹는 것, 주위에 휴지를 버리는 것과 개별 학습과 모둠 활동을 할 때 잡담을 하는 것 등이 여기에 포함된다. 짧은 시간 동안 소수의 학생들이 이러한 행동을 보인다면 크게 문제가 되지는 않는다. 두 가지 이유를 제외하고는 크게 신경을 쓸 필요는 없다: 교사가 계속 무관심한 반응을 보이면, 이러한 행동은 다른 학생들에게로 확산될 수도 있다; 다른 학생들에게 확산되는 경우에도 아무런 대처를 하지 않는다면, 일관성이 부족하다는 느낌을 주게 되며 결국에는 전반적인 학급 경영상에 커다란 문제점을 불러일으킬 수도 있다. 또한 이러한 행동이 오래 지속된다면 학생들의 학습에도 심각한 영향을 미치게 된다.

어느 정도 문제가 되지만 범위나 효과가 한정되어 있는 행동

한 명 또는 적절하게 행동하지 않는 소수의 학생들에게서 나타나는 학습 방해 및 활동에 지장을 주는 문제 행동이다. 예를 들어, 항상 숙제를 거의 하지 않는 학생이 있을 수 있다. 어떤 학생은 항상 숙제를 다 끝내지 못한다. 대화나 교실 이동시에 지켜야 할 규칙을 지키지 않고 공부를 하려고 하지 않는 학생들도 있다. 물건을 부수거나 다른 학생들을 때리는 것 등과 같은 좀 더 심각한 행동도 여기에 포함된다.

계속 커지거나 확산되는 문제

조금 문제가 되는 행동이 일반화되어서 학습 분위기나 질서를 흐려 놓는 것이다. 예를 들어, 다수의 학생들이 교사의 허락 없이 수업 시간에 교실을 돌아다니거나, 수업과 관련 없는 내용을 큰 소리로 대답한다면 수업이 제대로 진행되지 못할 것이다. 교사가 계속해서 조용히 하라고 지적을 해도 잡담을 하는 것은 다른 사람들의 주의 집중을 방해하게 된다. 그리고 계속하며 말대꾸를 하고 교사의 지시를 따르지 않는 행동은 학습 분위기를 망가트린다. 자주 학급 규칙을 지키지 않는 행동은 학급 경영 및 수업 체제에 지장을 주며 원만한 학급 활동 운영에도 방해가 된다.

문제 행동 처리를 위한 목표

문제 행동을 처리할 때, 여러 형태의 목표를 생각해 보아야 한다. 자신이 선택하는 방법의 장 · 단기적 효과를 생각해야 한다. 학생들의 부적절한 행동을 멈추게 하고 정상적인 행동을 하게 하는 것이 단기적인 목표가 된다. 장기적인 면으로는 그러한 행동이 다시 일어나지 않게 하는 것이다. 이와 동시에, 문제 해결 방법이 초래할 수 있는 부정적인 효과에도 주의해야 하며, 이를 최소화할 수 있는 조치를 취한다. 문제를 야기한 학생뿐 아니라 학급 전체에 줄 수 있는 영향도 생각해야 한다.

> Joel은 자습 시간 내내 떠들면서 자기 자랑을 하고 있다. 담임선생님은 비꼬아 이야기하거나 야단을 쳐서 Joel의 행동을 바로잡을 수도 있었지만, Joel이 과제를 시작할 때까지 그 옆에 서 있다. 단기적인 측면에서 비꼬거나 꾸짖을 때 원하는 결과를 즉시 얻을 수 있지만, 반항이나 학생과의 갈등을 일으킬 수도 있다. 행동을 교정해 주고 주위에 머물러 있는 행동은 어느 정도의 노력을 더 필요로 하지만 부작용은 거의 없다. 또한 이 방법은 적절한 행동을 이끌어 내는 데 큰 도움을 준다.

가장 이상적인 방법은 학습 분위기에 부정적인 영향을 주지 않으면서 가능한 한 빨리 질서를 되찾는 것이다. 또한 문제의 재발을 막고, 비슷한 상황에서 바람직한 행동을 하게 하는 것이다. 그러나 실제에 있어서, 복잡하고 아주 다양한 일들이 교실에서 일어나며, 따라서 문제가 생길 때마다 여러 다양한 해결책과 이들의 영향을 일일이 생각해 볼 여유가 없다. '일시 정시' 버튼이 있다면 얼마나 좋을까? 그러나 즉시 반응을 보여야 한다는 것이 결과 평가와 대안 선택 활동을 하지 않는다는 것을 의미하는 것은 아니다. 따라서 다양한 문제 상황에 적용할 수 있는 여러 가지 전략들을 준비해 두는 것도 학급 경영상에 많은 도움이 될 것이다.

문제 해결 방법

여기서는 교실에서 일어나는 다양한 문제 행동들을 다루는 여러 가지 방법들을 제시한다. 처음에 제시되는 몇 가지 방법들은 많은 (준비) 시간을 들이지 않고도 큰 어려움 없이 수업 시간에 사용할 수 있으며, 비교적 덜 강제적인 방법이다. 따라서 수업의 흐름에 지장을 주지 않으며, 또 다른 학생들의 주의를 산만하게 하지 않기 때문에 이들 방법을 추천한다. 계속해서 좀 더 직접적으로 행동을 즉각 멈추게 할 수 있는 방법들이 제시된다. 그러나 이 방법은 좀 더 부정적인 면을 가지고 있다. 즉 이러한 방법들은 더 많은 준비 시간을 필요로 하며, 학생들에게 예상하지 못한 결과를 초래할 수도 있으며, 수업 활동에 방해가 되기도 한다. 방법을 선택하는 일반적인 원칙은 문제 행동을 즉각 멈추게 하면서도 부정적인 영향이 가장 적은 것을 선택하는 것이다. 따라서 크게 문제가 되지 않는 행동들은 교사가 크게 간섭하지 않는 선에서 해결해야 한다. 문제가 심각해질수록 이러한 방법이 즉각 학생들의 문제 행동을 멈추게 할 수 없기 때문에 더 많은 시간을 필요로 하는 강제적인 방법들이 필요하다. 그러나 교사는 문제의 수준 및 전략을 선택함에 있어서 모든 학생들에게 공정하게, 일관성을 유지해야 한다.

일반적으로 대부분의 학교들은 중요한(때로는 사소한) 문제 행동에 대한 처리 과정을 명시하고 있다. 예를 들어, 싸움, 욕설, 물건을 훔치는 것, 학교 시설물 파괴 및 무단결석 등은 학칙에 따라 처리한다. 따라서 신규 교사들은 이러한 학칙을 알아야 하며, 문제가 발생할 경우 이러한 과정에 따라 처리한다. 특정 문제 행동에 관한 사항이 학칙에 명시되어 있지 않거나 교사에게 어느 정도 재량권이 부여되어 있을 때는 이 장의 후반부에 제시된 대안들이 도움이 될 것이다.

대응적 차원이 아닌 예방적 차원에서 이루어지는 행동들이 더 바람직하다.

따라서 앞의 여러 장에서 제시된 내용은 심각한 문제 행동을 최소화하는 학급 환경을 구성하는 데에 초점을 두었다. 이러한 노력에도 불구하고, 대응적 차원의 방법들도 필요하다. 그러나 작은 문제 행동에도 심각하게 대응하고 있는 자신을 발견하게 된다면, 자신의 기대와 전반적인 학급 경영 및 수업 계획을 재평가하고 필요한 부분을 수정해야 한다. 앞 장에서 제시된 학급 경영을 위한 제언들과 검목표를 다시 한 번 살펴본다면 문제를 완화하는 데 도움이 되는 변화를 이끌어 낼 수 있을 것이다. 또한 교사들은 문제의 원인이 학생들의 이해 부족으로 인한 것인지 아니면 능력 부족으로 인한 것인지도 파악해야 한다. 학생의 능력에서 문제가 비롯하는 경우 그 학생에게 더 많은 도움을 주거나 학생 수준에 맞는 적절한 학습 활동과 과제를 개발한다.

문제 행동을 하는 특수아가 있다면, 특수 교육 담당 교사와의 논의도 도움이 될 것이다. 특히, 그 학생에게 개별화 교육의 일환으로 특별 프로그램이 필요한지에 대해서도 문의한다. 때때로, 이러한 프로그램은 학생에게 반응하는 방법을 구체적으로 제시하거나 대안을 제시하기도 한다. 개별화 프로그램에 구체적인 방법이 제시되어 있지 않더라도, 학생과의 활동에 도움이 되는 여러 가지 아이디어를 얻을 수 있을 것이다.

이 장에서는 폭넓게 사용할 수 있는 여러 가지 방법들이 제시되어 있지만, 여기에 제시된 것이 모든 것은 아니다. Shukla-Mehta와 Albin(2003), Myles와 Simpson(1994)의 논문에서도 여러 가지 문제 상황을 해결하는 데 도움이 되는 방법들을 찾을 수 있다. 특정 문제에 대처하는 전략을 자세하게 다루는 책에는 Polans와 McCormick(1999)와 Stoner, Shinn과 Walker(1991)가 있다. 이들 책에서 제시하고 있는 내용은 행정가 또는 상담 교사들을 위한 것이지만, 교사들에게도 상당한 도움이 된다. 끝으로 *Handbook of Classroom Management* (Evertson & Weinstein, 2006)에는 여러 장에 걸쳐 문제 관리 전략이 제시되어 있다.

교사의 경미한 간섭

비언어적 신호 사용

문제 행동을 멈추게 하기 위해 학생에게 눈길을 주거나, 손가락을 입에 대거나, 머리를 가로젓거나 손바닥을 펴 보인다. 떠드는 학생들의 팔이나 어깨를 가볍게 만져 주는 것도 문제를 해결하는 데 도움이 된다. 화나 있을 때는 학생을 건드리지 않는다. 또한 학생이 화나 있을 때도 신체 접촉을 피한다. 이러한 경우 신체 접촉은 상황을 더 악화시킬 수 있다.

활동의 흐름을 좀 더 원활하게 하기

흔히 한 활동이 끝나고 다음 활동으로 넘어갈 때 또는 다음 활동을 준비하고 있을 때 학생들의 행동이 흐트러진다. 학생들은 다음에 할 것을 기다리는 동안 자리에서 일어서서 잡담도 하고 장난을 치기도 하며 웃고 떠든다. 해결책은 분명하다: 다음 활동으로 빨리 넘어가고 활동 간의 준비 시간을 줄인다. 이를 위해 사전 계획을 통해 모든 필요한 준비물을 준비하고 수업 계획을 세운다. 이러한 시간에 학생들의 문제 행동을 교정하려고 하는 것은 별로 도움이 되지 않는다. 계획된 다음 활동을 바로 시작하여 학생들을 바람직한 행동으로 유도한다.

학생 가까이 가기

학생에게 가까이 다가간다. 수업에 방해를 주지 않으면서 문제 행동을 멈추게 하기 위해 비언어적 신호도 같이 사용한다. 적어도 학생들이 적절한 행동을 보일 때까지 그 학생들을 관찰해야 한다.

학급 전체나 모둠에게 주의 주기

학생들이 주의가 산만하거나 수업 활동에 참여하지 않을 때 학생들의 주의 집중을 위해 학급 전체나 특정 모둠에게 주의를 주거나 책임에 대해 이야기하는 등 5장에 제시된 여러 가지 방법들을 사용한다.

행동 교정하기

학생들이 학습 활동에 집중하지 않을 때, 바람직한 행동을 상기시킨다. "모두 연습 문제를 풀어 보세요.", "지금은 모둠 학습 계획을 세우는 시간이야. 무엇을 할까 논의해 보자.", "허락을 받기 전에 자리를 뜨거나 떠들어서는 안돼요." 극소수의 학생들만이 문제 행동을 보일 때는 수업이나 다른 학생들에게 방해가 되지 않도록 개별적으로 이야기하는 것이 더 효과적일 수 있다. 초등학생의 경우, 공개적으로 개인이나 모둠의 바람직한 행동을 칭찬할 때보다 효과적으로 행동을 교정할 수 있다. 예를 들어, 새로운 활동을 시작했는데도 몇몇 학생들이 잡담을 하거나 한눈을 팔고 있다면, 바람직한 행동을 보이는 학생들을 확인한다. "준비를 끝내고 조용히 앉아 있는 사람이 많이 있네요. 다음 활동 준비를 끝낸 사람들, 참 잘했어요. John은 선생님의 이야기를 열심히 듣고 있고, Donica는 아주 조용히 앉아 있네요. Demetrius, Richard와 Corby도 준비를 끝냈어요. 아주 잘했어요." 대개, 한눈을 팔고 있던 학생들도 이러한 교사의 칭찬을 듣는다면 바로 수업 활동에 참여한다.

필요한 도움 제공하기

개별 학습이나 모둠 활동 중 이루어지는 문제 행동들은 과제를 충분히 이해하지 못한 것에서 비롯하기도 한다. 학생들의 활동을 점검하고 정확히 알고 있는지 확인하기 위해 간단한 질문을 한다; 필요한 경우 도움을 제공하여 학생들이 스스로 문제를 해결할 수 있게 한다. 대다수의 학생들이 활동을 진행하지 못하고 있다면, 활동을 즉각 멈추고 다시 한 번 전체 학생들에게 설명한다. 그런 후 개별 학습을 시작하기 전에 다시 한 번 이해 정도를 확인한다.

간단한 주의 주기

학생에게 문제 행동을 멈추라고 이야기한다. 눈을 마주치거나 분명하게 교사의 생각을 전달한다(8장 참고). 간단하게 주의를 주고 학생이 이를 따를 때까지 관찰한다. 바람직한 행동을 칭찬하는 방법과 병행하여 사용한다.

학생에게 선택권 주기

학생에게 선택권이 있다고 이야기한다: 바람직한 행동을 하든지 아니면 문제 행동을 계속하면서 그에 상응하는 처벌을 받든지. 바람직한 행동을 확실하게 설명한다. 바르게 행동하라는 교사의 이야기가 학생에게 '바르게' 행동하는 것이 어떤 것인지 구체적으로 제시하지 못할 수도 있다. 예를 들어, 과제 활동을 마친 후 주변 정리를 하지 않는 학생을 생각해 보자: "지금 주변을 정리해야 해. 그렇지 않으면, 정리가 끝날 때까지 쉬는 시간에도 여기에 있어야 할 거야." 주위 학생을 못살게 구는 학생에게는 "네 자리에 앉아서 해야 할 것을 조용히 하거나, 아니면 교실 구석이나 맨 앞에 나와서 해야 할 거야." 선택의 결과를 제시하는 것은 행동에 대한 책임을 강조하기 위한 것이다. 또한 행동에 대한 결과를 분명하게 제시함으로써 학생에게 스스로를 통제하는 기회를 제공하게 된다.

중간 정도의 간섭

여기에 제시된 방법들은 위에 제시된 교사의 개입이 적은 방법들보다 좀 더 강한 것들로 따라서 학생들의 저항을 가져올 가능성도 더 크다. 학생의 행동이 크게 문제가 되지 않는다면, 간섭 정도가 적은 방법들을 사용하거나 여기에 제시된 방법들을 사용하기 전에 학생에게 경고를 한다. 그렇게 함으로써 학생 스스로 자신의 행동을 통제하게 하며 교사의 시간과 노력을 줄일 수 있다.

특권 상실

특권(예를 들어, 친구와 같이 과제하기, 교실에서 친한 친구와 같이 앉기, 수업 활동 중 교사의 허락 없이 교실을 돌아다닐 수 있는 자유 등)을 남용하는 학생들은 이러한 특권을 상실하며 적절한 행동을 계속했을 때 이를 다시 얻을 수 있다. 개별 학습 시간에 짝과 조용히 이야기하는 것을 허용하는 교사들도 있으며, 이런 경우 이러한 특권을 제거하는 것은 부적절한 사회적 행동을 줄이는 효과적인 방법이 될 수도 있다. 매주 또는 며칠에 한 번씩 보상책의 일환으로 오락 시간이나 자유 활동 시간을 갖는 교사들도 있다. 이러한 활동을 못하게 하는 것도 부적절한 행동을 막을 수 있는 방법이 된다. 비록, 특권을 상실하는 것도 처벌의 한 형태이지만, 일반적으로 다른 처벌보다 그 부작용이 덜하다.

격리시키기

학습 활동을 방해하는 학생들을 다른 학생들에게서 떨어진 교실의 다른 곳으로 격리시킬 수도 있다. 다른 사람들과 눈이 마주치는 것을 막기 위해 교실 뒤에 책상이나 의자를 준비해 두는 것도 도움이 된다. 마땅한 장소가 없다면, 그리고 학생 감독상의 문제로 인해 학교에서 이러한 행동을 금지하고 있지 않다면 학생을 교실 밖에 세워 놓을 수도 있다.

Time-out은 특정 활동에 참여하는 학생의 권한을 박탈하는 한 방법이다. Time-out 동안 적절한 행동을 한다면 빠른 시간 안에 그 학생을 현재 활동에 참여시키는 것이 바람직하다. "네 스스로 학급 규칙을 지킬 수 있다는 생각이 들면 5분 후에 자리로 돌아와 앉아" 등의 지시를 통해 학생들에게 어느 정도 재량을 부여하는 교사들도 있다. 진행 중인 활동이 끝날 때까지 또는 학생과의 대화를 가질 때까지 돌아오지 못하게 하는 교사들도 있다.

Time-out과 관련된 문제점은 이러한 처벌이 일부 학생들에게는 일종의 보상책이 될 수도 있다는 것이다. 교사가 Time-out을 지시할 때, 다른 학생들로부터 눈길을 받으며, 또한 Time-out 동안 싫어하는 활동을 하지 않아도 되기 때문이다. 이러한 경우, 교사는 다른 방법을 생각해야 한다. 또 다른 문제는 학생들이 지정된 장소로 나가길 거부하는 경우도 있다는 것이다. 보통 이는 일시적 문제이며, 생각이 확고한 경우 그 학생의 반응을 무시하고 하던 활동을 계속한다. 결국 그 학생은 지정된 장소로 나가게 될 것이다. 이러한 저항을 줄일 수 있는 방법은 선택권을 주는 것이다: "Time-out을 하거나 교장실에 가는 방법이 있어. 어느 것을 선택할 거니?"

Time-out은 또 다른 문제를 가지고 있다. 이는 특정 학생을 대상으로 한 것이기 때문에, 교사 및 다른 학생 또는 본인 스스로에 의해 낙인찍히는 결과를 초래할 수 있다. 특정 학생에게 여러 번 사용한다면, 그 학생의 반항을 유발할 수도 있다. 따라서 학급 활동에 다시 참여할 수 있는 기회를 제공하고 행동 수정을 위해 가능한 다른 방법들을 병행한다.

벌칙 주기

부적절한 행동에 대한 결과로서 반복되는 작업이 주어지기도 한다. 예를 들어, 체육 시간의 경우, 운동장을 더 돌게 하거나 팔굽혀펴기를 시키기도 한다. 수학 시간에는 문제를 더 많이 풀게 한다. 이 방법의 장점은 교사의 시간과 노력을 최소로 하면서도 즉시 사용할 수 있다는 것이다. 단점은 처벌로서 과제가 제시되기 때문에, 그러한 활동에 대해 부정적인 느낌을 줄 수 있다는 것이다. 또 다른 문제는 쉽게 사용할 수 있기 때문에 전체 분위기를 생각하지 않고 남용할 수 있다는 것이다.

방과 후 남기기

흔히 사용되는 또 다른 방법은 점심시간, 쉬는 시간, 또는 방과 후 학생을 남아 있게 하는 것이다. 문제와 결과 간의 관계상, 이 벌칙은 보통 시간과 관련된 문제 행동(예를 들어, 게으름을 피우고 시간을 낭비하는 것; 수업이나 학생들의 활동을 방해하는 행동)에 사용된다. 계속 규칙을 어기거나 자주 과제를 끝마치지 못하는 경우에도 사용된다. 학생을 감독하기 위해 교실이나 감독자가 있는 학교의 지정된 곳에 남아 있게 한다. 심각하거나 자주 일어나는 것이 아니라면 오랫동안 남겨 둘 필요는 없다. 10~15분 정도면 충분히 문제를 해결할 수 있는 경우도 많다.

방과 후 남기는 것의 장점은 대부분의 학생들이 이 벌칙을 싫어하며, 이를 원하지 않는다는 것이다. 동시에 이는 다른 학생들이 없는 상황에서 이루어지며 따라서 다른 학생들의 주목을 받지 않는다는 것이다. 또한 흔히 사용되기 때문에, 어떻게 해야 된다는 설명이나 절차가 필요하지 않다는 것이다. 끝으로, 남아 있게 한 후 그 학생과 상담 시간을 가지며 문제를 해결할 수 있는 계획도 세울 수 있다.

단점은 교사가 감독을 해야 하기 때문에 교사의 시간을 빼앗는다는 것이다. 학교에 지정된 장소가 있다 하더라도, 교사가 직접 관련 사항을 적어 보내야 한다. 또한 통학 버스 시간을 놓칠 수도 있다. 또 다른 단점은 그냥 집에 가버림으로써 일시적으로나마 벌을 피할 수 있다는 것이다. 따라서 교사는 시간을 두 배로 늘리는 등 이에 대한 후속적인 해결책을 가지고 있어야 한다. 또한 이를 기록해야 하며, 문제 해결을 위해 좀 더 많은 시간이 요구되기도 한다.

교무실에 보내기

상당수의 학교들은 교감에게 학생을 보내면 교감이 그 학생을 대하는 체제를 가지고 있다. 때로는 싸움 또는 기물 파괴와 같은 특정 행동을 처리하는 학교 정책의 일환으로 사용되기도 하지만, 교사들은 무례한 행동, 교사의 지시 불이행 등과 같은 명문화되어 있지 않은 일탈 행위에도 폭넓게 사용하고 있다. 일반적으로 첫 번째 교무실로 보내지면 방과 후 남기 또는 경고가 내려지며, 또 다시 교무실로 보내지면 기간을 연장하거나 학부모와 상담, 또는 심각하고 지속적인 문제인 경우에는 정학 처분이 내려진다. 행정가는 학생들을 공정하고 적절하게 다루기 위해 학생이 교무실로 보내지는 이유를 인식하고 있어야 한다. 따라서 교사는 관련 내용을 정해진 양식에 기록하거나 이메일로 담당 교감에게 보낸다.

교무실로 보내는 방법의 장점은 다른 방법을 통해 효과를 보지 못한 학생들을 다루는 데 어느 정도 효과가 있으며, 단기적으로 봤을 때 교사들에게 많은 시간을 필요로 하지 않는다는 것이다. 또한 공개적으로 해결하기 어려운 새로 나타나고 있는 문제를 해결할 수 있게 한다. 이 방법의 단점은 그 효과성이 교사 본인이 아닌 다른 사람에게 달려 있다는 것이며, 외부의 지원을 필요로 한다는 것이다. 학급 내에서 일어나는 문제를 다루는 전략으로서, 상당수의 학교에서는 현실적인 대안이 되지 못하고 있다.

이 방법의 또 다른 문제점은 차별 가능성이다. 일부 연구들(예를 들어,

ZITS Partnership, King Features Syndicate.

Skiba & Rausch, 2006)은 사회경제적 지위를 통제한 상태에서도 백인 학생보다는 흑인 학생들이 이 처벌을 더 많이 받고 있다는 결과를 제시하고 있다. 또한 이 연구에 따르면 교사들은 흑인 학생의 경우에는 해석상의 문제, 즉 무례함과 크게 떠드는 행동 등을 이유로 교무실로 보내는 경향이 있으며, 백인 학생의 경우에는 기물 파괴와 저속한 표현 사용 등 학칙에 명시된 행동 위반의 경우에 교무실로 보내는 경향이 있다는 것이다. 다문화 학교에서 훈육 문제를 연구한 또 다른 연구들(예를 들어, Gay, 2006)은 흑인 학생들의 의사소통 형태는 다른 인종 및 민족 학생들에 비해 극적이고, 활발하며, 대립적이라는 결과를 제시하고 있다. 교사들은 이러한 학생들의 의사소통 형태를 무례하고 부적절한 것으로 잘못 해석할 수 있으며, 학생들의 이러한 행동을 교정하려는 시도는 분노 및 말다툼을 이끌어 낼 수 있다. 따라서 흑인 학생들이 교무실로 보내지는 비율의 상당 부분은 이들의 의사소통 형태에 대한 교사들의 과잉 반응에 기인하는 것일 수도 있다는 것이다.

저자들은 교무실로 학생을 보내는 방법을 자주 사용하지 않기를 바란다. 다른 방법들을 사용하고 문제가 더욱 심각해지고 통제할 수 없는 경우에만 사용한다. 만약 교무실로 학생을 보내고자 한다면, 학생의 부적절한 행동이 아닌 의사소통 형태에 반응하고 있는 것이 아닌지 다시 한 번 생각해 본다. 그러나 교무실로 학생을 보내기로 했다면, 담당 행정가와의 추수 활동을 통해 만족스럽게 문제가 해결될 수 있도록 한다.

좀 더 강력한 간섭

학생들의 문제 행동이 경미한 또는 중간 정도의 간섭으로도 줄지 않고 계속 학습 활동에 방해가 된다면 문제 행동을 줄이고 수업 분위기를 바로잡기 위해 아래에 제시된 방법들이 도움이 될 것이다.

문제 해결 방법 사용하기

8장에서 자세히 다루었기 때문에 여기에서는 다루지 않는다. 그러나 아래 세 가지 방법들은 문제 해결 방법과 비슷하지만 나름대로의 특징을 가지고 있으며, 따라서 각각 살펴볼 필요가 있다.

5 단계 개입 과정 사용하기

Jones와 Jones(2001)는 학생들의 문제 행동을 다룰 때 다음의 5 단계를 따를 것을 추천하고 있다.

1단계: 문제 행동을 멈추도록 학생에게 비언어적 신호를 보낸다.

2단계: 그럼에도 불구하고 행동이 계속된다면, 정해진 규칙을 따르도록 학생에게 이야기한다.

3단계: 문제가 계속된다면, 학생에게 그 행동을 멈추거나 '행동 계획서' 작성 중 한 가지를 선택하게 한다.

4단계: 그래도 문제가 해결되지 않는다면, 지정된 장소로 나가서 '행동 계획서'를 쓰게 한다.

5단계: 학생이 4단계를 따르길 거부한다면, 학생을 다른 장소(교무실 등)로 보낸다.

5단계 개입 과정은 그림 9.1과 같은 '행동 계획서' 양식을 필요로 한다. 이를 학생에게 소개할 때(학기 초가 좋다) 이를 사용하는 목적과 어떻게 작성하는지 학생들에게 충분히 설명한다. 역할극을 통해 시범 보이는 것도 좋은 방법이다. 학생들이 참고할 수 있도록 예시안을 게시하는 것도 도움이 된다.

이 방법의 장점은 학생의 책임과 선택에 초점을 두는 것이다. 또한 점진적 대응 방법을 통해 초기에는 처벌 없이 문제를 해결하도록 하며, 따라서 수업에 방해를 주지 않으면서 즉시 문제를 해결할 수 있는 기회를 제공한다. 각 단계는 간단하고 단순하며, 따라서 교사들은 일관성 있게 이를 사용할 수 있다. 또한 어떤 일들이 일어날지 예측할 수 있기 때문에 학생들에게도 도움이 된다.

단점은 1단계에서 5단계까지가 한순간에 이루어지기 때문에 너무 자주 학생들을 교실 밖의 장소로 보내는 것을 피하기 위해 다른 중간 단계의 방법들이 필요할 수도 있다는 점이다. 또한 특히, 저학년의 경우, 일부 학생들은 스스로 자기 행동을 계획하여 글로 쓰는 데 어려울 수도 있다. 끝으로, 과정을 끝마치

행동 계획서

이름:______________________________ 날짜: _________________________

우리가 정한 규칙

1. 다른 사람들에게 예의 바르게 말하기
2. 친절하게 친구들 대하기
3. 선생님의 말씀 잘 따르기
4. 수업 준비 잘 하기
5. 공부 열심히 하고 필요한 경우 도움 청하기
6. 모든 학교 규칙 지키기

다음의 질문에 답을 쓰세요.

1. 어떤 규칙을 어겼나요? ____

   ____

2. 어떤 행동을 했나요? ____

   ____

3. 그 행동이 선생님과 다른 친구들에게 어떤 영향을 주었을까요? ____________________

   ____

4. 책임감 있게 행동하고 학급 규칙을 지키기 위해 앞으로 어떻게 해야 할까요? ____________

   ____

5. 선생님이나 친구들이 도와줄 것은 없나요? ______________________________

   ____

나, _______는 우리 학급을 더 좋게 만들기 위해 위에 쓴 내용과 학급 규칙과 절차를 지키기 위해 최선을 다할 것입니다.

그림 9.1 문제 해결 계획서

출처: Vernon F. Jones & Louise S. Jones. *Comprehensive Classroom Management: Creating Communities of Support and Solving Problems*. 7/e. Published by Allyn and Bacon, MA.

고, 그 후 학생을 만나 자신들의 계획에 대해 이야기하고 계획대로 행동하는가 관찰하기 위해 교사가 상당한 시간을 투자해야 한다는 점이다.

'생각 시간' 전략 사용하기

학생이 자기 통제를 학습할 수 있도록 도와주고 학생 불복종-교사 경고 및 꾸짖기의 과정이 확대되는 것을 예방하기 위해 만들어진 생각 시간 전략은 말을 듣지 않는 학생을 다른 교사의 학급으로 보내서 주의 집중할 수 있는 시간을 주고 행동 변화 후 교실로 다시 돌아오도록 하는 방법이다(Nelson & Carr, 2000). 이 방법은 인근의 교실을 사용하고 있는 다른 교사와의 협동을 필요로 한다. 동료 교사는 자기 교실로 들어오는 학생에 대한 주의 집중을 최소화하기 위해 통행이 적은 곳에 장소를 준비한다. 인근 교실에서 학생이 오면, 그 학생은 지정된 장소에서 조용히 기다리면서 무슨 일이 있었는지 생각한다. 가능한 한 빨리(예를 들어, 3~5분 후) 동료 교사는 그 학생을 만나 "어떤 행동을 했나요?" 그리고 "교실로 돌아가면 어떻게 행동해야 할까요?" 등의 질문이 제시된 질문지를 주고 간략하게 작성하게 한다. 또한 혼자 할 수 있는지, 아니면 교사와의 대화가 필요한지 학생에게 질문한다. 만약 학생이 질문지를 제대로 작성하였다면, 동료 교사는 그 학생을 원래의 학급으로 돌려보낸다.

만약 이 방법을 사용하고자 한다면, 함께할 동료 교사가 필요하다. '생각 시간' 학생이 있을 위치를 준비한 다음, 학생들에게 '생각 시간'에 대해 설명한다. Nelson은 다른 복잡한 절차를 가르치는 것과 동일하게 접근하라고 추천하고 있다. 이 방법의 목적을 설명하고(예를 들어, 자기 통제를 학습하고 학습 방해를 최소화하기 위해 등) 어떻게 행동하면 이 벌을 받게 될지 설명한다. 또한 이 벌을 받는 학생을 다른 반으로 보내는 신호도 설명할 필요가 있으며(예를 들어, 통행 카드를 건네준다) 교실을 어떻게 떠나고 다른 교실에 어떻게 들어가야 하는지에 대해 시범을 보인다. 또한 학생들에게 질문지를 작성하는 방법 등에 대해 시범을 보인다. Nelson은 고등학교의 경우 교무실에 보내는 방법 같은 보충적인 방안을 준비하도록 추천한다. 이와 비슷하게, 만약 수업 시간 중 '생각 시간'을 1회 이상 하거나 한 학기에 3회 이상 한다면 학부모 상담과 교무실로 보내거나 방과 후에 학교에 남게 할 수도 있다.

'생각 시간' 은 간단한 방법으로는 문제 행동이 해결되지 않거나 교사의 교정 행동에 학생이 저항하여 감정적 반응이 증가할 수 있는 상황에서 학생을 관리할 수 있는 방법을 제시한다. 또 다른 장점은 학생들이 자신의 잘못된 행동을 인정하고 해결 방안을 확인하는 '정지 시간' 을 제공한다는 것이다. 이러한 측면에서 이는 다른 문제 해결 전략과 유사하다. 이 방법을 사용할 때 제한점은 동료 교사와의 협동 및 헌신을 필요로 하며, 계획과 체계적인 적용을 필요로 한다는 것이다. 이에 대한 비디오 자료는 Sopris West(www.sopriswest.com)에서 찾아볼 수 있다.

현실 치료 모델 사용하기

현실 치료에 대한 William Glasser(1975, 1977, www.glasser.com)의 생각은 교육에 폭넓게 적용되고 있다. 학생들에게 현실 치료 방법을 사용할 때 핵심적인 특징은 학생과 긍정적인 관계를 유지하고, 현재의 행동에 초점을 두며, 학생에게 책임감을 가지도록 하며, 변화 계획을 세우고, 그 계획을 지키도록 하며, 추수 활동을 하는 것이다. Glasser는 학생들의 행동 선택은 그 행동이 어떤 결과를 낳을 것인가 하는 생각에 달려 있다고 주장한다. 대부분의 학생들은 자신들이 원하는 결과가 예상될 때 바람직한 행동을 선택하며 자신에게 부정적인 결과를 가져다줄 것 같은 행동은 피한다. Glasser의 생각은 다음의 단계를 통해 구체화된다.

1단계: 학생들과 관계 형성하기. 학생들이 교사가 자신들을 배려하고 자신들을 위해 최선을 다하고 있다고 생각을 한다면, 행동 평가와 변화 시에 교사의 지도를 더 충실히 따를 것이다. 교사는 여러 가지 방법으로 자신의 관심과 배려를 나타내 보일 수 있다: 학생들의 작품이나 과제에 대해 긍정적으로 평가하기; 학생들의 활동, 가족, 좋아하는 것과 싫어하는 것, 취미 등에 대해 관심을 보이기 등. 또한 교사는 학생들의 걱정거리나 관심사에 대해 이야기 나눌 시간을 마련하거나 농담, 학생의 이야기를 귀담아 듣는 행동들을 통해 바람직한 관계를 형성할 수 있다. 문제 행동을 보이기 전에 적절한 관계를 형성하는 것이 가장 바람직하지만, 학생이 문제 행동을 보인다 하더라도 너무 늦은 것은 아니다. 교사가 하루에 2~3 차례 이상 친근하게 대해 주려고 노력을 한다면, 변화를 위한 긍정적인 분위기 형성에 도움이 된다.

2단계: 행동에 초점 두기. Glasser는 문제가 발생했을 때, 짧게나마 그 학생과 대화를 나눌 시간을 가지라고 추천한다. 초기의 관심사는 무엇이 문제인가를 결정하는 것이다. 이를 위해, 교사는 "무슨 일이 있었니?", "어떻게 된 거니?" 등과 같은 질문만을 하며 과실을 따지려고 해서는 안 된다. 무엇이 문제인지 정확하게 알고 있다 하더라도 학생의 입장을 들어보는 것이 더 현명한 행동이라고 할 수 있다.

3단계: 행동에 대한 책임 받아들이기. 이는 학생이 문제 행동을 일으켰다는 것을 스스로 인정하는 것을 의미한다. 어떤 변명도 받아들여져서는 안 된다. 특히, 주변의 여러 가지를 탓할 수 있을 때 책임을 인정한다는 것이 쉬운 것은 아니지만, 이를 통해 결국에는 자신이 행한 행동에 대한 책임을 다른 곳으로 전가하는 것을 막을 수 있다. 물론, 여러 명의 학생들로 인해 문제가 생길 수도 있지만, 이것이 책임을 회피하는 사유가 되어서는 안 된다.

4단계: 학생 스스로 행동 평가하기. Glasser는 만약 학생이 행동 결과를 잘 받아들이지 않거나 축소하려고 할 때, "그 행동이 네게 도움이 되었니 아니면 이익이 되었니? 다른 사람에게는?"라고 질문을 해 보라고 제안한다. 교사는 문제 행동을 계속할 때 생기는 부정적인 결과들을 지적해 줄 필요가 있다. 학생이 스스로 자신의 문제 행동이 부정적인 결과를 낳으며 행동 변화가 바람직한 결과를 가져다줄 것이라고 생각을 할 때만이 행동 변화를 기대할 수 있을 것이다.

5단계: 계획 세우기. 교사와 학생은 문제가 재발하는 것을 막을 수 있는 방법과 어떻게 행동을 해야 하는가 하는 것을 생각할 필요가 있다. 계약서와 같은 방식으로 계획을 서면으로 기록하기도 한다.

6단계: 계획대로 행동하기. 학생이 진정으로 행동을 수정하려고 하지 않는다면, 큰 효과를 얻을 수 없을 것이다. 계획대로 했을 때와 그렇지 않았을 때 생길 수 있는 긍정적 · 부정적인 결과들을 확실하게 이해시키는 것이 도움이 될 것이다. 행동 수정 계획은 시간과 실행 가능성이 있어야 한다.

7단계: 추수 활동. 행동 수정 계획이 소기의 목표를 달성하지 못했다면, 학생과 함께 다시 한 번 계획을 재정비한다. 처벌 등의 결과가 계획서에 명시되어 있다면 이를 적용한다. Glasser는 문제가 계속될 때 그 외 다른 여러 가지 방법의 사용을 제안하고 있다. 예를 들어, 정학을 시키는 것도 계속되는 문제 해결을 위한 한 가지 방법이 된다; 양자가 수용할 수 있는 계획안에 합의를 한 후 학생을 교실로 다시 받아들인다. 여러 가지 시도가 모두 실패했을 때 최종적으로 학생을 교장에게 보낸다.

개별 학생의 훈육 문제를 다루는 현실 치료 방법은 여러 가지 긍정적인 면들을 가지고 있다. 이는 여러 가지 학생들의 문제를 처리하는 체계적인 방법으로 핑계를 대거나 흠 잡기 등의 옆길로 빠지는 것을 막아 주며, 문제를 올바로 처리하는 간단하고 효과적인 과정이다. 현실 치료의 효과에 대한 연구(Emmer & Aussiker, 1990)는 개별 학생에 대한 이 방법의 적용을 뒷받침해 주고 있다.

학부모와의 상담

행동에 대한 책임이 교실을 벗어날 수 있다는 신호를 주기 때문에 학부모에게 전화나 이메일을 보내는 것도 학생의 행동에 상당한 영향을 줄 수 있다. 이는 학부모가 선호하는 형태의 접촉 방법을 확보하고 있어야 한다는 것을 가정한다. 자녀들이 학교에서 한 행동에 대한 책임을 느끼지 않을 때 학부모들은 최선의 반응을 보이며(그 현장에 학부모들은 없었다), 따라서 학부모들을 수세에 몰아서는 안 된다. 간략히 상황을 설명하고 문제의 이해와 해결을 위해 도움을 요청한다. 가르치는 것뿐 아니라 아이를 기른다는 것의 어려움을 충분히 인정한다. 대화를 나눌 때 8장에 제시된 '듣기 기술'을 활용하며, 문제 해결에 필요한 정보를 얻기 위해 학부모의 이야기에 귀를 기울인다. 필요한 경우 학부모에게 학생에 대한 정보(학업 성취 및 과정 등)를 제공할 수 있도록 학급 경영록도 준비해 둔다.

전화를 통한 대화가 아닌 학부모와의 면담을 통한 대화가 필요한 경우도 있다. 항상 그런 것은 아니지만 이런 경우는 문제의 정도가 심각하거나 제삼자의 참여가 필요한 경우이다. 학부모에게 먼저 상담을 요청하는 경우, 미리 상황을 간단히 알려 주고, 어떻게 상담을 이끌어 나갈지 계획을 세운다. 학부모 및 상담에 참여할 다른 동료에게도 알려 준다.

성공적인 교사-학부모 상담을 위해선 사전 계획이 아주 중요하다. 여러 명과 상담을 해야 한다면, 늦게 온 학부모들이 앉아서 기다릴 수 있도록 자리를 마련해 둔다. 원형, 반원형 또는 책상 주위로 앉을 수 있도록 좌석을 배치한다. 학부모들에게 무엇을 이야기할 것인지 결정한다. 이를 위해 학생들의 작품이나 시험지 등을 준비한다. 학생별로 성적을 기록해 둔다; 전체 성적 일람표를 제시하는 것은 다른 학생들의 사생활(privacy)을 침해할 수도 있다.

학생의 장점을 이야기하는 것으로 상담을 시작한다. 상담을 할 때는 학부모들이 이해하지 못할 수도 있는 전문 용어나 약자 등을 피한다. 학부모들의 질문이나 생각을 유도하다. 가능하다면, 전체 또는 일부분이라도 상담 시간 중 학생을 참여시키는 것도 좋은 방법이다. 상담을 할 때 이야기되는 제안, 관심사나 행동 계획 등을 기록해 둔다. 상담이 끝날 때 필요한 사항들을 반복한다. 그리고 학부모들의 협조에 고마움을 표현한다.

학부모와의 상담이 갖는 큰 단점은 많은 시간과 노력을 필요로 한다는 것이다. 그러나 이러한 노력은 충분한 가치를 갖는다. 비록 모든 상담이 성공적인 결과를 낳는 것은 아니지만, 학생들의 행동 변화에 상당한 도움을 주기도 한다. 또 다른 문제는 학부모와의 대화시 어떻게 문제에 접근할 것인가 하는 것이다. 과격한 반응을 보이며 자녀를 지나치게 처벌하는 학부모들도 많이 있다. 시간이 지남에 따라 학부모들의 성향을 알게 될 것이며, 상담 요청이 어떤 영향을 줄 것인지 파악할 수 있을 것이다.

학생과의 개인적 약속(계약)

학생의 문제 행동이 계속되거나 정도가 심각하여 즉시 그 행동을 멈추게 해야 할 때, '개인적 약속' 방법을 사용한다. 이를 위해 문제 행동에 대한 그 학생의 입장 등을 포함한 문제의 성격에 대해 학생과 대화를 나눌 필요가 있다. 그 후 학생과 적절한 해결책을 모색하고 학생이 취할 일련의 행동들에 합의한다. 일반적으로 이러한 약속에는 학생이 개선해야 할 행동들이 구체적으로 나타나 있지만 교사 자신의 행동 변화가 요구되기도 한다. 학생이 약속대로 하지 않았을 경우 어떻게 할 것인가를 분명하게 학생에게 전달하고, 또한 학생이 약속을 충실히 이행할 수 있도록 격려하는 유인책도 준비해야 한다. 약속한 내용과 이를 지키지 않았을 경우 어떻게 할 것인가 등을 적은 후 학생의 서명을 받는다. 이 방법은 다른 방법과 병행하여 사용할 수도 있다(5 단계 과정과 현실 치료 부분 참조).

특수한 문제 행동

위에 제시된 방법들보다 좀 더 강력한 조치를 필요로 하는 행동을 하는 학생들도 있다. 교사에 대한 무례한 언행, 과제 회피, 싸움 등과 같은 공격적 행동, 교사에 대한 반항이나 적의감 표현 등이 여기에 포함된다. 비록 이런 문제를 생각한다는 것이 유쾌한 것은 아니지만 30여 명에 이르는 학생들과 오랜 시간 생활을 함으로 인해 이러한 일들이 종종 일어나는 것이 사실이다. 그러나 다행히도 이러한 행동을 자주 접하는 교사들은 거의 없다. 하지만, 그 빈도에 상관없이 이러한 일이 일어날 경우 이에 대처하는 방법을 생각해 두는 것이 현명하다고 할 수 있다.

각 문제 행동을 기술하기 전에, 먼저 모든 공격적인 행동에 적용할 수 있는 일반적인 원리를 제시한다. 두 가지 측면에서 이러한 행동에 대처한다: 직접적 반응과 장기적인 대처 방법. 학생이 이러한 행동을 보일 때, 가능한 한 다른 학생이나 학습에 방해를 주지 않으면서 이를 멈추게 하는 것에 초점을 둔다. 이러한 행동은 교사를 화나게 하고 불쾌감을 주기 때문에, 문제를 더 악화시키지 않도록 유의한다. 강압적이거나 위협적인 방법보다 침착하게 과잉 반응을 보이지 않음으로써 성공적인 결과를 도출하는 상황을 이끌어 낼 수 있다. 학생에게 교사 자신의 기분이나 감정을 이야기할 수는 있지만, 소리를 지르거나 감정적 반응을 피함으로써 비교적 더 수월하게 문제 학생과 그 문제를 처리할 수 있을 것이다. 미리 이러한 행동에 대처하는 방법을 생각해 보고 선배 교사들과 이야기를 나누어 본다면 이런 문제가 생겼을 때 적절히 대처하는 데 도움이 될 것이다.

장기적으로는 문제의 재발을 막고 다른 사람을 대하는 건설적인 방법을 학습하도록 도움을 주는 것이다. (1) 문제의 원인과 그 해결책을 알게 될 때, 그리고 (2) 합리적이고 일관된 학급 규칙, 절차 및 행동에 대한 결과 등을 통한 예측 가능한 학급 분위기를 형성할 때 이러한 문제의 재발을 막을 수 있다. 이러한 학급에서는 공격적 행동이 잘 일어나지 않는다. 이러한 문제 행동을 하는 학생들이 바람직한 행동을 습득하도록 돕기 위해선 장시간에 걸친 교사의 더 많은 관심을 필요로 한다. 지속적으로 문제 행동을 보이는 학생의 경우, 학부모, 상담 교사, 특수 교육 담당자 또는 학교장 등으로부터 조언과 도움을 얻기도 한다. 학생의 행동, 그 행동에 대한 교사의 반응 및 결과 등을 기록해 둘 필요가 있다. 각각의 문제 행동을 처리하는 방법은 아래에 제시되어 있다.

집단 괴롭힘(왕따)

이는 한 명 이상의 학생들이 약해 보이고 소외된 한 명의 희생자를 향해 반복적으로 공격적인 행동을 하는 것을 말한다. 이러한 행동을 하는 목적은 급우들에게서 인정을 받고 희생자를 지배함으로써 자신의 힘을 나타내는 것이다. 이는 직접적인 신체적 공격(때리기, 밀치기), 언어적 및 비언어적 공격(욕하기, 위협 및 협박)과 관계 관련 공격(배척하기, 소외시키기, 희생자에 대한 소문 퍼뜨리기) 등 여러 가지 형태를 띤다. 희생자에게 상처를 주는 정보나 이상한 사진을 게시하는 등 인터넷상에서 나타나기도 한다. 남학생의 경우에는 신체적 괴롭힘을, 여학생의 경우에는 관계 관련 공격을 하는 경향이 높다.

이는 여러 학교 및 지역사회에서 심각한 문제로 나타나고 있다. 존중 및 보살핌의 분위기와 정반대되는 것으로 희생자 및 괴롭히는 학생 모두에게 심각한, 장기적인 정서적 영향을 줄 수 있다. 이러한 이유에서, 학교 차원의 프로그램이 마련되고 학교 및 교육청의 훈육 지침에 이를 처리하는 방법이 제시되고 있다. 폭넓게 사용되고 있는 학교 단위 프로그램에는 Olweus Bullying Prevention Program이 있다(이에 대한 자세한 내용은 www.stipbullyingnow.com을 참고하기 바란다). 이들 프로그램은 학교(또는 지역사회) 집단 괴롭힘 반대 정책, 이러한 행동을 했을 경우의 결과, 모든 학생들을 대상으로 하는 교육, 사회적 기술 훈련과 집단 괴롭힘이 일어나는 장소 및 활동에 대한 성인들의 감독 등으로 구성되어 있다(Hyman 등, 2006).

집단 괴롭힘에 관한 학교 차원의 특별 프로그램이 있다면, 해당 프로그램을 운영할 수 있도록 교실에서 사용할 수 있는 자료를 받을 것이고 교사들을 위한 워크숍에 참석할 것이다. 만약 학교에 정해진 프로그램이 없다 하더라도 취할 수 있는 행동들이 있다. 먼저, 교사들이 있는 곳에서는 잘 일어나지 않기 때문에(복도, 급식실과 화장실 등) 교사들은 집단 괴롭힘을 잘 인식하지 못한다는 것을 깨닫는다. 교실에서 일어난다 하더라도 희생자가 말을 하지 않는 한 교사들은 그 미묘한 형태(동작, 노려보기, 협박 편지 등)를 알아채지 못한다. 따라서 교사가 취할 수 있는 행동은 복도 및 교실 외부의 여러 곳에서 학생들의 행동을 관찰하는 데 최선을 다하는 것이다. 다른 교사들 및 행정가들과 힘을 합쳐 학교 곳곳에 어른이 있다는 것을 알린다.

본인의 학급에 집단 괴롭힘을 당하는 학생이 있음을 일아챘다면, 전체 학생들과 이 문제에 대해 이야기를 나눈다. 집단 괴롭힘의 원인과 결과에 대한 토론을 이끌면서 주위 사람들의 역할이 중요하다는 것을 강조한다. 희생자를 도와줄 수 있는 용기를 가진 사람을 존경한다고 학생들에게 이야기하고 자신의 힘을 나타내고자 하는 가해 학생들에게는 급우들의 인정을 받을 수 있는 건설적인 방법을 찾아볼 필요가 있다고 말한다. 일반적으로 가해 및 피해 학생과 개인적으로 이야기를 나눌 때는 문제 해결 접근법을 사용할 수 있다. 그러나 신체적 괴롭힘이 포함되어 있다면, 학교 훈육 규정은 가해자를 교감에게 보내고 정해진 처벌을 받도록 요구할 것이다. 적절한 행동을 이끌어 내기 위해 상담 교사가 가해 및 피해 학생들과 대화를 나눌 수도 있다.

집단 괴롭힘을 예방하거나 확대되는 것을 막기 위해 학생들에게 사회적 기술을 가르치는 것도 한 가지 방법이다. 효과적으로 의사소통하고 갈등을 해결할 수 있도록 도와주고 우정 및 협동심을 키워 주는 사회적 기술에는 다른 학생의 관점에 대한 학습, 듣기 기술, 협상과 문제 해결, 도움을 요청하고 도와주는 방법, 교대로 하고 순서 기다리기 및 의견이 일치하지 않을 때 조정하는 방법 등이 포함된다. 사회적 기술이 부족한 학생들은 사회적 기술 개발을 위한 집단 상담 실시 계획을 가지고 있는 상담 교사에게 보낸다. 또 다른 방법은 선택된 학급 활동 속에 사회적 기술 훈련을 포함시키는 것이다. 예를 들어, 학생들이 모둠 활동이나 전체 토론을 할 때 다양한 사회적 기술이 필요하며, 학생들이 익힐 수 있도록 일련의 모둠 기술을 제시한다. 학생들의 나이 및 발달 수준에 맞춰, 여러 상황의 차이를 강조하기 위해 한두 가지 기술을 선택할 수 있다.

필요 없는 질문이나 고자질하기

파괴적인 행동은 아니지만, 일상화될 때 큰 문제가 될 수 있는 행동이다. 저학년의 경우 대부분의 교사들은 이를 처리하는 기준을 가지고 있고 이런 일이 일어나는 경우 이러한 기준을 적용한다. 이를 예방하기 위해, 어떤 것을 교사에게 이야기해야 하고 어떤 것을 이야기해서는 안 되는지 미리 학생들에게 이야기한다. 예를 들어, 누가 다쳤거나 위험에 처해 있을 때는 교사에게 이야기해야 한다. 누가 잡담을 하고 있거나 과제를 하지 않는다고 교사에게 이야기할 필요는 없다. 교실을 순회하며 학생들의 행동을 적절히 관찰한다면 이러한 문제 행동을 확인할 수 있고 따라서 학생들은 고자질이나 질문을 할 필요가 없게 될 것이다.

몇몇 학생들이 계속해서 고자질을 하고 있다면, 고자질과 사회적 책임감의 차이를 전체 학생들에게 간단하게 설명한다. 고자질의 예를 제시한다: (1) 다른 사람을 궁지에 몰아넣으려고 하는 것, (2) 자신이 해결할 수 있는 문제에 다른 사람을 끌어들이려고 하는 것, (3) 스스로 문제를 해결할 수 있는 사람을 도와주려고 하는 것. 고자질과 사회적 책임의 차이를 설명하는 방법 중의 하나는 칠판이나 게시판에 표를 그리고, 학생들에게 각각의 예를 써 보도록 하는 것이다. 예를 들어, 고자질 항목에는 "누가 내가 욕을 했을 때", "교실 밖에 있는 식수대에서 물을 엎질렀을 때" 등을 쓴다. 사회적 책임 항목에는 "누가 나를 밀어서 다치게 했고 팔꿈치에서 피가 날 때", "어떤 사람이 화장실에서 울고 있고, 밖으로 나오려고 하지 않을 때" 등을 쓴다.

어떻게 이러한 문제를 처리할 것인가 결정함에 있어 필요 없는 질문을 하는 것은 교사의 관심을 끌기 위한 것이라는 것을 명심해야 한다. 만약 문제 행동을 통해 교사의 관심을 끌게 된다면, 다른 학생들도 이를 따르게 될 것이다. 지금 무엇을 해야 하는지 상기시켜 주고 그 활동을 하게 하는 것만으로도 문제를 해결할 수 있다.

학생들이 진정으로 교사의 도움을 필요로 하는 상황에는 더욱 신경을 쓴다. 학생들과 대안을 논의한다면, 특정 상황이 다시 일어났을 때 그 방법이 효과를 보았는지 이야기하도록 한다. 고자질하는 학생에 대한 또 다른 반응은 "그런 행동을 해서는 안 된다는 것을 알고 있어서 무척 기쁘구나. Jimmy가 그런 행동을 하는 것을 선생님이 보면 선생님이 Jimmy를 불러서 이야기해 볼게."이다. 해당 학생을 불러들여 고자질한 학생과 "너는 했어/나는 하지 않았어"의 논쟁을 불러일으키지 않도록 한다. 한 학생의 이야기를 근거로 하여 해당 학생에게 어떤 벌을 내려서도 안 된다. 본인 스스로 그 상황을 살펴보고 확인하는 신중한 태도를 취한다. 특히, 특정 학생에 대해 여러 명의 학생들이 비슷한 문제를 제기하면, 그 학생을 자세하게 관찰해 볼 필요가 있다.

또 다른 방법은 필요 없는 질문이나 고자질이 가져올 수 있는 결과를 이야기하는 것이다(학생들은 고자질하는 아이들을 싫어한다). 고자질이나 불필요한 질문 없이 문제를 해결할 수 있도록 학생들을 지도한다. 그리고 구체적인 문제 해결 방법을 지도한다(문제를 확인하고, 목표를 결정하고 행동 계획 및 전략을 세우고 계획을 실행한다).

과제 회피

번번이 숙제나 과제를 끝마치지 못하는 학생들도 있다. 일반적으로 학기 초에 이런 행동을 보이는 학생들은 드물다. 가끔씩 과제나 숙제를 빼먹게 되고 나중에 가서는 습관적으로 과제나 숙제를 하지 않는 경우가 많다. 이러한 행동은 잘 계획된 책임 체제를 통해 최소화할 수 있다(자세한 것은 3장을 참고하기 바란다). 그러나 아무리 책무성 체제가 잘 계획되어 있다 하더라도, 과제를 회피하는 학생들은 있기 마련이다.

교사의 입장에서 볼 때, 정도가 심해지기 전에 문제를 바로잡는 것이 훨씬 수월하고 더 유리하다. 초기에 문제를 해결하기 위해, 자주 학생들의 과제나 공책을 걷어서 검사하고 경영록 등에 기록한다. 특정 학생이 과제를 빼먹기 시작한 것을 발견한다면, 학생과 이야기를 나누고, 문제의 원인을 확인하는 데 도움이 되는 정보를 얻고 그 후 교정 행동을 취한다. 학생이 단순히 능력상의 문제로 과제를 마치지 못한다면, 필요한 도움을 제공하거나 그 학생의 능력에 맞게 과제를 제시한다. 학생이 과제에 너무 심한 부담감을 갖고 있다면, 과제를 여러 부분으로 나누어 단계적으로 제시한다. 5~10 분 동안 과제의 첫 부분을 하게 한 후 올바르게 했는가 검사한다. 각 단계마다 몇 분의 여유 시간을 좀 더 주어 여유를 가지고 과제를 마무리하게 한다. 학생들이 스스로 과제의 진행 정도를 체크할 수 있도록 과제 목록을 나누어 주기도 한다. 이를 통해 학생 스스로 과제 진행 정도를 파악할 수 있으며, 일종의 성취감을 얻을 수도 있다.

학생의 능력이 문제가 아닌 경우, 다음과 같은 절차들을 사용할 수 있다. 학생의 부모에게 전화하여 문제 상황에 대해 논의한다. 학부모들도 학생의 동기를 유발하는 데 도움이 되는 여러 가지 도움을 제공할 수 있다. 방과 후 학생을 학교에 남겨 과제를 다 끝마치게 하는 것과 같은 간단한 벌칙도 효과적이다. 하지만 이 방법은 학생이 학교 버스로 통학을 하는 경우, 사전에 부모들에게 언지를 주지 않고서는 사용하기 어렵다. 잠시라도 학교에 남겨 놓을 경우 미리 학부모에게 연락을 한다. 학부모가 아주 협조적일 때 사용할 수 있는 또 다른 방법은 그 날 학생이 끝마치지 못한 과제와 이를 마치는 데 필요한 책이나 교재를 집으로 가져가게 하는 것이다. 이 방법을 사용할 때는 학생들이 집에서 과제를 하면 된다는 생각을 가지고 수업 활동 중 시간을 낭비하지 않도록 유의한다.

이전보다 높은 점수를 주어 반복된 실패에 대한 부정적 결과를 줄이려고 해서는 안 된다. 이는 학생들에게 책임을 회피하도록 가르친다. 그 대신 노력이나 과제를 끝마쳤을 때 칭찬 같은 유인책을 사용한다. 학생들이 최선을 다할 수 있도록 하는 보상 체제(7장 참고)를 마련한다.

싸움

싸움은 교실보다는 운동장, 식당 등에서 많이 일어난다. 초등학교 학생들의 경우, 교사 자신이 부상을 당할 위험 없이 싸움을 멈추게 할 수 있다(어떤 이유에서든 직접 개입하기가 어렵다면, 동료 교사나 행정가들에게 도움을 요청한다). 싸움에 개입할 때, 우선 싸움을 멈추라고 큰소리로 이야기한다. 이것만으로도 싸움을 멈추게 할 수 있다. 적어도 이는 싸우고 있는 학생들에게 '심판' 이 도

"…… 어느 순간
선생님들이 나타났어!"

착했다는 것을 알려 준다. 싸움을 구경하고 있는 학생 중의 한 명을 시켜 도움을 청하러 보낸다. 이때 어디로 가야 할지 분명하게 이야기한다. 자신이 직접 개입을 해도 안전상 문제가 없을 경우 싸우고 있는 학생들을 갈라 놓는다. 그 외의 다른 학생들은 놀던 곳이나 교실로 돌아가게 한다. 도움을 줄 수 있는 사람이 오거나 싸움을 한 학생들을 다른 곳으로 떼어 놓기 전에, 주위에 구경하는 사람들이 없다면 싸움을 한 학생들이 구경하는 사람들을 의식할 필요가 없기 때문에 쉽게 싸움을 멈추게 할 수 있을 것이다.

대부분의 학교는 학생들 간의 싸움을 처리하는 절차를 가지고 있다. 따라서 교사는 그 절차에 따라 처리해야 한다. 학교장이 상담을 하거나, 학생들의 집에 전화를 하고, 학부모와의 상담 시간을 정하는 등 후속 조치를 결정한다.

학칙상 교사에게 많은 재량권을 부여하고 있다면, 자신이 직접 처리 절차를 결정한다. 싸움이 아주 심각하거나 즉시 멈추지 않았다면, 학생들을 집으로 보내기 전에 해당 학생들의 학부모와 대화를 나눌 필요가 있다. 어떤 경우는 싸운 학생들 사이에 냉각기간을 가지게 하는 것이 좋다. 다른 학생들의 감독을 도와줄 사람이 없다면, 싸운 학생들을 격리된 곳이나 교무실에서 기다리게 한다. 고학년 학생들에게는 왜 싸우게 되었는가 자신의 주장을 쓰게 하여 진정시킬 수도 있다. 싸운 원인을 확실히 모른다면, 다른 학생들의 이야기를 들어본다. 가능한 한 빨리 각 학생을 만나 각자의 생각을 들어 본다. 이때 싸움이 올바르지 않다는 것과 상대편에 대한 물리적 공격, 비난이나 욕을 하는 것이 아닌 다른 방법으로 문제를 해결할 필요성에 초점을 둔다. 각 학생에게 상대방의 생각을 이해하게 하여 둘 사이의 화해의 계기를 마련한다. 끝으로, 친구들 간의 협동과 우정의 중요성 및 교사의 기대를 강조하고, 또는 적어도 얼마 동안은 서로 떨어져 있어야 한다는 것을 강조한다.

그 후 2~3일 동안, 재발의 위험이 있는지 주의 깊게 관찰한다. 문제가 해결되지 않은 것 같으면, 학부모 및 학교장과의 상담이나 학생들과 다시 한 번 이야기하는 시간을 가짐으로써 문제를 해결한다.

힘 겨루기

힘 겨루기를 효과적으로 다루기 위해서는 이러한 행동을 불러일으킨 원인에 대한 이해 및 분노를 낮추는 기술의 사용을 필요로 한다. 다른 사람을 공격하게 만드는 원인은 일반적으로 권력, 소속 및 존경의 욕구에서 찾아볼 수 있다. 적대적 및 공격적 행동을 하는 학생들은 현재 생활에서 이들 욕구 중 일부를 충족시키지 못하고 있다. Allen Mendler(1997)(*Power Struggle: Successful techniques for educators*, Rochester, NY: Discipline Associates)는 이러한 문제를 다루는 여러 가지 전략들을 제시하고 있다.

반항이나 적의감은 교사들에게 위협이 되는 행동이다. 일반적으로 교사들은 이러한 행동에 대해 가벼운 처벌로 넘어간다면 이런 문제가 계속 생길 것이고 다른 학생들도 비슷한 행동을 보일 것이라고 생각한다. 문제를 일으킨 학생은 교사의 뜻에 따르는 것이 친구들 앞에서 체면을 깎이는 것으로 생각한다. 이러한 문제를 처리하는 최선의 방법은 다른 학생들이 없는 곳에서 또는 개인적으로 문제를 처리하는 것이다.

수업 시간에 이런 일이 일어났고 심각한 것이 아니라면, 갈등을 피하며 문제를 객관화함으로써 이에 대처한다: "수업 시간을 많이 잡아먹겠구나. 시간이 있을 때 좀 더 이야기해 보자." 만약 학생이 이를 받아들이지 않고 상황을 더 악화시킨다면, 교실에서 나가 복도에서 기다리게 한다. 어느 정도 냉각 시간을 가진 뒤, 다른 학생들에게 간단한 과제를 제시하고, 그 학생과 문제 행동에 대해 대화를 나눈다.

문제를 논의할 때는 객관적이어야 한다. 감정이 들어간 반응이어서는 안 된다는 것을 명심한다. 학생의 생각도 들어 보고 이에 대해 적절한 반응을 보인다. 그러나 학생과 논쟁을 해서는 안 된다. 학생이 행한 행동과 그에 대한 이유나 변명을 분리하여, 행동이 적절하지 않았다는 것을 지적한다. 그에 대한 결과를 확실하게 설명하고, 이를 실행한다. 어떻게 반응을 보여야 할지 확실하지 않다면, 좀 더 생각을 해보고 나중에 이야기해 보자고 이야기한다. 그러나 벌은 내려야 한다.

드물지만, 극단적인 경우, 학생은 전혀 교사의 지시에 따르지 않고 조용히 하거나 교실을 나가려고 하지 않을 수도 있다. 이런 경우, 학생을 직접 교실 밖으로 데리고 나가며, 고학년이나 체격이 큰 학생들의 경우에는 교무실 등에 도움을 청하러 학생을 보낸다. 그러나 대부분의 경우 교사가 학생과의 논쟁을 피하며 차분하게 대응한다면, 학생들은 이런 냉각 기회를 받아들이게 될 것이다.

비록 대규모의 학교 폭력 사태는 아주 드문 현상이지만, 최근에 일어났던 몇몇 사건들에 대한 우려가 증가함에 따라, 화재나 다른 자연 재해에 대비한 비상 대응책과 같은 비상 대책을 수립하는 학교구와 학교들이 증가하고 있다. 물론, 교사들은 이러한 대책을 충분히 숙지하고 있어야 하며, 여기에는 침착하게 행동하기, 소파 같이 완충 역할을 할 수 있는 곳으로 학생들을 재빨리 이동시키기, 행정가와 응급반원들에게 연락하기 등이 포함된다.

마지막 유의 사항: 긍정적으로 생각하고 행동하기

이 장에 제시된 문제 행동을 처리하는 대부분의 방법들은 일종의 벌과 관련되어 있다. 중간 정도 또는 보다 강력한 개입의 범주에서 특히 더 그러하다. 처벌의 단점은 그 자체가 학생에게 어떻게 행동해야 하는지 알려 주지 않기 때문에 교사가 의도한 방향으로 행동을 변화시키는 데 도움이 되지 않는다는 것이다. 따라서 이러한 방법을 사용하는 교사들은 바람직한 행동이 어떤 것인가를 명확히 전달해야 한다. 즉, 적절한 행동을 가르치는 데 항상 초점을 두어야 한다. 또한 부정적인 결과를 낳는 학급은 좋은 학습 분위기를 가질 수 없다.

따라서 자주 중간 정도 또는 보다 강력한 개입의 범주에 속하는 방법을 사용하는 교사들은 처벌의 사용이 가져오는 부정적인 효과를 완화시키기 위해 유인책이나 보상 체계를 확실히 해둘 필요가 있다. 학생들의 행동을 교정한 후, 애정과 사랑으로 학생을 대하는 교사들은 문제 행동을 한 학생들과의 관계 회복을 위해 노력하며, 아무런 잃어버린 것 없이 호의와 관심을 가지고 있다는 것을 표현한다.

추천 도서

Brophy, J. E. (1996). *Teaching problem students*. New York: Guilford Press.

Damiani, V. B. (2006). *Crisis prevention and intervention in the classroom: What teachers should know*. Lanham, MD: Rowman & Littlefield.

Davis, S. (2004). *Schools where everyone belongs: Practical strategies for reducing bullying*. Wayne, Maine: Stop Bullying Now.

Hyman, I., Bryony, K., Tabori, A., Weber, M., Mahon, M., & Cohen, I. (2006). Bullying: Theory, research, and interventions. In C. Evertson and C. Weinstein (Eds.), *Handbook of classroom management* (pp. 855-884). Mahwah, NJ: Lawrence Erlbaum.

Johnson, D. W., & Johnson, R. T. (1994a). Constructive conflict in the schools. *Journal of Social Issues, 50*(1), 117-137.

Martin, H., & Hayes, S. (1998). Overcoming obstacles: Approaches to dealing with problem pupils. *British Journal of Special Education, 25*(3), 135-139.

McCarney, S. B., & McCain, B. R. (1995). *The behavior dimensions intervention manual*. Columbia, MO: Hawthorne Educational Services.

Mendler, A. (1997). *Power struggles: Successful techniques for educators*. Rochester, NY: Discipline Associates.

Myles, B. S., & Simpson, R. L. (1994). Prevention and management considerations for aggressive and violent children and youth. *Education and Treatment of Chil-*

dren, 17, 370-384.

Sprick, R. (1995). *The teacher's encyclopedia of behavior management: 100 problems/500 plans.* Longmont, CO: Sopris West.

www.clemson.edu/olweus

www.nasponline.org/resources/factsheets/

www.apa.org/topics/topicbully.html

www.state.ky.us/agencies/behave/homepage

www.cfchildren.org

www.stopbullyingnow.com

제안 활동

1. 이 장의 앞부분에 제시된 각 문제 유형을 다시 읽어 보기 바란다. 각 문제들을 처리하는 데 가장 어울리는 교사의 간섭 정도를 생각해 본다. 어떤 문제 상황에 대해 여러 가지 대처 방안이 가능한 경우, 처리 방법을 어떻게 결정할 것인가?
2. 여기에 제시된 교사의 간섭 정도에 대해 특히 선호하는 것이 있는가? 반대하는 것은? 각 방법에 대한 찬반의 근거를 이야기해 보자. 교수-학습에 관한 철학을 어떻게 반영할 것인가?
3. 아래에는 몇 가지 문제 행동들이 제시되어 있다. 각 문제를 처리하는 방법을 생각해 보고 또한 그 방법이 실패할 경우를 대비해 대안도 생각해 본다. 수업 상황에서 이러한 문제가 일어났다고 가정하고 수업 활동과 관련지어 해결 방법을 생각한다.

상황 1. 한창 토론이 진행 중인데 Ardyth와 Melissa는 서로 이야기하며 종이쪽지를 돌리고 있다. 조용히 짝과 이야기를 하거나 멍하니 앉아 있는 학생들도 몇 명 있다.

상황 2. Desi와 Bryce는 계속 떠들고 있다. 공부를 하려고도 하지 않으며, 교사가 책을 펴라고 하자 계속 불평을 늘어놓는다.

상황 3. Joe는 겨우 해야 할 과제를 끝내기는 했지만, 과제를 하는 동안 계속 문제를 일으켰다. 계속 주위에 있는 여자아이들을 괴롭히고, 놀렸다. 또한 교사가 무슨 이야기를 할 때마다 농담을 덧붙였다. 교사가 불러내자, 다른 학생들이 웃을 정도로 미소를 지으며 지나치게 예의 바른 행동을 한다.

상황 4. 식수대에서 물을 먹고 있을 때 누군가가 Marc을 살짝 밀쳤다. Marc은 돌아서서 뒤에 있는 학생에게 물을 끼얹었다. 나중에는 옆에 앉아 있는 아이에게 비키라고 하며 세게 밀쳤다. 다른 아이에게 계속 욕을 하며 식당에서 교실로 돌아왔다.

4. 교사를 당황하게 만들거나 불편하게 만들 수 있는 학생들의 행동(저항, 무례함, 공격 및 무응답 등)을 열거해 본다. 이들 문제에 어떻게 대처할지 미리 생각해 본다.
5. 집단 괴롭힘에 관한 학교 차원의 정책이 있는지, 그리고 이러한 정책은 학생 및 학부모들에게 적절하게 전달되어 있는지 살펴본다. 또한 www.clemson.edu/olweus나 www.nasponline.org/resources/factsheets/ 또는 www.apa.org에서 집단 괴롭힘 예방 또는 사회적 기술 훈련 프로그램에 관한 내용을 읽어 본다. 이러한 정책 및 프로그램을 실시할 때 교사의 역할은 무엇인가?

10

특별한 도움을 필요로 하는 학생 관리

앞 장에서 설명한 여러 가지 학급 경영의 원칙과 지침은 대부분의 상황에 적용할 수 있지만, 학급을 구성하고 있는 학생들의 특징도 학급 경영에 상당한 영향을 준다. 학생들의 나이와 학습 능력, 목표, 관심사와 가정환경 등이 교실에서 이루어지는 학생들의 행동에 영향을 준다. 따라서 다양한 학생들의 욕구를 충족시키기 위해 학급 경영 및 수업 방법 등에 변화가 필요하다. 교사에게 좀 더 도전감을 주는 학생들은 학년에 비해 능력이 부족하거나 크게 앞서는 학생, 학업 지진아 또는 신체장애 학생과 언어(영어) 능력이 부족한 학생들이다. 일반적으로 이런 학생들은 어느 학급에서나 찾아볼 수 있으며, 학생들의 다양한 욕구와 능력을 충족시키기 위해 교사의 상당한 노력이 필요하다.

앞 장에서 제시된 원리들과 함께, 이 장에서는 다양한 학업 성취 및 능력 집단, 학습 부진아와 특별한 도움을 필요로 하는 학생들로 구성된 학급의 운영과 경영에 도움이 되는 다양한 제안과 정보를 제시한다. ■

학습 준비도 평가

학급 학생들의 필요와 능력상의 차이를 알아보기 위해 여러 종류의 정보를 사용해야 한다. 여기에는 교사 자신이 직접 실시한 시험과 자신의 관찰, 그리고 전학년도 담임 교사의 평가, 전학년도의 성적이나 표준화 검사 성적 등이 기록된 생활 기록부 등이 포함된다. 만약 특별한 도움을 필요로 하는 학생이 있다면, 특수 학급 교사 등에게 자문을 구한다. 그러나 한두 가지 자료에 근거하여 학생의 능력을 속단하지 않도록 주의해야 한다. 학생들에 대한 기대가 낮고 이런 생각이 학생에게 전달되면 잠재적 능력보다 낮은 성취를 가져올 수 있다.

초등학교 교육 과정상 읽기, 말하기 및 쓰기와 수학의 중요성 때문에, 이들 과목에 초기 진단 평가의 초점이 주어진다. 학생들을 평가할 때 지시 이행과 주의 집중 능력과 같은 학습 및 활동 습관에도 관심을 둔다. 부진아 및 학습 기술이 부족한 학생 또는 주의가 산만한 학생은 교실 배치, 수업 활동 계획 및 관찰을 위해 좀 더 특별한 관심이 필요하다.

언어 및 수학 능력 수준에 대한 정보를 모을 때, 이러한 자료가 부족한 학생들에게 좀 더 신경을 써야 한다. 일반적으로 이런 학생들은 다른 지역의 학교

"나는 부진아야…. 너는 어때?"

에서 전학 온 경우가 많다. 현재 있는 자료가 일관된 경향을 보이지 않는 학생들의 평가에도 유의해야 한다. 이런 학생들은 개별적으로 독해력 및 어휘력 측정, 수학 능력 평가를 통해 능력을 측정한다. 적절한 평가 절차나 도구를 가지고 있지 않다면 다른 교사들이나 전문가들에게 조언을 구한다.

가능하다면 개별 학생에 대한 평가는 학년 초 며칠이 지난 다음에 실시한다(바로 진단 평가를 실시하는 것은 바람직하지 않다). 평가가 이루어지는 동안에는 학생을 관찰하기가 어렵고, 또한 오랫동안 학생들이 개별 활동을 하게 된다. 평가를 조금 미룸으로써, 먼저 학생들을 어느 정도 관찰할 수 있게 되고, 학생들도 교사를 좀 더 알게 되고 친숙하게 된다. 개별적으로 평가를 하려고 한다면, 다른 학생들이 시간을 낭비하지 않도록 충분한 준비와 계획을 세운다. 일부 학생들만을 상대로 개별적인 평가를 할 필요가 있다면, 며칠 동안 시간을 두고 평가를 한다.

도움을 필요로 하는 학생의 확인

수업을 계획할 때, 학생들 간의 기초 교과에서의 성취도 차이와 학년 수준에서 어느 정도 벗어나 있는지 등을 결정해야 한다. 학생들의 관심사 및 가정환경 등과 같은 특성도 학습 및 수업에 영향을 주며 따라서 수업 활동 계획이나 목표 설정시 이를 고려해야 한다.

학생들의 능력 수준에 대한 정보는 모둠을 만들 때, 짝을 지어줄 때, 그리고 학습 활동을 위해 협동 모둠을 만들 때 도움을 줄 수 있다. 이러한 활동들은 특별한 계획을 필요로 하며 여러 가지 사항들을 고려해야 한다.

학생들의 개인차에 대처하는 방법

여기서는 개인차를 조정하는 데 흔히 사용하는 방법 및 이와 관련된 학급 경영상의 관심사를 살펴본다.

팀티칭

이것은 동학년 교사들이 다양한 능력을 가진 학생들을 가르치기 위해 팀을 이루는 것이다. 그 후 교과별로 학생들을 각 교사에게 배정한다. 이를 통해 교사들은 자기 학급을 가르치는 것보다 상대적으로 좀 더 동질적인 학생 집단을 만들어 가르칠 수 있다. 예를 들어, 진단 평가 독해력 부분에서 아주 낮은 점수를 받은 학생들은 다른 학급의 비슷한 능력을 가진 학생들과 읽기 시간에 같은 반으로 편성된다. 동시에 우수한 학생들도 한 반을 이루어 다른 교사에게서 수업을 받는다. 이를 통해 원래 학급에 있을 때보다 학생들의 능력에 근접한 수업이 가능해진다. 하지만 모든 활동이 다 그러한 것은 아니며, 학생들은 이질 집단으로 구성된 원래의 학급에서 이루어지는 활동에도 참여해야 한다.

팀티칭은 여러 과목에 적용할 수 있지만, 언어 및 수학 과목에서 가장 많이 사용된다. 한 학급 내에서 능력별 수업을 할 때, 학생들의 능력 집단을 읽기 과목은 세 집단, 수학은 두 집단 이상 나눠야 한다면 팀티칭을 생각해 본다. 한 학급에서 더 많은 모둠을 만드는 것으로 학생들의 능력 차이를 해결할 수도 있지만, 이럴 경우 수업 계획과 준비에 있어 교사에게 너무 많은 부담을 주며 각 모둠에게 배당되는 시간이 줄어들기 때문에 현실적이지는 못하다. 팀티칭은 세심한 계획과 교사들 간의 협동이 필요하기 때문에, 다음과 같은 사항들을 고려해야 한다.

시간표 조정하기

팀을 이룬 교사들은 팀티칭을 통해 수업할 과목들의 시간을 동일하게 해야 한다. 사전 협의 없이 한 교사가 시간표를 바꾸어 버린다면, 다른 학급에서 오는 학생들은 할 일 없이 기다릴 수밖에 없으며, 이런 일이 반복되면 결국에 가서는 모두가 팀티칭을 포기하게 될 것이다.

학생들의 이동

상당수의 학생들이 한 교실에서 다른 교실로 옮겨야 하기 때문에 이동 중 지켜야 할 절차와 행동을 가르쳐야 한다. 어느 정도 학생들이 익숙해질 때까지 교사들이 학생들과 함께 움직이며 지도해 준다.

준비물 알려 주기

어떤 준비물이 있는지 잊어버리는 학생들도 많이 있다. 준비물을 가지고 오지 않았다면, 원래 교실로 돌려보내 가지고 오게 할 수 있다. 하지만 이런 경우 수업 시간을 낭비할 뿐 아니라 양쪽 교실 모두의 수업에 방해가 된다. 매일 준비물이 다르다면, 모든 교사들에게 연락하여 게시판에 붙이거나 교실을 떠나기 전에 상기시켜 줌으로써 언제 무엇이 필요한지 학생들에게 알려 줄 수도 있다.

규칙과 절차

다른 학급에서 이동해 오는 학생들은 현 학급의 교사가 어떤 생각을 가지고 있는지 알지 못할 것이다. 따라서 교실에서의 행동 규칙과 모둠 활동 또는 개별 학습에 필요한 여러 가지 절차 등을 설명해 줄 필요가 있다. 학생들이 규칙과 절차 등에 익숙해질 때까지 주의 깊게 지도한다. 가능하다면, 팀을 이룬 교사들끼리 의견을 모아 공통된 규칙과 절차를 계획한다. 모든 학급에서 동일한 규칙과 절차를 사용함으로써 더 쉽게 학생들을 지도할 수 있다.

과제 및 학습에 대한 책임 의식 갖게 하기

행동에 대한 규칙 및 절차와 함께, 학생들이 학습 활동이나 과제에 책임 의식을 갖도록 지도해야 한다. 팀티칭을 사용할 때에는 유인책, 처벌과 학부모와의 상담 등이 일반적인 학급보다 어느 정도 제한되기 때문에 학습에 대한 책임감을 가지게 하는 것이 어려울 수도 있다. 또한 현 수업 시간 이외에는 다른 학급에서 이동해 온 학생들의 학습 상황을 관찰하기가 어렵다. 이런 이유에서 다음과 같은 방법을 통해 학생들에게 학습 활동에 대한 책임감을 가지게 한다.

1. 학생들을 매일 만난다면, 학생들을 원래의 반으로 돌려보내기 전에 학생들의 학습 및 과제를 확인하고, 이를 성공적으로 마칠 수 있도록 피드백을 제공한다.
2. 과제나 학습 활동에 대한 교사의 기대 및 필요 사항, 평가 기준 등을 분명하게 제시한다.
3. 평가한 과제는 즉시 돌려준다. 제시간에 주어지는 피드백은 학업적 성공을 위한 가장 강력한 예언 요인 중의 하나이며, 따라서 과제를 쌓게 해서는 안 된다.
4. 학생들에게, 특히 저학년의 학생들에게 자신이 평가를 하고 그 평가 점수가 성적표에 기재될 것임을 확실하게 이야기한다.
5. 과제를 빼먹은 경우 학부모에게 직접 연락을 한다. 원래 학급의 담임교사에게 의지해서는 안 된다.

변형된 전체 수업

일부 과목의 경우 모둠 학습이 적당하지 않거나 바람직하지 않을 수도 있다. 제한된 시간, 학생들 간의 능력 차이를 확인해야 하는 문제와 학습 내용이나 절차가 아주 복잡하기 때문에 전체 학습이 모둠 학습보다 훨씬 효과적인 경우도 있다. 과학이나 사회 과목의 경우, 학생들의 능력과 관심사의 차이를 반영하여 변형된 전체 수업을 사용할 수 있다. 다음에 제시된 방법들과 주의 사항에 유의한다.

상호 작용적 수업

공부를 잘하는 학생들만 시키는 것이 아니라 모든 학생들에게 동일한 기회를 줌으로써 발표, 토론 및 질의-응답 시간에 모든 학생들이 참여할 수 있도록 한다. 무작위로 발표자를 선택할 수 있게 개인별 카드를 사용하는 것이 도움이 될 수도 있다. 능력이 우수하거나 특정 주제에 대해 상당한 관심을 가지고 있는 학생들에게는 심화 과제를 제시하거나 자신의 생각을 학급 전체에게 발표하게 한다. 학생들은 이러한 기회를 통해 특정 주제에 대한 이해와 관심을 높일 수 있다.

좌석 배치

좀 더 세심한 지도나 도움을 필요로 하는 학생들은 교실의 앞부분 또는 교사가 수업을 진행하는 곳과 가까운 곳에 앉혀야 한다. 교사 가까이 앉게 함으로써 더 쉽게 이들의 학습 상태를 확인하고 이들의 행동 및 진행 과정을 쉽게 관찰할 수 있다.

지시 사항

모든 학생들의 주의 집중을 요구하고 가능하면 이야기와 판서 모두를 통해 지시 사항을 제시한다. 말로만 길게 설명해 주는 경우 지시 사항들을 충분히 파악하지 못하는 학생들도 있기 때문에 학생들이 쉽게 이해할 수 있도록 여러 단계로 나누어 설명하며 시각적인 예도 곁들인다. 이해 정도를 확인하고, 각 단계를 익힐 수 있도록 도와주며, 교정적 피드백을 제공하기 위해 주의 깊게 관찰한다. 교사의 지시 사항을 이행하는데 어려움이 있는 학생들은 정기적으로 확인한다. 이런 학생들을 교실 앞부분에 앉힌다면, 더 쉽게 필요한 도움을 제공할 수 있을 것이다.

과제

능력의 차이를 보이는 학생들에게 동일한 과제를 제시할 경우 일부 학생들에게는 너무 쉽고, 또 일부 학생들에게는 너무 어려울 가능성이 있다. 두 부분으로 과제를 제시한다: 모든 학생들을 대상으로 한 기본적인 과제와 두 번째로 일부 학생이나 보너스 점수를 얻으려고 하는 학생들에게 제시하는 좀 더 어려운 과제. 모든 학생들에게 과제가 동일할 때, 학생들은 정확도와 속도에서 상당한 차이를 보인다. 이러한 경우, 학생들 간의 경쟁보다는 어느 정도 개인적인 발전에 초점을 두는 등급이나 점수제를 사용한다. 기본 과제를 일찍 끝낸 학생들에게 제시하는 심화 과제나 보너스 과제 등은 수업 내용과 관련이 있어야 하며 다른 학생들에게 방해를 주는 것이어서는 안 된다. 또한 과제 진행 속도가 느린 학생들에게 거의 기회가 돌아가지 않거나 서둘러 과제를 일찍 끝마치게 만드는 자유 활동 시간을 주는 것은 가급적 피한다. 심화 과제에 대한 채점, 피드백이나 점수 반영 등에 대한 기준도 마련한다. 과제를 마친 후 독서를 하는 것을 허용한다면, 학생들의 능력에 따라 다양한 수준의 보충 자료를 준비한다.

보충 지도

일부 과목의 경우 정규 수업 시간만으로 학생들의 필요를 충족시키지 못하는 경우도 있다. 예를 들어, 읽기나 수학 능력이 현저하게 떨어지는 학생들은 모둠 학습에서 큰 도움을 얻을 수 없다; 가장 능력이 낮은 모둠에서조차도 능력이 떨어지는 경우도 있다. 또는 주의가 너무 산만하여 과제에 집중을 못하고 항상 과제를 끝마치지 못하는 학생들도 있다. 보통 이상의 능력을 가지고 있다고 하더라도 이런 학생들은 수업을 따라오지 못하고 뒤처지기 마련이다. 모국어가 영어가 아닌 학생들도 정규 수업을 충분히 따라오지 못하며 상당한 도움을 필요로 한다. 끝으로 뛰어난 능력을 가진 학생들도 능력을 충분히 발휘할 수 있도록 기회를 줘야 한다. 이런 모든 경우를 위해 보충 프로그램이 필요하다. 특별 수업을 받기 위해 정규 수업 시간에 다른 곳으로 학생들을 데려가기 때문에 이러한 프로그램을 '뽑아내기' 라고 부르기도 한다. 정규 수업 시간에 보충 수업을 위해 다른 곳으로 이동하는 이러한 프로그램에 참여하는 학생들이 있는지 확인할 필요가 있다. 이러한 사항은 전반적인 학급 및 수업 운영에 중요한 의미를 갖는다. '뽑아내기' 프로그램의 예는 다음과 같다.

- **특수 교육.** 보통 이는 여러 시설을 갖춘 특수 학급에서 이루어진다. 정규 학급에서 학습이나 적응에 방해가 되는 학습상의 문제나 기타 문제를 가진 학생들이 특정 과목(보통 읽기나 수학) 수업 시간에 수업을 받는다. 다른 과목의 수업 시간에는 원래 학급으로 돌아간다.

- **Title I 프로그램.** 저소득층의 자녀를 위해 운영되는 특수 프로그램이다. 여러 가지 학습 능력이 부족한 학생들이 특수 교사로부터 보충 수업을 받는다.
- **심화 프로그램.** 해당 과목에 관한 특별한 재능을 가진 학생들을 위한 심화 프로그램이다. 정규 수업 시간 중 또는 방과 후 교직원뿐 아니라 지역 사회 인사, 학부모 또는 다른 자원 봉사자 등을 통해 수업이 이루어진다.
- **ELL 프로그램.** ELL(English Language Learning Program) 프로그램은 영어 구사 능력이 부족한 학생들의 영어 학습을 도와주는 프로그램으로, 해당 학생, 학생의 담임 교사 및 가정에 도움을 제공한다.

이러한 보충 프로그램이 학급 운영에 주는 가장 큰 영향은 정규 수업 시간 중에 해당 학생들이 교실을 떠난다는 것이다. 따라서 이러한 수업에 참여하는 학생들이 중요한 수업 내용을 빼먹지 않도록 하고 또한 나머지 학생들의 수업에도 방해를 주지 않도록 하기 위해 신중하게 시간표를 짠다. 제대로 처리하지 못하면 보충 프로그램에 참여하는 학생들이 교실을 떠나고 돌아오는 것이 큰 문젯거리가 될 수도 있다.

다른 교사들과 수업 시간 조정하기

점심 시간과 과학실, 음악실 사용 시간 등과 같은 학교 전체의 시간이 결정된 후 교사들끼리 모두에게 편리하도록 수업 시간을 계획한다. 읽기 보충 수업을 위해 교실을 떠나는 학생들이 있다면, 읽기 특별 학습의 교사와 시간을 맞추어 그 시간에 나머지 학생들도 읽기 수업을 한다. 수학 보충 수업을 위해 교실을 떠나는 학생들이 있다면, 같은 시간에 나머지 학생들도 수학 수업을 한다.

시간표대로 수업하기

특정 수업을 위해 다른 교실로 이동하고 이동해 오는 학생들이 있는 경우 이런 학생들이 제 시간에 필요한 수업을 받을 수 있도록 항상 계획된 대로 수업을 해야 한다. 모든 사람이 볼 수 있는 곳에 큰 시계를 걸어 둔다. 시간을 기억하지 못할 경우를 대비해, 몇 명의 학생을 지정하여 시간이 되었을 때 이야기하도록 할 수도 있다. 고학년의 경우 스스로 알아서 행동하도록 한다. 교사 및 학생 본인들이 이동해야 할 시간을 알 수 있도록 하기 위해 일정표를 붙여 놓을 수도 있다. 또한 이동할 시간을 알려 주는 시간 장치를 사용할 수도 있다.

수업 시간을 기다리는 동안 이동해 온 학생들에게 뭔가 할 것을 제시하기

다음 학생들과 수업을 할 시간이 되었는데도 이전 학생들과의 활동이 끝나지 않은 경우도 가끔 있다. 현재 자리에 있는 학생들은 바쁠 정도로 충분한 활동을 해야 한다. 그러나 이동해 오는 학생들이 조금 일찍 올 수도 있고 특별히 앉아서 기다릴 만한 자리가 없는 경우가 많다. 이런 학생들을 처리하는 절차가 필요하며 이를 통해 개별 학습이나 모둠 학습을 하고 있는 학생들에게 방해가 되지 않도록 한다. 기다리는 동안 빈 자리에 앉아 기다리게 하는 교사들도 있다. 조그만 양탄자나 책상을 준비하여 그곳에서 기다리게 하는 교사들도 있다. 어떤 경우든 학생들은 교과서나 익힘책을 받고 다음 시간 수업 내용을 읽거나 관련 활동을 준비한다.

교실로 돌아온 학생들이 새로 활동을 시작하도록 도와주기

다른 교실에서 수업을 받고 온 후, 교실로 돌아와서 무엇을 해야 하는지 몰라 어리둥절해 하는 학생들도 있을 수 있다. 이를 피하기 위해 교실로 돌아왔을 때 무엇을 해야 하는지 알게 하는 일상적인 절차를 만든다. 과제나 활동 순서를 게시해 두는 것도 좋은 방법이다. 학생들이 돌아올 때, 다른 학생들과 모둠 활동을 하고 있다면, 현재 모둠에게 과제를 제시하고, 이들에게로 가서 활동을 바로 시작할 수 있도록 지도한다. 학생 도우미에게 이들 각각의 학생들에게 과제나 활동을 설명하게 하는 방법도 있다.

보충 수업이 취소된 경우

특수 교사가 결근을 하거나 또는 다른 여러 이유에서 특별 수업이 없는 경우도 있다. 이럴 경우, 정상 수업을 진행하면서 이들 학생에게도 뭔가 할 것을 제시한다. 어떤 경우, 정상 수업 활동에 참여시키기도 한다. 아니면 교사 자신이 직접 특별 활동을 제시해야만 한다. 가능하다면, 특수 학급 교사들과 자주 만나 이런 학생들이 무엇을 하는지 파악하여 적절한 활동을 제시할 수 있도록 한다. 학생들의 능력을 고려하여 자유 시간이나 심화 활동도 준비한다. 이런 학생들에게 관심을 가지고 뭔가 의미 있는 활동을 하게 하는 것이 중요하다. 그렇지 않다면 중요한 수업 시간을 낭비하게 되며 학생들은 지루함을 느끼거나 혼란스러워 하게 된다.

보조 교사

학부모나 다른 자원 봉사자, 교사 도우미나 교직 전공 대학생들의 도움을 받는 운 좋은 교사들도 있다. 이런 보조 교사들을 통해 특정 수업이나 모든 수업 관련 활동에서 도움을 받을 수 있다. 교재 준비나 행정 업무를 도와주며 학생들과 거의 접촉을 하지 않는 보조 교사들도 있다. 학급에 보조 교사가 있다면, 학급 내에서의 원활한 활동을 위해 몇 가지 해야 할 것들이 있다. 우선 수업이나 학생들의 활동 및 훈육에 대한 보조 교사들의 책임을 분명하게 해야 한다. 보조 교사들이 학생들을 맡게 될 때, 학급 규칙이 일관되게 유지되도록 요청한다. 교사가 교실을 떠나야만 한다면, 보조 교사가 학급을 지도할 것이며 보조 교사의 지시를 잘 따르라고 이야기한다. 교사가 수업을 할 때 보조 교사가 특정 학생이나 모둠을 지도한다면, 나머지 학생들에게 방해가 되지 않도록 장소를 마련할 필요가 있다. 보조 교사에게 도움을 요청할 수 있는지, 있다면 언제 도와달라고 할 수 있는지 학생들에게 이야기해 준다.

학습 내용 숙련 학급

최근에 폭넓게 사용되고 있는 보충 프로그램이 학습 내용 숙련 학급(content mastery classroom: CMC)이다. 이 프로그램은 한 명 이상의 특수 교육 전공 교사를 포함한 다수의 교사들이 함께 보충 수업이 필요한 학생들을 가르치는 것이다. CMC는 과제나 새로운 내용에 대한 도움이 필요할 때, 시험 시간이 좀 더 필요할 때 도움을 청하러 가는 교실이다. 대부분의 학교구는 학생들을 돕기 위해 일반 교사와 특수 교육 담당 교사를 모두 CMC에 포함시키고 있지만, 특수 교육의 대안으로서만 이용하는 곳도 있다. 특별 학급이나 일반 학급에 대한 CMC의 장점은 일반 학급에 특수 교육 대상 학생들을 함께 섞어서 이들이 도움을 요청할 때 도와주는 것이다. 또한 30명 정도의 학생을 맡은 일반 교사는 그만큼의 보충 수업을 할 필요가 없다는 점이다. 또 다른 장점은 이들 학생들이 일반 학급 교사에게서뿐 아니라 도움이 필요하다고 생각하면 필요에 의해 도움을 청하러 갈 수 있다는 것이다.

중요한 것은 어떤 학생들이 CMC에 갈 수 있으며 언제, 무슨 정보나 교재가 필요한지에 대해 CMC 교사들과 조정을 하는 것이다. 예를 들어, 저학년의 경우, 담임교사의 이름과 학년이 적힌 과제 카드도 도움이 될 것이다. 학생이 CMC에 가야 할 때, 학생이 필요한 도움에 대한 간단한 설명, 학생이 해야 할 교과서의 범위와 교실을 떠나는 시간 등을 적어서 준다. 그러나 CMC 교사들도 학생의 과제 등에 대한 정보를 얻는 여러 가지 방법들을 가지고 있으며, 담임교사도 이를 사용할 수 있다.

자주 CMC를 이용하는 특별한 도움이 필요한 학생들이 있다면, CMC 교사가 적절한 계획을 세울 수 있도록 미리(일주일 전쯤) 과제를 제시할 필요도 있다. 학생이 CMC에서 시험을 볼 때, 미리 CMC 교사에게 문제를 풀기 위해 학생에게 어느 정도의 도움을 제공하는 것이 적당한지 자신의 생각을 이야기해 준다. CMC 교사는 학생과 개별적으로 활동을 하기 때문에, 그 학생의 지도에 도움이 되는 수업이나 학생 관리상의 여러 가지 조언을 해줄 수도 있다. CMC 교사들이 오랫동안 특별한 도움을 필요로 하는 학생들을 가르치고 함께 활동해 왔기 때문에, 이들의 조언이 크게 도움이 되기도 한다. 필요치 않은 경우 CMC 교사들이 조언을 해주지 않을 수도 있기 때문에, 학생들을 어떻게 지도하는 것이 가장 효과적인지 질문을 하도록 한다.

일반 프로그램에 참여시키기

특별한 도움을 필요로 하는 학생들을 일반 프로그램에 참여시키는 것은 이들을 가능한 한 많은 정규 교육 활동에 참여시키기 위함이다. 일반적으로, 교실 내에서 도움을 제공하고 학생의 개별 교육 계획(Individual Education Plans)에 따라 과제나 여러 활동을 조정하는 데 도움을 주기 위해 특수 교육 담당 교사가 담임 교사와 함께 지정된 학생들을 가르친다. 특수 교육 담당 교사와 담임 교사 간의 협의 시간이 이 프로그램의 성공에 중요한 역할을 한다. 담임 교사가 어떤 활동을 계획하고 있는지 정확히 알게 될 때만이 특수 교육 담당 교사가 어떻게 특정 학생에게 필요한 도움을 제공할 것인가 결정할 수 있다.

학생이 과제나 학습 프로젝트 등을 수행할 때, 특수 교육 담당 교사가 교실에 직접 찾아와서 도움을 줄 경우도 있다. 그 학생에게 맞게 수정한 과제를 제공하는 경우도 있다. 학습 내용의 조정뿐 아니라 특수 교육 담당 교사의 수업 참여 시기와 성격 등에 대한 것이 협의 시간에 결정되어야 한다. 이 장의 끝에 제시된 사례 연구 10.1과 10.2는 일반 학급 교사가 어떻게 특별한 도움을 필요로 하는 학생들을 수용하는지 설명하고 있다.

개별화 수업

학기 초 학습 능력 평가에 의해 결정된 수준에 따라 수업을 받고 과제가 주어지고 학생의 능력과 동기에 따라 학습이 진행될 때 이러한 수업 프로그램을 개별화되었다고 한다. 학생 개개인의 요구에 맞게 수업이 이루어지기 때문에 개별화 수업이 학생들의 능력 차이에 따른 문제를 해결하는 최선의 방법이라고 주장하는 학자들도 많다. 그러나 그 실행에는 상당한 어려움이 있다. 개별화 수업은 (1) 학생 개개인의 학습 상태에 대한 주의 깊고 계속적인 평가가 필요하며, (2) 모든 학생이 적절한 상호 작용적인 수업을 받기 위한 시간 계획이 필요하며, (3) 각 학생의 능력에 맞는 교재 등을 포함한 충분한 자료가 필요하며, (4) 적절한 활동을 계획하고 개발하기 위한 교사의 시간 등이 필요하다. 이들 중 어느 한 요소라도 부족하게 되면 효과적으로 개별화 프로그램을 운영할 수 없다. 따라서 이를 실행하고자 하는 교사들은 필요한 자료를 개발하는 시간을 충분히 가질 수 있도록 점진적으로 이를 실행해야 한다. 이러한 어려움 때문에, 다양한 학생들의 능력 차이와 학습 부진아들을 위한 첫 번째 방법으로 변형된 전체 수업, 보충 수업과 팀티칭을 제시하였다. 이러한 방법들이 효과가 없을 때 개별화 수업이 필요하다.

한두 과목의 수업 시간에만 수업을 개별화하려고 할 때, 몇 가지 운영상의 문제가 있을 수 있으며 이를 예방하거나 최소화하기 위해 노력해야 한다.

활동 간의 이동

개별 활동을 할 때 활동이 끝나는 시간은 학생들마다 차이가 있다. 다음 활동도 개별적으로 이루어진다면, 수업 시간 중에 많은 학생들이 이동을 하게 될 것이고 이는 분위기를 혼란스럽게 하고 시간을 낭비하게 한다. 무엇을 해야 하는지 정확히 알지 못하는 학생들도 있을 수 있고 다음 활동을 바로 시작하지 않는 학생들도 있을 것이다. 다음 활동으로 쉽게 넘어갈 수 있도록 교사가 도와준다면 좀 더 효과적으로 활동 간의 이동이 이루어질 것이다. 다음에 무엇을 해야 하는지 학생들이 알 수 있도록 해야 할 과제들을 게시하거나 칠판 등에 적어 둔다. 다음 활동으로 넘어가기 전에 교사가 확인을 하고 다음 활동으로 넘어가도록 하기 위해 학생들에게 끝낸 과제를 가지고 나오라고 할 수도 있다.

행동 관찰

여러 가지 활동이 동시에 이루어질 뿐 아니라 각 활동을 하는 학생들에 대한 기대도 다양하기 때문에 개별화 수업 중에 학생들의 행동을 관찰한다는 것은 쉬운 일이 아니다. 또한 학생들을 개별적으로 지도하거나 이와 관련된 기타 여러 가지 활동들을 수행하기 때문에 학생들을 관찰하는 것이 더욱 어렵게 된다. 이를 해결하기 위해, 다음과 같은 행동들이 이루어져야 한다.

- 학생들이 언제 무엇을 해야 하는지 정확히 알게 하여 필요한 경우 도움을 제공하고, 이를 통해 문제를 예방할 수 있다.
- 학생들에게 자신들에게 기대되는 것은 무엇이고 어떻게 행동해야 하는지 확실하게 이해시킨다.
- 새로운 과제를 시작하거나 현재 진행 중인 과제를 끝내지 못하는 학생들을 파악하여 도와준다. 한두 학생에게 너무 많은 시간을 투자해서는 안 되며 학생이 과제를 포기하거나 너무 어려워서 안절부절할 때까지 기다려서도 안 된다.
- 교실을 순회하며 학생들의 활동을 주기적으로 점검한다. 집중을 하지 않거나 힘들어하는 학생들을 조기에 발견할 수 있도록 자주 살펴본다.
- 다른 학생들보다 좀 더 많은 지도를 필요로 하는 학생들도 있다. 가능하

다면 쉽게 관찰하고 도움을 줄 수 있는 곳에 이러한 학생들을 앉힌다.

자기 활동에 책임지게 하기

개별화 학습 프로그램을 사용하는 것 자체가 과제를 끝마치고 학습 활동에 열심히 참여하겠다는 책임감을 학생들이 수용할 것이라는 것을 보장하는 것은 아니다. 복잡한 상황이나 교사의 감독상의 한계 등을 이용하여 해야 할 것을 하지 않고 요령을 피우는 학생들도 있을 수 있다. 이러한 문제를 피하기 위해선, 과제나 기타 활동에 대한 지시 사항을 분명하게 전달한다. 개별화 수업 활동을 시작하기 직전에 학생들에게 지켜야 할 사항들을 다시 한 번 이야기하는 시간을 갖는 교사들도 많이 있다. 기본적으로 지켜야 할 행동과 학습할 내용을 칠판 등에 쓰거나, 해야 할 것을 적어 놓은 활동 안내 또는 과제 목록을 학생들에게 나누어 줄 수도 있다. 이러한 목록은 과제를 검사할 때도 사용할 수 있다. 이러한 방법들은 교사와 학생들이 계획에 따라 수업 활동을 진행해 나가는 데 도움을 준다. 각 활동에 사용하는 시간을 정해 놓는다면 학생들이 스스로의 학습 속도를 조정하는 데 어느 정도 도움을 줄 수 있다.

학생들의 학습 상황이나 과제를 자주 확인해야 한다. 단순히 한 활동을 끝내고 아무런 피드백 없이 다음 활동으로 넘어간다면, 활동이나 과제의 질이 떨어지게 될 것이다. 따라서 주기적으로 학생들의 학습 상황을 점검하고 평가하며 완성된 과제나 활동에 대한 피드백 제공을 포함한 과제 확인 방법을 강구해야 한다. 또한 전체 학생들의 학습 상황을 확인하여 활동이나 과제의 양과 범위가 적절한지 살펴보아야 한다. 매주 또한 격주로 이러한 확인 작업을 하는 교사들도 있으며 학생들과의 상담을 통해 이를 확인하기도 한다.

교사들은 개별화 수업에서 평가, 과제 제시, 결과 확인과 기록 등에 대부분의 시간을 사용하는 등 그 역할이 상당히 축소되기도 한다. 이런 경우 학생들과의 상호 작용적 수업 활동이 줄어들게 되고 단지 학습지를 풀어나가는 상태가 될 수도 있으며, 또한 과제를 끝내는 것을 학습과 동일한 것으로 생각할 수도 있다. 교사의 역할이 축소되는 것은 수업을 개별화하기 때문에 한 번에 한 학생밖에 가르칠 수 없다는 잘못된 생각에 기인한다. 사실, 한 번에 여러 명의 학생에게 내용을 설명하고 좀 더 도움이 필요한 학생들에게 개별화 지도를 통하여 전체 수업을 보조하는 것이 더 효율적이라고 할 수 있다.

행동 계약 또는 약속

흔히 개별화 수업과 함께 사용된다. 계약에는 하루 또는 일주일과 같이 정해진 시간 내에 해야 할 과제나 활동 등이 포함된다. 계약에는 목적이나 목표, 활동과 계약을 지키는 데 따른 보상책 등이 명시된다. 이 방법은 몇 가지 장점이 있다. 우선 계약을 통해 과제와 그 목적을 효과적으로 전달할 수 있으며, 필요하거나 관심이 있을 경우 학생들이 내용 수정을 요청할 수 있고, 계약서에 서명을 함으로써 약속한 시간 내에 과제를 끝마치도록 학생들에게 동기를 부여하기도 한다.

그 외 방법

협동: 서로 도와주기

학생들의 능력 차이에 따른 문제를 해결할 수 있는 또 다른 방법은 학생들에게 다른 학생들을 도와주게 하는 것이다. 다음과 같은 방법 등을 사용할 수 있다.

- 짝을 이루어 읽기와 듣기 활동을 한다. '친구와 같이 책 읽기' 는 행동 계약의 한 부분이 될 수도 있다.
- 교사가 모둠 지도나 학생 개별 지도 등으로 바쁠 때 다른 학생들을 도와주는 도우미로 몇 명의 학생을 정해 놓는다.
- 교사가 다른 학생 또는 모둠을 도와주고 있을 때, 도움이 필요한 학생들은 교사에게 오기 전에 먼저 다른 학생들에게서 도움을 얻도록 한다.
- 각 활동시 모둠장 또는 조장을 정하여 질문에 대답하고 준비물 등을 정리하게 한다.
- 자주 도움을 필요로 하는 학생에게는 공부 잘하는 학생을 도우미로 정해준다. 도우미 학생은 질문에 대답을 해 주고 교사의 지시 사항을 설명해준다.
- 개별 학습을 할 때 주위의 학생들에게 도움을 청하고 도와줄 수 있게 허락한다.

- 상급생들이 개인 교사가 되어 후배 학생들을 도와준다.

학생들을 도우미로 사용한다면, 어느 정도의 소음과 산만함, 도움을 받는 학생이 도우미 학생에게 상당히 의존하는 가능성 등을 생각해야 한다. 또한 모든 학생이 이러한 것을 좋아하고 함께 활동을 잘 할 수 있는 것은 아니다. 어떻게 행동하고 어떤 행동을 하지 말아야 하는지 분명하게 학생들에게 이야기하고 도우미 학생을 정해 줄 때 두 학생의 관계 등을 고려한다면 이러한 부정적인 영향은 최소화된다. 다른 모든 수업 형태와 마찬가지로 단계적으로 도입하는 것이 문제를 줄이고 효과를 최대화할 수 있다.

협동 학습

다양한 학습 능력이나 배경을 가진 모둠 내에서의 다양한 활동을 통해 학생들은 서로를 이해하고 도와가며 많은 것을 배울 수 있는 기회를 갖게 된다. Robert Slavin(1995) 및 Gillies(2007) 등과 같은 학자들은 다양한 학습 능력을 가진 학생들로 이루어진 모둠 속에서 활동하는 것이 학생 모두에게 도움이 된다고 주장하고 있다. 학생들 간의 협동을 통해 성적 향상, 학생들 간의 상호 이해 및 자존심 등을 높일 수 있다. 더 자세한 내용은 6장을 참고하기 바란다.

동료 학습

특히, 교사의 도움을 바로 받을 수 없을 때 동료 학습을 통해 학생들은 일대일 방식으로 도움을 받을 수 있는 기회를 갖는다. 수업 시간 중 비슷한 수준의 학생들끼리 짝을 짓거나 학업 우수아 또는 현재의 학습 내용을 이해한 학생들에게 그렇지 못한 학생들을 도와주게 하는 방법 등을 사용할 수 있다. 도움을 받는 학생들은 개별 지도의 혜택을 받게 된다. 도와주는 학생들에게도 준비 과정이나 개념 설명을 통해 이익이 된다.

동료 학습을 효과적으로 하기 위해선 특정 사항에 대해 확실한 기준을 가지고 있어야 한다. 언제 동료 학습을 이용할 것인가 결정해야 한다. 일부 과목은 동료 학습이 적당하지 않을 수도 있다. 예를 들어, 도우미 학생들이 도와줄 개념을 충분히 이해하고 있지 못하다는 느낌이 들 때도 있다.

두 번째, 장소를 결정해야 한다. 다른 학생들의 활동을 방해하거나 주의를 산만하게 하는 문제 등을 줄이기 위해 교실 내의 특정 장소를 사용하는 교사들도 많이 있다. 현재의 위치에서 나란히 앉아 조용히 학습 활동을 하게 하는 교사들도 있다.

세 번째, 동료 학습을 이용한다면, 학생들에게 도우미 역할을 할 수 있도록 지도해야 한다. 도우미 학생들에게 도움을 받는 학생들의 이해 정도를 파악하기 위해 효과적으로 질문을 하는 방법을 가르치고 어떻게 본보기가 될 것인가 및 효과적인 상호 관계 등을 제시해야 한다. 오랫동안 도우미 역할을 할 학생들에게는 수업 시간이나 방과 후 간단한 훈련을 시킨다. 또한 활동의 전반에 대해 필요한 사항들을 제시하기도 한다.

특별한 도움을 필요로 하는 학생과의 활동

이 부분은 신체적, 정신적 상태나 교실에서의 행동에 영향을 미치는 언어 능력과 같은 학생들의 환경 및 배경 등으로 인해 좀 더 특별한 도움을 필요로 하는 학생들에 대한 내용이다.

신체적, 정신적 또는 정서적 무능력으로 인해 좀 더 많은 도움을 필요로 하는 학생들에 대한 최근의 연구들은 자연스러운 환경에서 학습이 이루어질 때 가장 효과적이라는 결과를 제시하고 있다. 또한 법규상으로도 그렇게 규정되어 있다. 따라서 특수 교사의 도움과 함께 정상 학급에서 수업을 받는 특수 학생들이 점점 더 증가하고 있다. 이러한 학생들의 필요를 충족시켜 주는 것은 교사에게 상당한 부담이 되는 것이 사실이다. 다행히도, 최근의 연구들은 이러한 학생들의 학업 성취뿐 아니라 자존심 및 동료 학생들과의 관계 등을 높이는 데 도움이 되는 여러 가지 지침들을 제시하고 있다. 아래에서는 각종 형태의 특수한 요구를 가지고 있는 학생들을 위한 수업 활동에 도움이 되는 여러 가지 사항들을 제시한다.

학습 장애를 가지고 있는 학생

여러 학자들 사이에 다양하게 정의되고 있지만, 학습 장애아들은 몇 가지 특징을 가지고 있다. 가장 큰 특징은 전반적인 학생의 능력 수준에서 기대되는 것보다 특정 과목에서 낮은 성취를 보이거나 상당한 어려움을 갖는다는 것이다. 또 다른 공통적인 문제는 방금 전까지 확실하게 이해했던 것을 잊어버리는 등의 행동이다. 따라서 이러한 학생들은 자신에 대한 부정적인 생각을 가질 뿐 아니라 자포자기 같은 위험성과 좌절감 등을 가지고 있다.

일반적으로 이러한 학생들은 단순하게 반복되는 긍정적이고 구조화된 행동에는 적절히 반응한다. 그러나 아주 익숙한 반복적 활동도 잊어버릴 수 있으며, 인내와 반복 학습을 필요로 한다. 이러한 학생들은 다른 학생들보다 더 많은 도움을 필요로 한다. 학생들이 무엇을 해야 하는지 이해했다는 생각이 들 때까지 지시 사항을 계속 반복한다. 잘못한 행동보다는 올바른 행동을 강조한다. 부정적인 학습을 강화하기보다 긍정적인 학습으로 전환할 수 있도록 적절한 행동이나 활동을 따라하게 한다. 학생들에게 혼란을 가중시키기 때문에 시행착오를 가져오는 행동은 삼간다.

이런 학생들은 기억 문제 때문에 반복 과잉 학습이 중요하다. 긴 과제를 한두 가지 제시하는 것보다 짧은 과제를 많이 제시하는 것이 더 큰 도움이 된다는 것에 유의한다.

이러한 학생들은 학습시 여러 가지 감각 기관을 이용한 다양한 경험을 통해 많은 도움을 얻을 수 있고 경험 부족으로 인해 생길 수 있는 여러 가지 문제들을 해결할 수 있다. 교사의 칭찬이 학생의 동기 유발에 도움이 되기도 하지만, 독립적인 의사 결정에 방해가 될 수도 있다. 칭찬은 가끔씩 사용하며 칭찬받는 행동을 구체적으로 언급한다. 주의를 다른 곳으로 돌리게 하고 바람직한 결과를 가져오지 못하는 일반적이고 구체적이지 않은 칭찬은 삼간다.

학습 장애를 가진 학생들은 문제 행동을 자주 일으킨다. 이들에게는 과제 끝마치기 등과 같은 특정 행동을 학생 스스로 직접 기록하게 하는 것이 상당히 도움이 된다. 이를 통해 자기 자신과 주위 환경에 대한 통제력을 키울 수 있다.

정서 및 행동 장애아

정서적으로 문제를 가진 학생들은 감정의 형태가 아닌 정서적인 수준에서 다른 학생들과 차이를 보인다는 것을 명심한다. 각종 심리 검사 결과들은 왜 학생들이 그런 문제를 가지게 되었고 효과적으로 이들과 함께 활동하는 데 도움이 되는 여러 가지 방법들을 제시해 주기 때문에 도움이 된다(이러한 자료는 당연히 비밀이 보장되어야 한다). 이러한 학생들을 이해하고 필요한 도움을 주기 위해 상담 교사나 특수 교육 교사에게 도움을 받을 수도 있다. 또한 특수 교육 기관 등에서 발행한 행동 지도안을 참고하여 문제를 예방할 수 있도록 지도 계획을 세운다. 심각한 문제 행동을 계속 보인다면, 사소한 문제 행동은 무시하며, 바람직한 행동을 강조하고 학생이 받는 스트레스를 줄이는 것도 좋은 방법이다. 긍정적이고 지원적이며, 구조화되고 예측 가능한 분위기를 통해 이러한 학생들에게 안전함과 다른 사람에게 받아들여지고 있다는 생각을 줄 수 있다.

쉽게 화를 내거나 사소한 문제에도 공격적인 반응을 보이거나 안절부절하는 학생들이 스스로 자기 통제를 하려고 할 때 이를 적극 도와준다. 학생이 이성을 잃기 직전의 행동을 파악하여 자기 통제력을 잃기 전에 문제를 예방할 수 있도록 한다. 또한 지시 사항을 잘 따르고 과제를 다 끝내는 것보다 이성을 잃지 않고 일과를 마치는 것이 더 중요하다는 것을 기억하며 균형 잡힌 시각을 유지한다. 문제 행동 징후가 나타나고 있다면, 문제가 더 커지기 전에 활동에 변화를 주어 문제를 해결할 수 있도록 한다(예를 들어, "이것을 교무실에 좀 갖다 주고 올래?" 또는 "가서 물 한 잔 마시고 올래? 그 다음 같이 해보자꾸나."). 자기 자신을 통제하려고 하거나 말을 잘 듣지 않고 고분고분하지 않은 학생들에게는 몇 가지 활동 중 스스로 선택하게 하는 것도 도움이 된다(예를 들어, "홀수 번호 문제를 풀까 아니면 짝수 번호 문제를 풀까?" 또는 "선생님 옆에 앉아서 할까? 아니면 네 자리에서 열심히 할 수 있겠니?").

정서상의 문제를 가진 학생이 자주 이성을 잃는다면 교장, 상담 교사, 다른 학급 교사와 학부모의 자문을 얻어 해결책을 마련할 수도 있다. 이러한 학생들은 교실 외부의 조용한 곳에서 안정을 취하도록 할 필요가 있다; 안정을 취할 때도 감독이 필요하다. 정서 및 행동 장애를 가진 학생들은 보통 왜 자신이 그런 행동을 하는지 잘 알지 못하며 그런 행동 후 후회하거나 당황해한다. 이런 학생들은 일반적으로 자신들의 감정이 일어난 일과 어떤 관계가 있는지 이해하지 못하며, 이러한 행동을 불러일으키는 변화를 알아차리지 못한다. 허용적인 분위기에서 이러한 감정을 예견하고 다른 행동을 취할 수 있도록 하는 것이 이들에게 필요하며, 또 가장 중요한 것이기도 하다.

문제가 일어난 후, 교사와 학생 모두가 어느 정도 진정한 후(학생보다 교사가 진정하는 데 시간이 더 걸리기도 한다), 학생과의 관계를 재정립하는 것이 중요하다. 앞으로의 문제를 예방하기 위해 이전의 행동들을 살펴보는 것을 제외하고는 과거의 문제 행동들을 빨리 잊어버리는 것이 가장 현명한 방법이다.

끝으로, 한 가지 명심할 것은 학생들이 이성을 잃고 언어적 · 신체적 폭력을 행사할 때, 그렇게 들리고 느껴진다 하더라도 개인적인 감정에 의한 것은 아니라는 것이다. 이런 학생들의 주위 환경과 과거 등을 알게 된다면, 교사 자신이 학생의 고통이나 흥분 상태를 일으키는 원인이 아니라 단지 손쉬운 목표가 된다는 것을 알게 될 것이다. 이러한 학생들을 계속 후원하고 도와줄 수 있도록 다른 사람들로부터 조언 및 피드백, 도움 등을 구해야 한다.

사회성이 부족한 학생(Autism Spectrum 장애)

최근 몇 년 동안, 심각한 사회적 기술상의 문제를 가진 학생들 가운데 Autism Spectrum 장애(ASD) 또는 전반적 발달 장애(Pervasive Developmental Disorder: PDD)를 가진 것으로 진단받은 학생의 수가 증가하고 있다. 비교적 가벼운 장애 형태는 Asperger 증후군이라고 불린다(Hodgdon, 1995, 1999; http://www.nimh.nih.gov/publicat/autism.cfm). 아주 어릴 때, 이들 중 상당수는 학습 능력, 기억력 및 암기력으로 인해 아주 총명한 것처럼 보인다. 그러나 나이가 듦에 따라, 이들의 사물에 대한 이해, 일반화와 적용상에 커다란 문제가 있다는 것이 명확해진다. 또 다른 심각한 문제점도 나타난다. 비록 말은 아주 많이 하지만, 의사소통 기술이 크게 부족하다는 것이다. 이들은 너무 가까이 다가가거나, 눈을 마주치는 것을 피하고, 설교하거나 로봇과 같은 모습으로 아주 큰 목소리로 오랫동안 이야기하며, 듣는 사람이 관심을 가지고 있지 않은 대상에 대해 아주 자세히 이야기하는 경향이 있다.

또한 이들은 융통성이 없으며 일을 처리하는 방법을 정해 둔다. 일상적인 방법에서 벗어났거나 자신들의 기대에 일치하지 않을 때는 갑자기 극도의 불안 상태로 변한다. 또한 이들은 큰 소음에 고통을 느끼는 등 소리에 아주 민감하다. 이들은 일반적으로 학습 불능 및 운동 능력 부족 등을 동시에 가지고 있다. 감정적으로 흥분되어 있을 때는 박수 치기 등과 같은 정형화된 행동을 반복적으로 하는 사람들도 있다.

이러한 문제가 심각한 수준에 다다른 학생이 있다면, 특수 교육 기관과 연계하여 이들이 가지고 있는 강력한 규칙성 및 예측 가능성에 대한 욕구에 대처하고, 불안으로 인한 언어적 및 신체적 공격성이 커지는 것을 막기 위한 적응 방법을 지도해야 한다. 이들 중 대다수의 학생들은 평균 정도의 지적 능력을 가지고 있기 때문에, 보통은 일반 학급에서도 성공을 경험할 수 있으며, 이러한 지적 자극을 통해 제대로 성장할 수도 있다. 그러나 이전에 학습한 대응 방법이 있다 하더라도, 이들의 이상한 반응과 행동으로 인해 교사들은 이들의 어려운 점을 이해하고, 불안감을 갖도록 만든 상황(예를 들어, 변화, 이동 또는 소음)에 견딜 수 있도록 도와주기 위해 여러 가지 방법들을 활용해야 한다. 일반 학급에서 이러한 학생들을 도와줄 수 있는 수업 전략들은 다음과 같다.

1. ASD 증후군을 가지고 있는 학생들은 청각보다는 시각적인 학습자이기 때문에, 시각적인 신호 및 자극을 사용한다; 교사가 원하는 것을 물리적으로 표현하고, 가능하다면 직접 조작해 보도록 한다.
2. 시각적 과제와 청각적 과제를 동시에 제시하는 것을 피한다. 이들은 이러한 입력을 동시에 처리할 수 없다. 이들은 보기와 듣기를 동시에 하지 못한다.
3. 지시는 간단하게 한다. 이들은 순서를 기억하는 데 어려움을 가지고 있으며, 특히 지시 내용을 적용하는 데는 더욱 그러하다. 이들을 위해 필요한 사항들을 적어 주고, 정확하게 따라 적었는지 확인한다. 한 번에 한두 가지 사항만 제시한다.
4. 교사와 눈을 마주치도록 요구해서는 안 된다. 이들에게는 눈을 마주치는

것이 아주 어렵고 불안하게 만들며, 따라서 다른 방법으로 주의 집중을 요구한다.

5. '사회적 이야기(social stories)' 또는 '사회적 대본(social scripting)'은 이러한 학생들이 새로운 사건이나 경험 또는 일상적인 생활에 어떤 변화를 준비하도록 도와주기 위한 아주 효과적인 방법들이다. 이러한 방법들은 초등학교에서 주로 많이 사용되지만, 불안이 커지는 것을 막고 새로운 경험이나 변화로의 원만한 진행을 촉진하기 위해 중학교나 고등학교에서도 도움이 되는 경우도 있다. 교사는 어떤 활동이 이루어지기 전에 학생이 해야 할 것을 이야기로 표현하여 변화가 일어나기 전에 그 활동에 어느 정도 친숙해질 수 있도록 도와준다. 예를 들어, "목요일에는 아침 조회를 한 다음에 바로 수학 수업을 하지 않을 거야. 그 대신 모두 강당으로 갈 거야. 강당에서 모임이 끝난 후 수학 수업을 할 거야."
6. 학생들의 특기와 관심사를 활용한다. 이들은 컴퓨터나 그림 그리기 등에 소질을 가지고 있을 수 있다. 또한 지도, 날씨, 기차 등과 같은 특정 사물에 집중하기도 한다. 과제 완결에 대한 보상을 하고, 이들의 능력을 개발할 수 있는 방법들을 제공하며, 학급 활동에 기여할 수 있도록 한다.
7. 구체적인 사회적 피드백 및 내용을 단계적으로 제시한다. 이들은 관찰을 통해 사회적 기술을 학습할 수 없기 때문에, 어색해 하는 상황을 즉시 파악하고 바로 도움을 제공한다. 사회적 영역에 관련된 문제들에 대한 지도를 할 수 없는 경우에는 본인이 관찰한 문제점들을 특수 교육 담당 교사 또는 상담 교사와 상의한다. 이들이 동료들과 광범위한 상호 작용을 하고 있을 때, 이들을 도와주기 위해 사회적 설명 기법의 사용을 고려해 본다.

주의가 아주 산만한 학생

이러한 학생들은 주의 산만, 짧은 집중 시간, 충동적 행동, 조직 능력 부족 및 극도의 신체 움직임 등의 특징을 가지고 있다. 이러한 행동이 주의를 산만하게 만들지만, 의도적으로 이러한 산만한 행동을 하는 것이 아니라는 것을 명심해야 한다. 학습 욕구가 높은 학생들조차 이러한 문제를 억제하고 대안책을 찾는다는 것이 쉬운 일이 아니며 상당한 시간을 필요로 한다. 예측 가능하고 구조화된 환경에서 교사의 감정 표현을 자제하는 것이 이들 학생들이 효과적으로 학습하는 데 상당히 도움이 된다. 학교와 가정이 동일한 문제 해결 방법과 기대를 가질 수 있도록 학부모와 대화를 나눌 필요가 있다.

이러한 학생들과의 학습을 위해 가장 효과적인 방법들은 다음과 같다.

- 이야기를 하기 전에 학생들의 집중을 유도한다.
- 한 번에 한 단계씩 간단하고 분명하게 이야기한다.
- 지시 사항이 여러 단계로 이루어져 있다면, 순서대로 적어 준다. 다음 단계로 넘어가기 전에 이전 단계를 끝마치게 한다. 진행 상황을 알아보기 위해 끝마친 단계를 표시하게 하면 이들의 주의 집중 및 진행 과정 확인에 도움을 줄 수 있다.
- 새로운 과제나 활동을 할 때, 주의 깊게 관찰한다. 필요한 경우 지시 사항을 다시 한 번 설명해 준다.
- 이들의 주의 집중 시간을 고려하여 과제의 양을 조정한다. 주의 집중 시간이 증가함에 따라 과제나 활동의 양을 증가시킬 수도 있다.
- 빨리 끝내는 것보다 정확하게 마치는 것이 더 중요하며, 가장 먼저 끝내거나 말을 해야 할 필요가 없다는 것을 상기시킨다. 깔끔하고 정확하게 끝마쳐야 한다는 것을 강조한다. 그러나 가능하다면, 지저분하게 하거나 실수한 것을 처벌하지는 않는다. 정확도가 문제가 된다면, 깔끔하게 한 노력을 칭찬해 준다.
- 과제를 다 해놓고도 잃어버려서 제출하지 못하는 경우도 있기 때문에 끝낸 과제는 미리 걷어 둔다.
- 특정 부분이나 문단, 줄 등에 초점을 맞추기 위해 액자틀 등을 이용할 수도 있다. 또한 특정 줄이나 문단에 집중하기 위해 손가락을 이용할 수도 있다.
- 학생들을 들뜨게 하거나 그들이 좋아하는 활동보다 주의 집중을 요하는 활동을 먼저 하도록 시간표를 조정한다.
- 수분 단위로 움직일 수 있도록 계획을 세운다; 예를 들어 과제의 일부분(몇 개의 수학 문제, 한 문단 등)을 끝낸 후 교사에게 가지고 오게 한다.

- 조용한 곳을 찾아 그곳에서 혼자 공부하는 선택안을 제공한다.
- 휴식 및 주의 집중을 위한 준비 시간이 필요할 때를 위해 부담이 없는 간단한 활동을 준비한다.
- 긴 활동 또는 시험 중 긴장을 완화시키기 위해 깊게 숨 들이쉬기, 기지개 펴기 등과 같은 긴장을 완화시키는 방법들을 알려 준다.
- 학교 보건실에서 약을 먹는다면, 적절한 시간에 보건 교사(간호사)에게 가는 것을 기억할 수 있도록 도와주기 위한 신호 체계나 일상적인 방법을 만든다. 이를 성공적으로 할 수 있을 때까지 관찰한다.
- 새로운 개념과 기술을 학습하는 능력과 그들에 대한 믿음을 표현한다.

청각 장애 학생

일부 조정이 이루어진다면 청각 장애를 가진 학생들도 정상적인 학급에서 충분히 학습할 수 있다. 청각 장애 학생들이 있다면, 학생들에게 도움이 되는 여러 가지 방법과 학생들의 욕구에 대해 청각 장애 학생 교육을 전공한 교사들에게 조언을 구하는 것이 상당히 도움이 될 것이다. 보조 기구들(보청기, 자막 처리기)이 준비되어 있다면 전문가들에게 이들의 사용법을 배운다.

이러한 학생들은 교실 중앙이나 앞쪽에 앉히는 것이 좋다. 교사가 필기를 할 때도 학생들이 교사의 얼굴을 볼 수 있도록 하기 위해 칠판보다는 OHP를 이용하며, 이야기할 때에는 이들 학생을 쳐다보는 것이 좋다. 교실 조명을 충분히 밝게 하여 학생들이 교사의 입술을 읽을 수 있도록 한다. 교사는 이야기할 때 창문이나 밝은 출입구 쪽에 서 있어서는 안 된다. 뒤가 밝기 때문에 얼굴을 보기가 어려울 수 있기 때문이다.

교사의 이야기를 완전히 다 들을 수 없기 때문에 중요한 내용을 이해하지 못할 수도 있다. 단순히 듣는 것 또는 이름을 불렀을 때 대답하는 것보다 이해하는 것이 더 어렵기 때문에 그리고 이런 학생들은 다시 한 번 이야기해 달라고 부탁하는 것을 꺼리기 때문에, 중요한 내용이나 지시 사항을 반복해서 이야기한다. 가능하다면, 중요한 사항은 적어 준다. 매일 새로 학습하는 내용이 상당히 많기 때문에 일반 학급에서의 이들 학생의 성공을 위해 전문가들의 도움이 필요할 수도 있다. 특히, 쓰기 활동의 경우, 이 장의 앞부분에서 제시된 특별 보충 프로그램인 '내용 숙련 학급' 을 활용할 수도 있다.

토론 시간 중에는 다른 학생들의 입술을 읽지 못할 수도 있기 때문에 학생들의 질문이나 대답을 반복해 줄 필요가 있다. 개별 학습을 할 때에는 이해 상태를 자주 확인하는 것도 도움이 된다. 필기를 해야 할 때는 좀 더 자세한 관찰이 필요하다. 공책 필기를 할 경우, 필기를 깔끔하게 하는 학생들에게 공책을 복사해 주도록 부탁할 수도 있다. 청각 장애 학생들은 입술을 읽으며 동시에 필기를 할 수 없기 때문이다. 비디오를 시청하는 동안에도 출연자들의 입술을 읽는다는 것이 거의 불가능하다. 자막 처리가 되어 있는 자료를 찾는 것은 전문가의 도움을 받을 수 있다. 주위의 학생을 한 명 정하여 교사를 꼭 쳐다봐야 할 때 또는 교사가 설명하는 교과서 관련 부분을 이들 학생에게 알려 주게 할 수도 있다.

학생마다 수화자를 지정하여 일반 학급에서 함께 수업을 받게 하는 경우도 점점 늘어나고 있다. 이런 경우 수화자의 역할을 정확하게 이해하는 데도 특수 교사의 조언이 많이 도움이 될 것이다. 수화자는 교사의 이야기나 신호 등의 이해를 도와주며, 교사와 학생 사이의 교량 역할을 한다. 따라서 이들은 교사에게서 학생으로 또는 그 반대로 정보를 전달해 주지만, 일반적으로 보조 교사의 역할은 하지 않는다. 이들의 역할은 자신이 맡은 청각 장애 학생이 원만하게 학습할 수 있도록 도와주는 것이다.

시각 장애 학생

시각 장애를 가진 학생들도 교사의 도움이 있다면 일반 학급에서 충분히 학습할 수 있다. 이런 학생들의 지도를 위해 다음과 같은 사항들을 참고하기 바란다.

- OHP나 칠판 등에 판서하는 모든 것들을 크게 읽어 준다.
- 수업 내용을 녹음하거나 가정에서 학부모들이 읽어 줄 수 있도록 주위 학생들의 공책을 복사해 준다. 크고 진한 글씨로 판서하여 좀 더 쉽게 볼 수 있도록 한다.
- 가능하다면, 개념을 설명할 때 설명과 관련된 구체적인 보조물을 사용한

다. 이런 학생들은 종종 교사의 몸짓, 얼굴 표정을 놓치기 때문이다.

- 필요한 경우 언제든지 도움을 요청하게 한다. 학생들에게 어떻게 도움을 주어야 할지 정확하게 알고 있지 못하다면, 직접 학생에게 물어 보고 망설이지 말고 문제에 대해 대화를 나눈다.
- 사물을 자세히 보려고 눈을 찡그리고 한곳에 집중을 해야 하기 때문에 시각 장애를 가진 학생들은 빨리 피곤함을 느낀다는 것을 명심한다. 자주 활동에 변화를 준다면 이를 어느 정도 줄일 수 있다.
- 창문을 등지고 앉게 한다. 빛이 반사되어 교사나 판서, 발표하는 사람 등을 보지 못할 수도 있기 때문이다.
- 필요한 경우 앞으로 걸어 나와서 칠판이나 OHP 등을 보게 한다.
- 시각 장애아들은 공간 지각력이나 방향 감각이 떨어지며 사회적 신호를 놓치기도 한다. 따라서 학생들과의 상호 작용이나 개인 활동을 할 때 도움을 제공한다.

가정 형편이 아주 어려운 학생

대다수의 학교에서는 가정 형편이 좋지 않은 학생들의 수가 증가하고 있으며, 따라서 교직원들의 이해와 조정을 필요로 하고 있다. 이러한 학생들이 학교에서 성공하기 위해 가장 핵심적인 것은 이들이 위협 또는 스트레스를 느끼지 않고 안전함을 느끼는 환경에서 교사와 강력하고 서로 신뢰하는 관계를 형성하는 것이다. 교사는 학생들이 학교가 궁극적으로 자신들에게 어떤 도움을 줄 수 있고, 여러 가지 어려운 점에도 불구하고 왜 규칙적으로 학교에 나와서 열심히 공부해야 하는지 이해하는 데 도움을 주어야 한다. 또한 교사는 학생들이 상당 부분 당연한 것으로 받아들여지고 있는 학교의 '잠재적인' 규칙과 기대에 적응해 나가도록 도와줄 수 있는 사람이다.

가정 형편이 어려운 학생이 학교에 처음 입학할 때, 이들은 다른 학생들과는 달리 '학교에 공부하러 가기' 에 익숙해 있지 않을 가능성이 아주 크다. 이들은 다른 학생들보다 더 크게 이야기하거나 외부의 위협으로부터 물리적으로 자신들을 보호하려고 하는 경향을 가지고 있다. 이들은 일반적으로 언어적 메시지보다는 비언어적 메시지에 더욱 민감하며, 말로서 어떤 것을 설명하는 데 능숙하지 못할 수도 있다. 반대로 이들은 생존 기술로서 신호에 대한 경계 및 민감함을 학습해 왔기 때문에 교사의 어투, 목소리의 크기와 억양, 몸동작, 그리고 얼굴 표정 등을 살핀다. 이들에게 학급 규칙과 절차를 지킬 수 있도록 하기 위해서는 가장 기본적인 것들에서부터 시작할 필요가 있다.

교칙을 제시할 때는 여러 가지 경기들의 규칙이 다른 것처럼(예를 들어, 농구할 때는 태클을 할 수 없지만, 축구에서는 가능하다; 동네에서는 누군가가 자신에게 욕을 하면 싸움을 할 수도 있으나 학교에서는 그렇게 해서는 안 된다) 교칙과 동네에서의 행동은 다르다는 것을 설명한다. 구체적인 각각의 단계들을 명확하게 설명해야 한다. 예를 들어, 아침에 제일 먼저 학교에 도착했을 때 무엇을 하고, 어디에 가야 하는지; 복도에서는 뛰지 말고 걸어야 하며; 줄을 서서 걸을 때는 어떻게 해야 하는지; 이야기를 할 수 있는지, 그리고 할 수 있다면 어떻게 해야 하는지(예를 들어, 조용히 또는 속삭이기); 학교에 가져올 수 있는 것과 가져와서는 안 되는 것; 학교에 가지고 온 것은 어떻게 해야 하는지 등. 이들은 새로운 요구 사항들을 따르는 데 어려움을 느낄 수 있으며, 교사의 격려와 지원을 필요로 한다.

가난한 동네에서는 '체면 유지하기(saving face)' 가 강조된다. 야단을 맞을 때 이들은 자신들이 보아 왔던 어른들을 흉내 낼 수도 있다. 즉 교사가 야단을 치거나 행동을 교정해 줄 때 그냥 웃어넘기거나 쓴웃음을 지을 수도 있다. 이러한 학생들에게 창피를 주거나 과잉 반응을 보이지 않도록 유의하며, 가능하면 따로 시간을 내어 이들을 지도한다. 이러한 방법은 이들 학생들의 자존심을 지켜 주고, 반항을 줄일 수 있으며, 교사가 자신들을 진정으로 위하고 있다는 느낌을 줄 수 있다.

Payne(1998)은 이러한 학생들을 지도하는 방법을 제시하고 있다. 이들은 교육적으로 불리한 위치에 있으며 '위험한 상황(at-risk)' 에 처해 있는 경우가 많기 때문에 이들 학생들에게 적합한 방법(예를 들어, Hargis, 1997)들을 가난한 학생들에게도 적용할 수 있다. 아래의 방법들은 가난한 가정 출신의 학생들을 지도할 때 상당히 도움이 될 것이다.

1. 준비물을 가져오지 못하는 경우를 대비해 여분의 것을 준비한다. 학교 또는 교육청에서 이들을 위한 재정 지원을 해주는지, 아니면 지역 사회에 이들을 도와줄 수 있는 단체가 있는지 알아본다.
2. 단계적으로 각종 절차 등을 지도한다.
3. 학교에서 기대되는 행동을 하기 위해서는 어떤 지침이 필요하기 때문에, 3단계 접근법을 사용한다: (a) 해야 할 것을 알려 준다; (b) 의미를 부여한다(왜 그렇게 해야 하는지); (c) 방법을 제공한다(어떻게 그것들을 하는지).
4. 이들은 일반적으로 가정 문제에 사로잡혀 있기 때문에, 특정 시간까지 어떤 것들에 대한 걱정을 미루어 두었다가 한꺼번에 처리하도록 도와준다. 그러나 즉각 다루어야 하는 문제들은 그렇게 할 필요가 없다.
5. 짝을 지정하여, 함께 문제를 논의하고 해결책을 찾도록 한다.
6. 감정이 학생들의 학습 능력에 영향을 미치며, 이들은 공포를 자주 경험한다. 자신의 감정을 표현하기 위해 편지를 쓰거나 그림을 그리게 한다. 그리고 안전한 장소에 보관하게 한다.
7. 자기 제어력을 키울 수 있도록 자신과의 긍정적인 대화를 유도한다: "나를 위해 이 일을 해야 해. 선생님, 부모님을 위해서가 아니라 나 자신을 위해서."
8. 목표를 세우도록 지도한다. 그 날 해야 할 것에 대해 계획을 세워 보도록 하고, 모든 수업이 끝날 무렵 이러한 목적을 달성하였는지 확인한다.
9. 이들이 잘 할 수 있는 활동을 할 때는 다른 학생들을 도와주게 한다.
10. 이들 학생들의 부모들을 만날 때, 이들과의 생활에 대한 즐거움을 표현하면 상호 협력적이고 지원적인 관계를 형성할 수 있다. 면담의 주된 목적이 문제점을 논의하기 위한 것이라 할지라도 상냥하고 진실하게 대한다. 문제를 처리하기 위해 취해야 하는 긍정적인 단계들에 초점을 둔다.

학습 부진 학생

대부분의 교사들은 학업 성취가 낮은 학생들을 가르치기 위해 수업상에 어느 정도의 조정이 있어야 한다고 생각한다. 현재의 학급에 학습 부진 또는 학년 수준에 크게 미달하는 학생들이 많이 있든 적게 있든, 수업을 할 때 이들 학생들의 수준에 좀 더 신경을 써야 한다. 부진한 학생들을 가르칠 때는 모든 학생들에게 적용되는 수업 방법들이 더욱 중요하다.

적극적인 수업

학습 부진아들은 교사의 엄밀한 감독과 다양한 교사 주도 활동을 통한 구조화된 교실 활동에서 상당한 발전을 이룬다는 연구 결과들이 많이 제시되고 있다. 자유 활동이나 비구조화된 활동에 많은 시간을 투자하는 수업은 피해야 하며, 계속해서 학생의 진행 상황을 확인해야 한다. 학습 부진아들에게는 수업 시간 동안 계속 교사와 상호 작용할 기회와 교사의 질문에 대답하고 완성한 과제에 대한 피드백을 제공해야 한다. 학습 부진아들은 관찰이 용이하고 쉽게 도움을 줄 수 있는 곳에 앉혀야 한다(Brophy & Evertson, 1976; Good, Grouws & Ebmeier, 1983; Good & Brophy, 2008).

수업 조직 및 속도

학습 부진아들을 가르칠 때에는 학생들의 이해 상태를 자주 평가하며 수업을 짧은 여러 가지 활동들로 세분화할 때 학생들의 학습과 학습 활동을 향상시킬 수 있다. 25~30분 동안 계속해서 한 가지 (과제) 활동을 시키거나 앞에 나와서 학습 내용을 발표하게 하는 것은 피한다. 그 대신, 5장에 제시된 것과 같이 수업 내용을 짧게 나누어 설명하거나 예를 충분히 제시한다. 학습 부진아들을 가르칠 때 이렇게 수업 내용을 짧게 나누어 제시하는 것에는 두 가지 장점이 있다. 첫 번째 장점은 주의 집중 시간이 짧기 때문에 이렇게 나누어 제시하면 학생들의 수업 참여 및 집중을 유도할 수 있다는 것이다. 또한 첫 번째 개별/학급 과제 활동을 관찰함으로써 학생들이 과제를 끝마칠 수 있는 능력이 있는지 쉽게 파악할 수 있으며, 이에 따라 수업 속도를 적절히 조정하고 학생들에게 피드백을 제공할 수 있다.

수업을 계획할 때, 학습 부진아들을 위해선 여러 가지 많은 내용을 빨리 설명해 주는 것보다 적은 내용이라도 충분히 설명해 주는 것이 더 효과적이다. 따라서 수업을 계획할 때 학습 내용을 반복할 시간을 충분히 준비하며, 필요한 경우 다시 한 번 학습 내용을 설명할 수 있도록 어느 정도 융통성 있게 시간 계획을 세운다. 그러나 학습 부진아들에게 제시하는 과제나 활동이 반복적이고 지루한 것이어야 한다는 것을 의미하는 것은 아니다. 반대로, 과제와 학급 회의를 통해 모든 학생들에게 자신이 알고 있는 것을 생각하고 창의적으로 조직하고 이를 적용할 수 있는 기회를 제공해야 한다. 학습 부진아들에게 제시하는 질문이나 활동 중에도 이와 같이 사고력을 요하거나 어느 정도 난이도가 높은 것을 포함시킨다.

명확한 의사사통은 모든 학생들에게 중요하지만, 학습 부진 학생들에게는 특히 더 중요하다. 따라서 새로운 내용을 도입할 때는 더욱 세심하게 계획을 세운다. 대충 얼버무리는 식 또는 지나치게 복잡한 설명은 학생들의 혼란, 문제 행동을 낳게 된다. 8장에 제시된 바와 같이, 한 번에 설명하는 정보의 양, 수준에 맞는 적절한 용어, 새로운 개념을 설명하기 위한 구체적인 예 등에 유의한다. 학생들의 이해 정도를 자주 확인하고 여러 절차들이 중복되는 것을 피한다. 학생들의 주의를 집중시킨 다음, 각 단계별로 지시 사항을 설명하고 다음 단계로 넘어가기 전에 전 단계의 활동을 다 끝내도록 한다.

교정 수업

효과적인 학습을 위해, 모든 학생들에게 (특히, 학습 부진아들에게) 성공할 수 있는 수업 자료와 과제를 제시해야 한다. 따라서 일반적으로 학습 부진아들은 교정 수업을 필요로 한다. 새로운 단원이나 내용을 학습할 때, 꼭 필요한 선수 학습 내용이나 능력을 가지고 있지 못한 학생들도 있다. 또는 수업 후, 수업한 내용을 여전히 이해하지 못하고 있는 학생들도 있을 수 있다. 이러한 경우, 교정 수업이 이루어진다. 이때 두 가지 사항을 고려한다: 활동 계획을 세울 때 교정 시간도 계획해야 하며, 교정 활동을 필요로 하는 학생들에게 필요한 수업 자료를 준비해야 한다. 수석 교사 및 동료 교사들과의 협의를 통해 학습 부진아들에게 적합한 수업 자료를 준비한다.

긍정적 태도 형성

저학년의 경우에도 학습 부진아들은 학교와 자기 자신에 대해 부정적인 생각을 가지고 있는 경우가 많다. 고학년에 이르면 학습 부진아들은 보통 학년이나 연령 수준의 평균보다 2~3단계 정도 낮은 수준의 성취를 보이기도 한다. 낙제점을 받은 경우도 많이 있다. 자주 실패를 경험했기 때문에 크게 낙담해 있는 학생들도 있다. 이들은 모든 것을 쉽게 포기하거나 부정하는 태도를 보인다. 이러한 반응은 학급 활동에 무관심하거나 아주 부끄러움을 많이 타거나 난폭하게 행동하는 등의 형태로 나타난다. 특히 저학년의 학습 부진아들은 학급 활동들을 자주 바뀌는 아주 이상한 것으로 생각하기도 한다. 이들은 스스로 학습 내용을 이해하거나 좋은 성적을 얻을 것이라는 기대를 하지 않으며, 특히 과제가 어려운 경우 오랫동안 주의 집중을 시키는 것도 상당히 어렵다.

학습 부진아를 지도하는 교사로서 가장 중요한 역할 중의 하나는 학생들에게 긍정적인 자아 개념과 성공할 수 있다는 기대를 가지게 하는 것이다. 이를 위해 몇 가지 조치를 취할 수 있다. 우선 이들 학생에게는 포기하지 않고 과제를 다 끝마치게 하는 것이 중요하다. 이를 위해 과제를 여러 부분으로 나누어 제시하거나 시간을 좀 더 주어 과제를 끝까지 할 수 있도록 격려한다. 그러나 시간을 더 줌으로 해서 다른 중요한 학급 활동에 이들이 참여하지 못하게 하는 결과를 가져와서는 안 된다. 작품 전시 같은 기회를 계속 가지지 못한다면 자아 개념이 향상될 수 없다. 학습 부진아들이 정해진 시간 내에 끝낼 수 있는 과제나 학습 자료를 제시할 필요가 있다.

모든 학생들이 성공을 경험할 수 있도록 기회를 제공한다. 수학이나 읽기 능력은 떨어지지만, 그리기나 컴퓨터 사용 등에 능력이 뛰어난 학생들도 있다. 다양한 수업 활동을 통해 이러한 학생들의 장점이 빛을 볼 수 있게 한다.

학급 토론이나 회의는 학생들이 알고 있는 것을 나타내는 기회가 된다. 모든 학생들이 교사의 질문과 특정 학생의 대답을 들을 수 있기 때문에, 교사의 질문이나 태도는 학생의 능력에 대한 기대를 나타내는 경우가 많다. 이때 학습 부진아들을 다루는 방법이 학생들의 태도와 학업 성취에 영향을 준다. 학습 부진아들의 성공을 도와줄 수 있는 방법에는 질문에 답할 때까지 옆에 서 있기, 끼어들지 않고 생각할 시간 충분히 주기, 틀린 답에 대한 적절한 피드백 제공하기, 올바른 대답을 할 수 있도록 도와주기 등의 방법이 있다(Brophy & Evertson, 1976; Good & Brophy, 2008).

학습 부진아들에게는 따뜻하고 지원적이며 허용적인 교실 분위기가 도움이 되지만 칭찬을 할 때는 주의해야 한다. 연구에 따르면 적절히 끝낸 과제나 행동에 관련된 구체적인 칭찬이 도움이 된다. 막연하거나 일반적인 칭찬 또는 틀린 답이나 끝마치지 못한 과제 등에 대해서는 칭찬을 하지 말아야 한다. 일반적이거나 모호한 칭찬은 학생들을 혼란스럽게 만들며, 학생에게 교사가 자신에 대해 별로 큰 기대를 가지고 있지 않다는 생각을 줄 수도 있다. 과제 해결에 시간이 많이 걸리는 학생에게도 그에 상응하는 구체적인 칭찬을 할 수 있도록 한다.

능력이 우수한 학생들의 지도

일반 학급에 있는 능력이 우수한 학생들도 상당히 부담이 되기는 마찬가지다. 학습 활동에 이런 학생들을 적극적으로 참여시키기 위해선 지루함을 주지 않도록 수준에 맞는 충분한 활동을 제시해야 한다.

연구 결과들에 따르면 이들은 어느 정도 도전감을 가질 때 더 많은 것을 배운다. 가끔은 좀 더 능력이 낮은 학생들의 활동 결과보다 이들 학생들의 결과가 낮을 수도 있다. 즉, 항상 우수한 결과를 낳지 못한다고 해서 좌절하지 않는다는 것이다. 이런 학생들을 가르칠 때 우수한 교사들은 정상적인 진도보다 좀 더 빠르게 학습 활동을 하며, 다양한 수업 방법과 학습 자료를 제시한다.

능력이 우수한 모든 학생들이 공부를 잘하는 것은 아니라는 것을 명심한다. 학업 성적이 뛰어난 학생들도 있다. 이런 학생들을 지도한다는 것은 교사들에게도 상당한 즐거움이 된다. 학업 우수아들은 보통 학교와 학습 활동에 대해 긍정적인 생각을 가지고 있으며, 독립적이고 사교성이 강하다. 그러나 능력이 우수한 학생들이 모두 그러한 것은 아니다. 교사가 제시하는 문제들에 다른 학생들과는 다르게 접근하는 아주 창의적이고 다양하게 반응하기도 하며 사고력도 우수하지만, 문제 행동을 일으키는 학생들도 있다. 공부를 잘한다고 해서 모두 유순한 것은 아니다.

일반 학급에서 재능을 가진 학생들의 다양한 능력, 창의력 등을 키우고 격려한다는 것이 쉬운 일은 아니다. 모든 학생들이 자신의 능력에 맞는 과제나 학습 활동을 하는 개방형 과제 활동을 하는 학급이 이들에게 더 많은 도움이 되고 지루한 학습 활동 등에서 야기되는 문제 행동을 피할 수 있다.

부가 질문이나 추가 프로젝트 등 이들의 심화 학습을 위해 필요한 학습 자료를 준비한다. 다양한 활동 계획을 기록해서 넣어 두는 활동 상자도 만든다. 심화 또는 보너스 문제나 과제들을 과제 활동이나 시험을 볼 때 함께 제시한다. 교실이나 도서실 등에 컴퓨터가 있다면, 교육 자료 센터나 지역 도서관 등에서 보충 · 심화 자료를 빌려와서 이들에게 제시하기도 한다. 도우미 활동 등 다른 학생들에게 도움을 주는 활동에 이들을 참여시킨다. 또한 (학년 수준에 맞는) 시사 문제에도 관심을 갖게 하여 신문에 의견을 내거나 뉴스에 나온 사람들에게 편지를 쓰게 한다.

능력이 우수한 학생들은 학급의 학습 분위기 형성에 상당한 도움을 줄 수 있다. 이들의 창의적이고 확산적 사고는 다른 학생들에게 어느 정도 자극을 주기도 한다. 교사는 이러한 행동들을 통해 학급을 구성하고 있는 모든 학생들에게 학생 개개인이 가지고 있는 능력, 관심사 및 기능 등을 모두 소중하게 생각하고 높이 평가하고 있다는 생각을 전한다.

추천 도서

Buzzell, J. G., & Piazza, R. (1994). *Case studies for teaching special needs and at-risk students.* Albany, NY: Delmar.

Hodgdon, L. A. (1999). *Solving behavior problems in autism.* Vol.2. Troy, MI: Quirk Roberts.

Kronberg, R., Jackson, L., Sheets, G., & Rogers-Connolly, T. (1995). A toolbox for supporting integrated education. *Teaching Exceptional Children, 27*(4), 54-58.

Lane, K., Falk, K., & Wehby, J. (2006). Classroom management in special education classrooms and resource rooms. In C. Evertson & C. Weinstein (Eds.), *Handbook of classroom management: Research, practice and contemporary issues* (pp. 439-460). Mahwah, NJ: Lawrence Erlbaum.

Lotan, R. A. (2006). Managing groupwork in the heterogeneous classroom. In C. Evertson & C. Weinstein (Eds.), *Handbook of classroom management: Research, practice, and contemporary issues* (pp. 525-539). Mahwah, NJ: Lawrence Erlbaum.

Soodak, L., & McCarthy, M. R. (2006). Classroom management in inclusive settings. In C. Evertson & C. Weinstein (Eds.), *Handbook of classroom management: Research, practice, and contemporary issues* (pp. 461-489). Mahwah, NJ: Lawrence Erlbaum.

Students with special needs [Special issue]. (1996). *Educational Leadership, 53*(5), 42-74.

www.air.org/cecp

www.ccbd.net

www.circleofinclusion.org

http://iris.peabody.vanderbilt.edu

www.nichcy.org/resources

http://www.nimh.nih.gov/publicat/autism.cfm

www.schoolpsychology.net

www. uniquelygifted. org

제안 활동

1. 두 명의 교사가 특별한 요구를 가진 학생들을 대하는 방법을 다루고 있는 사례 연구 10.1과 10.2를 읽어 본다.
2. 문제 상황 10.1과 10.2는 초등학교 교사들이 자주 부딪칠 수 있는 상황

을 나타낸 것이다. 이 장에 제시된 내용을 바탕으로 각 상황에 대처하는 방법들을 생각해 보자. 자신의 생각과 부록에 제시된 내용과 비교해 본다.

3. 사례 연구 10.3을 읽는다.
   - 학생들의 욕구를 충족시키기 위해서 Mrs. Laskey는 어떤 조정을 해야 할까? 이러한 조정은 관련된 학생들에게 도움이 될까?
   - 모둠으로 학급을 편성한 이유를 뭐라고 생각하는가? 이는 학생들에게는 어떤 의미를 줄까?

사례 연구 10.1

학습 부진아를 위한 읽기 수업 계획

올해 경력 2년차인 Mr. Bartolo는 학생들의 대부분이 멕시칸계로 이루어진 도심지 학교에서 1학년을 맡고 있다. 이 학급은 26명의 다양한 아이들로 구성되어 있다—읽기 능력 수준도 다양하며, 그중 몇 명은 영어를 잘 사용하지 못하고, 몇 명은 보충 수업을 받고 있으며, 정서 불안아로 진단받은 학생도 1명 있다.

Mr. Bartolo는 첫해에는 소수의, 동질 능력 집단으로 구성된 학생들에게 읽기 기초 입문서를 사용했었다. 올해도 처음 6주 동안은 전과 비슷한 형태로 수업을 했지만, 현재 Mr. Bartolo는 2명의 학생을 조금 걱정하고 있다. 첫 번째 학생인 Jason은 읽기 능력이 뛰어난 4명 중 한 명이다. Jason은 성적은 우수하지만 친구들을 잘 사귀지 못하고 있다. 두 번째 학생인 Juan은 읽기 능력이 가장 부족한 다섯 학생 중의 한 명이다. Juan의 가족은 푸에르토리코에서 학년 초에 이민을 왔으며, 영어를 잘 하지 못한다.

Mr. Bartolo는 동료 학습 모형을 잘 알고 있고, 몇몇 동료 교사들이 이를 사용하고 있다는 것을 알고 있다. Mr. Bartolo는 동료 교사와 두 학생의 학부모와 대화를 나눈 후, Jason과 Juan에게 이 방법을 적용하기로 결정을 하였다. Mr. Bartolo는 이 방법이 Jason의 사회적 능력을 강화하고 Juan의 읽기 능력을 키우는 데 도움이 되었으면 한다.

동료 학습을 시작하기 전에, 읽기 시간의 모둠 활동을 통해 어려운 낱말을 설명해 주고 이해할 수 있도록 Jason과 Juan을 도와주어야 한다는 것을 알고 있다. 처음 6주 동안 친구의 의견 듣기, 의견 나누기 및 문제 해결과 같은 동료 학습에 필요한 기술 등도 강조해 왔다. 이와 함께, Mr. Bartolo는 Jason과 Juan이 동료 학습을 연습할 수 있도록 여분의 시간도 계획하였다. Jason과 Juan은 몇 번의 연습을 가진 후 Mr. Bartolo의 도움 없이 학습을 시작하였다. 그러나 Mr. Bartolo는 계속 관찰을 하며 필요한 경우 도움을 제공하였고, 두 학생의 개선된 모습을 어느 정도 관찰할 수 있었다.

Mr. Bartolo는 모둠 학습 및 동료 학습과 함께 필요한 경우 학생들의 과제도 조정하였다. 책 읽는 것을 녹음하기, 과제 줄이기, 일대일 수업하기 등이 여기에 포함된다. Mr. Bartolo는 학생들의 읽기 능력이 크게 신장되었다고 확신하고 있다. 현재, 그는 동료 학습 형태를 내년에는 모든 학생들에게 확대하려고 계획하고 있다. Mr. Bartolo는 어떤 것들을 고려해야 할까?

사례 연구 10.2

청각 장애아 도와주기

Ms. Chin의 학급은 24명으로 이루어져 이으며, 그중 2명이 심각한 청각 장애를 가지고 있다. Bobby는 보청기를 끼고 있으며, Mr. Chin이 사용하는 FM 마이크를 통해 선생님이 이야기하는 것을 들을 수 있다. Sally는 인공 귀 이식 수술을 받았지만, 거의 듣지 못하는 상태이다. 이들은 모두 수화를 사용한다; Bobby는 어느 정도 말을 할 수는 있다. 수업을 할 때는 수화자가 교사 옆에서 이들을 도와준다. 개별 학습을 할 때는 학생들의 옆에서 교사의 지시 사항 등을 번역해 준다.

학년 초 첫 주, Bobby와 Sally가 Ms. Chin의 교실에서 모든 수업을 받지 않을 때, Ms. Chin은 나머지 학생들에게 청각 장애에 대해 설명하여 학생들이 상황을 충분히 이해할 수 있게 하였다. 청각 장애 전문가가 와서 FM 마이크 등 여러 가지 기기들을 보여주고 사용해 보게 했으며, 청력을 잃은 사람들의 귀에는 어떤 소리가 들리는지 카세트 테이프를 틀어 주었다. 또한 Ms. Chin은 수화자의 역할을 설명하며, 다른 학생들은 수화자가 아닌 선생님을 쳐다보아야 한다고 이야기했다. 러그 미팅을 할 때 교사와 수화자를 보기 위해서 카펫의 앞부분 가운데에 앉아야 하기 때문에, 카펫에 'Sally의 자리'라는 표시를 해 두었다.

Ms. Chin은 기본적인 수화를 배우고, 학생들에게 이야기할 때 수화도 사용하였다. 칠판의 윗부분에 알파벳을 붙여 놓고, 그 밑에 각 글자에 해당하는 수화 그림도 붙여 놓았다. 몇몇 학생들은 바로 수화를 익혀 수화나 몸짓 등을 통해 Bobby와 Sally와 대화를 나누기 시작했다. 또한 학교에서는 '수화 교실'을 개설하여, 전 학생이 매 주 5가지씩 수화를 배우게 하였다.

Ms. Chin은 모둠 활동을 할 때 FM 기기를 Bobby가 있는 책상의 가운데에 놓아 두었다. 그리고 의사소통 문제를 어느 정도 해결하기 위해 Bobby와 Sally 주위에는 이들과 친한 아이들을 앉게 하였다. 대부분의 활동은 청각 장애아들에게 적합하도록 바뀌었다. 비록 Bobby는 어느 정도 소리를 들을 수 있지만, 발음의 차이를 구분하지 못하는 경우가 많기 때문에, Ms. Chin은 이들을 대할 때 언어적인 접근은 자제하였다. Ms. Chin은 특수 교사와 협력하여 학습 내용을 조정하고 보충하였다. 또한 두 학생의 학부모들도 자주 만나 가정에서도 학생들이 학교에서 배운 것을 보충해 줄 수 있도록 하였다.

Ms. Chin은 수화책을 준비하여, 새로운 단원을 시작할 때 잘 사용하지 않는 낱말이나 수업 시간에 배우게 될 낱말 등을 가정으로 보내어, 자신과 수화자, 특수 학급 교사 및 학부모가 동일한 수화를 사용할 수 있게 하였다. Bobby와 Sally는 발음을 하거나 수화를 통해 새로운 단어를 익혔다. 그 외에도 수직선, 도형 및 퍼즐 등을 사용하여 이들의 학습에 도움이 되게 하였다.

사례 연구 10.3

3학년 통합 학급에서 학생 가르치기

Mrs. Laskey가 맡고 있는 3학년 학급은 특수 교육을 필요로 하는 4명의 학생이 포함된 22명의 학생들로 구성되어 있다. 그녀는 5~6명씩 모둠을 이루도록 책상을 배치하였고, 각 모둠에 특수 아동을 한 명씩 배치하였다. 그녀는 이 학생들을 따로 앉게 하지 않는 대신, 이들 4명의 학생들의 이해 정도를 자주 확인하고 있다. 학급 토론을 할 때는 이들에게 자주 다가가서, 토의 내용을 다시 한 번 반복하게 하기도 한다. 이를 통해 이들의 주의 집중을 도와주고 또한 이들에게 성공의 기회를 제공할 수 있다고 그녀는 이야기한다. 작문이나 시험을 볼 때는 이들이 도움을 요청할 때까지 기다리는 방법보다는 이들의 책상으로 다가가서 문제점을 발견하면 바로 도움을 제공하고 있다. Mrs. Laskey는 각 학생의 상태에 따른 특수 교육 담당자들의 조언을 토대로 하여 지시 사항을 짧고, 명확하게 여러 단계로 나누어 제시하고, 이들의 (신체적/행동적) 한계를 명확하게 이해하고, 시간을 더 많이 허용하고, 시험 문제를 읽어 주며, 수학 시험을 볼 때는 각종 도구를 사용하도록 허용하였으며, 학생들에게 지시 사항을 반복하게 하였다. 이들 중 한 명은 행동 장애를 가지고 있었고, 수업에 크게 지장을 주지 않는 범위 내에서 교실을 돌아다니는 것을 허용하고 있다.

시험 시간이나 언어 과목 등과 같은 특정 수업 시간에는 특수 교육 담당 교사인 Ms. Bonner가 Mrs. Laskey의 교실로 온다. Ms. Bonner는 각 학생들의 교육 계획에 따라 이들 학생들의 특수 교육 프로그램을 담당하고 있다. 또한 4명의 학생들이 충분히 이해하고 있고 적절하게 활동을 하고 있을 때는 다른 학생들을 도와주기도 한다. 이러한 방법으로 통합 학급에서 이들 4명의 학생들은 자신들에게 필요한 도움을 받고 있다. 때때로, 특히 새로운 개념이 도입된 후, Ms. Bonner는 부가적인 지도를 위해 교실 구석으로 이들 중 한두 명의 학생들을 데리고 가 따로 지도를 하기도 한다.

Mrs. Laskey가 들려주는 이야기를 듣거나 수업을 하기 위해 카펫에 모일 때, 이들 4명의 학생들은 자신들이 원하는 곳에 앉는다. 행동 장애를 가지고 있는 학생들은 일어서거나 돌아다닐 수 있기 위해 뒤에 앉는 경우가 많다. Mrs. Laskey는 그 학생이 너무 지나친 행동을 하면 주의를 주거나 다른 행동을 취한다. 그 학생의 행동이 수업에 방해가 된다면, 자신의 행동을 억제하며 교실 뒤쪽에서 조용히 있도록 선택권을 준다. 그 학생에게 그렇게 할 수 있는지 아니면 교탁 옆에 앉는 것이 도움이 될지 물어 본다. 그 학생의 선택은 다양하며, 자신의 행동을 통제하기 위해서는 다른 학생들보다 더욱 많은 노력을 해야 한다는 것을 선생님도 알고 있다는 것을 이해하고 있는 것 같다. 교탁 옆에 앉는 것을 선택하면, 자주 어깨를 만져 주면서 필요한 도움이나 주의를 준다. 이러한 방법은 그 학생이 선생님 가까이에 있기 때문에 수업 내용에 더 집중하는 데 도움을 준다.

문제 상황 10.1

팀티칭

4학년을 맡고 있는 Mr. Miller와 2명의 동료 교사는 수학 시간 팀티칭을 하고 있다. 점심 시간 후, 다른 학급에서 학생들이 Mr. Miller의 교실로 오고, 또한 Mr. Miller의 학급에서도 학생들이 다른 학급으로 이동을 한다. 그러나 Mr. Miller는 학생들이 교실을 이동하고 수업을 준비하는 등 수업과 직접 관련이 없는 여러 가지 활동에 너무 많은 시간을 빼앗기고 있다는 생각과 함께, 여기에 대해 불만이 점차 커져 가고 있다. 어떤 때는 일찍 이동해 온 학생들이 수업 진행에 방해가 되는 경우도 있다. 아이들이 제 시간에 도착하지 않아서 기다려야 할 때도 있었다. 또한 필요한 준비물을 가지고 오지 않는 학생들도 많이 있다. Mr. Miller가 수업 전 학생들 질문에 대답하고 준비를 할 때, 대부분의 학생들은 떠들면서 교실을 돌아다니기도 한다. 따라서 수업을 시작하려고 할 때, 학생들을 조용히 시키느라 상당히 애를 먹고 있다. 팀티칭을 좀 더 원활하게 진행하기 위해 무엇을 해야 할까?

문제 상황 10.2

이질 능력 학급

Ms. Ortiz는 지난 4년의 교직 생활 중 올해 어려움을 가장 많이 느끼고 있다. Ms. Ortiz가 맡고 있는 3학년 학생들은 26명으로, 그중 7명은 읽기 능력이 1학년 보다 떨어지는 아이들이다. 그 7명 중 5명은 수학 능력도 아주 뒤떨어져 있고, 나머지 2명은 평균 수준이다. 대부분의 학생들은 학년 수준과 비슷한 능력을 보이지만, 3명은 읽기와 수학 부분에 상당히 앞서 있다. Ms. Ortiz는 부진아들을 생각하면서도, 우수아들의 요구를 충족시켜 주려고 갖은 애를 쓰고 있다. 지금 Ms. Ortiz는 4 모둠으로 읽기 수업을 진행하고 있다. Ms. Ortiz가 생각할 수 있는 방법에는 어떤 것들이 있을까?

부록

해답

1장

활동 1

그림 1.3에 제시된 교실 배치도는 학급 경영상 몇 가지 문제점을 야기할 수 있다.

- 교사가 칠판 근처에서 전체 학생들을 대상으로 수업을 진행하게 된다면, 다른 쪽에 있는 학생들은 교사와 칠판에서 너무 멀리 떨어져 있게 된다. 이 때문에, 판서 내용을 보기가 어려울 수 있으며, 또한 교사도 학생들의 행동을 관찰하기가 어렵게 된다. 동시에 교사의 활동 범위도 상대적으로 축소되며, 전체 수업을 위해 필요한 자료를 놓아 둘 장소도 없다.
- 책꽂이, 컴퓨터 주변 및 화장실이나 연필깎이를 사용하러 갈 때 이동에 방해가 되거나 정체가 일어날 수도 있다.
- 교실 중앙에 있는 모둠 활동용 책상이 학생들의 책상에 너무 가까이 있다. 이는 책상에 앉아 활동을 하는 학생들의 주의 집중을 방해할 뿐 아니라, 교사 자신도 그 곳에 앉아서는 한 번에 교실의 모든 학생들을 관찰할 수 없다.
- 학습 센터를 가로막지 않도록 높이가 낮은 책꽂이를 사용해야 한다. 책꽂이의 위치 때문에, 이곳에서 활동하는 학생들을 관찰하기가 어려울 수도 있다.
- 학생들의 책상에서 개별적으로 도움을 제공할 때, 교실에 있는 전체 학생들을 관찰하는 것이 어려울 수 있다.
- 여자 화장실 출입문 앞쪽에 있는 책상이 문제가 될 수도 있다. 화장실 출

입 및 컴퓨터 사용에 방해가 될 뿐 아니라, 그 책상에 앉은 학생은 화장실이나 컴퓨터로 이동하는 학생들 때문에 주의 집중에 문제가 있을 수 있다.

- 교사의 책상 정면에 앉은 학생은, 교사가 자신의 책상에서 다른 학생들을 도와줄 때 역시 활동에 방해를 받을 수 있다. 또한 이 책상은 수업이 이루어지는 영역에서 너무 멀리 떨어져 있다.
- 화장실을 사용하는 학생들로 인해 컴퓨터를 사용하는 학생들이 방해를 받을 수 있다. 컴퓨터 근처에 식수대나 화장실이 있기 때문에 여기서 나오는 물로 인해 전기와 관련된 사고가 일어날 수도 있다. 그러나 인터넷 연결로 인해 컴퓨터의 위치가 제약을 받는다는 점을 고려해야 한다.

3장

활동 2

사례 연구 3.4

진단

Mr. Ambrose의 학생들이 자주 과제 제출일, 지시 사항 등을 혼동하는 것은 비록 Mr. Ambrose가 학생들을 위한 여러 가지 활동들을 계획했지만, 학생들에게 필요한 사항들을 명확하게 설명하지 않았고 또한 그들이 이해했는가를 확인하지 않았음을 나타낸다. 또한 학생들은 자신들의 과제 진행이나 과제 및 활동의 질에 대한 피드백을 받지 못했으며, 과제의 완성 또는 회피와 관련된 명확한 보상이나 처벌이 이루어지지 않았다. 시험지를 다음날까지 가지고 있게 함으로써 그것을 잃어버리고 오는 학생들도 있게 되며 이것은 피드백을 늦추게 되는 결과를 가져온다.

제안

Mr. Ambrose는 다음과 같은 방법을 통해 자신이 처한 상황을 개선할 수 있다.

- 각 과제를 자세하게 충분히 설명하고 그 내용을 게시판이나 칠판에 게시

한다. 그리고 학생들에게 숙제장을 만들게 하거나 수첩 등에 숙제를 기록하게 할 수도 있다. 또한 Mr. Ambrose는 숙제를 기록해 두는 폴더를 만들어, 결석한 학생들이 살펴보거나, 필요한 경우 학생들이 참고할 수 있도록 할 수도 있다. 잘 정리되지 않은 상태로 몇 일분의 숙제가 칠판에 적혀 있다면 학생들의 혼란을 불러올 수도 있다.

- Mr. Ambrose는 지시 사항을 제시하거나 설명을 할 때 학생들이 주의 집중을 잘하고 있고 혼란스러워하지 않는가 확인을 해야 한다. 또한 충분한 예나 문제 및 연습 기회를 제시하고, 과제를 제시할 때마다 설명을 다시 하거나, 새로운 사항을 계속 설명하는 것을 피하기 위해 제목을 쓸 때 항상 기본 형태를 유지하는 등 정해진 방법을 사용한다.
- 또한 Mr. Ambrose는 자신의 지시와 동시에 학생들이 과제를 시작하도록 해야 한다. 학생들이 개별 학습을 시작하기 전에 과제의 처음 부분을 같이 시작하여, 학생들의 이해 상태를 확인한다.
- 자신의 책상에 앉아 사무를 보기보다는 교실을 순회하면서 학생들의 진행 상황을 관찰하고 확인해야 한다. 그리고 학생들이 스스로 과제를 진행하다 꼭 도움이 필요할 때만 교사 자신의 책상으로 나오게 해야 한다. 그것도 한 번에 한 명씩. 여러 명의 학생들이 교사의 도움을 필요로 하는 경우, 교사의 책상으로 나오게 하지 말고 다시 한 번 교실을 순회해야 한다.
- 학생들이 과제를 끝내자마자 걷어서 확인한다. 바로 검사하기가 좀 어려운 경우에는 과제를 다 끝냈는가만 확인하고, 끝내지 못한 것은 다시 돌려준다. 학생들의 과제 진행 상황을 알아보기 위해 하루에 두 차례 정도 시간을 비워 둔다. 이렇게 한다면, 학생들은 과제를 해야 한다는 것을 알게 될 것이고, Mr. Ambrose는 학생들이 직면할 수 있는 문제를 쉽게 확인할 수 있게 된다. 또한 이를 통해 적절한 시기에 좀 더 도움을 필요로 하는 학생과 어려움에 직면한 학생들을 확인할 수 있을 것이다. 과제를 제출하지 않은 학생들에게는 즉시 도움을 제공하며, 필요한 사항을 지시한다.
- Mr. Ambrose는 해당 과목의 과제에 대해 학생 스스로 점수를 기록하게 함으로써 학생들의 동기를 유발할 수도 있다. 학생들과 함께 과제 완성도

향상이나 평균 점수 향상 등과 같은 학급 목표를 정하여 학생들의 동기를 유발하고, 그 후 보상책으로 특정 활동이나 다과회 등을 제시한다.

5장

활동 2

문제 상황 5.1

Ms. Kendall은 시간표를 정할 때 시간 및 공간과 같은 '학교 변인' 과 학생들의 수학 능력과 같은 '학생 변인' 등을 고려해야 한다. 시간표를 정하기 전에, Ms. Kendall은 점심시간, 쉬는 시간, 음악시간, 미술시간 및 체육 시간 등과 같은 학교의 주요 일과 시간을 확인해야 한다. 이때 학급의 학생 수, 학생들의 능력 수준과 교실의 크기 등도 고려해야 한다. 또한 하루 중 학생들의 주의 집중 형태와 주의 집중 시간도 고려해야 한다. 왜냐하면 학생들은 점심 시간 이후보다는 오전에 집중력이 높기 때문에 이러한 것을 고려하여 교과를 배정한다. 또한 너무 길지 않은 다양한 활동들을 계획한다. 그러나 모둠 활동 영역의 수나 책상 배치 등은 교실의 크기에 영향을 받는다.

학년 초 첫날의 활동 계획에는 다음과 같은 사항들이 포함되어야 한다: 학생들에게 인사하기; 교사 자신과 학급에 대해 간단히 설명하기; 교실의 각 부분과 첫 주에 지켜야 할 여러 가지 절차 설명하기; 학급 규칙, 절차 및 결과 등에 대한 설명 및 토론하기; 친구들과 얼굴을 익히는(친해지는) 활동; 어렵지 않은 학습 내용의 전체 수업; 행정 업무를 위한 시간; 필요한 경우를 위한 '시간 채우기' 활동.

문제 상황 5.2

Mr. Hart를 위한 다음과 같은 제안을 통해 개별 학습시 학생들의 행동 및 결과를 개선할 수 있다.

- 모둠 활동을 시작하기 전에 모든 학생들이 지시 사항을 이해하고 있는지 확인한다. 설명만으로는 충분하지 않다. 학생들에게 질문을 하여 중요한 사항들을 이해하고 있는지 확인한다. 지시 사항들을 칠판에 적어 둘 수도

있다. 학생들은 교사가 언제 무엇을 검사할 것인가 알고 있어야 한다.

- 조용히 책을 읽는 활동이 개별 활동에 포함되어 있다면, 학생들의 이해 상태를 확인할 수 있는 질문들을 칠판에 게시하여, 그 부분에 좀 더 신경을 써서 책을 읽을 수 있게 하며 또한 책 내용에 대한 모둠 토론시 토론할 내용에 대해 알게 한다.
- 학습 진행 과정에도 도움이 필요할 수 있다. 첫 번째 활동에 어느 정도 시간이 주어지는지 시계를 보며 학생들에게 이야기를 할 수도 있고, 한 과제를 끝내고 다음 과제로 넘어가야 할 때 종을 울려 준다.
- 모둠별 지도를 시작할 때, 첫 번째 모둠에게 모둠 활동을 준비할 시간을 준다. 이때 해당 모둠 이외의 학생들이 올바르게 해야 할 활동을 제대로 시작했는지 확인할 수 있다.
- 모둠별 지도를 시작하고 어느 정도 시간이 흐른 후, 현재 지도하고 있는 모둠 학생들에게 스스로 활동을 하게 한 후 해당 모둠 이외의 학생들의 활동을 관찰하고 필요한 경우 도움을 제공한다. 해당 모둠 이외의 학생들이 장난을 치는 등 활동에 전념하지 않거나 해야 할 활동을 끝내지 못할 것 같으면, 학습지에 학생들의 활동 과정을 나타내기 위해 표시를 해둔다. 그 후 다음 활동을 시작하게 한다. 그러나 끝내지 못한 활동은 방과후 교실이나 집에서 해오게 한다.
- 모둠별 지도를 하고 있을 때 해당 모둠 이외의 학생들은 교사에게 질문을 하거나 활동을 방해해서는 안 된다. 교사에게 도움을 받을 수 있을 때까지 다른 것을 하며 기다리게 하거나, 학생 도우미에게 도움을 받게 한다.
- 신체 동작이나 그 외 시각적 신호를 통해 교사에게 와서 질문을 해도 되는지 안 되는지 알려 줄 수도 있다.
- '도움이 필요한 사람' 란을 만들어 이름을 칠판 등에 쓰게 할 수도 있다. 교사가 어느 모둠을 지도하고 있는 동안 교사의 도움이 필요하다면 이름을 적어 둔다. 교사는 가능한 한 빨리 이름을 확인하고 해당 학생들을 도와준다.
- 과제를 끝낸 후 어떤 것을 할 수 있고 어떤 것을 해서는 안 되는지 학생들에게 알려 준다. 심화 활동 과제를 준비하거나 유익한 내용의 도서를 준

비하여 자유 독서를 하게 한다.

문제 상황 5.3

Ms. Jackson의 학생들에게 이런 학습 형태는 새로운 것이며, 따라서 새로운 절차를 가르쳐야 한다. 학생들은 교사 중심 수업 형태에 익숙해 있지만, 과학 수업을 많이 하지 않았을 수도 있다. 어떻게 활동을 해야 하는지, 그리고 수업의 목적이 무엇인지, 학생들에게 탐구 학습 수업 모형에 대해 충분히 설명한다. 설명을 시작하기 전에 모든 학생들이 집중할 수 있도록 한다. 수업 내용과 목표에 대한 설명으로 시작하여 컵을 사용하는 방법을 설명해 준다. 그리고 수업을 시작할 때 컵을 가지고 장난을 치는 등 컵을 가지고 해서는 안 되는 행동들을 분명하게 설명한다.

Ms. Jackson은 지나치게 간섭하거나 반대로 학생들에게 모든 것을 맡기는 식의 행동을 하지 않고 어떻게 하면 이 두 가지를 조화롭게 할 수 있는지 생각을 해야 한다. 검목표 5에 제시된 문항들을 참고로 하여 수업 목표 및 학생들이 새로 접하는 내용 등에 비중을 둔다. 예를 들어, 학생들에게서 어떠한 행동이나 결과를 기대하는가? 발견한 내용을 발표하고, 실험 보고서를 쓰며, 또는 새로운 내용을 다른 상황으로 적용하도록 할 것인가? 짝을 이루어서 또는 모둠을 통한 활동인 경우, 활동을 끝마치는 시간에 차이가 나타나게 되는데 이때는 어떻게 할 것인가?

교실을 순회하면서 지도할 때는 교사의 도움을 받을 수가 없기 때문이 이런 시간을 최소화하기 위해 Ms. Jackson은 보다 효율적으로 과제를 걷거나 나누어 주는 방법을 생각해야 한다. 예를 들어, 모둠당 학생 한 명을 지정하여 '학습 자료 관리' 역할을 맡겨 이들에게 해당 모둠에 나누어 줄 자료를 배부하거나 걷게 한다.

활동 3

사례 연구 5.1

다음 상황에서 Kounin이 제시한 개념들을 찾아보자.

점심 시간 후 수업이 시작될 무렵, Mr. Case는 쪽지를 주고받는 2명의 학생들을 쳐다보았다; 이들은 즉시 책과 공책 등을 꺼냈다. (**적절히 대처하기**) "끝 부분에 나와 있는 연습 문제 풀이로 수업을 시작하자. 공책이 필요할 거에요." 학생들이 준비물을 꺼낼 때, Mr. Case는 "참, 내일 현장 학습비를 가지고 와야 된다는 것을 말하지 않았구나. 현장 학습에 몇 명이나 갈거니?" (**원만한 진행 부족**) 간략한 설명을 들은 후, 학생들은 모두 준비물을 꺼냈다. "그냥 말로 설명을 할 거지만, 선생님은 여러분들이 답을 공책에 쓰기를 원해요. 나중에 순회하면서 여러분들이 쓴 답을 확인할 거에요. (**학생들의 적극적인 참여 및 책무성 이끌어 내기**) 자 그럼 누가 첫 번째 문제의 답을 한 번 발표해 볼까요? 손을 들어요. Tyrone가 해 볼까?" Mr. Case는 몇 명은 손을 든 학생들 중에서 지명을 하고 또 몇 명은 손을 들지 않은 학생들 중 일부를 지명하며 수업을 진행한다. (**전체 학급에 초점 두기**) 수업 중간쯤, 어떤 학생이 교실로 들어와서 전학을 와서 이 학급에 배정이 되었다고 이야기한다. Mr. Case는 자기 책상으로 가서 앉으며 "자 여기로 오겠니? 네게 필요한 책을 나누어 줄게. (**동시에 여러 가지 일을 처리하지 못함**) 교무실에서 수업 시간에는 전학생들을 보내지 않았으면 좋겠어. 하여튼, 너는 어디서 왔니? 예쁜 옷을 입고 있구나." (**원만한 진행 부족**) 학생과의 일을 끝내고 자리를 배정한 후, Mr. Case는 자기 자리에서 일어나 "지금 어디 할 차례지? 아, 그래, 7번 문제지. Kim과 Lee는 어디에 있니? 그 애들에게 교실을 나가도 된다고 허락을 하지 않았는데."라고 이야기한다. (**적절히 대처하지 못함**) 몇 분 후, Mr. Case는 활동을 잠시 멈추고, "이번주 목요일에 볼 시험에 대해 이야기할게. 시험 범위와 시험에 대비를 할 수 있게."라고 말한다. 약간 뜸을 들이다가 "또 잊어 먹을 뻔했네. 끝에서 두 번째 문제를 보자. 아주 중요한 거야."라고 말한다. 이를 마친 후, Ms. Case는 다시 시험 이야기를 한다. (**중단 없는 수업 진행 부족**) "선생님이 어디까지 이야기했었지? 아, 그래, 시험에 나올 문제들과 비슷한 유형의 문제들을 보여줄게. 이런 거야." Ms. Case는 칠판에 문제 하나를 쓴다. 그리고 잠시 뜸을 들이다가 "글세, 시험에 대해 모든 것을 이야기해 줄 수는 없지. 안 그러니?" 시험에 대해 더 이상 아무 말도 않고, 다른 이야기를 시작한다. (**원만한 진행 부족**) "내일 우리가 볼 비디오에 대한 이야기 들어 봤니? 선생님이 옆 반 선생님에게 빌렸는데, 그 선생님 말씀으론, 옆 반 애들이 지금까지 본 것들 중에서 제일 재미있었다고

하더라고 하시더구나." (**전체 학급에 초점 두기**)

활동 4

사례 연구 5.2

진단

Ms. Lake가 흥미진진한 학습 내용을 준비했지만, 학생들은 별로 관심이 없는 것 같다. Ms. Lake의 문제점들은 불명확한 내용 설명, 학습 내용과 관련된 활동 부족 및 명확하지 않은 지시 등이다. 다섯 문항의 질문에 대한 학생들의 반응 결과는 학생들이 선수 학습 내용을 충분히 이해하고 있지 못하다는 것을 나타낸다. 20분 동안의 설명도 순서를 생각하지 않은 채 설명하였고, 수업 내용과 별로 관련이 없는 내용이 삽입되었으며, 사전에 충분한 설명이나 주의 없이 한 주제에서 다른 주제로 바뀌는 등 명확한 것도 아니었다. 또한 학생들에게 제시된 과제도 수업 내용과는 관련이 없는 것이며, 학생들의 이해 정도를 확인하지 않은 상태에서 제시되었으며, 과제에 대한 지시도 모호하였다.

제안

다음 사항들에 초점을 둔다면 Ms. Lake는 상당한 효과를 볼 수 있을 것이다.

- 체계적으로 내용을 제시한다; 수업 진행 계획을 세우고 이에 따라 수업을 진행한다; 중요한 수업 목표 및 목적을 기술한다; 수업을 계획할 때 핵심 내용에 충분한 시간을 배정한다; 구체적이고 학생들에게 친숙한 단어들을 사용하여 모호함을 피한다.
- Ms. Lake는 과제를 낼 때 명확하게 방향을 제시하고 필요한 사항들을 분명하게 전달하는 등 학생들에게 책임감 있게 과제를 하게 하는 절차를 생각해 봐야 한다. 복잡한 과제를 낼 때 단계적으로 지시 사항 및 필요한 내용을 설명해야 하고, 학생들이 충분히 이해하지 못한 것 같으면 지시 사항을 다시 한 번 이야기해 보게 해야 한다.
- 학습 내용을 설명할 때 자주 예를 제시하며, 학생들의 이해 상태를 확인

한다. 이를 통해 필요한 경우 수업 진행이나 활동을 수정한다.

- 한 시간 동안 제시하는 수업 내용의 양에도 주의를 기울인다. 숙제를 내기 직전에는 학생들의 활동을 확인할 수 있는 시간을 충분히 계획하며 또한 이때는 비교적 중요하지 않은 내용을 설명한다.
- 어려운 내용을 설명할 때는 여러 부분으로 나누어 제시해야 하며, 중요한 부분을 이해하기 전까지 다음 내용을 제시해서는 안 된다.
- 설명이나 토론 후에도 이해하지 못한 학생들이 있다면, 따로 이런 학생들을 만나 수업 내용을 복습하고 질문을 받는다. 계속 이런 문제를 보이는 학생이 있다면, 쉽게 이들을 도와줄 수 있도록 교사의 책상 가까이에 앉게 한다.
- 개별 학습을 할 때, 학생들의 과제 진행 과정 및 학생들이 지시 사항을 잘 이행하고 있는지 확인하기 위해 교실을 순회한다.

7장

활동 4

문제 상황 7.1

진단

Ms. Greene은 학생들의 행동에 대해 자신이 기대하는 바를 충분히 전달하지 못했고 또한 학생들의 문제 행동을 처리하는 규칙이나 절차를 만들어 내지 못하고 있다. Ms. Greene은 문제 행동이 처음 일어날 때 이를 멈추게 하지 못하였다. 따라서 좋게 시작할 수도 있었던 학기 초가 아주 어려운 상황으로 바뀌고 말았다. 올바르게 행동하던 학생들의 행동도 바뀌고 있고, 유일한 억제책도 더 이상 효과가 없다.

제안

Ms. Greene은 특정 활동을 할 때 지켜야 하는 절차뿐 아니라 자신이 학생들에게 기대하는 일상적인 행동 양식도 결정해야 한다. 그 후 필요한 새로운 절차나 규칙을 만들어야 하며, 또한 지금은 효과를 상실한 처음의 계획들도 분명하게 다시 한 번 가르쳐야 한다. 예를 들어, 물을 먹으러 가거나 화장실을 이용하거나 연필을 깎으러 가는 등 특정 활동을 위한 시간을 정해 둔다.

이와 함께 학생들에게 규칙이나 절차를 소개하거나 다시 가르칠 시기(아마 월요일이나 방학이 끝나고 개학하는 날이 될 것이다)를 결정해야 한다. 또한 바람직한 행동을 해야 하는 이유를 학생들에게 설명해야 하며 중요한 행동에 대한 피드백을 제공할 수 있도록 복잡한 것들은 연습을 해본다. Ms. Greene는 언제 조용한 목소리로 주위 친구들과 이야기를 해도 되는지에 대해 학생들에게 다시 한 번 이야기를 하려고 할 것이다. 학생들의 대화 습관이 좋지 않기 때문에, 언제 이야기를 해서는 안 되고, 또 언제 조용한 대화나 이야기를 할 수 있는지에 대한 어떤 시각적 신호가 필요할 수도 있다. 떠드는 것에 대해 주의를 주고 학생들 스스로 이를 조절할 수 있게 유도함으로써 언제 조용히 이야기를 해도 되고 언제 해서는 안 되는지 학생들이 알 수 있게 도와줄 수도 있다.

Ms. Greene은 모둠에서 활동하는 절차들을 다시 한 번 상기시켜 줘야 한다. 다음과 같은 사항을 적용할 수 있다.

- 활동을 여러 부분으로 나누며 개별 학습 시간을 줄인다.
- 활동을 끝내야 할 시간이라는 것을 알려 주기 위해 시계를 준비하는 등 학생들 스스로 속도를 조절할 수 있게 도와준다.
- 언제 어떤 것을 검사할지 미리 학생들에게 이야기한다. 모둠별 지도를 할 때 과제의 내용에 대한 질문을 할 것이라는 것을 알려 준다.
- 다음 모둠을 부르기 전에 이해 상태를 확인하고 예를 제시하게 하여 첫 번째 모둠 학생들이 과제를 충분히 이해할 수 있게 한다.
- 한 모둠을 지도하고 있을 때 해당 모둠 이외의 학생들이 바람직한 행동을 하도록 자주 확인한다.
- 한 모둠과의 활동을 끝낸 후, 다른 학생들의 진행 상황을 확인하고 필요한 도움을 주기 전에 다음 모둠을 불러서는 안 된다.

Ms. Greene은 학생들에게 규칙과 절차를 소개한 후, 아래에 제시된 것들을 해야 한다.

- 기대하는 목표를 제시하고 문제가 발생하기 전에 문제 행동을 예방하며, 바람직한 행동에 대해서는 칭찬한다.
- 학생들이 이해할 수 있고 끝낼 수 있는 충분한 양의 과제를 제시한다. 또한 학생들은 과제를 끝냈을 때 구체적으로 어떤 것을 해야 하는지 알고 있어야 한다.
- 여러 가지 활동과 활동 간의 이동시간을 고려한다.
- “지금은 2번에서 5번까지 해야 해. 그리고 이야기를 해서도 안 되요.” 또는 “선생님에게 검사받은 사람들은 독서 공간에 가서 독서를 할 수 있어요.” 등과 같이 학생들이 스스로 활동을 조정할 수 있도록 한다.
- 별이나 웃는 얼굴, 학생의 작품을 게시하기, 등을 토닥거려 주거나 웃어 주는 등 바람직한 행동이나 학업 성취에 대해 보상을 한다.
- 문제 행동의 결과는 문제 행동과 관련된 것이어야 하며 또한 일관되게 적용해야 한다. 부정적 결과뿐 아니라 긍정적인 결과도 학생들에게 제시한다.

8장

활동 8.2

1. b; 2. c; 3. d; 4. a; 5. c

10장

활동 2

문제 상황 10.1

다음과 같은 방법들이 원만하게 팀티칭을 진행하는 데 도움이 될 것이다.

- 팀을 이룬 교사들 간에 상호 협조 및 계획을 위해 노력해야 한다. 모든 교사는 정해진 시간표를 지키려고 노력해야 한다. 학생들도 시간을 지키게 해야 한다. 학생들이 이동해야 할 시간이나 가져가야 할 준비물도 게시해 준다. 필요한 경우 타이머를 이용할 수 있다.

- 수업을 시작하거나 끝낼 때는 가능한 한 일관되게 정해진 방법을 사용한다; 학생들이 따라하는지 확인한다.
- 교실을 이동할 때 학생들에게 기대되는 행동을 확실하게 지도한다; 목소리의 크기, 연필깎기 사용 방법, 다른 교실을 지나칠 때의 방법, 수업 준비 등에 대한 사항도 지도한다.
- 일찍 도착한 학생들이 문제라면, 수업에 방해가 되지 않도록 조용히 기다릴 수 있는 '대기 장소' 를 만든다.
- 조금 늦게 도착하는 학생들을 위해 전 시간에 학습한 내용을 복습하는 것으로 수업을 시작한다.
- 자기 교실로 돌아왔을 때 무엇을 해야 하는지 알 수 있게 한다. 교사가 수업을 진행하고 있을 때 교실로 돌아온다면, 학생들에게 간단한 활동을 제시하고 돌아온 학생들이 바로 활동을 시작할 수 있도록 도와준다.

문제 상황 10.2

Ms. Ortiz를 위한 제안은 다음과 같다.

- 매일 모든 학생들이 끝낼 수 있는 내용의 과제를 준비하고, 학생들의 수준에 따라 보조 과제를 제시한다: 빨리 끝내는 학생들을 위한 심화 또는 확장 과제와 느린 학생들을 위한 복습 및 연습 과제.
- 학생들 중에 특별한 도움을 필요로 하는 학생들이 있는지 확인한다.
- 읽기와 (적어도 일시적으로나마) 수학에서 모둠 지도 방법을 사용한다. 학생들의 학업 성취에 따라 모둠원을 바꾸는 등 유동적으로 모둠을 관리한다.
- 기초 교과의 수업을 할 때 수준이 비슷한 학생들끼리 묶어 수업을 하는 팀티칭이 가능한지 생각해 본다.
- 특정 과제나 활동을 할 때 동료 학습을 생각해 본다.
- 학년 수준 이상 또는 이하의 능력을 가진 학생들을 위해 동료 교사들과 필요한 보충 자료를 공유한다.
- 전체 수업을 할 때 학습 부진아들을 쉽게 관찰하고 도움을 줄 수 있도록

좌석을 배치한다.

- 모든 학생들이 토론이나 질의-응답에 참여할 수 있게 한다. 몇몇 학생들에게만 기회를 줘서는 안 된다.
- 과제를 제시한 후, 먼저 학습 부진아들에게 질문을 하여 충분히 이해하고 있는지 확인하고 과제를 시작하게 한다. 좀 더 지도가 필요한 학생들이 있다면, 이들을 불러 즉시 필요한 도움을 제공한다.
- 학습 부진아들을 지도할 때는 과제나 수업을 여러 단계로 나누어 제시하고 이해 상태를 자주 확인한다. 10장에 제시된 학습 부진아 지도 방법을 참고한다.
- 장기 과제 및 활동을 위해서 다양한 능력을 가진 학생들로 모둠을 이루어 서로 협동하며 활동을 하게 하는 방법을 고려해 본다.
- 수업 내용을 보조, 교정 또는 심화할 수 있는 컴퓨터 프로그램의 활용을 고려해 본다.

참고 문헌 및 추천 도서

Akin-Little, K. A., Eckert, T. L., Lovett, B. J., & Little, S. G. (2004). Extrinsic reinforcement in the classroom: Bribery or best practice. *School Psychology Review, 33*, 344-362.

Alberti, R. L. (Ed.). (1977). *Assertiveness: Innovations, applications, issues.* San Luis Obispo, CA: Impact.

Baloche, L. (1998). *The cooperative classroom: Empowering learning.* Upper Saddle River, NJ: Prentice Hall.

Barton, J., & Collins, A. (Eds.). (1997). *Portfolio assessment: A handbook for educators.* Reading, MA: Addison-Wesley.

Battistich, V., Solomon, D., & Delucchi, K. (1993). Interaction processes and student outcomes in cooperative learning groups. *The Elementary School Journal, 94*, 19-32.

Berger, E. H. (2004). *Parents as partners in education: Families and schools working together* (6th ed.). Englewood Cliffs, NJ: Merrill/Prentice Hall.

Borich, G. (2006). *Effective teaching methods* (6th ed.). Upper Saddle River, NJ: Prentice Hall.

Brophy, J. (1981). Teacher praise: A functional analysis. *Review of Educational Research, 51*, 5-32.

Brophy, J. E. (1996). *Teaching problem students.* New York: Guilford Press.

Brophy, J. E. (2000). Teaching. In H. J. Walberg (Series Ed.), *Educational practices.* Brussels, Belgium: International Academy of Education.

Brophy, J. E. (2004). *Motivating students to learn* (2nd ed.). Hillsdale, NJ: Erlbaum.

Brophy, J. E., & Alleman, J. (1991). Activities as instructional tools: A framework for analysis and evaluation. *Educational Researcher, 20*(4), 9-23.

Brophy, J. E., & Evertson, C. M. (1976). *Learning from teaching: A developmental perspective.* Boston: Allyn and Bacon.

Burden, P. R. (2000). *Powerful classroom management strategies: Motivating students to learn.* Thousand Oaks, CA: Corwin Press/Sage.

Burns, M. (1995). The 8 most important lessons I've learned about organizing my teaching year. *Instructor, 105*(2), 86-88.

Butin, D. (2000). *Classrooms.* ERIC Report number ED446421. Washington, DC: National Center for Educational Facilities. Available at www.edfacilities.org/ir/irpubs.html.

Buzzell, J. G., & Piazza, R. (1994). *Case*

studies for teaching special needs and at-risk students. Albany, NY: Delmar.

Cameron, J. (2001). Negative effects of reward on intrinsic motivation—a limited phenomenon: Comment on Deci, Koestner, and Ryan (2001). *Review of Educational Research, 71*, 29-42.

Casey, M. B., & Tucker, E. C. (1994, October). Problem-centered classrooms: Creating lifelong learners. *Phi Delta Kappan*, 139-143.

Castle, K., & Rogers, K. (1994). Rule-creating in a constructivist classroom community. *Childhood Education, 70*(2), 77-80.

Christenson, S. L., Rounds, T., & Gorney, D. (1992). Family factors and student achievement: An avenue to increase students' success. *School Psychology Quarterly, 7*, 178-206.

Cohen, E. G. (1994a). *Designing groupwork: Strategies for the heterogeneous classroom* (2nd ed.). New York: Teachers College Press.

Cohen, E. G. (1994b). Restructuring the classroom: Conditions for productive small groups. *Review of Educational Research, 64*, 1-36.

Cohen, E. G. (1998). Making cooperative learning equitable. *Educational Leadership, 56*, 18-21.

Cohen, J. J., & Fish, M. C. (Eds.). (1993). *Handbook of school-based interventions*. San Francisco: Jossey-Bass.

Damiani, V. B. (2006). *Crisis prevention and intervention in the classroom: What teachers should know*. Lanham, MD: Rowman & Littlefield.

Davis, (2004). *Schools where everyone belongs: Practical strategies for reducing bullying*. Wayne, ME: Stop Bullying Now.

Deci, E. L., Koestner, R., & Ryan, R. M. (1999). A meta-analytic review of experiments examining the effects of extrinsic rewards on intrinsic motivation. *Psychological Bulletin, 125*, 627-668.

Deci, E. L., Koestner, R., & Ryan, R. M. (2001). Extrinsic rewards and intrinsic motivation in education: Reconsidered once again. *Review of Educational Research, 71*, 1-27.

Deci, E. L., & Ryan, R. M. (1985). *Intrinsic motivation and self-determination in human behavior*. New York: Plenum Press.

Delgado-Gaitan, C. (2004). *Involving Latino families in schools: Raising student achievement through home-school partnerships*. Thousand Oaks, CA: Corwin Press.

Drummond, K.V., & Stipek, D. (2004). Low-income parents' beliefs about their role in children's academic learning. *The Elementary School Journal, 104*(3), 197-213.

Educational Research Service. (1989). *ERS information folio: Cooperative learning*. Arlington, VA: Author.

Emmer, E., & Hickman, J. (1991). Teacher efficacy in classroom management and discipline. *Educational and Psychological Measurement, 51*(3), 755-766.

Emmer, E., & Stough, L. (2001). Classroom Management: A critical part of Educational Psychology, with implications for teacher education. *Educational Psychologist, 36*, 103-112.

Emmer, E. T. (1986). Academic activities and tasks in first-year teachers' classes. *Teaching and Teacher Education, 2*(3), 229-244.

Emmer, E. T. (1988). Praise and the instructional process. *Journal of Classroom Interaction, 23*, 32-39.

Emmer, E. T., & Aussiker, A. (1990). School and classroom discipline programs: How well do they work? In O. Moles (Ed.), *Student discipline strategies: Research and practice* (pp. 129-165). Albany, NY: SUNY Press.

Emmer, E. T., Evertson, C. M., & Anderson, L. M. (1980). Effective classroom management at the beginning of the school year. *The Elementary School Journal, 80*(5), 219-231.

Emmer, E. T., & Gerwels, M. C. (1998a). *Classroom management tasks in cooperative groups.* Paper presented at the annual meeting of the American Educational Research Association, San Diego, CA.

Emmer, E. T., & Gerwels, M. C. (1998b). *Teachers' views and uses of cooperative learning.* Paper presented at the annual meeting of the American Educational Research Association, San Diego, CA.

Emmer, E. T., & Gerwels, M. C. (2002). Cooperative learning in elementary classrooms: Teaching practices and lesson characteristics. *The Elementary School Journal, 103*, 75-91.

Erwin, J. C. (2003). Giving students what they need. *Educational Leadership, 61*(1), 19-23.

Evertson, C. M. (1982). Differences in instructional activities in higher- and lower-achieving junior high English and math classes. *The Elementary School Journal, 82*, 329-350.

Evertson, C. M. (1985). Training teachers in classroom management: An experimental study in secondary school classrooms. *Journal of Educational Research, 79*, 51-58.

Evertson, C. M. (1987). Managing classrooms: A framework for teachers. In D. Berliner & B. Rosenshine (Eds.), *Talks to teachers* (pp. 54-74). New York: Random House.

Evertson, C. M. (1989). Improving elementary classroom management: A school-based training program for beginning the year. *Journal of Educational Research, 83*(2), 82-90.

Evertson, C. M. (1994). Classroom rules and routines. In T. Husen and T. N. Postlewaite (Eds.), *The international encyclopedia of education* (2nd ed., Vol. 2, pp. 816-820). Oxford: Pergamon Press.

Evertson, C. M., & Emmer, E. T. (1982). Effective management at the beginning of the school year in junior high classes. *Journal of Educational Psychology, 74*, 485-498.

Evertson, C. M., Emmer, E. T., Sanford, J. P., & Clements, B. S. (1983). Improving classroom management:

An experiment in elementary school classrooms. *Elementary School Journal, 84*(2), 173-188.

Evertson, C. M., & Harris, A. H. (1992). What we know about managing classrooms. *Educational Leadership, 47*(7), 74-78.

Evertson, C. M., & Harris, A. H. (2003). *Creating conditions for learning: A comprehensive program for creating an effective learning environment* (6th ed.). Nashville, TN: Peabody College, Vanderbilt University.

Evertson, C. M., & Neal, K. W. (2006). Creating learning-centered classrooms: Implications for classroom management. In B. Demarest (Ed.,) *Benchmarks for excellence: Learning centered classrooms and schools,* Washington, D.C.: National Education Association.

Evertson, C. M., & Poole, I. R. (in press). Proactive classroom management. In T. Good (Ed.), *21st Century education: A reference handbook.* Thousand Oaks, CA: Sage.

Evertson, C. M., & Poole, I. R. (2004a). *Effective room arrangement.* Nashville, TN: IRIS Center, Peabody College, Vanderbilt University. http://iris.peabody.vanderbilt.edu

Evertson, C. M., & Poole, I. R. (2004b). *Fostering student accountability for classroom work.* Nashville, TN: IRIS Center, Peabody College,Vanderbilt University. http://iris. peabody.vanderbilt.edu

Evertson, C. M., & Poole, I. R. (2004c). *Norms and expectations.* Nashville, TN: IRIS Center, Peabody College,Vanderbilt University. http://iris.peabody.vanderbilt.edu

Evertson, C. M., & Randolph, C. H. (1999). Perspectives on classroom management in learning-centered classrooms. In H. Waxman & H. J. Walberg (Eds.), *New directions for teaching practice and research* (pp. 249-268), Berkeley, CA: McCutchan.

Evertson, C. M., Sanford, J. P., & Emmer, E. T. (1981). Effects of class heterogeneity in junior high school. *American Educational Research Journal, 18*, 219-232.

Evertson, C. M., & Weade, R. (1989). Classroom management and teaching style: Instructional stability and variability in two junior high English classrooms. *The Elementary School Journal, 89*, 379-393.

Evertson, C. M., & Weinstein, C. S. (Eds.). (2006). *Handbook of classroom management: Research, practice, and contemporary issues*. Hillsdale, NJ: Erlbaum.

Fenning, P. A., & Bohanon, H. (2006). Schoolwide discipline policies: An analysis of discipline codes of conduct. In C. Evertson & C. Weinstein (Eds.), *Handbook of classroom management* (pp. 1021-1039). Mahwah, NJ: Erlbaum.

Finders, M., & Lewis, C. (1994). Why some parents don't come to school. *Educational Leadership, 51*, 50-54.

Fraser, B. J., & Walberg, H. J. (Eds.). (1991). *Educational environments: Evaluation, antecedents and conse-*

quences. Oxford: Pergamon.

Fuchs, D., Fuchs, L. S., Mathes, P. G., & Simmons, D. G. (1997). Peer-assisted learning strategies: Making classrooms more responsive to diversity. *American Educational Research Journal, 34*(1), 174-206.

Gavin, K. M., & Greenfield, D. B. (1998). A comparison of levels of involvement for parents with at-risk African American kindergarten children in classrooms with high versus low teacher encouragement. *Journal of Black Psychology, 24*, 403-417.

Gay, G. (2006). Connections between classroom management and culturally responsive teaching. In C. Evertson and C. Weinstein (Eds.), *Handbook of classroom management* (pp. 343-370). Mahwah, NJ: Erlbaum.

Gillies, R. M. (2007). *Cooperative learning: Integrating theory and practice*. Los Angeles: Sage.

Glasser, W. (1975). *Reality therapy: A new approach to psychiatry*. New York: Harper & Row.

Glasser, W. (1977). 10 steps to good discipline. *Today's Education, 66*, 60-63.

Glasser, W. (1986). *Control theory in the classroom*. New York: Harper & Row.

Good, T. L., & Brophy, J. E. (2008). *Looking in classrooms* (10th ed.). Boston: Allyn and Bacon.

Good, T. L., Grouws, D., & Ebmeier, H. (1983). *Active mathematics teaching*. New York: Longman.

Greene, J. O., & Burleson, B. R. (Eds.). (2003). *Handbook of communication and social interaction skills*. Mahwah, NJ: Erlbaum.

Hargis, C. H. (1997). *Teaching low achieving and disadvantaged students* (2nd ed.). Springfield, IL: Charles C. Thomas.

Hill, C. E. (2004). *Helping skills: Facilitating exploration, insight, and action* (2nd ed.). Washington, DC: American Psychological Association.

Hodgdon, L. A. (1995). *Visual strategies for improving communication: Practical supports for school and home*. (Vol. 1). Troy, MI: Quirk Roberts.

Hodgdon, L. A. (1999). *Solving behavior problems in autism*. (Vol.2). Troy, MI: Quirk Roberts.

Holubec, E. J. (1992). How do you get there from here? Getting started with Cooperative Learning. *Contemporary Education, 63*(3), 181-184.

Hoover-Dempsey, K. V., & Sandler, H. M. (1995). Parental involvement in children's education: Why does it make a difference? *Teachers College Record, 95*, 310-331.

Hoover-Dempsey, K. V., Walker, J. M. T., Sandler, H. M., Whetsel, D. R., Green, C. L., Wilkins, A. S., & Clossen, K. (2005). Why do parents become involved? Research findings and implications. *The Elementary School Journal, 106*, 105-130.

Hoy, A. W., & Weinstein, C. S. (2006). Students' and teachers' knowledge, beliefs, and perceptions about classroom management. In C. M. Evertson and C. S. Weinstein (Eds.), *Handbook of classroom management*. Hillsdale, NJ: Erlbaum.

Hyman, I., Bryony, K., Tabori, A., Weber, M., Mahon, M., & Cohen, I. (2006). Bullying: Theory, research, and interventions. In C. Evertson & C. Weinstein (Eds.), *Handbook of classroom management* (pp. 855-884). Mahwah, NJ: Erlbaum.

Jeynes, W. H. (2005). A meta-analysis of the relation of parental involvement to urban elementary school student academic achievement. *Urban Education, 40*, 237-269.

Johnson, D. W., & Johnson, F. P. (2005). *Joining together: Group theory and group skills* (9th ed.). Boston: Allyn and Bacon.

Johnson, D. W., & Johnson, R. T. (1994a). Constructive conflict in the schools. *Journal of Social Issues, 50*(1), 117-137.

Johnson, D. W., & Johnson, R. T. (1994b). *Learning together and alone: Cooperative, competitive, and individualistic learning* (4th ed.). Boston: Allyn and Bacon.

Johnston, B. D. (1995). "Withitness": Real or fictional? *The Physical Educator, 52*, 22-28.

Jones, R. A. (1995). *The child-school interface: Environment and behavior*. London: Cassell.

Jones, V. F., & Jones, L. S. (2004). *Comprehensive classroom management: Creating communities of support and solving problems* (7th ed.), Boston, MA: Allyn and Bacon.

Kottler, J. A. (2002). *Students who drive you crazy: Succeeding with resistant, unmotivated, and otherwise difficult young people*. Thousand Oaks, CA: Sage/Corwin Press.

Kounin, J. S. (1970). *Discipline and group management in classrooms*. New York: Holt, Rinehart & Winston.

Kounin, J. S., & Gump, P. (1974). Signal systems of lesson settings and the task related behavior of preschool children. *Journal of Educational Psychology, 66*, 554-562.

Kronberg, R., Jackson, L., Sheets, G., & Rogers-Connolly, T. (1995). A toolbox for supporting integrated education. *Teaching Exceptional Children, 27*(4), 54-58.

Kuhn, D. (2007, June). How to produce a highachieving child. *Phi Delta Kappan, 88*(10), 757-763.

Lane, K., Falk, K., & Wehby, J. (2006). Classroom management in special education classrooms and resource rooms. In C. Evertson & C. Weinstein (Eds.), *Handbook of classroom management* (pp. 439-460). Mahwah, NJ: Erlbaum.

Lotan, R. A. (2006). Managing groupwork in the heterogeneous classroom. In C. Evertson & C. Weinstein (Eds.), *Handbook of classroom management* (pp. 525-539). Mahwah, NJ: Erlbaum.

Martin, H., & Hayes, S. (1998). Overcoming obstacles: Approaches to dealing with problem pupils. *British Journal of Special Education, 25*(3),

135-139.

McCarney, S. B., & McCain, B. R. (1995). *The behavior dimensions intervention manual.* Columbia, MO: Hawthorne Educational Services.

Meager, J. (1996). Classroom design that works every time. *Instructor, 106*, 70-73.

Mendler, A. (1997). *Power struggles: Successful techniques for educators.* Rochester, NY: Discipline Associates.

Mergendoller, J. R., Markham, T., Revitz, J., & Larmer, J. (2006). Pervasive management of project-based learning. In C. Evertson & C. Weinstein (Eds.), *Handbook of classroom management* (pp. 583-615). Mahwah, NJ: Erlbaum.

Mueller, C. M., & Dweck, C. S. (1998). Praise for intelligence can undermine children's motivation for performance. *Journal of Personality and Social Psychology, 75*(1), 33-52.

Myles, B. S., & Simpson, R. L. (1994). Prevention and management considerations for aggressive and violent children and youth. *Education and Treatment of Children, 17*, 370-384.

Nastasi, B. K., & Clements, D. H. (1991). Research on cooperative learning: Implications for practice. *School Psychology Review, 20*, 110-131.

Nattiv, A. (1994). Helping behaviors and math achievement gain of students using cooperative learning. *The Elementary School Journal, 94*, 285-297.

Nelson, J. R., & Carr, B. A. (2000). *The think time strategy for schools.* Longmont, CO: Sopris West.

O'Connor, R. E., & Jenkins, J. R. (1996). Cooperative learning as an inclusion strategy: A closer look. *Exceptional Children, 62*, 29-51.

Olweus, D. (1994). *Bullying at school: What we know and what we can do.* Malden, ME: Blackwell.

Olweus, D. (2003). A profile of bullying at school. *Educational Leadership, 60*(6), 12-17.

Pace, J. L. (2003). Revisiting classroom authority: Theory and ideology meets practice. *Teachers College Record, 105*, 1559-1585.

Payne, R. K. (1998). *A framework for understanding poverty.* Highlands, TX: RFT.

Poland, S., & McCormick, J. S. (1999). *Coping with crisis: lessons learned.* Longmont, CO: Sopris West.

Price, K. M., & Nelson, K. L. (2007). *Planning effective instruction* (3rd ed.). Belmont, CA: Thomson Wadsworth.

Randolph, C. H., & Evertson, C. M. (1995). Managing for learning: Rules, roles, and meanings in a writing class. *Journal of Classroom Interaction, 30*(2), 17-25.

Reeve, J. (2006). Extrinsic rewards and inner motivation. In C. Evertson & C. Weinstein (Eds.), *Handbook of classroom management* (pp. 645-664). Mahwah, NJ: Erlbaum.

Rose, M. (2005, March). Handle with

care: The difficult parent-teacher conference. *Instructor*, Scholastic Press.

Schussler, D. L., Poole, I. R., Whitlock, T. W., & Evertson, C. M. (2007). Layers and links: Learning to juggle 'one more thing' in the classroom. *Teaching and Teacher Education, 23*, 572-585.

Shores, E., & Grace, C. (2005). *The portfolio book: A step-by-step guide for teachers*. Upper Saddle River, NJ: Merrill/Prentice Hall.

Short, K. G. (1998). Creating a community of learners. In K. Short & K. M. Pierce (Eds.), *Talking about books: Creating literate communities* (pp. 33-52). Portsmouth, NH: Heinemann.

Shukla-Mehta, S., & Albin, R. W. (2003). Twelve practical strategies to prevent behavioral escalation in classroom settings. *Preventing School Failure, 47*, 156-172.

Skiba, R. J., & Rausch, M. K. (2006). Zero tolerance, suspension, and expulsion: Questions of equity and effectiveness. In C. Evertson & C. Weinstein (Eds.), *Handbook of classroom management* (pp. 1063-1089). Mahwah, NJ: Erlbaum.

Slavin, R. (1995). *Cooperative learning: Theory, research, and practice* (2nd ed.). Boston: Allyn and Bacon.

Slavin, R., & Cooper, R. (1999). Improving intergroup relations: Lessons learned from cooperative learning programs. *Journal of Social Issues*, (Winter Issue, 7 pages).

Soodak, L., & McCarthy, M. R. (2006). Classroom management in inclusive settings. In C. Evertson & C. Weinstein (Eds.), *Handbook of classroom management* (pp. 461-489). Mahwah, NJ: Erlbaum.

Spady, W. G., & Mitchell, D. E. (1979). Authority and the management of classroom activities. In D. L. Duke (Ed.), *Classroom management: The 78th yearbook of the National Society for the Study of Education* (pp. 75-115). Chicago: University of Chicago Press.

Sprick, R. (1995). *The teacher's encyclopedia of behavior management: 100 problems/500 plans*. Longmont, CO: Sopris West.

Stoner, G., Shinn, M., & Walker, H. (1991). *Interventions for achievement and behavior problems*. Silver Spring, MD: National Association of School Psychologists.

Strengthening student engagement [Special issue]. (1995). *Educational Leadership, 53*(1), 1-69.

Students with special needs [Special issue]. (1996). *Educational Leadership, 53*(5), 4-74.

Tudge, J. R. H. (1992). Processes and consequences of peer collaboration: A Vygotskian analysis. *Child Development, 63*, 1364-1379.

Wade, A., Abrami, P., Poulsen, C., & Chambers, B. (1995). *Current resources in cooperative learning*. Lanham, MD: University Press of America.

Walker, J. M. T., & Hoover-Dempsey,

K. V. (in press). Parent involvement: Barriers and resources pre-service teachers should know about. In T. Good (Ed.), *21st century education: A reference handbook*. Thousand Oaks, CA: Sage.

Walker, J. M. T., & Hoover-Dempsey, K. V. (2006). Why research on parental involvement is important to classroom management. In C. Evertson & C. Weinstein (Eds.), *Handbook of classroom management* (pp. 665-684). Mahwah, NJ: Erlbaum.

Webb, N. M., & Farivar, S. (1994). Promoting helping behavior in cooperative small groups in middle school mathematics. *American Educational Research Journal, 31*, 369-397.

Weinstein, C. S., & David, T. G. (Eds.). (1987). *Spaces for children: The built environment and child development*. New York: Plenum Press.

Wiske, M. S. (1994). How teaching for understanding changes the rules in the classroom. *Educational Leadership, 51*(5), 19-21.

Zuker, E. (1983). *Mastering assertiveness skills: Power and positive influence at work*. New York: AMACON.

찾아보기

ㅂ

ㅅ

ㅇ

ㅈ

기타

| 역자소개 |

박종필

- 공주교육대학교 교육학과
- 고려대학교 대학원 교육학과(문학석사)
- University of Texas at Austin(교육행정학, Ph. D.)
- 대전법동초등학교 교사
- 제주대학교 교수
- 현재 전주교육대학교 초등교육과 교수
- 저서
  학교단위책임경영제: 이론과 실제
  교육행정: 이론, 연구와 실제(공역) 외 다수
- E-mail: parkjp@jnue.kr

강영하

- 공주대학교 교육학과
- 서울대학교 대학원 교육학과(교육학석사)
- 충남대학교 대학원 교육학과(교육학박사)
- 제주세화중학교 교사
- 현재 공주교육대학교 교육학과 교수
- 저서
  인지발달과 교육(공저)
  방략학습과 방략교수 외 다수
- E-mail: yhkang@gjue.ac.kr

초등교사를 위한 **학급 꾸리기** 제8판

발행일 • 2010년 2월 25일 1쇄 발행
저자 • Carolyn M. Evertson, Edmund T. Emmer
역자 • 박종필, 강영하
발행인 • 홍진기
발행처 • 아카데미프레스
주소 • 122-900 서울시 은평구 역촌동 58-9
부호아파트 102동 상가 3호
전화 • (02)2694-2563
팩스 • (02)2694-2564
편집 • 디자인 드림
웹사이트 • www.academypress.co.kr
등록일 • 2003. 6. 18, 제313-2003-220호
ISBN • 978-89-91517-75-2

가격 15,000원